화엄경소론찬요
華嚴經疏論纂要

화엄경소론찬요 ⑲
華嚴經疏論纂要

◉ **일러두기** ◉

1. 이 책의 원서는 명말청초 때의 승려인 도패 스님*이 약술 편저한 《화엄경소론찬요》이다. 《대방광불화엄경》 80권본을 기초로 하여, 경문에 청량 스님의 소초(疏鈔)와 이통현 장자의 논(論)을 붙여 상세하게 풀이하였다.

2. 경(經), 소(疏), 논(論)은 원문에 토를 붙여서 그 뜻을 이해하기 편하도록 했으며, 원문 바로 아래 번역문을 넣었다.

3. 원문을 살려 그대로 옮겨 놓음을 원칙으로 하다 보니 본문의 제목 번호에 있어서 다소 혼동이 올 수 있다. 그럴 경우 목차를 참고하기 바란다.

4. 산스크리트어 표기는 〈표준국어대사전〉과 〈불광 사전〉 등에 등재된 음역어를 사용하였으며, 불교 용어에 대한 설명은 주로 〈불광 사전〉을 참고하였다.

5. 내용을 좀 더 쉽게 풀기 위하여 중간에 체계가 약간 바뀌었음을 밝힌다.

※ 위림도패(爲霖道霈, 1615-1702) 스님은 명말청초 때의 조동종 승려이다. 14세 때 백운사(白雲寺)에서 출가하여 경교(經敎)를 공부했다. 영각원현을 모시며 법을 이었고, 천동산(天童山) 밀운원오(密雲圓悟)에게 배워 크게 깨달았다. 그 후 백장산(百丈山)에 암자를 짓고 5년 동안 정업(淨業)을 닦았다. 나중에 고산(鼓山)으로 옮겨 20여 년 동안 살았는데 귀의하는 사람이 매우 많았다.
저술로는 《인왕반야경합소(仁王般若經合疏)》 3권을 비롯하여 《화엄경소론찬요(華嚴經疏論纂要)》 120권, 《법화경문구찬요(法華經文句纂要)》 7권, 《불조삼경지남(佛祖三經指南)》 3권, 《위림도패선사병불어록(爲霖道霈禪師秉拂語錄)》 2권, 《여박암고(旅泊庵稿)》 4권, 《선해십진(禪海十珍)》 1권, 《사십이장경지남(四十二章經指南)》, 《불유교경지남(佛遺敎經指南)》, 《고산록(鼓山錄)》 6권, 《반야심경청익설(般若心經請益說)》, 《팔십팔불참(八十八佛懺)》, 《준제참(準提懺)》, 《발원문주(發願文註)》 등이 있다.

● 간행사 ●

《화엄경소론찬요》 번역서를 간행하면서

《화엄경》은 비로자나 세존께서 보리도량에서 처음 정각을 성취하신 후, 일곱 도량 아홉 차례의 법문에서 일진(一眞)의 법계(法界)와 제불의 과원(果願)을 보여주시어 미묘한 현지(玄旨)와 그지없는 종취(宗趣)를 밝혀주신 최상의 경전이다. 이처럼 《화엄경》은 법계와 우주가 둘이 아닌 하나로 그 광대함을 말하면 포괄하지 않음이 없고, 그 심오함을 말하면 갖춰져 있지 않음이 없어 공간으로는 법계에 다하고 시간으로는 삼세에 통하고 있다.

　이러한 이유에서 《화엄경》은 근본 법륜으로 중국은 물론 동양 각국에서 높이 받들며 수많은 주석서가 간행되어 왔다. 그러나 세상에 널리 알려진 것은 청량 국사의 《대방광불화엄경소초(大方廣佛華嚴經疏鈔)》와 통현 장자의 《대방광불화엄경론(大方廣佛華嚴經論)》이다. 소초(疏鈔)는 철저한 장구(章句)의 분석으로 본말을 지극히 밝혀주었고, 논(論)은 부처님의 논지를 널리 논변하여 자심(自心)으로 회귀하고 있는 것이 특징이다. 이처럼 청량소초와 통현론은 양대 명저(名著)로 모두 수증(修證)하는 데에 지극한 궤범(軌範)이었다.

탄허 대종사께서는 이러한 점을 토대로 통현론을 주(主)로 하고 청량소초를 보(補)로 하여 번역하심으로써 《화엄경》이 동양에 전해진 이후 동양 최초의 《화엄경》 번역이라는 쾌거를 이룩하셨다. 일찍이 한국불교에 침체된 화엄사상은 대종사의 번역에 힘입어 다시 온 누리에 화엄의 꽃비가 내려 화엄의 향기로 불국정토를 성취하여 더할 수 없는, 지극한 법륜을 설하셨다.

 그러나 대종사께서 열반하신 이후, 불법은 날로 쇠퇴하고 중생의 근기는 날로 용렬하여 방대한 소초와 논을 열람하기에는 역부족이었다. 이에 대종사의 《화엄경》을 다시 한 번 밝히기 위해서는 또 다른 모색을 필요로 할 시점에 이르렀다. 보다 쉽게 볼 수 있고 간명한 데에서 심오한 데로, 물줄기에서 본원을 찾아갈 수 있는 진량(津梁)을 찾지 않는다면 대종사의 평생 정력을 저버리게 된다는 절박한 마음이 없지 않았다.

 청대(淸代) 도패(道霈) 대사는 청량의 소초와 통현의 논 가운데 그 정요(精要)만을 뽑아 《화엄경소론찬요(華嚴經疏論纂要)》를 편집하였다. 이는 매우 방대한 소초와 논을 축약하여, 가까이는 청량 국사와 통현 장자의 심법을 전수하였고 멀리는 비로자나불의 묘체(妙諦)를 밝혀주는 오늘날 최고의 《화엄경》 주석서이다.

 이에 《화엄경소론찬요》를 대본으로 하여, 다시 대종사의 번역서를 참고하면서 현대인이 보다 쉽게 이해할 수 있는 번역서를 간행하기에 이르렀다.

 이제 돌이켜 생각하면 무상한 세월 속에 감회가 적지 않다. 내지난날 출가 입산하여 겨우 이레가 되던 날, 처음 접한 경전이 《화엄경》이었다. 행자 생활을 시작한 영은사는 대종사께서 오대산 수도원이 해산된 후, 이의 연장선상에서 3년 결사(結社)를 선포하시고 《화엄경》 번역이라는 대작불사를 시작하여 강의하셨던, 한국불교사에 한 획을 그려준 역사의 도량이었다.

그 당시 대종사께서는 행자인 나에게 《화엄경》을 청강하라 하시면서 "설령 알아듣지 못할지라도 들어두면 글눈이 생겨 안 들은 것보다 낫다."고 권면하셨다. 이제 생각해보면 행자 출가 즉시 《화엄경》 공부 자리에 참여했다는 것은 전생의 숙연(宿緣)이 아니었으면 어떻게 그 당시 그 법회에 참석이나 할 수 있었겠는가. 이는 행운 중 행운으로 다겁의 선근공덕이 아닐까 생각되며, 아울러 늦게나마 대종사의 영전에 하나의 향을 올리는 바이다.

처음 《화엄경》 설법을 듣는 순간, 끝없는 우주법계의 장엄세계가 황홀하고 법계를 맑혀주고 무진 보배를 담고 있는 바다의 불가사의한 공덕이라는 대종사의 사자후가 머릿속에 쟁쟁하게 울려왔을 뿐, 그 도리를 이해한다는 것은 나의 근기로써는 도저히 불가능한 일이었다. "쭉정이만도 못하다."고 꾸지람을 하시던 대종사의 방할(棒喝)을 맞으며 영은사에서의 결사가 끝난 후, 나는 단 한 번도 《화엄경》을 펼쳐 볼 엄두를 내지 못했다.

그러던 몇 해 전, 무비 스님께서 범어사에서 《화엄경》을 강좌하시면서 서울에서도 《화엄경》 강좌를 열어보라고 권할 적만 하더라도 언감생심 《화엄경》을 강의하겠다는 생각을 하지 못하였다. 그러나 씨앗을 뿌려놓으면 새싹이 돋아나듯, 반드시 인연법은 사라지지 않는 모양이다. 영은사에서의 《화엄경》 인연이 자곡동 탄허기념박물관에 화엄각건립불사를 발원하게 되었고, 화엄각건립불사를 위하여 《화엄경》 강좌를 열기에 이를 줄은 꿈에도 생각지 못하였다.

미력한 소견으로 강좌를 열면서 정리된 강의 자료를 여러 뜻있는 이들과 다시 한 번 토론하고 강마하면서 우선 〈세주묘엄품〉 출간을 시작으로 계속 연차적으로 간행하고 있다.

이 책이 간행되어 그동안 추진되어온 화엄각 창건 불사 또한 원만히 성취되길 기원한다. 이 귀한 인연공덕으로 다시 한 번 화엄사상이 꽃피어 온 누리에 탄허 대종사의 공덕이 빛나고, 아울러 화엄정토가 구현되어 남북의 통일과 세계의 평화가 이루어지길 진심으로 축원하는 바이다.

2024년 7월

五臺山 後學 慧炬 合掌 再拜

● 추천사 ●

인류사에서 가장 위대한 화엄경의 가르침

평소에 늘 두려워하며 존경하는 도반 혜거 스님이 《화엄경소론찬요》를 번역하고 출판하여 이 분야의 사람들을 온통 놀라게 하였습니다. 본디 화엄경에 이 몸을 바친 사람으로서, 어찌 가슴 떨리는 일이 아니겠습니까. 《화엄경소론찬요》 번역을 세상에 알리고 추천하는 글을 이 우둔한 글솜씨로라도 백 번이라도 쓰고 싶습니다.

　화엄경이란 무엇입니까? 만약 화엄경을 알지 못하면 불법의 이치를 알지 못합니다. 또 화엄경을 알지 못하면 사람이 본래로 청정법신비로자나 부처님이라는 사실을 알지 못합니다. 이 세상이 그대로 화장장엄세계라는 사실도 알지 못합니다. 세간과 출세간의 진리를 전혀 알지 못합니다. 아름다운 세상과 환희로운 인생을 결코 알 길이 없습니다. 그러니 화엄경을 읽지 않고 어찌 불교를 입에 담으며 어찌 부처님을 입에 담겠습니까. 그래서 청량(淸涼) 스님은 화엄경을 두고 "이 몸을 바쳐서 그 죽을 곳을 얻었다[亡軀得其死所]."라고 하였습니다. 이 얼마나 가슴 저미는 말씀입니까. 그러므로 "화엄경이 있고서야 비로소 불교가 있다."라고 하겠습니다.

화엄경이 흥하면 불교가 흥하고, 화엄경이 흥하면 국가가 흥하였습니다. 원효(元曉) 스님과 의상(義湘) 스님이 화엄경을 흥성(興盛)시키던 신라가 그러했으며, 청량 스님과 통현(通玄) 장자가 화엄경을 흥성시키던 당(唐)나라가 그러하였습니다.

거기에 더하여 찬요(纂要)란 무엇입니까? 그것은 청량 스님의 화엄경에 대한 소(疏)와 통현 장자의 논(論)을 잎과 가지는 남겨두고 뿌리와 큰 줄기에 해당하는 요점만을 추려서 모아온 것입니다. 마치 흙과 잡석들을 걷어내고 진금들만을 모아왔으니 이 어찌 빛나지 않겠습니까. 그래서 화엄경을 그토록 빛나게 한 것은 알고 보면 소론찬요(疏論纂要)였던 것입니다.

옛말에 "산고수장(山高水長)이요, 근고지영(根固枝榮)"이라 하였습니다. 근세 한국의 불교를 중흥시킨 경허(鏡虛) 스님은 수월(水月)·혜월(慧月)·만공(滿空)·한암(寒巖) 등 기라성 같은 제자들을 길러내었는데, 한암 스님 밑으로 선교(禪敎)를 겸비하신 희대의 대석학이요 대선사이신 탄허(呑虛) 큰스님이 계셨습니다.

한암 스님 밑에서 오래 사셨던 범용(梵龍) 스님은 평소에 상원사에서 한암 스님이 화엄경을 강의하시던 일을 들려주셨습니다. 당시 교재는 통현 장자의 《화엄경합론(華嚴經合論)》이었으며 중강(仲講)은 언제나 탄허 스님이셨으므로, 대중들이 모두 동원되는 큰 운력까지도 면해주셨다고 하였습니다. 그날의 그 화엄법수(華嚴法水)가 흘러 흘러 영은사의 혜거 행자에게까지 전해지더니 수십 년이 지난 오늘에는 드디어 이와 같은 《화엄경소론찬요》 출판 불사의 큰 바다를 이루게 되었습니다. 이 얼마나 기쁘지 아니합니까. 큰스님께서도 또한 크게 환희용약하시리라 믿습니다.

필자도 또한 작은 인연이 있어서 역경연수원 수학과 큰스님께서 《화엄경합론》을 번역하신 후 교열하고 출판하고 기념 강의를 하시던 일까지 함께하였으니, 가슴이 뜨거운 홍복(洪福)이라는 사실을 알고 있습니다. 그것에 더하여 처음 통도사 강주로 가기 전에 법맥을 전해주시어 큰스님의 뜻을 잇게 하였으니 더없는 영광이지만, 그 보답을 다하지 못하여 아직도 큰 짐을 내려놓지 못하고 있습니다.

앞으로 남은 시간이라도 혜거 화엄도반과 함께 인류사에서 가장 위대한 화엄경의 가르침을 깊이깊이 공부하여 더욱 널리, 더욱 왕성하게 펼쳐서 크나큰 은혜에 보답하려 합니다.

나아가서 이 아름다운 출판 불사에 뜻을 함께한 모든 분께도 큰 감사의 인사를 올리며 이 책이 만천하에 널리 유포되기를 마음 다해 추천하는 바입니다. 이 인연으로 부디 화엄의 큰 물결이 온 세상에 흘러넘쳐서 집집마다 평화와 행복이 가득하기를 기도드립니다.

나무 대방광불화엄경
나무 대방광불화엄경
나무 대방광불화엄경

신라 화엄종찰 금정산 범어사 如天 無比 삼가 씀

● 목차 ●

간행사 《화엄경소론찬요》 번역서를 간행하면서 5
추천사 인류사에서 가장 위대한 화엄경의 가르침 9

화엄경소론찬요 제86권 ● 여래출현품 제37-1

1. 유래한 뜻 21
2. 품명의 해석 22
3. 종취 25
4. 경문의 해석 37

제1. 가피 부분 38
    1. 백호광으로 청법주에게 가피를 내리다 38
    2. 입의 방광으로 설법주에게 가피를 내리다 49

제2. 본론 부분 52

제3. 법문을 청하는 부분 54
    1. 산문 54
    2. 게송으로 청하다 59

제4. 설법 부분 65
　　가. 10가지 물음에 개별로 답하다 65

　　　• 제1 여래의 출현하는 법에 답하다 65
　　1. 산문 65
　　1) 법을 들어 심오하고 광대함을 말하다 66
　　2) 비유를 들어 심오하고 광대함을 밝히다 72
　　　⑴ 대천세계 성취의 비유 72
　　　⑵ 대천세계에 쏟아지는 억수장마의 비유 85
　　　⑶ 유래를 찾아볼 수 없는 구름과 비의 비유 87
　　　⑷ 알 수 없는 빗방울 수효의 비유 88
　　　⑸ 큰 빗줄기가 이뤄주고 무너뜨리는 비유 90
　　　⑹ 똑같은 빗물이지만 개별에 따라 달라지는 비유 93
　　　⑺ 훌륭한 곳을 먼저 이뤄주는 비유 94
　　　⑻ 큰일의 공덕이 다른 것은 원인에 의함이라는 비유 96
　　　⑼ 4가지 풍륜이 서로 의지하는 비유 111
　　　⑽ 대천세계에 도움이 되는 비유 117
　　3) 성취 이익을 총괄하여 끝맺다 120
　　2. 보현보살의 게송 124
　　　• 제2 여래가 나타낸 신업身業 144
　　1. 산문 144
　　1) 법의 측면에서 총체로 밝히다 145

2) 비유를 들어 개별로 밝히다 148
      (1) 허공에 두루 이르는 비유 149
      (2) 허공에는 분별이 없다는 비유 152
      (3) 태양 광명의 이익을 누리는 비유 154
      (4) 태양 광명이 평등하게 비추는 비유 159
      (5) 빛의 고마움을 모르는 장님에게도 도움을 주는 비유 165
      (6) 달빛이 기특함의 비유 176
      (7) 범왕이 널리 몸을 나타내는 비유 180
      (8) 훌륭한 의원이 중생의 목숨을 연장해 주는 비유 181
      (9) 마니주가 중생에게 이익을 주는 비유 184
      (10) 원하는 바를 만족시켜 주는 마니주의 비유 187
   3) 법의 측면에서 총체로 끝맺다 189
 2. 보현보살의 게송 191

화엄경소론찬요 제87권 ● 여래출현품 제37-2

   • 제3 여래가 나타낸 어업語業 201
 1. 산문 201
 1) 법으로 간단히 말하다 201
 2) 비유를 들어 자세히 말하다 207
      (1) 세계가 무너질 때 울려나는 소리의 비유 211
      (2) 인연을 따라 울려오는 메아리의 비유 217
      (3) 깨우쳐 주는 하늘 북의 비유 219

⑷ 자재천 여인의 미묘한 음성의 비유 223
　　⑸ 대범천왕의 범음 소리의 비유 224
　　⑹ 수많은 강물이 똑같은 맛이라는 비유 226
　　⑺ 단비를 내려 곡식을 키워주는 비유 227
　　⑻ 서서히 비를 내려 성숙시켜 주는 비유 229
　　⑼ 불가사의한 빗줄기를 내려주는 비유 231
　　⑽ 두루 가지가지로 내려주는 비유 233
　3) 10가지 비유를 전체로 끝맺다 256
　2. 보현보살의 게송 258
　• 제4 여래가 나타낸 의업意業 265
　1. 산문 265
　1) 법을 들어 총체로 논변하다 266
　2) 비유를 들어 개별로 밝히다 274
　　⑴ 허공에 의지처가 없지만 의지가 되는 비유 274
　　⑵ 법계가 담연하다는 비유 278
　　⑶ 바다의 보이지 않는 이익의 비유 280
　　⑷ 큰 보배가 보배를 내어주는 비유 282
　　⑸ 구슬이 바닷물을 소멸한다는 비유 290
　　⑹ 허공이 포괄하여 받아들이는 비유 299
　　⑺ 설산 정상에서 크는 약초의 비유 302
　　⑻ 겁화에 모두 불타버리는 비유 317
　　⑼ 파괴하는 바람과 부지해 주는 바람의 비유 319
　　⑽ 티끌마다 대장경을 간직하고 있다는 비유 322
　3) 10가지 비유를 총체로 끝맺다 337
　2. 보현보살의 게송 340

화엄경소론찬요 제88권 ● 여래출현품 제37-3

- 제5 여래가 나타낸 경계境界 351
  1. 산문 351
  2. 보현보살의 게송 368
- 제6 여래가 나타낸 행行 371
  1. 산문 372
  2. 보현보살의 게송 382
- 제7 여래가 나타낸 정각正覺 성취 384
  1. 산문 384
  1) 물음으로 일으키다 385
  2) 모양을 해석하다 389
     (1) 본체와 모양을 총체로 밝히다 390
     (2) 모든 법을 도장 찍어 나타내다 396
     (3) 본체와 모양이 매우 심오하다 399
     (4) 삼륜이 평등하다 400
     (5) 인과가 서로 통하다 404
     (6) 본체가 이지러짐과 가득 참을 벗어나다 428
     (7) 모양이 더하거나 줄어듦이 없다 429
     (8) 작용에 동함과 고요함을 갖추다 432
     (9) 법계에 두루 가득하다 435
     (10) 모든 마음에 두루 존재하다 440
  3) 총괄하여 끝맺다 444
  2. 보현보살의 게송 444
- 제8 여래가 나타낸 법륜法輪 굴림 448
  1. 산문 448
  2. 보현보살의 게송 462

화엄경소론찬요 제89권 ● 여래출현품 제37-4

- 제9 여래 출현의 열반 467
1. 산문 474
    (1) 체성이 진실하고 떳떳하다 475
    (2) 공덕의 작용을 원만히 갖추다 481
    (3) 나고 사라짐이 언제나 담박하다 484
    (4) 이지러지고 가득 참에도 변하지 않다 486
    (5) 열반을 보이되 미묘하게 존재하다 492
    (6) 인연 따라 일어나 다하다 493
    (7) 존망이 서로 나타나다 495
    (8) 큰 작용이 끝이 없다 497
    (9) 본체는 양쪽을 여의다 501
    ⑽ 머묾이 없는 데에 돌아가다 503
2. 보현보살의 게송 506
- 제10 여래 출현에 가까이서 친견하고
  법문 듣고서 생겨나는 선근 510

나. 총괄하여 끝맺다 529

제5. 명칭을 밝히고 받들어 지니는 부분 531
1. 산문 531
2. 보현보살의 게송 550

제6. 상서를 나타내어 성취를 증명한 부분 557

제7. 게송으로 총괄하여 받아들이다 569

화엄경소론찬요 제86권
華嚴經疏論纂要 卷第八十六

●

여래출현품 제37-1
如來出現品 第三十七之一

此品 分四니 初는 來意라

본 품은 4분야(來意·釋名·宗趣·釋文)로 나뉜다.

1. 유래한 뜻

● 疏 ●

來意者는 前品에 明稱果之因하고 此品에 辨如因之果니 體雖平等이나 不壞二相이니 先因後果 義次第故며 亦爲答前不思議品出現念故며 答第二會所行問故니 會釋如前하다

여기에 이 품을 쓰게 된 이유는 앞의 제36 보현행품에서는 결과에 걸맞은 원인을 밝혔고, 이 품에서는 원인에 따른 똑같은 결과를 말하였다. 본체는 비록 평등하지만 2가지 모양을 무너뜨리지 않는다.

앞의 원인과 뒤의 결과라는 뜻은 차례를 따랐기 때문이며,

또한 앞의 제33 불부사의품에서 물었던 '여래 출현의 생각'에 답하였기 때문이며,

제2차 보광명전법회에서 물었던, 행한 바에 관한 대답이기 때문이다.

회통과 해석은 앞서 말한 바와 같다.

二 釋名

2. 품명의 해석

● 疏 ●

釋名者는 如來는 是有法之人이니 卽三身十身之通稱이오 出現은 是依人之法이니 果用·化用之總名이라 如來는 雖見上文이나 對出現故로 重辨十身이니 皆有出現이로되 且寄三身以明호리라 然來는 卽出現이나 爲分人法하야 曉喩分明일세 故重辨之니라

若依法身如來者인댄 卽諸法如義니 如理常現이 名爲出現이라 故文云 '普現一切而無所現'이라하고 又云 '體性平等하야 不增減 等'이라하고

若依報身인댄 乘如實道하야 來成正覺일세 故曰如來오 本性功德이 一時頓顯일세 名爲出現이라 故文云 '如來成正覺時에 於一切義에 無所疑惑이오 普見一切衆生成正覺' 等이라하고

若依化身인댄 則乘薩婆若乘하야 來化衆生일세 故曰如來오 則應機大用이 一時出現이라 文云 '以本願力으로 現佛身하야 令見如來大神變'이라하고 又云 '隨其所能하고 隨其勢力하야 於菩提樹下에 以種種身으로 成正覺' 等이라하니라

今以新佛이 舊成이라 曾無二體오 新成이 舊佛이라 法報似分이나 無不應時故로 卽眞而應이오 應隨性起故로 卽應而眞이니 三佛圓融하며 十身無礙라 故辨應現이 卽顯眞成이니라【鈔_ '新佛舊成'者는 以報就法에 如出模之像이니 像本舊成이라 故無二體오 '新成舊佛'者는 以法就報에 如金成像이니 金·像似分이나 以有未成像金

故로 今成像竟에 似分二矣니라】

 '품명의 해석'이란 여래는 법을 소유한 사람이니, 이는 3신[三身: 법신, 보신, 화신]과 10신[十身: 衆生身, 國土身, 業報身, 聲聞身, 緣覺身, 菩薩身, 如來身, 智身, 法身, 虛空身]의 통칭이며, 출현은 사람에게 의지한 법이니, 과덕의 작용[果用]과 변화의 작용[化用: 隨緣化用]을 총괄한 명칭이다.

 여래는 위의 경문에 보이지만, 출현을 상대로 말한 까닭에 10가지의 몸을 거듭 논변하였다. 이처럼 10가지의 몸이 모두 출현하지만, 여기에서는 3가지 몸에 붙여 밝히고자 한다. 그러나 '如來'의 '來' 자는 바로 출현의 뜻이지만, 사람과 법으로 구분하여 비유를 분명히 하고자 이에 거듭 말하려는 것이다.

 법신불로 말하면, 모든 법이 진여의 의의이다. 진리와 같이 항상 나타난 것을 '출현'이라 말한다. 이 때문에 경문에서 "일체 모든 곳에 널리 나타내지만, 나타낸 바 없다."고 하였으며, 또한 "체성이 평등하여 더하지도 줄어들지도 않는다."고 말하였다.

 보신불로 말하면, 진여실상의 도를 타고서 내려와 정각을 성취한 까닭에 '진여의 자리에서 오신 분'이라는 뜻으로 '如來'라 하고, 본성의 공덕이 일시 단번에 나타난 까닭에 그 이름을 '출현'이라 한다. 이 때문에 경문에서 말한 "여래가 정각을 성취할 때에 일체 이치에 의혹한 바 없으며, 널리 일체중생이 정각을 성취한 것을 보았다."는 등이다.

 화신불로 말하면, '모든 법을 깨닫는 슬기[薩婆若乘]'를 타고서 내려와 중생을 교화하기에 '여래'라 말한다. 이는 근기에 상응하는 큰 작용이 일시에 나타나는 것이다. 경문에서 이르기를, "본래 서원의 힘으로써 부처의 몸을 나타내어, 중생으로 하여금 여래의 큰 신통변화를 볼 수 있게 하였다."고 하며, 또한 "그 능한 바를 따르고, 그 세력을 따라서 보리수 아래에서 가지가지 몸으로 정각을 성취하였다." 등이다.

여기에서는 새로 오신 부처가 예전에 성불한 분이라, 일찍이 2가지 다른 몸이 없으며, 새로 성불한 분이 예전의 부처라, 법신과 보신이 나뉜 듯하지만 때에 맞추어 나타나지 않음이 없기 때문에 진여와 하나가 된 응신이며, 응신은 본성을 따라 일어나기에 응신과 하나가 된 진신이다. 법신, 보신, 화신불이 원융하고 10가지 몸이 서로 걸림이 없다. 이 때문에 응신을 나타냄이 곧 진신의 성취임을 나타냄을 말한다.【초_ "새로 오신 부처가 예전에 성불한 분"이란 보신으로서 법신의 측면에서 말하면 마치 거푸집에서 나온 형상과 같다. 형상은 본래 예전에 만들어진 것이기에 "2가지 다른 몸이 없다."

"새로 성불한 분이 예전의 부처"란 법신으로서 보신의 측면에서 말하면 마치 황금으로 형상을 만드는 것과 같다. 황금과 형상은 구분이 있는 것 같으나 형상을 이루기 이전 상태의 황금이 있기에 이제 형상을 이룬 뒤에는 2가지로 나뉜 듯하다.】

若以來爲現義면 則如來 卽出現이니 持業釋也오 若分人法인댄 三皆如來之出現이니 揀餘出故니라

만약 '온다[來]'라는 것으로 '출현[現]'이라는 뜻이라 말한다면, 여래란 곧 출현이다. 이는 2가지의 뜻을 같은 종류로 말하는, 持業釋이다.

만약 사람과 법으로 나누어 말하면 법신, 보신, 화신이 모두 여래의 출현이다. 나머지 출현과 다름을 구분하여 말한 까닭이다.

三宗趣
3. 종취

◉ 疏 ◉

宗趣者는 平等出現으로 爲宗이오 融差別果로 爲趣니라

종취는 평등한 출현으로 종지를 삼고, 원융과 차별, 그리고 개별의 果德으로 나아갈 바를 삼는다.

◉ 論 ◉

將釋此品에 約立四門호리니 一은 釋品名目이오 二는 釋品來意오 三은 釋如來放光하사 加文殊普賢所由오 四는 隨文釋義니라

품의 해석은 간추려 4가지 부분으로 나누고자 한다.

(1) 품의 명목을 해석하였고,

(2) 품의 유래한 뜻을 해석하였으며,

(3) 여래가 광명을 쏟아내어 문수와 보현 보살에게 가피한 연

유를 해석하였고,

　(4) 경문을 따라 그 의의를 해석하였다.

一釋品名目者는 何故로 名爲如來出現品고 爲從第二會普光明殿으로 說十信心에 以不動智佛로 爲初信首하고 次無礙智佛等餘九佛은 是十信中進修며 又明一智中에 具十種智故로 隨行立名하사 從十信中信進修行이 不離根本智不動智體코 起大悲願行하야 修差別智하야 成大慈悲하야 至此位滿일세 名爲如來出現品이니 明前初會菩提場中에 出現하사 始成正覺者는 是毗盧遮那佛出現이오 此品中出現은 是菩薩進修五位行解의 智悲位滿出現일세 故名出現品이니 亦如善財見德生童子有德童女는 表智悲二行滿故며 便見慈氏如來는 是表如來出現義라 是故로 如來以光으로 加此二人하사 問答說如來出現之門이시니 文殊는 表現根本智오 普賢은 是差別智로 成就饒益衆生之門이라

　'(1) 품의 명목을 해석하였다.'는 것을 설명하면 다음과 같다.

　어째서 그 명칭이 여래출현품인가?

　제2 보광명전법회에서 十信의 마음을 설법할 적에 부동지불로서 첫 信心의 으뜸으로 삼고, 다음 무애지불 등 나머지 아홉 부처는 십신 중에서 닦아나감이며, 또 하나의 지혜 속에 10가지 지혜를 갖추었음을 밝혔다. 이 때문에 행에 따라 명칭을 세워서 십신으로부터 믿음으로 닦아나가는 행이 근본지의 不動智 본체를 여의지 않고, 대자비의 원행을 일으켜 차별지를 닦아서 대자비를 성취하여, 이에 이르러 지위가 원만하기에 그 이름을 여래출현품이라

26

하였다.

　앞의 제1 아란야법보리장법회에서 출현하여 처음 정각을 성취한 분은 비로자나불의 출현이며, 이 품에서 출현한 분은 보살이 닦아나가는 5위의 행과 지혜의, 大智大悲의 지위가 원만한 출현임을 밝히고 있기에 이 품의 명칭을 '여래출현품'이라 하였다.

　또한 선재동자가 덕생동자와 유덕동녀를 본 것은 大智와 大悲 2가지 행이 원만함을 나타냄이며, 문득 미륵여래를 본 것은 여래출현의 뜻을 나타낸 것과 같다. 이 때문에 여래는 광명으로 문수와 보현 두 보살에게 가하여 문답으로써 여래 출현의 법문을 연설한 것이다. 문수는 근본지를 나타낸 것이고, 보현은 차별지로 중생을 성취시키고 이익을 주는 법문이다.

二. 釋品來意者는 明前五位中文殊普賢과 及佛果의 三法已周오 此明佛果行圓滿故로 此品이 須來니라

　'(2) 품의 유래한 뜻을 해석하였다.'는 것은 앞의 5위 가운데 문수와 보현, 그리고 불과의 3가지 법이 이미 두루 원만함을 밝혔고, 여기에서는 佛果의 행이 원만함을 밝혔기에 이 품을 반드시 쓰게 된 것이다.

三은 釋如來放光하사 加文殊普賢所由者는 明如來眉間光이 是佛中道佛果智光이니 以灌文殊之頂者는 明佛果智德이 高勝일새 爲令文殊로 起問佛果之門이오 如來 放口中光하사 灌普賢口者는 明普賢이 是差別智滿일새 欲令說法故니라

問曰 何故로 如來 不自說此品하시고 所以放光하사 加此文殊普賢

二人이니잇고

答曰 以表法故며 令後學者로 易解故오 非是如來 自不能說이니라
云何爲表法이니잇고

答曰 爲明文殊는 是佛法身에 現根本智者오 普賢菩薩은 是佛升進修行에 差別智者니 明至此位에 根本智와 及差別智 齊滿周圓일세 方始名爲如來出現이니 表以法身自性白淨無垢中에 能現自體無依明淨本智하야 問差別智하야 自說自己修行行解之心이 與古今諸佛로 合其智德하야사 方是自己所行覺行圓滿佛故니라
是故로 如來 放光加之하샤 成法則故니 明一切菩薩이 果滿功終에 法皆如是니 佛所放光이 許至佛位故며 法非謬故니라 表明如是 法身根本智差別智로 利生萬行이 齊備周圓하야사 方是自己如來出現이니 表文殊는 是現根本智者오 普賢은 是說法者오 佛是果也니 思之可見이라

大意 明文殊普賢은 是成就佛果理智行門일세 還令說佛出現之法이오 佛是根本智의 自體無言이니 凡是有言은 皆是差別智라

初會菩提場中에 毘盧遮那佛出現者는 明初會菩提場은 是毘盧遮那如來 放光成法하샤 與初發心修行者로 爲樣式故니 明表法身根本智 與差別利生行으로 周圓滿故로 令此二人으로 說自佛이 與古佛出興으로 恰相似故니라

如是文殊普賢이 是古今諸佛之共法이니 若初發心者 從初發信心已來로 皆悉遊履此之文殊普賢二行하야 至此方滿故니라

如是進修 皆不離初信中不動智佛十智之體故니 以明時不動

이며 智不動이며 行不動이며 能徧遊十方이 不動이며 一入多 不動이며 多入一이 不動이며 小入大 不動이오 乃至如經所明이니 爲達身心理智 無性無依하야 情識繫亡에 法會常爾故니라
以此五位升進의 或升天表法과 或身徧十方이 終成不離普光明殿本智之體一刹那際일새 是故로 此果已終之法이 還不離說信心之處普光明殿說이니 還如善財 至慈氏如來에 還見文殊信心初友하야 入普賢身相似라 恐後學者 迷法일까하야 一一以善財로 將行表之하야 令易解故니 大意는 依此可知라
又約此一部之經에 有三終因果와 二種常道하니
一은 從初菩提場으로 至毘盧遮那品히 有六品經은 是佛自分五位中因果니 即以十普賢海月光大明菩薩로 通神天等五十衆이 是오
二는 發信心菩薩五位 通信心하야 即六位因果者니 從第二會於普光明殿說佛名號品已下로 至第八會普光明殿如來出現品히 有三十二品經은 明菩薩發心因果一終이라 此三十二品中에 第三禪佛華三昧品이 未來니 是此修行中加行之次第오
三은 自文殊師利 至大塔廟하사 說普照法界修多羅門하사 化善財하야 令南求五十三勝友는 明以行勸修五位一終之因果니 爲表但說敎에 由恐在行還迷일새 以置善財는 是發心能行行者오 五十三善知識은 是已行行之人이라 一一求學升進하야 與後發菩提心者로 作五位升進之樣하야 令不迷其行故니 其中意는 至文方釋호리라

二種常道者는 如法界品과 離世間品은 於出離道에 常利衆生하는 恒眞法界오 非虛妄也니 常眞法界는 是常道佛果故며 恒利世間利生이오 無求自利는 是佛常道之普賢行也니 是名此經의 三終因果와 二種常道라

如第二會로 至第八會中如來出現品은 是名發心菩薩의 升進五位一終이니 付囑流通이 總在此品이라 明此品이 是五位進升果圓之末也어늘 有人이 於法界品終에 覓付囑流通하나니 此爲未得經之意趣라 以法界品은 總該一部敎體와 及以三世古今無本末時分寂用之大體오 非是安立加行하야 置因果所爲니 但以引接菩薩發心하야 乘法界乘하야 引接迷徒하야 至此如來出現品이 以明經五位加行進修功熟處하사 方論流通付囑故니라 若論根本法界인댄 性自不迷하고 性自不悟하야 無出無沒이며 不成不壞며 無流無通也니 此付囑流通意는 從凡夫未悟로 令加行功終處說故니 非在法界品後也라 如法界品은 直論一切諸佛功終之果니 是自流通일세 不須付囑이라 如法界品中에 如來師子座 暨于法界하야 無有邊涯는 此明果極也오 如此如來出現品은 明信心者의 五位加行功終之力이 方始純實에 創登功畢하야 二行圓周일새 便說付囑流通이니 明果初滿故로 方入常道法界의 非古今始末之量也라 流通此法을 名曰流通이니 卽法界品이 是니 爲自以法界功滿에 常以法界行으로 勸衆生하야 以方便行으로 倣而學之일새 名爲付囑流通이라 方便行者는 卽五位中方法이 是也니 卽諸波羅蜜과 四攝과 四無量과 三十七品과 大願 大智 大悲等이 是니 一切諸佛이 法皆

如是리야 方能成也니라

'(3) 여래가 광명을 쏟아내어 문수와 보현 보살에게 가피한 연유를 해석하였다.'는 것은 여래의 두 눈썹 사이에서 나오는 광명이 부처의 중도인 불과의 지혜 광명임을 밝힌 것이다.

문수의 정수리에 물을 부은 것은 불과의 지혜 공덕이 높고 뛰어나기 때문에 문수로 하여금 불과의 법문을 일으켜 묻도록 함을 밝힌 것이며,

여래가 입안에서 방광하여 보현의 입으로 쏟아부은 것은 보현의 차별지가 원만하기에 설법을 하도록 함을 밝힌 것이다.

물었다.

"무엇 때문에 여래가 스스로 이 품을 말하지 않고 방광으로 문수와 보현 두 보살에게 가피를 내린 것일까?"

대답하였다.

"법을 나타내기 위함이며, 후학으로 하여금 이해하기 쉽도록 하기 위함일 뿐, 여래가 스스로 이를 말하지 못해서가 아니다."

물었다.

"어떻게 법을 나타냈는가?"

대답하였다.

"문수는 부처의 법신에 근본지를 나타낸 보살이고, 보현보살은 부처의 위로 향하여 닦아나가는 데에서 차별지임을 밝히기 위함이다.

이 지위에 이르러 근본지와 차별지가 똑같이 원만하고 두루

원융하기에 비로소 그 이름을 '여래출현품'이라 함을 밝힌 것이다.

법신의 자성이 순백청정하여 더러움이 없는 가운데서 의지함이 없는 자체가 밝고 청정한 근본지를 나타내어 차별지에게 물으면, 스스로 '자신의 수행하는 행과 이해하는 마음이 고금 제불과 그 지혜 공덕이 하나가 되어야 비로소 자신이 행하는 바가 각행이 원만한 부처[覺行圓滿佛]이다.'고 말함을 나타냈기 때문이다.

이 때문에 여래의 방광으로 그들에게 가피를 내려 법칙을 이룬 것이다. 일체 보살의 결과가 원만하고 공덕을 끝마치면서 법이 모두 이와 같음을 밝힌 것이다. 부처의 방광은 그들이 부처 지위에 이르렀음을 허락한 것이지, 법이 잘못된 것이 아니다.

이처럼 법신의 근본지와 차별지로 중생을 이롭게 하는 모든 행이 모두 갖춰져 있고 두루 원만해야 비로소 자신의 여래가 출현한 것임을 밝힌 것이다. 문수는 근본지를 나타낸 보살이고, 보현은 설법자이며, 부처는 果位임을 밝힌 것이니, 이를 생각하면 알 수 있을 것이다.

그 대의는 문수와 보현은 불과의 理智와 行門을 성취한 까닭에 또한 부처 출현의 법을 말하도록 함이며, 부처는 근본지 자체로서 말이 없는 자리이다. 무릇 말이 있는 것은 모두 차별지임을 밝힌 것이다.

제1 보리장법회에서 비로자나불이 출현한 것은 제1 보리장법회란 오직 비로자나불의 방광으로 법을 성취하여, 초발심 수행자에게 표본을 삼도록 함을 밝힌 것이다. 법신의 근본지가 중생을 이롭게 하는 차별지의 행과 두루 원만하기 때문에 문수와 보현 두 보살로 하여금 자아의 부처가 古佛의 출현과 같음을 설법하도록 함을 밝힌 것이다.

이처럼 문수와 보현은 고금 모든 부처의 공통된 법이다. 초발심의 수행자가 처음 신심을 낸 이후로부터 모두 문수와 보현의 2가지 행을 밟아나가야만 이에 비로소 원만하기 때문이다.

이와 같이 닦아나감이 모두 初信 가운데 부동지불의 10가지 지혜 본체를 여의지 않음이기 때문이다.

때가 부동이고,

지혜가 부동이고,

행이 부동이고,

시방에 두루 노닒이 부동이고,

하나가 많음에 들어가는 것이 부동이고,

많음이 하나에 들어가는 것이 부동이고,

작은 것이 큰 것에 들어감이 부동임을 밝혔으며,

나아가 경문에서 밝히는 바와 같다.

몸과 마음, 이치와 지혜가 체성도 없고 의지함도 없어, 情識의 속박이 사라짐에 법회가 언제나 그와 같기 때문이다.

이처럼 5위를 닦아 나아감에 혹 하늘에 올라 법을 밝히거나 혹은 시방에 두루 몸을 나타냄이 결국은 보광명전 근본지의 본체인 한 찰나의 즈음에서 벗어나지 않는다. 따라서 佛果의 종결이 되는 법 또한 신심을 설법한 보광명전의 설법에서 벗어나지 않는다.

또한 선재동자가 미륵여래를 찾아가자, 또한 신심을 일으킨 첫 선지식, 문수보살을 보고서 보현보살의 몸으로 들어가게 한 것과 같다. 후학자가 법을 알지 못할까 두려운 마음에 하나하나를 선재동자의 행으로 나타내어 알기 쉽게 말한 까닭이다. 대의는 이에 준하여 알 수 있다.

또한 화엄경 전체를 들어 말하면, 3終의 因果와 2종의 常道가 있다.

1終 인과는 첫 보리장법회의 제1 세주묘엄품으로부터 제6 비로자나품에 이르기까지 6품의 경문은 부처의 자신 5위 중의 인과이다. 즉 10보현 해월광대명보살로서 神·天 등을 통틀어 말한 50 대중이 이에 해당된다.

2終 인과는 신심을 일으킨 보살의 5위가 신심까지 통하여 곧 6위의 인과이다.

제2 보광명전법회에서 설법한 제7 여래명호품 이하로부터 제8 보광명전 2차 법회의 제37 여래출현품에 이르기까지 32품의 경문은 보살의 발심 인과가 한 차례 종결됨을 밝힌 것이다. 이 32품의 가운데 제3禪 佛華三昧品은 쓰지 않았다. 이는 수행 중 加行의 차례이다.

3終 인과는 문수사리가 大塔廟에 이르러 법계를 널리 비추는 수다라법문을 연설하여 선재동자를 교화하면서 남쪽으로 53선지식을 찾아가도록 한 후로부터는 행으로 수행을 권면하는 5위가 한 차례 종결되는 인과를 밝힌 것이다.

다만 가르침을 말하면 수행에 있어 도리어 혼미할까 두려움으로 말미암아 선재동자를 들어 말한 것은 발심하여 행을 잘 수행하는 자이며, 53선지식은 이미 행을 수행한 사람이다. 하나하나 배움을 구하면서 위로 닦아나가면서 보리심을 일으킨 후학에게 5위를 닦아나가는 표본을 제시해 줌으로써 그 행할 바에 혼미하지 않게 함을 나타내주기 위함이다. 그에 관련된 부분의 뜻은 경문에서 해석하고자 한다.

'2가지 常道'란 예컨대 제39 입법계품, 제38 이세간품은 삼계를 벗어난 도에서 항상 중생에게 이익을 주는, '항상 진실한 법계[恒眞法界]'이지, 허망함이 아니다.

항상 진실한 법계는 영원한 도[常道]의 佛果이기 때문이며, 언제나 세간을 이롭게 하여 중생만을 이롭게 하는 것이지, 자기 이익을 구하지 않는 것은 부처의 영원한 도인 보현행이다.

이를 화엄경에서 말한 3종 인과와 2가지 상도라고 말한다.

제2 보광명전 1차 법회에서의 제7 여래명호품으로부터 제8 보광명전 3차 법회의 제38 이세간품에 이르기까지는 발심한 보살이 위로 닦아나가는 5위가 한 차례 종결됨을 밝힌 것이다. 부촉과 유통이 모두 이 품에 담겨 있다.

이 품은 5위를 위로 닦아나가는 과덕 원만의 끝임을 밝힌 것임에도, 어떤 사람은 제39 입법계품 끝에서 부촉과 유통을 찾고 있다. 이는 화엄경의 뜻을 제대로 알지 못한 것이다.

제39 입법계품은 화엄경 전체의 가르침 체제, 그리고 삼세 고

금의 본말이나 時分이 없는 寂用의 대체를 총괄한 것이지, 가행을 내세워 인과의 목적을 두는 것이 아니다. 다만 보살의 발심을 이끌어 法界乘을 타고서, 혼미한 중생을 맞이하여 이 여래출현품까지 5위를 가행하여 닦아나가는 공부가 성숙한 곳을 거쳐야 비로소 유통과 부촉을 논할 수 있음을 밝힌 것이다.

만약 근본 법계를 논하면, 성품은 스스로 미혹하지도 않고, 성품은 스스로 깨닫지도 않아서 출현함도 없고 사라짐도 없으며, 이루어지지도 않고 무너지지도 않으며, 유출함도 없고 통함도 없다. 이 부촉과 유통의 뜻은 아직 깨닫지 못한 범부로 하여금 가행의 공부를 종결시킨 곳에서 설한 것이지, 입법계품 뒤에 있는 게 아니다.

예컨대 입법계품은 곧바로 일체 제불의 공부가 끝난 과덕을 논한 것이다. 이는 스스로 유통이기에, 부촉이 아니다. 입법계품에서 "여래의 사자좌가 법계에 끝없이 이른 것"은 과덕의 지극함을 밝힌 것이다. 이 여래출현품은 신심 있는 자가 5위 가행의 공부가 끝난 힘이 비로소 순수하고 진실하기에 처음으로 공부가 다한 지위에 올라 자리이타행이 두루 원만하다. 이 때문에 부촉과 유통을 말하게 됨을 밝혔다. 이는 과덕이 처음 원만하기에 바야흐로 常道 法界의 고금과 시말의 한량이 아닌 자리에 들어감을 밝힌 것이다.

이런 법을 유통함을 '유통'이라 말한 것이니, 입법계품이 바로 이에 해당된다. 스스로 법계의 공부가 원만하므로 항상 법계의 행으로 중생을 권면하고, 방편의 행으로 본받아 배우도록 하기 때문에 그 이름을 '부촉 유통'이라 한다. 방편의 행이란 5위 중의 방법이 바로 이에 해당된다. 모든 바라밀, 4섭법, 4무량심, 37조도품, 대원, 대지, 대비 등이 이에 해당되니, 일체 제불의 법이 모두 이와 같아야 성취할 수 있다.

四는 隨文釋義者는 於此一品之中에 長科兩段호리라

'(4) 경문을 따라 그 의의를 해석하였다.'는 것은 이 품의 경문은 크게 2단락이다.

四 正釋文

文爲七分이니

一은 加分이오 二는 本分이오 三은 請分이오 四는 說分이오 五는 顯名受持分이오 六은 表瑞證成分이오 七은 偈頌總攝分이라

今初 有二니

先은 毫光加請主오 後는 口光加說主라

前中三이니

初는 光이오 次는 加오 後는 益이라

4. 경문의 해석

경문은 7부분으로 나뉜다.

제1. 가피 부분,

제2. 본론 부분,

제3. 법문을 청하는 부분,

제4. 설법 부분,

제5. 명제를 밝혀 가피를 받는 부분,

제6. 상서를 나타내어 성취를 증명한 부분,

제7. 게송으로 총괄하여 받아들이는 부분이다.

'제1. 가피 부분'은 2단락이다.

1. 백호광으로 청법주에게 가피를 내렸고,

2. 입의 방광으로 설법주에게 가피를 내렸다.

'1. 백호광의 청법주 가피'는 다시 3부분으로 나눈다.

(1) 백호상 방광, (2) 가피의 모양, (3) 가피의 이익이다.

經

爾時에 世尊이 從眉間白毫相中하야
放大光明하시니 名如來出現이라
無量百千億那由他阿僧祇光明으로 以爲眷屬하니
其光이 普照十方盡虛空法界一切世界하야 右繞十匝하며
顯現如來無量自在하며
覺悟無數諸菩薩衆하야 震動一切十方世界하며
除滅一切諸惡道苦하며
暎蔽一切諸魔宮殿하며
顯示一切諸佛如來 坐菩提座하야 成等正覺과 及以一切
道場衆會하며
作是事已하고 而來右繞菩薩衆會하야

그때, 세존께서 두 눈썹 사이의 백호상에서

큰 광명을 쏟아내시니 그 이름을 '여래출현의 광명'이라 한다.

한량없는 백천억 나유타 아승지 광명으로 권속을 삼았고,

그 광명이 시방 온 허공법계와 일체 세계를 두루 비춰 오른쪽으로 열 번 돌며,

여래의 한량없이 자재함을 나타내고,

수없는 보살 대중을 깨우쳐 일체 시방의 세계를 진동하며,

일체 악도의 고통을 없애주고,

일체 마군의 궁전을 영원히 가리며,

일체 제불여래께서 보리법좌에 앉아서 등정각의 성취와 일체 도량의 대중법회를 나타내시고,

이런 일을 끝마치고 다시 와서 보살 대중법회 자리의 오른쪽으로 돌고서,

● 疏 ●

光中有十은 分三이니

一은 光出處니

眉間者는 表證道니 離有無二邊故오 表無住道니 離眞應二邊故오
白毫者는 表所出現이니 性無垢故오 能詮出現이니 諸敎本故니라
二 '放大' 下는 辨光明體니 如所說故오
三 '無量' 下 八段은 皆是光業이니 初는 眷屬光이니 卽是因業이니 總攝諸法하야 皆此生故오
四 '其光' 下는 舒業이오

五'顯現'下는 敬業이오

六'覺悟'下는 覺業이오

七'除滅'下는 止業이오

八'暎蔽'下는 降伏業이오

九'顯示'下는 示現業이오

十'作是'下는 卷業이라

'(1) 백호상 방광'의 10단락은 3부분으로 나뉜다.

제1구는 방광의 출처이다.

두 눈썹 사이란 증득한 도를 나타냄이다. 유와 무 양쪽을 모두 여의기 때문이다.

어느 한곳에 머묾이 없는 도를 나타냄이다. 진신과 응신 양쪽을 모두 여의기 때문이다.

백호란 방광 출현의 대상을 나타냄이다. 자성이 더러움이 없기 때문이다.

방광 출현의 이치를 나타내는 문자의 주체이다. 모든 가르침의 근본이기 때문이다.

제2구 '放大光明' 이하는 광명의 본체를 말하였다. 말한 바와 같기 때문이다.

제3구 '無量百千億' 이하 8구절은 모두 광명의 業用이다. 첫째는 권속의 광명이다. 이는 因業이다. 모든 법을 총괄하여 모두 여기에서 발생하기 때문이다.

제4구 '其光普照' 이하는 광명을 펼치는 작용이며,

제5구 '顯現如來' 이하는 여래를 공경하는 작용이며,

제6구 '覺悟無數' 이하는 깨달음을 주는 작용이며,

제7구 '除滅一切' 이하는 저지하는 작용이며,

제8구 '暎蔽一切' 이하는 항복 받는 작용이며,

제9구 '顯示一切' 이하는 보여주는 작용이며,

제10구 '作是事已' 이하는 거둬들이는 작용이다.

二 正明加相

(2) 가피의 모양을 밝히다

經

入如來性起妙德菩薩頂하신대

여래성기묘덕보살의 정수리로 들어갔다.

◉ 疏 ◉

所以加此菩薩者는 如名所顯故니라

性有二義하니

一은 種性義니 因所起故오 二는 法性義니 若眞若應이 皆此生故니라

亦有釋云 '此之妙德은 即是文殊니 說此法門일새 加性起稱이라'하니 此釋이 無違大理라

以文殊大智로 爲能顯이오 普賢法界로 爲所顯하야 共成毘盧遮那

之出現故며 亦是解行滿故로 佛出現也니라

'從頂入'者는 是加持相이니 妙智之極이라야 方能顯故일세니라

여래성기묘덕보살에게 광명의 가피를 내린 것은 명호가 같은 바를 밝힌 까닭이다.

'如來性'의 '性' 자에는 2가지 뜻이 있다.

① 종성이라는 뜻이다. 원인이 일어나는 바이기 때문이다.

② 법성이라는 뜻이다. 진신과 응신이 모두 여기에서 생겨나기 때문이다.

또한 혹자는 "이의 미묘한 공덕은 곧 문수이다. 이 법문을 말할 적에 '성품에서 일어난다.'는 명칭을 더하였다."고 말하는데, 이러한 해석이 큰 이치에 어긋남이 없다.

문수의 큰 지혜로써 비로자나불을 나타내는 주체를 삼고, 보현의 법계로 나타나는 대상을 삼아 두 보살이 비로자나불의 출현을 함께 이룬 까닭이며, 또한 이해와 수행이 원만한 까닭에 부처가 출현한 것이다.

"정수리로 들어갔다."는 가피의 모양이다. 미묘한 지혜의 극치라야 바야흐로 나타내는 주체가 되기 때문이다.

第三 加益

(3) 가피의 이익

時에 此道場一切大衆이 身心踊躍하야 生大歡喜하야 作
如是念호대 甚奇希有여 今者如來 放大光明하시니 必當
演說甚深大法이로다
爾時에 如來性起妙德菩薩이 於蓮華座上에 偏袒右肩하
며 右跪合掌하고 一心向佛하사 而說頌言하사대

그때, 이 도량에 있는 일체 대중이 몸과 마음이 기뻐서 크게 뛰면서 이런 생각을 하였다.

'매우 신기하고 보기 드문 일이다. 지금 여래께서 큰 광명을 쏟아내시니, 반드시 아주 심오한 큰 법문을 연설하실 것이다.'

그때, 여래성기묘덕보살이 연꽃 법좌 위에서 오른쪽 어깨를 드러내고 오른 무릎을 꿇고 합장하면서 한결같은 마음으로 부처님을 향하여 게송을 읊었다.

◉ 疏 ◉

加益中에 二니
先은 大衆同欣이니 知法將被故오
二는 妙德領旨니 知令求說主故니라
於中二니
先은 長行이니 身心致敬이라 跪者는 跽也라

가피의 이익 부분은 2단락이다.
① 대중이 다 함께 기뻐함이다. 장차 불법의 가피를 입을 줄 알

기 때문이다.

② 미묘한 공덕으로 旨趣를 앎이다. 설법주를 구할 줄 알기 때문이다.

가피 이익 부분의 문체는 2가지이다.

앞의 문체는 산문이다. 몸과 마음으로 공경을 다함이다.

跽란 꿇어앉음이다.

經

正覺功德大智出하사 　　**普達境界到彼岸**하사
等於三世諸如來일세 　　**是故我今恭敬禮**하노이다

　　정각의 공덕, 큰 지혜를 내어
　　경계 널리 통달하여 피안에 이르러
　　삼세 모든 여래와 평등하기에
　　저는 지금 경례 올리나이다

已升無相境界岸하사대 　　**而現妙相莊嚴身**하시며
放於離垢千光明하사 　　**破魔軍衆咸令盡**이로다

　　이미 모양 없는 경계에 올랐지만
　　미묘한 몸매 장엄한 몸 나타내며
　　때 여읜 1천 광명 청정하게 쏟아내어
　　마군 모두 격파하였어라

十方所有諸世界를　　　悉能震動無有餘하사대
未曾恐怖一衆生하시니　　善逝威神力如是로다

　　시방에 존재하는 모든 세계를
　　모두 남김없이 진동하였지만
　　한 중생도 두렵게 하지 않았나니
　　부처님의 위신력 이와 같아라

虛空法界性平等에　　　已能如是而安住하사대
一切含生無數量을　　　咸令滅惡除衆垢로다

　　허공법계 평등한 성품에
　　이처럼 안주하였지만
　　한량없는 일체중생을
　　모두 악과 더러운 때 없애주어라

苦行勤勞無數劫하사　　成就最上菩提道하시니
於諸境界智無礙하사　　與一切佛同其性이로다

　　고행으로 수없는 겁 정진하사
　　가장 높은 보리의 도 성취하시니
　　모든 경계에 걸림 없는 지혜
　　일체 부처님과 그 성품 같아라

● 疏 ●

後는 偈頌讚請이라

十偈 分二니

前五는 讚이오 後五는 請이라

前中에 初一은 總讚申敬이오 餘四는 別讚放光이니 中有讚因·讚果·讚用等하니 文並可知니라

뒤의 문체는 게송으로 찬탄하면서 법문을 청함이다.

10수 게송은 2단락으로 나뉜다.

앞의 5수 게송은 찬탄이고,

뒤의 5수 게송은 청법이다.

'앞의 5수 게송' 가운데 제1게송은 총괄하여 찬탄하면서 공경의 마음을 펼침이며,

나머지 4수 게송은 개별로 방광을 찬탄하였다. 여기에는 원인의 찬탄, 결과의 찬탄, 작용의 찬탄 등이 있다.

이의 경문은 모두 설명하지 않아도 알 수 있다.

經

導師放此大光明하사　　震動十方諸世界하사
已現無量神通力하시고　而復還來入我身이로다

　부처님께서 이처럼 큰 광명 쏟아내어
　시방세계 진동하여
　한량없이 신통력 보여주시고

다시 돌아와 나의 몸에 들어오셔라

決定法中能善學한   **無量菩薩皆來集**하야
令我發起問法心일세   **是故我今請法王**하노이다.

    결정한 법문들을 모두 잘 배운
    한량없는 보살 모두 찾아와
    법문 물을 마음 일으켜
    제가 지금 법왕께 청하나이다

今此衆會皆淸淨하야   **善能度脫諸世間**하며
智慧無邊無染著하니   **如是賢勝咸來集**이니이다

    이곳의 대중법회 모두 청정하여
    모든 세간 중생 잘 제도하고 해탈시켜
    지혜 그지없고 물듦 없으니
    이러한 성현 모두 모였나이다

利益世間尊導師   **智慧精進皆無量**하사
今以光明照大衆하사   **令我問於無上法**하시니

    세상에 이익 주시는 존귀하신 부처님
    지혜와 정진 모두 한량없어
    이제는 광명으로 대중을 비춰주면서
    저에게 위없는 법을 묻게 하시네

誰於大仙深境界에　　**而能眞實具開演**이며
誰是如來法長子니잇고　**世間尊導願顯示**하소서

　누가 부처님의 깊은 경계를
　진실하고 구족하게 연설하옵니까
　불법의 맏이는 누구입니까
　세간에 존귀하신 부처님, 보여주소서

◉ 疏 ◉

後五中에

初一은 自敍得益이니 卽是領旨이오

次偈는 領衆意請이오

次偈는 歎衆堪聞이오

次偈는 敍佛令請이오

後偈는 正求說主니 已領佛意일새 故不請佛이라

　뒤의 5수 게송 가운데,
　첫째, 제6게송은 얻은 이익을 스스로 말함이다. 이는 그 뜻을 앎이다.
　둘째, 제7게송은 대중이 마음으로 법문을 청함을 앎이다.
　셋째, 제8게송은 대중이 법문을 들을 만한 이들임을 찬탄함이다.
　넷째, 제9게송은 부처께서 우리에게 법문을 청하도록 함을 서술하였다.
　다섯째, 제10게송은 설법주를 찾음이다. 이미 부처의 뜻을 알기 때문에 부처에게 법문을 청하지 않았다.

第二 口光加說主者는 示所請故일세니라

2. 입의 방광으로 설법주에게 가피를 내리다

이것은 법문을 청한 대상임을 보여줌이기 때문이다.

經

爾時에 如來 卽於口中에 放大光明하시니 名無礙無畏라
百千億阿僧祇光明으로 以爲眷屬하야
普照十方盡虛空等法界一切世界하사
右繞十匝하며 顯現如來種種自在하며
開悟無量諸菩薩衆하야
震動一切十方世界하며
除滅一切諸惡道苦하며
暎蔽一切諸魔宮殿하며
顯示一切諸佛如來 坐菩提座하야 成等正覺과 及以一切道場衆會하며
作是事已하고
而來右繞菩薩衆會하야
入普賢菩薩摩訶薩口하신대
其光이 入已에 普賢菩薩身과 及師子座 過於本時와 及

諸菩薩身座百倍오 唯除如來師子之座러라

　그때, 여래의 입에서 큰 광명을 쏟아내시니 그 이름은 '걸림 없고 두려움 없는 광명'이다.

　백천억 아승지 광명으로 권속을 삼아,

　시방의 온 허공법계 일체 세계를 널리 비춰,

　오른쪽으로 열 겹을 돌아서 여래의 가지가지 자재함을 나타내 보여주었고,

　한량없는 보살 대중을 깨우쳐 주었으며,

　일체 시방의 세계를 진동하며,

　일체 모든 악도의 고통을 없애주고,

　일체 마군의 궁전을 가리며,

　일체 제불여래께서 보리법좌에 앉아 등정각을 이루심과 일체 도량에 모인 대중을 나타내 보였으며,

　이런 일을 마치시고,

　다시 찾아와 보살 대중법회를 오른쪽으로 돌고서,

　보현보살마하살의 입으로 들어갔다.

　그 광명이 들어간 뒤에 보현보살의 몸, 사자법좌, 본래 있던 때, 다른 보살의 몸과 법좌가 백 곱절이나 뛰어났는데, 오직 여래의 사자법좌만은 예외였다.

● 疏 ●

文中三이니 初는 光이오 次는 加오 後는 益이라

今初 亦十이니

一은 出處니 口放者는 表敎道傳通故오 二는 光名이니 令得無礙辯하야 不畏大衆及深理故니라 餘如前辨하다

二 '入普'下는 加中入口者는 敎以口傳故오 如佛說故니라 加普賢者는 是普賢行之果故오 所證法界 由理顯故니라

三 '其光入'下는 明益中에 唯除如來니 揀師資故니라

경문은 3단락이다.

(1) 방광,

(2) 가피의 모양,

(3) 가피의 이익이다.

'(1) 방광'은 또한 10가지이다.

① 방광의 출처이다. 입에서 방광을 하였다는 것은 가르침의 도를 전하여 통함을 나타내기 때문이다.

② 광명의 이름이다. 걸림 없는 변재로 대중과 심오한 이치를 두려워하지 않게 하려는 까닭이다. 나머지는 앞에서 말한 바와 같다.

(2) '入普賢菩薩' 이하는 가피 부분에 보현보살의 입으로 광명이 들어갔다는 것은 가르침이란 입으로 전수하기 때문이며, 부처님의 말씀과 같기 때문이다. 보현보살에게 방광의 가피를 내린 것은 보현행의 결과이기 때문이며, 증득한 바의 법계가 이치를 연유하여 나타나기 때문이다.

(3) '其光入已' 이하는 가피의 이익을 밝힌 가운데 오직 여래는 예외였다. 이는 스승과 제자가 똑같지 않음을 구분하기 위함이다.

第二本分
제2. 본론 부분

> **經**
>
> 爾時에 如來性起妙德菩薩이 問普賢菩薩摩訶薩言하사대 佛子여 佛所示現廣大神變이 令諸菩薩로 皆生歡喜하나니 不可思議라 世莫能知니 是何瑞相이니잇고
> 普賢菩薩摩訶薩이 言하사대 佛子여 我於往昔에 見諸如來應正等覺이 示現如是廣大神變에 卽說如來出現法門이러시니 如我惟忖컨댄 今現此相하시니 當說其法이로다
> 說是語時에 一切大地 悉皆震動하고 出生無量問法光明하니라

그때, 여래성기묘덕보살이 보현보살마하살에게 물었다.

"불자여, 부처님께서 나타내 보이신 광대한 신통변화가 모든 보살에게 기쁨을 내게 하고, 불가사의한 터라, 세간 중생으로서는 도저히 알 수 없으니 이 무슨 상서입니까?"

보현보살마하살이 대답하였다.

"불자여, 내가 지난 옛적에 여러 여래·응공·정등각이 이와 같은 광대한 신통변화를 보이시고 곧 여래가 출현하여 법문 연설하시는 것을 보아왔다.

내 생각건대 지금 이런 모습을 나타내시니 곧 법문을 연설하

실 것이다."

이런 말을 할 적에 모든 대지가 진동하고 한량없이 법을 묻는 광명이 쏟아져 나왔다.

◉ 疏 ◉

本分中三이니

初는 徵事而問이오

次는 引例以答이니 答卽是本이오

後'說是語'下는 表瑞證成하야 顯說希奇니 纔聞其名에 已有徵故니라

'大地動'者는 大法將顯에 大惑將傾故오

'出問法光'者는 冥加智慧하야 助發請故니라

본론 부분은 3단락이다.

1. 신통의 일을 증명하면서 물었고,

2. 전례를 인용하여 대답하였다. 대답이 곧 본론이며,

3. '說是語時' 이하는 상서를 나타내어 성취를 증명하여, 보기 드문 설법임을 밝혔다. 그 여래의 이름을 듣는 것만으로도 이미 징험이 있기 때문이다.

'大地動'이란 큰 불법을 장차 밝히고, 큰 미혹을 장차 기울여 뒤집고자 하기 때문이다.

'出問法光'이란 보이지 않은 지혜의 가피로 請法을 도와 일으키고자 하기 때문이다.

第三 請分
中有長行與偈니라

    제3. 법문을 청하는 부분
    여기에는 앞의 산문과 뒤의 게송이 있다.
    이는 '1. 산문'이다.

經

時에 性起妙德菩薩이 問普賢菩薩言하사대
佛子여 菩薩摩訶薩이 應云何知諸佛如來應正等覺의
出現之法이니잇고 願爲我說하소서
佛子여 此諸無量百千億那由他菩薩衆會 皆久修淨業
하야 念慧成就하야 到於究竟大莊嚴岸하며 具一切佛威
儀之行하며 正念諸佛하야 未曾忘失하며 大悲觀察一切
衆生하며 決定了知諸大菩薩神通境界하며 已得諸佛神
力所加하야 能受一切如來妙法이니 具如是等無量功德
이 皆已來集이니이다
佛子여 汝已曾於無量百千億那由他佛所에 承事供養
하며 成就菩薩最上妙行하며 於三昧門에 皆得自在하며
入一切佛秘密之處하며 知諸佛法하며 斷衆疑惑하며 爲
諸如來神力所加하며 知衆生根하며 隨其所樂하야 爲說
眞實解脫之法하며 隨順佛智하야 演說佛法하야 到於彼

岸이라 有如是等無量功德하시니

善哉佛子여 願說如來應正等覺出現之法과 身相과 言音과 心意와 境界와 所行之行과 成道와 轉法輪과 乃至 示現入般涅槃과 見聞親近所生善根하사 如是等事를 願皆爲說하소서

그때, 성기묘덕보살이 보현보살에게 물었다.

"불자여, 보살마하살이 어떻게 부처님·여래·응공·정등각이 출현하신 법을 아는 것입니까? 저를 위해 말씀해 주십시오.

불자여, 이 한량없는 백천억 나유타 보살 대중이 모두 오래전부터 청정한 업을 닦아, 바른 생각과 바른 지혜를 성취하여 최고 경지의 대장엄의 피안에 이르렀으며,

일체 부처님의 위의의 행을 갖췄으며,

바르게 부처님을 생각하여 잊은 적이 없으며,

대자비의 마음으로 일체중생을 살펴보며,

모든 대보살의 신통한 경계를 분명하게 알며,

이미 부처님들의 신통력의 가피를 얻어 일체 여래의 미묘한 법을 받게 되었습니다.

이처럼 한량없는 공덕을 갖춘 이들이 모두 찾아와 모였습니다.

불자여, 그대는 이미 한량없는 백천억 나유타 부처님을 받들어 섬기고 공양하였으며,

보살의 가장 미묘한 행을 성취하였으며,

삼매 법문에 모두 자재함을 얻었으며,

일체 부처님의 비밀스러운 곳에 들어갔으며,

부처님들의 법을 알며,

많은 의혹을 끊었으며,

많은 여래의 신통력 가피를 받았으며,

중생의 근기를 알며,

중생이 좋아하는 바를 따라서 진실하게 해탈하는 법을 말하며,

부처님의 지혜를 따라 불법을 연설하여 피안에 이르게 하였습니다.

이와 같은 한량없는 공덕을 지녔습니다.

훌륭하십니다. 불자여, 바라건대 여래·응공·정등각이 출현하는 법, 아름다운 몸매, 언어 음성, 마음과 생각, 경계, 행하셨던 행, 도를 이루심, 법륜을 굴리심, 내지 열반에 드심, 보고 듣고 가까이 하여 생기는 선근을 말씀해 주소서.

이와 같은 일들을 바라건대 모두 말씀해 주십시오."

⦿ 疏 ⦿

前中四니

一은 總擧法請이오

二'佛子此諸'下는 歎衆堪聞이오

三'佛子汝已'下는 歎說主具德이오

四'善哉'下는 標章別請이라

前二는 可知오 三中에 別歎十事니

一은 供多佛이니 必曾聞故오 二는 成妙行이니 曾已修故오 三은 定自在니 有所依故오 四는 親證入故오 五는 知敎道故오 六은 除他疑故오 七은 上力加故오 八은 審根器故오 九는 能隨說故오 十은 順智到彼岸이니 得意深故니라
'有如是'下는 總結이니 旣有說德일새 堪宜說故니라
'第四標章別請'中에 初句는 讚善이니 躡前三段이오 後列十事는 以顯無盡이니
一은 如來出現之法은 此是總相이니 總集多緣하야 成出現法일새 法含持軌오
餘九는 是別이니 初三은 卽三業秘密이오 四는 境이니 卽智之所緣이오 亦分齊境이오 五는 依境修行이니 通因通果오 六은 成菩提道오 七은 成轉法輪이오 八은 應必示涅槃이오 九는 若存若亡이니 見聞皆益이니 備斯九事—化始終이라
有云 '初一은 所依之法이오 餘九는 能依之德이라'하니 亦有斯理니라
'如是'下는 結請이라

'산문'은 4단락이다.

(1) 총체로 법을 들어 설법을 청함이며,

(2) '佛子此諸' 이하는 대중이 법문을 들을 만한 근기임을 찬탄함이며,

(3) '佛子汝已' 이하는 공덕을 갖춘 설법주를 찬탄함이며,

(4) '善哉' 이하는 標章하여 개별로 법문을 청함이다.

앞의 (1)~(2)는 말하지 않아도 알 수 있고,

'(3) 설법주의 찬탄' 부분은 개별로 10가지 일을 찬탄하였다.

① 많은 부처에게 공양하였다. 반드시 일찍이 법문을 들었기 때문이다.

② 미묘한 행을 성취하였다. 일찍이 닦았기 때문이다.

③ 선정이 자재하다. 의지한 바가 있기 때문이다.

④ 친히 증득하여 들어갔기 때문이다.

⑤ 가르침의 도를 알기 때문이다.

⑥ 다른 의혹을 없앴기 때문이다.

⑦ 최상의 힘을 더하였기 때문이다.

⑧ 중생의 근기를 살폈기 때문이다.

⑨ 중생을 따라 설법하기 때문이다.

⑩ 지혜를 따라 피안에 이르렀다. 뜻을 얻은 바가 심오하기 때문이다.

'有如是' 이하는 총체로 끝맺음이다. 이미 설법한 공덕이 있기에 적절한 설법을 감당한 까닭이다.

'(4) 표장하여 개별로 법문을 청함' 부분의 첫 구절 '如來出現之法'은 훌륭함을 찬탄함이다. 앞의 3단락을 뒤이어서 말하였고, 뒤이어 나열한 10가지의 일은 그지없음을 밝혔다.

첫 구절 '如來出現之法'은 총상이다. 많은 인연을 총괄하여 출현하는 법을 성취한 것이기에, 그 법에는 부처의 行持와 軌範을 포함하고 있다.

나머지 9구는 별상으로 말하였다.

앞의 제2~4 3구[身相, 言音, 心意]는 삼업의 비밀이며,

넷째, 제5구는 경계이다. 지혜의 반연 대상이자, 또한 구분과 한계의 경계이다.

다섯째, 제6구[所行之行]는 경계에 따라 수행함이다. 인과에 모두 통한다.

여섯째, 제7구[成道]는 보리의 도를 성취함이며,

일곱째, 제8구[轉法輪]는 법륜 굴림을 성취함이며,

여덟째, 제9구[示現入般涅槃]는 응하여 몸을 나타내면 반드시 열반을 보이는 것이며,

아홉째, 제10구[見聞親近所生善根]는 부처가 계시나 계시지 않으나 보고 들음이 모두 이익이 되는 것이다.

이 9가지 일을 갖춤이 하나의 화신으로 태어나 시작과 끝의 전체이다.

혹자가 말하기를, "첫 구절은 의지할 대상의 법이며, 나머지 9구는 의지 주체의 공덕이다."고 하니, 이 또한 그럴듯한 이치가 있다.

'如是' 이하는 請法을 끝맺음이다.

第二 偈請

2. 게송으로 청하다

時에 **如來性起妙德菩薩**이 **欲重明此義**하사 **向普賢菩薩**하야 **而說頌曰**

    그때, 여래성기묘덕보살이 이런 뜻을 거듭 밝히고자 보현보살을 향하여 게송으로 말하였다.

善哉無礙大智慧여   **善覺無邊平等境**이시니
願說無量佛所行하소서   **佛子聞已皆欣慶**하리이다

    훌륭합니다, 걸림 없는 큰 지혜여
    그지없는 평등한 경계 잘도 깨달으셨나니
    한량없는 부처님 행하셨던 공덕 말해주소서
    불자들이 듣고서 모두 기뻐하리라

菩薩云何隨順入과   **諸佛如來出興世**며
云何身語心境界와   **及所行處願皆說**하소서

    보살들이 어떻게 불법 따라 들어가고
    어떻게 제불여래 세상에 나오시며
    어떤 것이 몸과 말과 뜻의 경계이며
    행하셨던 곳인지 모두 말해주소서

云何諸佛成正覺이며   **云何如來轉法輪**이며
云何善逝般涅槃이니잇고   **大衆聞已心歡喜**하리이다

어떻게 부처님 정각 이루셨고
어떻게 여래께서 법륜 굴리시며
어떻게 부처님 열반에 드셨습니까
대중이 들으면 마음 기쁘리이다

若有見佛大法王하고　　**親近增長諸善根**이니
願說彼諸功德藏하소서　**衆生見已何所獲**이니잇고

부처님 대법왕 뵈옵고
가까이하면 선근이 더욱 커나가니
그와 같은 공덕법장 말해주소서
중생이 친견 뒤 그 무얼 얻나이까

若有得聞如來名하며　　**若現在世若涅槃**에
於彼福藏生深信하면　　**有何等利願宣說**하소서

만약 여래의 명호를 듣거나
부처님 계실 적이나 열반한 뒤에
저 복덕 창고에 깊은 신심 내면
어떤 이익 있는지 말해주소서

◉ 疏 ◉

十偈分三이니
初一은 讚德標請이니 頌前第三段이오

次四는 擧法別請이니 頌前第四段이라

10수 게송은 3단락으로 나뉜다.

⑴ 제1게송은 공덕을 찬탄하면서 請法을 밝힘이다. 앞의 제3단락[三'佛子汝已'下 歎說主具德]을 읊었으며,

⑵ 제2~5 4수 게송은 법을 들어 개별로 법문을 청함이다. 앞의 제4 단락[四'善哉'下 標章別請]을 읊었다.

經

此諸菩薩皆合掌하고　　瞻仰如來仁及我하나니
大功德海之境界인　　　淨衆生者願爲說하소서

　이 모든 보살이 모두 합장하고서
　여래와 그대와 나를 바라보오니
　바다처럼 깊고 넓은 큰 공덕의 경계 지니신
　중생 정화하신 이여, 말해주소서

願以因緣及譬喩로　　　演說妙法相應義하소서
衆生聞已發大心하야　　疑盡智淨如虛空하리이다

　바라건대 인연이나 비유로
　미묘한 법에 상응하는 뜻 연설하소서
　중생 들으면 큰마음 일으켜
　의심 사라지고 지혜 맑아 허공 같으리이다

如徧一切國土中한　　　諸佛所現莊嚴身하야
願以妙音及因喻로　　　示佛菩提亦如彼하소서

    일체 국토에 두루 계시는
    여러 부처님 장엄한 몸처럼
    미묘한 음성, 인연 혹은 비유로써
    부처의 보리지혜 보이심도 그처럼 해주소서

十方千萬諸佛土와　　　億那由他無量劫에
如今所集菩薩衆을　　　於彼一切悉難見이라

    시방세계 백천만 국토와
    억 나유타 한량없는 오랜 겁에도
    지금 여기 모인 보살 대중을
    그 어디서도 만나보기 어려우리다

此諸菩薩咸恭敬하야　　於微妙義生渴仰하나니
願以淨心具開演　　　　如來出現廣大法하소서

    이 모든 보살 공경하여
    미묘한 깊은 이치 갈망하오니
    바라건대 청정하신 마음으로
    여래의 출현하는 광대한 법문 말해주소서

◉ 疏 ◉

三有五偈는 歎德勸請이니 通頌後三段이라

於中에 初偈는 總讚請이오

次二偈는 勸說之方이니 以法深難領일세 故請說因喩오

次一偈半은 歎衆堪聞이오

末後半偈는 結請所說이니 淨心은 顯無說過오 具演은 文義周圓이라

(3) 5수 게송은 공덕을 찬탄하면서 청하여 권함이다. 뒤의 3단락 [二 歎衆堪聞, 三 歎說主具德, 四 標章別請]을 모두 통틀어 읊었다.

5수 게송 가운데 첫째 제6게송은 총괄하여 찬탄하면서 법문을 청하였고,

다음 제7~8 2수 게송은 설법의 방법을 권함이다. 불법이 심오하여 이해하기 어려운 까닭에 인연과 비유를 들어 말해주기를 청함이며,

다음 제9게송과 제10게송의 앞 2구는 대중이 법문을 들을 만한 근기임을 찬탄함이며,

끝의 제10게송의 뒤 2구는 설법 대상의 청을 끝맺음이다.

청정한 마음은 설법의 잘못이 없음을 밝힘이며,

'모두 갖춰 연설하라[具演]'는 것은 문장의 의의가 두루 원만함이다.

第四說分
大分爲二니

初는 別答十問이오 後 '佛子如來以一切譬' 下는 總以結酬라
今初十段은 答前十問이니 各有長行偈頌하야 一一具十이라
今初는 答出現之法이니 長行中에 二니 初는 標告歎深이라

제4. 설법 부분

이의 경문은 크게 2단락으로 나뉜다.

가. 10가지 물음에 개별로 답함이며,

나. 뒤의 '佛子如來以一切譬' 이하는 총괄하여 대답을 끝맺음이다.

'가. 개별 10단락'은 앞의 10가지 물음에 답하였다.

각 단락마다 산문과 게송으로 하나하나 10구씩 갖추고 있다.

제1. 여래의 출현하는 법에 답함이다.

1. 산문 부분은 2단락이다.

앞은 보현보살이 보살 대중에게 일러줌을 밝혔고, 심오한 불법을 찬탄하였다.

經

爾時에 普賢菩薩摩訶薩이 告如來性起妙德等諸菩薩大衆言하사대
佛子여 此處 不可思議니

그때, 보현보살마하살이 여래성기묘덕보살 등 보살 대중에게 말하였다.

"불자여, 이 자리는 도저히 생각할 수도, 말할 수도 없다.

二. 隨義別顯

於中에 三이니

初는 法說深廣이니 酬前因緣이오

二는 喩明深廣이니 雙酬因喩오

後는 總結成益이니 結上十喩라

今은 初라

뒤는 뜻에 따라 개별로 밝히다

이 부분은 3단락이다.

1) 법을 들어 심오하고 광대함을 말하였다. 앞서 말한 '인연'에 관한 대답이다.

2) 비유를 들어 심오하고 광대함을 밝혔다. 앞서 말한 '인연'과 '비유'를 모두 들어 답하였다.

3) 성취 이익을 총괄하여 끝맺었다. 위의 10가지 비유를 끝맺음이다.

이는 '1) 법을 들어 심오하고 광대함을 말한' 부분이다.

經

所謂如來應正等覺이 以無量法으로 而得出現이라
何以故오 非以一緣이며 非以一事로 如來出現이 而得成就오 以十無量百千阿僧祇事로 而得成就니
何等이 爲十고

所謂過去無量攝受一切衆生菩提心所成故며

過去無量淸淨殊勝志樂所成故며

過去無量救護一切衆生大慈大悲所成故며

過去無量相續行願所成故며

過去無量修諸福智心無厭足所成故며

過去無量供養諸佛하고 敎化衆生所成故며

過去無量智慧方便淸淨道所成故며

過去無量淸淨功德藏所成故며

過去無量莊嚴道智所成故며

過去無量通達法義所成故니라

佛子여 如是無量阿僧祇法門이 圓滿하야 成於如來시니라

이른바 여래·응공·정등각이 한량없는 법으로 나타내는 것이다.

무엇 때문일까?

여래가 출현하여 성취하는 것은 하나의 인연이나 하나의 일 때문이 아니다. 열 가지 한량없는 백천 아승지 일로써 성취하는 것이다.

무엇이 열 가지 백천 아승지 일인가?

이른바 과거에 한량없이 일체중생을 거둬주는 보리심으로 성취한 바이기 때문이며,

과거에 한량없이 청정하고 훌륭한 뜻으로 성취한 바이기 때문이며,

과거에 한량없이 일체중생을 구호하려는 대자대비로 성취한 바이기 때문이며,

과거에 한량없이 이어온 행원으로 성취한 바이기 때문이며,

과거에 한량없이 복덕과 지혜를 닦으면서 싫어할 줄 모르는 마음으로 성취한 바이기 때문이며,

과거에 한량없이 부처님께 공양하고 중생을 교화함으로 성취한 바이기 때문이며,

과거에 한량없는 지혜방편의 청정한 도로 성취한 바이기 때문이며,

과거에 한량없이 청정한 공덕장으로 성취한 바이기 때문이며,

과거에 한량없이 장엄한 도의 지혜로 성취한 바이기 때문이며,

과거에 한량없이 통달한 법과 이치로 성취한 바이기 때문이다.

불자여, 이와 같이 한량없는 아승지 법문이 원만하여 성불한 것이다.

● 疏 ●

中分三이니 謂標·釋·結이라

위의 경문은 3단락으로 나뉜다.

(1) 표장, (2) 해석, (3) 결론이다.

今初는 總標多因하야 成出現果오

'(1) 표장'은 많은 인연을 총괄하여 내세워 출현하게 된 결과를 끝맺었다.

二'何以'下는 釋이라

於中二니

先은 徵以總釋이오

後 '何等爲'下는 徵數別明이라

今初에 先은 反釋이니 緣은 約能成之緣이오 事는 卽所成因體라

後 '以十'下는 順釋이니 向言無量은 乃是總相이오 今明有十箇無量은 以顯無盡이라 理는 實則有百千阿僧祇數無量이니 此十無量은 皆徧十喩라

'百千'者는 古人云 '以十無量으로 入中十喩하야 成百이오 以後結中十句로 一一結前百門하야 爲千이오 其中에 更有別義하야 方成無量이나 今以下列十中 門門에 皆云無量이라'하니 則不俟相入이라 是知百千之言은 但是數之總稱耳라

'二徵數別明'中에 一은 始發大心하야 誓期出現故니 此心何相고

二는 明上求勝志오

三은 明下化慈悲오

四는 行以續願이니 此行謂何오

五는 明不出福智오

六은 別顯福嚴이오

七은 別明智嚴이오

八은 淨前功德이오

九는 嚴前智慧니 所謂方便道 敎道 證道 無住道 正道 助道 一道 二道等으로 皆莊嚴故오

十은 窮究法源이니 眞實智故니라

　　(2) '何以故' 이하는 해석이다.

이는 2단락이다.

① 물음으로써 총괄하여 해석하였고,

② '何等爲十' 이하는 무엇이 10가지 수효인가를 묻고서 개별로 밝혔다.

'① 물음의 총괄 해석'의 앞부분은 거꾸로 해석하였다. '一緣'의 '緣' 자는 성취 주체의 반연을 들어 말하였고, '一事'의 '事' 자는 성취 대상의 원인 본체이다.

뒤의 '以十無量' 이하는 차례로 해석하였다. 위 구절에서 말한 '以無量法'의 '無量'은 총상으로 말한 것이며, 이 구절에서 '十無量百千阿僧祇'의 '十無量'을 밝힌 것은 이로써 그지없다[無盡]는 뜻을 나타내려는 것이다. 이치로 말하면 실로 백천 아승지 수효는 한량이 없다. 여기에서 말한 '열 가지 한량없는[十無量]' 것은 10가지 비유에 모두 두루 통한다.

'十無量百千阿僧祇'의 '百千'이란 옛사람이 다음과 같이 말하였다.

"열 가지 한량없는 것으로써 중간 부분의 10가지 비유에 넣어 1백 가지를 형성하고, 뒤의 끝맺은 부분에서 10구로써 하나하나 앞서 말한 1백 가지의 법문을 끝맺으면서 1천 가지가 되고, 그 가운데 다시 또 다른 뜻으로 바야흐로 한량없음을 형성한 것이지만, 여기에서는 아래에 나열한 10가지 부분의 법문마다 모두 한량없다고 말하였다."

굳이 이처럼 서로 끼워 넣을 필요가 없다. '百千'이란 말은 수효의 총칭일 뿐이다.

'② 무엇이 10가지 수효인가를 묻고서 개별로 밝힌' 부분은 다음과 같다.

제1구[攝受一切衆生菩提心]는 큰마음을 처음 일으켜 반드시 세간 중생을 위해 몸을 나타내 보일 것을 맹세한 까닭이다.

그 마음은 어떤 양상일까?

제2구[淸淨殊勝志樂]는 위로 보리를 구하려는 수승한 뜻을 밝혔고,

제3구[救護一切衆生大慈大悲]는 아래로 중생을 교화하려는 자비를 밝혔다.

제4구[相續行願]는 행으로써 서원을 이어감이다.

여기에서 말한 행은 무엇을 말하는가?

제5구[修諸福智心無厭足]는 복덕과 지혜에서 벗어나지 않음을 밝혔고,

제6구[供養諸佛하고 敎化衆生]는 복덕 장엄을 개별로 밝혔으며,

제7구[智慧方便淸淨道]는 지혜 장엄을 개별로 밝혔고,

제8구[淸淨功德藏]는 앞의 공덕을 청정케 함이며,

제9구[莊嚴道智]는 앞의 지혜를 장엄함이다. 이른바 方便道·敎道·證道·無住道·正道·助道·一道·二道 등으로 모두 장엄하였기 때문이다.

제10구[通達法義]는 법의 본원을 궁구함이니 진실한 지혜이기 때문이다.

三'佛子如是'下는 結中에 旣皆過去積因하야 多法圓滿일세 令二利

果로 一時出現故니라 '出現'言은 通眞通應이라

(3) '佛子如是' 이하는 끝맺음 부분에서 이미 모두 과거에 쌓아놓은 원인으로 많은 법이 원만하기에, 자리이타의 결과를 일시에 나타나게 한 까닭이다.

'출현'이란 말은 진신과 응신에 모두 통한다.

━

第二喩明深廣中에 十喩各三이니 謂喩·合·結이라
喩는 酬譬喩요 合은 酬因緣이라 故文云'非以一緣一事而得出現'이라
又前法說은 多約往因이오 此中合文은 多約現緣이라
十中에 一은 大千興造喩니 此喩爲總이라 總喩衆緣以成出現이라
故云'以無量緣'等이라하니 下說雲雨는 皆此所霑니라

2) 비유를 들어 심오하고 광대함을 밝히다

이 부분의 10가지 비유에는 각각 3가지가 있다.

비유, 종합, 결론을 말한다.

비유는 앞서 말한 비유를, 종합은 앞서 말한 인연을 대답함이다. 이 때문에 경문에서 "부처님의 출현은 하나의 인연, 하나의 일 때문이 아니다."고 말하였다.

또한 앞에서 법으로 말한 것은 대부분 지난 세월의 원인을 들어 말하였고, 여기에서 말한 종합의 경문에서는 현재의 반연을 들어 말한 바 많다.

10가지 비유 가운데, '(1) 대천세계 성취의 비유'이다.

이 비유는 총상이다. 수많은 인연으로 출현이 이뤄짐을 총체로 비유한 것이다. 이 때문에 '한량없는 인연'이라 말하였다. 아래의 비유에서 말한 구름과 비는 모두 이에 의해 내려준 것이다.

經

佛子여 譬如三千大千世界 非以一緣이며 非以一事로 而得成就요 以無量緣無量事로 方乃得成이니

불자여, 비유하면 삼천대천세계의 성취가 하나의 인연으로, 하나의 일로써 이뤄진 게 아니다. 한량없는 인연과 한량없는 일로써 비로소 이뤄진 것이다.

◉ 疏 ◉

初喩中四니
一은 總辨多緣이오 二는 別顯緣相이오 三은 顯彼因起오 四는 性相結成이라
今初는 先反後順이니
緣은 卽因緣이니 如衆生業과 及風雨等이오
事는 卽事相이니 謂如所持水와 及宮殿等이라

첫 비유 부분은 4가지이다.
㈀ 많은 인연임을 총괄하여 말하였고,
㈁ 인연의 양상을 개별로 밝혔으며,
㈂ 저 인연이 일어남을 밝혔고,

㈜ 체성과 양상을 끝맺었다.

'㈀ 많은 인연의 총괄' 부분은 앞에서는 거꾸로 해석하였고 뒤에서는 차례대로 해석하였다.

緣이란 인연이다. 예컨대 중생업, 그리고 바람·비 등이다.

事는 현실세계에서 일어나는 일의 양상이다. 예컨대 지닌 바의 물, 궁전 등을 말한다.

經

所謂興布大雲하야 **降霆大雨**하며 **四種風輪**이 **相續爲依**니 **其四者**는 **何**오
一은 **名能持**니 **能持大水故**며
二는 **名能消**니 **能消大水故**며
三은 **名建立**이니 **建立一切諸處所故**며
四는 **名莊嚴**이니 **莊嚴分布 咸善巧故**니라

이른바 큰 구름을 일으켜 큰 비를 내려주며, 네 가지 풍륜이 서로 이어서 의지함을 말한다.

그 네 가지 풍륜은 무엇인가?

첫째, 유지 주체의 풍륜, 큰물을 지녔기 때문이다.

둘째, 소멸 주체의 풍륜, 큰물을 소멸하기 때문이다.

셋째, 건설의 풍륜, 일체 모든 곳을 세워주기 때문이다.

넷째, 장엄의 풍륜, 장엄의 분포가 모두 뛰어나기 때문이다.

● 疏 ●

二別顯中에 先은 雲雨上霔오 後는 風輪下持라
一 能持者는 若無此輪이면 雨無停處오
二는 水若不減이면 礙起天宮이오
三은 水雖已減이나 假此成立이니 謂減一節水에 起一重天이니 如嚴冬急流重重冰結이오
四는 雖起總處나 無別莊嚴일세 故須第四니라

'(ㄴ) 인연의 양상을 개별로 밝힌' 부분의 앞은 구름과 비가 위에서 내려줌이며, 뒤는 풍륜이 아래에서 부지해 줌이다.

첫째의 풍륜, 유지 주체란 만약 이 풍륜이 없으면 비가 멈출 곳이 없다.

둘째의 풍륜, 물이 줄어들지 않으면 천궁을 일으키는 데에 장애가 된다.

셋째의 풍륜, 물이 줄어들었을지라도 이를 빌려 성립된다. 한 부분의 물이 줄어들었을 적에 하나의 하늘을 일으키는 것이다. 엄동설한의 급류에 얼음이 겹겹으로 쌓여가는 것과 같다.

넷째의 풍륜, 비록 총괄한 곳을 일으키지만 별도의 장엄이 없기에 넷째의 풍륜을 필요로 한다.

經
如是皆由衆生共業과 及諸菩薩善根所起니 令於其中一切衆生으로 各隨所宜하야 而得受用이니라

이처럼 그 모든 것이 중생의 공동 업보와 많은 보살의 선근으로 일으킨 것이다. 그 가운데 일체중생으로 하여금 각기 적절한 바를 따라서 수용하도록 하였다.

◉ 疏 ◉

三은 顯彼因起니 謂上雲等이 畧由二因하니
一은 衆生外增上業이니 言共業者는 謂多有情이 應生此界하야 共業同變이니 於中有四句하니 謂共中共等이라【鈔_ '一 衆生'者는 揀異內異熟業이니 謂多有情者니 卽唯識論釋初能變中에 處之一字니 論云 '所言處者니 謂異熟識이 由共相種成熟力故로 變似色等器世間이오 相은 卽外大種과 及所造色이니 雖諸有情 所變各別이나 而相相似하야 處所無異니 如衆燈明에 各徧似一이라'
釋曰 '此는 釋共變之義니 相似를 名共이라'
論又云 '誰異熟識變고 爲此相有義니 一切 所以者는 何오 如契經說이니 一切有情 業增上力이 共所起故로 有義不許오 乃至云 '經依少分하야 說一切言이니 諸業同者는 皆共變故니라'
釋曰 此揀通局이니 卽今疏文이니 疏依此義하야 云應生此界라 故下經云 '各隨所宜而得受用'이라하니 若不應生이면 豈安樂界 所有衆生을 變爲此界之穢土耶아
於中有四者는 卽唯識第二에 引瑜伽論說이니 共不共中에 各有二種이라
共中二者는 一은 共中共이니 如山河等은 非唯一趣 獨能用故이오

二는 共中不共이니 如己田宅과 及鬼所見爲水火等이니 卽於彼境에 非互用也라
不共中二者는 一은 不共中不共이니 如眼等根은 唯自識依用이니 緣境이오 非他依故며 二는 不共中共이니 如自浮根塵도 他亦受用故니 根은 卽不耳니라】

㈐ 저 인연이 일어남을 밝혔다.

위에서 말한 구름과 비 등은 간추려 말하면 2가지 인연에서 연유한다.

① 중생의 외적인 증상업보이다.

'공동의 업보'라 말한 것은 많은 중생이 이 세계에 태어나 공동의 업보로 함께 변화한다. 여기에는 4구가 있는바, '공동 가운데 공동' 등을 말한다. 【초_ '① 중생의…'이란 다른 속에서의 異熟業과 다름을 말한 것으로 대부분 情識이 있는 자이다. 이는 유식론의 初能變을 해석한 가운데 '處'라는 한 글자를 말한다.

유식론에서 말하였다.

"處라고 말한 바이다. 異熟識이 共相種의 성숙한 힘에 연유한 까닭에 형상 등 器世間의 모양과 유사하게 변한다. 相은 외적 地水火風 四大種 및 만들어진 형상이다. 비록 모든 有情의 변화하는 바가 각기 다르지만, 모양은 서로 유사하여 處所의 차이가 없다. 이는 마치 많은 등불이 각기 두루 하나인 것과 같다."

이에 대한 해석은 다음과 같다.

"이는 공동의 변화 의의를 해석한 것이다. 서로 비슷한 것을

'공동'이라 말한다."

유식론에서 또 말하였다.

"어느 것이 이숙식의 변화인가. 이 모양에 의의가 있다. 일체 그 所以는 무엇인가. 경전에서 말한 바와 같다. 일체 유정이 업의 증상력을 공동으로 일으키는 바이기에 그 의의를 인정하지 않는다. …경은 적은 부분에 의지하여 일체의 언어를 말하니 모든 업이 똑같은 이는 모두 공동의 변화이기 때문이다."

이는 通局과는 다른 것으로, 이 청량소의 문장이다. 청량소에서는 이런 의의를 따라서 "당연히 이런 경계를 낳는다."고 하였다. 이 때문에 아래의 경문에서 말하였다.

"각기 적절한 바를 따라서 수용하도록 하였다."

만약 중생에 상응하지 않는다면 어떻게 안락세계에 있는 중생을 더러운 국토의 세계로 변하게 할 수 있겠는가.

"여기에는 4구가 있다."는 유식론 제2에서 유가론을 인용하여 말한 부분이다. 공동과 공동이 아닌 데에는 각각 2가지가 있다.

'공동 가운데' 2가지란, 첫째는 '공동 가운데 공동'이다. 산하 등은 오직 하나의 길에서 홀로 사용할 수 있는 게 아니기 때문이다.

둘째는 '공동 가운데 공동이 아니다.' 마치 자기의 전답과 가옥 및 귀신이 보는 바의 물과 불 등과 같다. 그 경계는 서로 사용하는 것이 아니다.

'공동이 아닌 가운데' 2가지란, 첫째는 '공동이 아닌 가운데 공동이 아니다.' 예컨대 眼根 등은 오직 그 자체의 識이 작용에 의함이니, 이는 경계를 반연한 것이지, 다른 것을 의지함이 아니기 때문이다. 둘째는 '공동이 아닌 가운데 공동'이다. 마치 자기의 浮根塵을 남들 또한 수용하기 때문이다. 根은 곧 그렇지 못하다.】

二 菩薩善根은 此有二意니

一은 約同居니 謂地前菩薩이오

二는 約能化니 謂隨諸衆生 應以何國 起菩薩根等하야 便修彼因하야 以取彼國이라 故有衆生類 卽菩薩佛國이라

'令於其中'下는 顯受用果니 謂先成器界하고 後起衆生하야 依之而住니 如俱舍·婆沙等辨이라【鈔_ '一約同居'者는 地前菩薩이 未生受用하야 同居變化오 亦以善業共變此土며

'二約能化'者는 卽淨名意니 能化菩薩이 非自業成이오 以大悲故로 取土攝生과 及衆生之類니 皆淨名經이오 並如世界成就品引이라

'謂先成器界'者는 俱舍十二云 '壞從獄不生으로 至外器都盡이오 成劫從風起로 至地獄初生이라'하니라

論釋云 '謂成劫中에 初一劫은 起器世間이오 後十九劫에 起有情하고 漸住壞中에 後劫은 壞於器界하고 前十九劫은 有情漸捨하고 二十中劫에 初劫은 唯減하고 後劫은 唯增이라 然此二時等中에 十八成壞는 時量法爾니 先成은 必在後壞라'】

　② 보살의 선근에는 2가지의 뜻이 있다.

　㉠ 함께 거처하는 것으로 말한다. 지전보살을 말한다.

　㉡ 교화의 주체로 말한다. 모든 중생을 어떤 나라에서 보살의 선근 등을 일으킬까를 따라서 곧 그에 따른 因地를 닦아서 그 나

라를 얻도록 한 것이다. 이 때문에 중생의 유가 곧 보살의 불국토이다.

"그 가운데 일체중생으로 하여금" 이하는 受用果를 밝혔다. 먼저 器世界를 마련하고 그 뒤에 중생을 일으켜 이에 의지하여 머물도록 하였다. 이는 구사론과 바사론 등에서 말한 바와 같다.【초_"㉠ 함께 거처하는 것으로 말한다."는 것은 지전보살이 受用을 내지 못하여 함께 거처하면서 변화하고, 또한 善業으로써 함께 이 국토를 변화하는 것이다.

"㉡ 교화의 주체로 말한다."는 것은 유마경에서 말한 뜻이다. 교화 주체의 보살이 자신의 업보로 성취한 게 아니다. 대자비의 마음 때문에 국토를 취하고 중생을 받아들임과 중생에 미치는 유이다. 이는 모두 유마경이며, 아울러 제4 세계성취품에서 인용한 바와 같다.

"먼저 器世界를 마련한다."는 것은 구사론 12에 이르기를, "壞劫은 지옥의 유정이 태어나지 않는 때로부터 외적인 기세간이 모두 다할 때까지의 기간이며, 成劫은 바람이 일어나는 때로부터 지옥의 유정이 최초로 태어나기까지의 기간이다."고 하였다.

논의 해석에서 말하였다.

"成劫 가운데 최초 1겁에는 器世間이 일어나고, 뒤의 19겁에는 有情이 일어나고, 점점 住壞 중의 後劫은 기세계에 무너지고, 앞의 19겁은 유정은 점점 버리고, 20의 中劫에 初劫은 오직 줄어들고 後劫은 오직 더한다. 그러나 이 二時 등의 가운데 18成壞는

時量의 법이 그러하다. 앞의 成劫은 반드시 뒤의 壞劫에 있다."】
各隨所宜者는 謂水族衆生은 得水受用等이라 又人羅刹은 宮殿無礙하고 菩薩·衆生은 淨穢同居니라

"각기 적절한 바를 따른다."는 것은 물속에 사는 생명은 물을 얻어 삶을 누리는 등이다. 또한 사람과 나찰은 궁전에 걸림이 없고, 보살과 중생은 청정한 세계와 더러운 세계에 함께 사는 것이다.

經

佛子여 如是等無量因緣으로 乃成三千大千世界하나니 法性이 如是하야 無有生者며 無有作者며 無有知者며 無有成者나 然彼世界 而得成就인달하야

불자여, 이처럼 한량없는 인연으로 삼천대천세계를 이루듯이 법성이 이와 같다. 내는 이도 없고 짓는 이도 없으며, 아는 이도 없고 이루는 자도 없지만, 저 세계가 성취되는 것이다.

● 疏 ●

'第四 性相結成'中에 先은 結前生後오 後 '法性如是'下는 正結이니 此句는 爲總이라
此法性言은 通於性相이오
'無有生'下는 別顯性空이며 亦遮其妄計니 謂非冥性微塵等生이오 非自在梵王等作이오 無神我能知니 上三은 顯能作空이오
'無有成'者는 顯所作空이니 雖能所俱空이나 不礙相有일새 故云 '而

得成就'라하니 如是無礙 爲'法性如是'니라

'(ㄹ) 체성과 양상을 끝맺은' 부분 가운데, 앞은 앞의 문장을 끝맺으면서 뒤의 문장을 일으켰고, 뒤의 '法性如是' 이하는 바로 끝맺음이다. 이 구절이 총상이다.

여기에서 말한 '법성'은 체성과 양상에 모두 통한다.

'無有生' 이하는 법성이 공함을 개별로 밝힘이며, 또한 그 허튼 알음알이를 차단한 것이다. 數論師가 말하는 冥性(冥諦)이나 미진 등으로 생겨남도 아니며, 자재범왕 등이 만들어 낸 것도 아니며, 삼키아(Sāṃkhya)학파에서 말한 神我(puruṣa)로서 알 수 있는 것도 아니다. 위의 3가지는 모든 것을 만들어 내는 주체가 공한 것임을 밝혔다.

'無有成'이란 만든 대상이 공한 것임을 밝혔다.

비록 주체와 대상이 모두 공하지만 모양의 존재에 장애가 없기 때문에 "저 세계가 성취되는 것"이다. 이처럼 장애가 없음이 "법성이 이와 같다."는 점이다.

經
如來出現도 亦復如是하야 **非以一緣**이며 **非以一事**로 **而得成就**오 **以無量因緣**과 **無量事相**으로 **乃得成就**니 **所謂曾於過去佛所**에 **聽聞受持大法雲雨**일세 **因此能起如來四種大智風輪**하나니
何等이 **爲四**오

一者는 念持不忘陀羅尼大智風輪이니 能持一切如來大
法雲雨故며
二者는 出生止觀大智風輪이니 能消竭一切煩惱故며
三者는 善巧廻向大智風輪이니 能成就一切善根故며
四者는 出生離垢差別莊嚴大智風輪이니 令過去所化一
切衆生으로 善根淸淨하야 成就如來無漏善根力故니라
如來 如是成等正覺하시니 法性이 如是하야 無生無作이
나 而得成就니라
佛子여 是爲如來應正等覺의 出現第一相이니
菩薩摩訶薩이 應如是知니라

여래의 출현 또한 이와 같다. 하나의 인연이나 하나의 일로써 성취된 게 아니라, 한량없는 인연과 한량없는 일로써 성취된 것이다.

이른바 과거에 부처님 계신 도량에서 큰 법의 구름과 비를 듣고 받들어 지녀왔기에, 이런 인연으로 여래의 네 가지 큰 지혜 풍륜을 일으키는 것이다.

무엇이 네 가지 큰 지혜 풍륜인가?

첫째, 기억하고 잊어버리지 않는 다라니의 큰 지혜 풍륜이다. 일체 여래의 큰 법 구름과 비를 지녔기 때문이다.

둘째, 선정[止]과 지혜[觀]를 내는 큰 지혜 풍륜이다. 일체 번뇌를 없애주기 때문이다.

셋째, 뛰어나게 회향하는 큰 지혜 풍륜이다. 일체 선근을 성취해 주기 때문이다.

넷째, 때를 여의는 각기 다른 장엄을 내는 큰 지혜 풍륜이다. 과거에 교화한 일체중생으로 하여금 선근이 청정하여 여래의 무루선근의 힘을 성취해 주기 때문이다.

여래가 이와 같이 등정각을 성취하였듯이 법성이 이와 같아서 내는 이도 없고 짓는 이도 없지만 성취되는 것이다.

불자여, 이는 여래·응공·정등각이 출현하는 첫째 모양이다.

보살마하살은 마땅히 이렇게 알아야 한다.

◉ 疏 ◉

次合中에 畧不合第三顯彼所因이니 以次下二喩 自別合故니라
合四輪中에 前三은 是因이오 後一은 二利果滿이니 因圓果滿이라야 佛出現故니라
一品之內에 多以依喩正者는 非唯義類相似라 實則外由內變일새 故令外器 全似於內니라 是以로 上云 '菩薩善根所起오 衆生共業所生'等이라하니 華藏品中에 已畧開顯이라

다음 종합 부분 가운데 제3 그 원인이 되는 바를 밝힌 것을 생략하여 종합하지 않았다. 다음 아래의 2가지 비유는 그 나름 개별로 종합하였기 때문이다.

4가지 풍륜을 종합한 부분 가운데, 앞의 3가지 풍륜은 원인이고, 뒤의 1가지 풍륜은 자리이타의 果德이 원만함이다. 인과가 모두 원만해야 부처가 출현할 수 있기 때문이다.

하나의 품에서 흔히 정설과 비유를 따른 것은 의의의 유가 서

로 비슷할 뿐 아니라, 실로 외적 양상은 내면에 의해 변하기 때문에 바깥의 器世界를 모두 내면에 똑같이 하도록 하는 것이다. 이 때문에 위의 경문에서는 "보살의 선근으로 일어나는 바이며, 중생의 공동 업보로 생겨난 것이다." 등이라 말하였다. 이는 제5 화장세계품에서 이미 간략히 밝혔다.

第二 洪霪大千喩
(2) 대천세계에 쏟아지는 억수장마의 비유

經

復次佛子여 譬如三千大千世界 將欲成時에 大雲降雨하나니 名曰洪霪라 一切方處의 所不能受며 所不能持요 唯除大千界將欲成時인달하야

佛子여 如來應正等覺도 亦復如是하야 興大法雲하야 雨大法雨하나니 名成就如來出現이라

一切二乘은 心志狹劣하야 所不能受며 所不能持요 唯除諸大菩薩心相續力이니라

佛子여 是爲如來應正等覺의 出現第二相이니 菩薩摩訶薩이 應如是知니라

또한 불자여, 비유하면 삼천대천세계가 이루어지려 할 적에 큰 구름에서 퍼붓는 비를 '억수장마'라고 말한다.

일체 어느 곳이든 받아들일 수도 없고 지닐 수도 없지만, 오직 대천세계가 이뤄지려는 때만큼은 제외된다.

불자여, 여래·응공·정등각 또한 그와 같다. 큰 법 구름을 일으켜 큰 법 비를 내리는데 그 이름을 '여래 출현의 성취'라 한다.

일체 이승으로서는 마음과 의지가 좁고 용렬하여 받아들일 수도 없고 지닐 수도 없지만, 오직 대보살의 마음으로 서로 이어가는 힘만큼은 제외된다.

불자여, 이것이 여래·응공·정등각이 출현하는 둘째 모양이다. 보살마하살은 마땅히 이렇게 알아야 한다.

◉ 疏 ◉

此之雲雨는 卽前喩中에 興雲降雨니 正喩出現法門이 廣大難知하야 周十方故니라

言'心相續力'者는 若約信受인댄 但是圓機 堅種相續이라야 能受深旨어니와 若約具受인댄 則八地已上에 得無盡陀羅尼이라야 方能受持하며 乃至十地라야 方受如來雲雨說法이니 是以文言'除大菩薩'이라하니 由初義故로 但揀二乘이라

여기에서 말한 구름과 비는 앞 비유 부분의 '구름이 피어오르고 비가 내림'이다. 이는 바로 '여래 출현의 법문이 가늠할 수 없을 만큼 광대하여 시방에 가득함'을 비유한 까닭이다.

'心相續力'이란 만약 믿고 받아들임으로 말하면 다만 이 원만한 근기의 견고한 종성이 서로 이어가야만 심오한 종지를 받아들

일 수 있다는 뜻이지만, 받아들일 수 있는 지위[具受]로 말하면 8지 이상에서 그지없는 다라니를 얻어야만 비로소 받아 지닐 수 있으며, 십지에 이르러야 비로소 구름과 비와 같은 부처님의 설법을 받아들일 수 있다. 이 때문에 경문에서 '대보살만큼은 제외된다.'고 하였다. 전자의 뜻을 따라 말한 까닭에 이승과 다른 것만을 들어 말하였다.

第三 雲雨無從喩
(3) 유래를 찾아볼 수 없는 구름과 비의 비유

經
復次佛子여 譬如衆生이 以業力故로 大雲降雨호대 來無所從이며 去無所至인달하야
如來應正等覺도 亦復如是하야 以諸菩薩善根力故로 興大法雲하야 雨大法雨호대 亦無所從來며 無所至去니라
佛子여 是爲如來應正等覺의 出現第三相이니
菩薩摩訶薩이 應如是知니라

또한 불자여, 비유하면 중생이 업력 때문에 큰 구름에서 비가 내려도 그 어디에서 온 것인지 알 수 없고, 그 어느 곳으로 가는 줄을 알 수 없는 것처럼, 여래·응공·정등각 또한 그와 같다.

모든 보살의 선근 역량 때문에 큰 법 구름을 일으키고 큰 법 비를 내리지만, 그 어디에서 온 것인지 알 수 없고 그 어느 곳으로 가는 줄을 알 수 없다.

불자여, 이는 여래·응공·정등각이 출현하는 셋째 모양이다.

보살마하살은 마땅히 이렇게 알아야 한다.

◉ 疏 ◉

菩薩善根이 如生共業하야 感彼出現 法雲法雨니 機感而現이라 非先有一方所하야 從彼而來오 機謝而去에 亦非歸至舊所라 故體無生滅이니라

보살의 선근이 중생의 공동 업보와 같아서 여래 출현의 법 구름과 법 비를 얻는 것이니, 이는 근기의 감응으로 나타난 터라, 먼저 어떤 한곳이 마련되어 있다가 그곳에서 오는 것도 아니며, 근기가 사라지면 떠나가는 터라, 또한 예전의 장소로 되돌아가는 것도 아니다. 이 때문에 그 본체는 생겨남도 사라짐도 없다.

第四 大雨難知喩

(4) 알 수 없는 빗방울 수효의 비유

經

復次佛子여 譬如大雲이 降霔大雨에 大千世界一切衆生이 無能知數하나니 若欲算計인댄 徒令發狂이오 唯大

千世界主摩醯首羅 以過去所修善根力故로 乃至一滴이라도 無不明了인달하야

佛子여 如來應正等覺도 亦復如是하야 興大法雲하야 雨大法雨에 一切衆生과 聲聞獨覺의 所不能知니 若欲思量인댄 心必狂亂이오 唯除一切世間主菩薩摩訶薩이 以過去所修覺慧力故로 乃至一文一句라도 入衆生心을 無不明了니라

佛子여 是爲如來應正等覺의 出現第四相이니 菩薩摩訶薩이 應如是知니라

　또한 불자여, 비유하면 큰 구름에서 큰비를 내릴 적에 대천세계의 일체중생은 그 빗방울의 수효를 아는 이가 없다. 빗방울의 수효를 계산하려 들면 한낱 발광할 뿐이지만, 오직 대천세계의 주인인 마헤수라는 과거에 닦은 선근의 힘으로 빗방울 하나까지도 분명히 아는 것처럼, 불자여, 여래·응공·정등각 또한 그와 같다.

　큰 법 구름을 일으키고 큰 법 비를 내릴 적에 일체중생과 성문·독각으로서는 도저히 알 수 없다. 만약 이를 헤아리고자 하면 그의 마음은 반드시 발광하게 될 것이다. 오직 일체 세간의 주인인 보살마하살은 제외된다.

　보살은 과거에 닦아온 깨달은 지혜의 힘으로 한 글자 한 구절까지도 중생의 마음에 들어가 분명히 알지 못한 게 없다.

　불자여, 이는 여래·응공·정등각이 출현하는 넷째 모양이다.

　보살마하살은 마땅히 이렇게 알아야 한다.

◉ 疏 ◉

喩深非心境故니 古云 '敎廣行大는 因深果遠故니 非預二乘이라'하니 亦不乖理로되 但是大機는 卽世間主 無能所行이라야 卽能知之니라

심오하여 마음으로 가늠할 수 있는 경계가 아님을 비유한 까닭이다.

옛사람이 말하였다.

"가르침은 광대하고 행이 위대함은 원인이 심오하고 결과가 원대하기 때문이다. 이는 이승으로서는 함께할 수 있는 바가 아니다."

이 또한 문맥에 어긋나는 말이 아니지만, 大機란 세간 법주의 주관과 객관이 없는 행을 지녀야만 이를 잘 알 수 있다.

第五. 大雨成敗喩

(5) 큰 빗줄기가 이뤄주고 무너뜨리는 비유

經

復次佛子여 譬如大雲降雨之時에
有大雲雨하니 名爲能滅이라 能滅火災하며
有大雲雨하니 名爲能起라 能起大水하며
有大雲雨하니 名爲能止라 能止大水하며
有大雲雨하니 名爲能成이라 能成一切摩尼諸寶하며

有大雲雨하니 名爲分別이라 分別三千大千世界인달하야
佛子여 如來出現도 亦復如是하야 興大法雲하야 雨大法
雨에
有大法雨하니 名爲能滅이라 能滅一切衆生煩惱하며
有大法雨하니 名爲能起라 能起一切衆生善根하며
有大法雨하니 名爲能止라 能止一切衆生見惑하며
有大法雨하니 名爲能成이라 能成一切智慧法寶하며
有大法雨하니 名爲分別이라 分別一切衆生心樂이니라
佛子여 是爲如來應正等覺의 出現第五相이니
菩薩摩訶薩이 應如是知니라

또한 불자여, 비유하면 큰 구름이 큰비를 내릴 적에

큰 구름에 큰비의 이름을 '없애주는 비'라고 한다. 화재를 꺼주기 때문이다.

큰 구름에 큰비의 이름을 '일으켜주는 비'라고 한다. 큰물을 일으켜주기 때문이다.

큰 구름에 큰비의 이름을 '멈춰주는 비'라고 한다. 큰물을 멈춰주기 때문이다.

큰 구름에 큰비의 이름을 '성취해 주는 비'라고 한다. 일체 마니주를 성취해 주기 때문이다.

큰 구름에 큰비의 이름을 '분별하는 비'라고 한다. 삼천대천세계를 분별하기 때문이다.

불자여, 여래의 출현도 그와 같다. 큰 법 구름을 일으켜 큰 법

비를 내릴 적에,

큰 법 비의 이름을 '없애주는 법 비'라고 한다. 일체중생의 번뇌를 없애주기 때문이다.

큰 법 비의 이름을 '일으켜주는 법 비'라고 한다. 일체중생의 선근을 일으켜주기 때문이다.

큰 법 비의 이름을 '멈춰주는 법 비'라고 한다. 일체중생의 경계를 보는 데서 일어나는 미혹[見惑]을 멈춰주기 때문이다.

큰 법 비의 이름을 '성취해 주는 법 비'라고 한다. 일체 지혜의 법보를 이뤄주기 때문이다.

큰 법 비의 이름을 '분별하는 법 비'라고 한다. 일체중생의 좋아하는 마음을 분별하기 때문이다.

불자여, 이는 여래·응공·정등각이 출현하는 다섯째 모양이다.

보살마하살은 마땅히 이렇게 알아야 한다.

◉ 疏 ◉

況佛滅惑成德이라
喩中에 初一은 卽壞界之時오 三은 卽以水止水라
合中에 初二는 滅惑成福이오 次二는 滅障成智니 卽止觀雙運이오
後一은 權智照機니라
又無二同二乘하고 無三同外道하며 無四增無明이오 無五非種智니
此는 卽分上總中에 法雨令差니라

부처께서 중생의 미혹을 없애어 공덕을 성취해 줌을 비유하였다.

비유의 가운데 첫째 '없애주는 비'는 세계가 무너지는 때이며, 셋째 '멈춰주는 비'는 물로써 물을 저지하는 것이다.

종합 부분에 앞의 '없애주는 법 비'와 '일으켜주는 법 비' 2가지는 미혹을 없애어 복덕을 성취해 줌이며,

다음 '멈춰주는 법 비'와 '성취해 주는 법 비' 2가지는 장애를 없애어 지혜를 성취함이니, 이는 止觀을 모두 운용함이다.

맨 뒤의 '분별하는 법 비'는 방편 지혜로 근기를 비춰봄이다.

또한 둘째 '일으켜주는 법 비'가 없으면 이승과 같고,

셋째 '멈춰주는 법 비'가 없으면 외도와 같으며,

넷째 '성취해 주는 법 비'가 없으면 무명과 같고,

다섯째 '분별하는 법 비'가 없으면 일체종지가 아니다.

이는 위의 총상 가운데서 법 비의 각기 다른 차별을 구분하였다.

第六一雨隨別喩

(6) 똑같은 빗물이지만 개별에 따라 달라지는 비유

經

復次佛子여 譬如大雲이 雨一味水호대 隨其所雨하야 無量差別인달하야

如來出現도 亦復如是하야 雨於大悲一味法水호대 隨宜說法하야 無量差別이니라

佛子여 是爲如來應正等覺의 出現第六相이니
菩薩摩訶薩이 應如是知니라

또한 불자여, 비유하면 큰 구름이 똑같은 비를 내리되 그 내린 곳을 따라서 한량없는 차별이 있는 것처럼 여래의 출현 또한 그와 같다.

대자비의 하나같은 법 물을 내리되 그에 따라 설법하여 한량없는 차별이 있다.

불자여, 이는 여래·응공·정등각이 출현하는 여섯째 모양이다. 보살마하살은 마땅히 이렇게 알아야 한다.

● 疏 ●

喩佛一味隨器니 隨器는 卽合前差別이라

부처께서 하나같은 마음으로 중생의 근기를 따라 달라짐을 비유하였다. 중생의 근기를 따른다는 것은 앞서 말한 차별을 종합함이다.

第七勝處先成喩

(7) 훌륭한 곳을 먼저 이뤄주는 비유

經

復次佛子여 **譬如三千大千世界 初始成時**에 **先成色界**

諸天宮殿하고 次成欲界諸天宮殿하고 次成於人과 及餘
衆生의 諸所住處인달하야
佛子여 如來出現도 亦復如是하야
先起菩薩諸行智慧하고
次起緣覺諸行智慧하고
次起聲聞善根諸行智慧하고
次起其餘衆生有爲善根諸行智慧하나니
佛子여 譬如大雲이 雨一味水호대 隨諸衆生의 善根異故
로 所起宮殿이 種種不同인달하야 如來大悲一味法雨도 隨
衆生器하야 而有差別이니라
佛子여 是爲如來應正等覺의 出現第七相이니
菩薩摩訶薩이 應如是知니라

    또한 불자여, 비유하면 삼천대천세계가 처음 이뤄질 적에

    먼저 색계의 하늘 궁전을 이루고,

    다음에 욕계의 하늘 궁전을 이루고,

    그다음에 사람과 나머지 중생이 거처할 곳을 이뤄주었다.

    불자여, 여래의 출현 또한 그와 같다.

    먼저 보살의 행과 지혜를 일으키고,

    다음에 연각의 행과 지혜를 일으키고,

    그다음에 성문의 선근의 행과 지혜를 일으키고,

    그다음에 나머지 중생의 유위(有爲)선근의 행과 지혜를 일으켰다.

    불자여, 비유하면 큰 구름이 똑같은 비를 내리지만, 중생의 선근

이 다름을 따르기 때문에 일으키는 궁전이 가지가지 똑같지 않은 것처럼, 여래의 대자비의 하나같은 법 비도 중생의 근기를 따라서 각기 달라지는 것이다.

불자여, 이는 여래·응공·정등각이 출현하는 일곱째 모양이다.

보살마하살은 마땅히 이렇게 알아야 한다.

● 疏 ●

喩佛勝緣先濟德이라 文中에 先은 正明이오 後'佛子譬如'下는 牒以釋疑라

先成은 由業力이오 法異는 由機殊니 不乖第六一味니라

부처의 훌륭한 인연은 먼저 구제 공덕임을 비유하였다.

이의 경문은 앞에서는 바로 밝혔고,

뒤의 '佛子譬如' 이하는 뒤이어서 의문을 해석해 주었다.

먼저 성취함은 업력을 따름이며, 법의 차이는 근기의 차이에 연유함이다.

이는 '(6) 똑같은 빗물이지만 개별에 따라 달라지는 비유'에서 말한 것과 어긋나지 않는다.

第八 事別由因喩

(8) 큰일의 공덕이 다른 것은 원인에 의함이라는 비유

復次佛子여 譬如世界 初欲成時에 有大水生하야 徧滿
三千大千世界하야 生大蓮華하니 名如來出現功德寶莊
嚴이라 徧覆水上하야 光照十方一切世界어든 時에 摩醯
首羅淨居天等이 見是華已하고 卽決定知於此劫中에 有
爾所佛이 出興於世하나니

佛子여 爾時 其中에 有風輪起하니 名善淨光明이라 能成
色界諸天宮殿하며

有風輪起하니 名淨光莊嚴이라 能成欲界諸天宮殿하며

有風輪起하니 名堅密無能壞라 能成大小諸輪圍山과 及
金剛山하며

有風輪起하니 名勝高라 能成須彌山王하며

有風輪起하니 名不動이라 能成十大山王하나니 何等이
爲十고 所謂佉陀羅山과 仙人山과 伏魔山과 大伏魔山과
持雙山과 尼民陀羅山과 目眞隣陀山과 摩訶目眞隣陀
山과 香山과 雪山이며

有風輪起하니 名爲安住라 能成大地하며

有風輪起하니 名爲莊嚴이라 能成地天宮殿과 龍宮殿과
乾闥婆宮殿하며

有風輪起하니 名無盡藏이라 能成三千大千世界一切大
海하며

有風輪起하니 名普光明藏이라 能成三千大千世界諸摩

尼寶하며

有風輪起하니 名堅固根이라 能成一切諸如意樹니라

佛子여 大雲所雨一味之水 無有分別호대 以衆生善根
不同故로 風輪不同하며 風輪差別故로 世界差別인달하야

　또한 불자여, 비유하면 세계가 처음 이뤄지려는 성겁(成劫)에 큰물이 불어나 삼천대천세계에 가득하여 큰 연꽃이 피어나는데, 그 이름을 '여래출현공덕보장엄의 연꽃'이라 한다.

　그 큰물을 모두 덮어주고 꽃빛이 시방 일체 세계를 비춰주는데, 그때 마혜수라와 정거천 천왕들이 그 연화를 보면서 이 겁에 반드시 연꽃과 같은 부처님이 세상에 나오실 것을 알았다.

　불자여, 그때 그 가운데서 풍륜이 일어나는데, 그 이름을 '착하고 청정한 광명의 풍륜'이라 한다. 색계의 여러 하늘 궁전을 이뤄준다.

　또 다른 풍륜이 일어나는데, 그 이름을 '청정한 광명장엄의 풍륜'이라 한다. 욕계의 여러 하늘 궁전을 이뤄준다.

　또 다른 풍륜이 일어나는데, 그 이름을 '견고하고 정밀하여 깨뜨릴 수 없는 풍륜'이라 한다. 큰 철위산·작은 철위산·금강산을 이뤄준다.

　또 다른 풍륜이 일어나는데, 그 이름을 '훌륭하고 드높은 풍륜'이라 한다. 수미산을 이뤄준다.

　또 다른 풍륜이 일어나는데, 그 이름을 '흔들리지 않는 풍륜'이라 한다. 열 가지 큰 산을 이뤄준다.

무엇이 열 가지 큰 산인가?

거타라산, 선인산, 복마산, 큰 복마산, 지쌍산, 니민다라산, 목진인타산, 마하 목진인타산, 향산, 설산이다.

또 다른 풍륜이 일어나는데, 그 이름을 '안주의 풍륜'이라 한다. 대지를 이뤄준다.

또 다른 풍륜이 일어나는데, 그 이름을 '장엄의 풍륜'이라 한다. 지상의 궁전, 천상의 궁전, 용의 궁전, 건달바의 궁전을 이뤄준다.

또 다른 풍륜이 일어나는데, 그 이름을 '무진장의 풍륜'이라 한다. 삼천대천세계의 모든 바다를 이뤄준다.

또 다른 풍륜이 일어나는데, 그 이름을 '보광명장의 풍륜'이라 한다. 삼천대천세계의 모든 마니 보배를 이뤄준다.

또 다른 풍륜이 일어나는데, 그 이름을 '굳은 뿌리의 풍륜'이라 한다. 일체 여의수(如意樹)를 이뤄준다.

불자여, 큰 구름에서 내리는 한결같은 물이 분별이 없지만, 중생의 선근이 똑같지 않기에 풍륜이 같지 않고, 풍륜이 똑같지 않기에 세계가 각기 다른 것이다.

● 疏 ●

喩佛成辦大事德이오 亦是德殊由智喩라

喩中에 分三이니

初는 蓮華表佛이니 總中畧無니라

名'出現'者는 表佛現故오 而言'大'者는 準五卷大悲經第三에 云

'有千葉故'니라

'光照十方'者는 金色光也오

言'爾所佛'者는 有千枝華 表千佛故니라 故劫名賢이니 賢善多故니라 餘多同此니라

二'佛子爾時'下는 '風輪起處'者는 卽有力遙持니 廣前建立風輪이라

三'佛子大雲'下는 結因有屬이라【鈔_ 準五卷大悲'者는 經云'阿難아 何故로 名爲賢劫고 阿難아 此三千大千世界에 劫欲成時에 盡爲一水어늘 淨居天子 以天眼觀見此世界에 唯一大水라 見有千枝諸妙蓮華하니 一一蓮華에 各有千葉하야 甚可愛樂이라 彼淨居天子 因見此華하고 心生歡喜하야 踊躍無量이라 而皆讚言호되 奇哉라 希有여 奇哉라 希有여 如此劫中에 當有千佛 出興於世라 以是因緣으로 遂名此劫하야 號之爲賢이라하니 我滅度後에 當有九百九十六佛호리라'】

부처의 대사 공덕 성취를 비유하였고, 또한 공덕이 다른 것은 지혜에 연유함을 비유하였다.

비유 부분은 3단락으로 나뉜다.

㈀ 연꽃으로 부처를 나타냈다. 총상 부분은 생략하여 언급한 바 없다.

'如來出現功德寶莊嚴'의 '출현'이라 이름 붙인 것은 부처의 출현을 나타내기 때문이며,

'大蓮華'의 '大'라 말한 것은 5권 대비경 제3에 준하면, "1천 개

의 꽃잎이 있기 때문이다."고 하였다.

"꽃빛이 시방 일체 세계를 비췄다."는 것은 황금빛이며,

"반드시 연꽃과 같은 부처님[爾所佛]"이라 말한 것은 1천 가지의 연꽃으로 1천 부처를 나타내기 때문이다. 이 때문에 겁의 명칭을 '賢劫'이라 하니 어질고 선량한 이가 많기 때문이다.

나머지 구절은 대부분 이와 같다.

(ㄴ) '佛子爾時' 이하는 '風輪起處'란 구심력이 있어 멀리 붙잡아줌이니 앞서 건립한 풍륜을 자세히 말한 것이다.

(ㄷ) '佛子大雲' 이하는 원인의 권속이 있음을 끝맺음이다.【초_ "5권 대비경 제3에 준한다."는 것은 대비경에서 말하였다.

"아난아, 무엇 때문에 그 이름을 현겁이라 말하는가?

아난아, 이 삼천대천세계에 겁이 처음 생기고자 할 때에 모두가 하나의 물 세계였다.

정거천 천왕이 하늘눈으로 이 세계를 살펴보니, 온통 하나의 큰물뿐인데, 그 가운데 1천 줄기의 온갖 미묘함을 지닌 연꽃을 보았다.

하나하나의 연꽃 송이마다 각각 1천 꽃잎으로 피어나 매우 사랑스러웠다.

저 정거천왕이 이 연꽃을 보고서 환희의 마음으로 한량없이 날뛰면서 모두 찬탄하였다.

'기이하고 보기 드문 꽃이다. 기이하고 보기 드문 꽃이다. 이런 겁에는 1천 부처가 이 세상에 나오실 것이다.'

이런 인연으로써 마침내 이 겁의 명칭을 '현겁'이라 불렀다. 내가 열반한 후에 996佛이 나올 것이다."】

經

佛子여 如來出現도 亦復如是하야 具足一切善根功德하사 放於無上大智光明하시니 名不斷如來種不思議智라 普照十方一切世界하사 與諸菩薩一切如來灌頂之記호대 當成正覺하야 出興於世라하나니라

佛子여 如來出現에 復有無上大智光明하시니 名淸淨離垢라 能成如來無漏無盡智하며

復有無上大智光明하시니 名普照라 能成如來普入法界不思議智하며

復有無上大智光明하시니 名持佛種性이라 能成如來不傾動力하며

復有無上大智光明하시니 名逈出無能壞라 能成如來無畏無壞智하며

復有無上大智光明하시니 名一切神通이라 能成如來諸不共法一切智智하며

復有無上大智光明하시니 名出生變化라 能成如來令見聞親近所生善根不失壞智하며

復有無上大智光明하시니 名普隨順이라 能成如來無盡福德智慧之身하야 爲一切衆生하야 而作饒益하며

復有無上大智光明하시니 **名不可究竟**이라 **能成如來甚深妙智**하야 **隨所開悟**하야 **令三寶種**으로 **永不斷絶**하며
復有無上大智光明하시니 **名種種莊嚴**이라 **能成如來相好嚴身**하야 **令一切衆生**으로 **皆生歡喜**하며
復有無上大智光明하시니 **名不可壞**라 **能成如來法界虛空界等殊勝壽命**하야 **無有窮盡**이니라

불자여, 여래의 출현 또한 그와 같다.

일체 선근의 공덕을 두루 갖춰 위없는 큰 지혜 광명을 쏟아놓으니 그 이름을 '여래의 종성이 끊이지 않는 불가사의한 지혜 광명'이라 한다.

시방 일체 세계에 두루 비춰 모든 보살에게 일체 여래의 관정 수기를 주되, '정각을 성취하여 세간에 출현하게 될 것이다.'고 하였다.

불자여, 여래가 출현함에 또 위없는 큰 지혜 광명이 있는데, 그 이름을 '청정하여 때를 여읜 광명'이라 한다. 여래 무루의 그지없는 지혜를 이루었다.

또 위없는 큰 지혜 광명이 있는데, 그 이름을 '널리 비춘 광명'이라 한다. 여래가 널리 법계에 들어가는 불가사의한 지혜를 이루었다.

또 위없는 큰 지혜 광명이 있는데, 그 이름을 '부처의 종성을 지닌 광명'이라 한다. 여래의 흔들리지 않는 힘을 이루었다.

또 위없는 큰 지혜 광명이 있는데, 그 이름을 '멀리 뛰어나 깨

뜨릴 수 없는 광명'이라 한다. 여래의 두려움이 없고 깨뜨릴 수 없는 지혜를 이루었다.

또 위없는 큰 지혜 광명이 있는데, 그 이름을 '일체 신통 광명'이라 한다. 여래의 그 누구도 함께할 수 없는 법, 일체 지혜의 지혜를 이루었다.

또 위없는 큰 지혜 광명이 있는데, 그 이름을 '변화를 내는 광명'이라 한다. 여래께서 보고 듣고 가까이한 데서 생겨난 선근을 잃어버리지 않도록 하는 지혜를 이루었다.

또 위없는 큰 지혜 광명이 있는데, 그 이름을 '널리 중생의 마음을 따르는 광명'이라 한다. 여래의 그지없는 복덕과 지혜의 몸을 이루어, 일체중생을 위해 이익되는 일을 하였다.

또 위없는 큰 지혜 광명이 있는데, 그 이름을 '다할 수 없는 광명'이라 한다. 여래의 매우 심오하고 미묘한 지혜를 성취하여 깨달은 바를 따라서 삼보의 종성을 영원히 끊이지 않게 하였다.

또 위없는 큰 지혜 광명이 있는데, 그 이름을 '가지가지 장엄의 광명'이라 한다. 여래의 아름다운 몸매로 장엄한 몸을 이루어, 일체중생이 모두 기쁜 마음을 내게 하였다.

또 위없는 큰 지혜 광명이 있는데, 그 이름을 '깨뜨릴 수 없는 광명'이라 한다. 여래의 법계와 허공계와 같이 훌륭한 수명을 이루어 다함이 없다.

◉ 疏 ◉

二合中에 亦三이니

先은 合蓮華表佛喩라

於中에 '一切善根功德'은 合上大水徧滿이오

'放於'下는 合生蓮華니 謂不斷種性이 如華表佛故오

'普照十方'은 合上光照十方이오

'與諸菩薩'下는 合知佛當出이라

둘째의 종합 부분 또한 3단락이다.

㈀ '佛子如來出現' 이하는 연꽃으로 부처를 나타내는 비유에 종합하였다.

그 가운데 '一切善根功德'은 위의 '큰물이 시방세계에 가득함'에 종합하였고,

'放於無上大智' 이하는 '큰물 속에 피어난 연꽃'에 종합하였다. 끊이지 않은 종성이 '연꽃으로 부처를 나타낸' 것과 같기 때문이며,

'普照十方'은 위의 '광명이 시방에 비쳤다.'는 구절에 종합하였고,

'與諸菩薩' 이하는 '부처가 세간에 나올 것을 아는 데'에 종합하였다.

第二'佛子'下는 合風輪起處喩니 此十智光은 次第合前이니

所成은 唯果德이오 能成은 通因果며

又能成은 卽實之權이오 所成은 唯差別之德이라 故下結云 '同一

體'等이라하니라

(ㄴ) '佛子' 이하는 풍륜이 일어난 곳의 비유에 종합하였다.

이 10가지 지혜 광명은 차례로 앞에서 말한 바에 맞춰 보았다.

성취의 대상은 오직 果德이고, 성취의 주체는 인과에 모두 통하며,

또한 성취의 주체는 실상과 하나가 된 방편 지혜이고, 성취의 대상은 오직 각기 다른 차별의 공덕이다. 이 때문에 아래의 경문에서 끝맺기를, '同一體' 등이라 말하였다.

經

佛子여 如來大悲一味之水는 無有分別이로대 以諸衆生의 欲樂不同과 根性各別로 而起種種大智風輪하야 令諸菩薩로 成就如來出現之法하나니

佛子여 一切如來 同一體性인 大智輪中에 出生種種智慧光明이시니

佛子여 汝等은 應知하라 如來 於一解脫味에 出生無量不可思議種種功德이어든 衆生이 念言호대 此是如來神力所造라하나니

佛子여 此非如來神力所造니

佛子여 乃至一菩薩도 不於佛所에 曾種善根하고 能得如來少分智慧 無有是處니 但以諸佛威德力故로 令諸衆生으로 具佛功德호대 而佛如來는 無有分別이며 無成無

壞며 **無有作者**며 **亦無作法**이니라
佛子여 **是爲如來應正等覺**의 **出現第八相**이니
菩薩摩訶薩이 **應如是知**니라

　불자여, 여래 대자비의 한결같은 마음은 분별이 없지만, 중생의 좋아하는 마음이 똑같지 않고 근성이 각각 다르므로, 가지가지 큰 지혜의 풍륜을 일으켜 보살들로 하여금 여래가 출현하는 법을 이루도록 하였다.

　불자여, 일체 여래의 똑같은 체성인 큰 지혜 풍륜에서 가지가지 지혜 광명을 낳는다.

　불자여, 그대들은 이렇게 알라. 여래의 하나의 해탈맛[解脫味]에서 한량없고 불가사의한 가지가지 공덕을 내는데, 중생들은 '이는 여래의 신통력으로 만들어 낸 것이다.'고 생각하였다.

　불자여, 이는 여래의 신통력으로 만들어 낸 것이 아니다.

　불자여, 하나의 보살까지도 부처님 계신 데서 일찍이 선근을 심지 않고서 여래의 일부분 지혜라도 얻는다는 것은 절대 그럴 리가 없다. 다만 부처님의 위엄과 공덕의 힘으로써 중생으로 하여금 부처 공덕을 갖추도록 하지만, 여래는 분별심이 없으며, 이뤄짐도 없고 무너짐도 없으며, 지을 이도 없고 또한 지을 법도 없다.

　불자여, 이것이 여래·응공·정등각이 출현하는 여덟째 모양이다.

　보살마하살은 마땅히 이렇게 알아야 한다.

● 疏 ●

第三은 合結因有屬이라

於中에 三이니

一은 結因이니 卽能成之智니 合上一味之水 風輪不同이라 此輪이 由一節水減하야 一重輪生이 如澄水埊이니 今推能成이면 由一味大悲니라

㈐ '佛子如來' 이하는 원인이 속한 바 있음을 끝맺은 데 종합하였다.

이 부분은 3단락이다.

제1 단락, 원인을 끝맺음이다. 이는 성취 주체의 지혜이다. 위에서 말한 '하나같은 물이지만 풍륜이 똑같지 않음'에 종합하였다. 이 풍륜은 1부분의 물이 줄어들면서 한 겹의 풍륜이 생겨남이 마치 맑은 물에 가라앉은 앙금과 같다. 여기에서 성취의 주체를 추구하면 한결같은 대자비의 마음에서 연유한 것이다.

二 佛子一切 下는 結果니 卽所成之大智 從一實之智하야 隨權而生이니 合上風輪差別일세 故世界差別이라

제2 단락, '佛子一切' 이하는 결과를 끝맺음이다. 성취 대상의 큰 지혜가 하나의 실상 지혜에서 방편의 권도를 따라 생겨남이니, 위에서 말한 "풍륜의 각기 다른 차별 때문에 각기 다른 세계의 차별이 있다."는 부분에 종합하였다.

三 佛子汝等 下는 結緣이니 卽由衆生異니 合上以衆生善根不同하고 兼釋外疑니라

於中에 又三이니

初는 牒前正理니 一 解脫味는 卽能成之水니 水具二義니 悲及解脫이니 二文影畧이라 '種種功德'은 通能所二智니라

二 '衆生念言'은 擧外疑情이라 然感應之道는 畧有三義하니 一은 互相成이오 二는 互相奪이오 三은 緣成性空이니 今衆生은 以緣奪因이니 純推佛力면 失因緣義니라【鈔_ '以緣奪因'者는 此中化生이 以衆生自力으로 爲因이오 佛力으로 爲緣이라 餘可思準이라】

三 '佛子此非'下는 如來爲釋이니 於中에 初는 以因奪緣이니 一向言非오

次 '但以'下는 爲說正義니

初句는 因緣相成이오

後 '而佛'下는 有二義

一은 成上因緣이니 雖隨衆生이나 心無分別이오

二는 成第三義니 了性空故니라 緣成일새 故無成이오 無成일새 故無壞니 所成旣空이어니 何有能成作者와 及作法耶아

　　제3 단락, '佛子汝等' 이하는 반연을 끝맺음이다. 이는 중생의 차이에 따른 것이다. 위에서 말한 "중생의 선근이 똑같지 않다."는 데에 종합하였고, 겸하여 밖의 의혹을 해석하였다.

　　이 부분은 또한 3단락이다.

　　① 앞의 바른 이치를 이어서 말하였다.

　　㉠ 해탈의 맛이란 곧 성취 주체의 물이다. 물이라는 말에는 2가지 뜻이 있다. 大悲와 해탈이다. 이 두 문장은 한 부분을 생략하

였다.

'가지가지 공덕'은 주체와 대상 2가지 지혜에 모두 통한다.

② '衆生念言'은 바깥 의혹의 情識을 들어 말하였다. 그러나 감응의 도는 간추리면 3가지 뜻이 있다.

㉠ 서로 성취함이며,

㉡ 서로 빼앗음이며,

㉢ 반연으로 이뤄지지만 체성은 공함이다.

여기에서 말한 중생은 반연으로써 원인을 빼앗음이다. 순수하게 부처의 힘으로 미루어 보면 인연이라는 뜻은 찾을 수 없다.
【초_ "반연으로써 원인을 빼앗음"이란 여기에서 말한 중생의 교화는 중생 자신의 힘으로 직접 원인을 삼고, 부처의 힘으로 간접 반연을 삼는다. 나머지는 이에 준하여 생각해야 한다.】

③ '佛子此非' 이하는 여래의 행위를 해석하였다.

그 가운데, ㉠ 원인으로써 반연을 부정함이다. 하나같이 아님을 말하였다.

㉡ '但以諸佛' 이하는 바른 의의를 말하기 위함이다.

첫 구절[但以諸佛威德力故 令諸衆生 具佛功德]은 중생의 직접 원인과 부처의 간접 반연이 서로 이뤄줌이다.

뒤의 '而佛如來' 이하는 2가지 뜻이 있다.

첫째는 위에서 말한 '중생의 직접 원인과 부처의 간접 반연'을 끝맺음이다. 비록 중생의 마음을 따른다고 하지만, 부처의 마음에는 분별심이 없다[無有分別].

둘째는 '③ 여래 행위의 해석'을 끝맺음이다. 체성이 공함을 알기 때문이다. 간접 반연으로 성취된 것이기에 성취한 바가 없고[無成], 성취함이 없기에 무너질 것도 없다[無壞]. 성취한 바가 이미 공한 것인데, 어떻게 성취 주체의 조작한 자[作者]와 조작한 법[作法]이 있을 수 있겠는가.

第九 四輪相依喩
(9) 4가지 풍륜이 서로 의지하는 비유

經

復次佛子여 如依虛空起四風輪하야 能持水輪하나니
何等이 爲四오 一은 名安住오 二는 名常住오 三은 名究竟이오 四는 名堅固라
此四風輪이 能持水輪하고 水輪이 能持大地하야 令不散壞일세
是故로 說地輪이 依水輪하고 水輪이 依風輪하고 風輪이 依虛空하고 虛空은 無所依니 雖無所依나 能令三千大千世界로 而得安住인달하야

또한 불자여, 마치 허공을 의지하여 네 가지 풍륜을 일으켜서 수륜(水輪)을 부지하는 것과 같다.

무엇을 네 가지 풍륜이라 하는가?

첫째, '안주의 풍륜'

둘째, '상주의 풍륜'

셋째, '구경의 풍륜'

넷째, '견고의 풍륜'이다.

이 네 가지 풍륜이 수륜을 부지하고,

수륜은 대지를 부지하여 무너지지 않게 하였다.

이 때문에 지륜은 수륜을 의지하고, 수륜은 풍륜을 의지하고, 풍륜은 허공을 의지하고, 허공은 의지한 바가 없다.

비록 의지한 바가 없으나 삼천대천세계를 안주하도록 하였다.

⦿ 疏 ⦿

況佛體用依持德이오 亦廣建立風之別義라

喩中에 二니

先은 明能持之風에 有四者하니 一은 一時持水일새 名安住오 二는 多時不動일새 名常住오 三은 與劫齊量이오 四는 體性堅密이라 是以로 俱舍云 '假使 有一大諾健那 以金剛輪으로 奮威懸擊이라도 金剛은 有碎어니와 風輪은 無損이며 其量廣 無數오 厚 十六洛叉라하니 彼但有一이라 與此不同이니라

二 '此四'下는 四輪相依니 準俱舍論컨대 '次上水輪은 厚 八洛叉라하니 洛叉는 億也라

次上에 更有金輪하니 厚 三億二萬由旬이라 然其世界는 或說三輪成이라하니 謂風水金이오 或說五輪이라하니 謂下加虛空하고 上加大

地라 今欲稱法하야 合成四輪이면 則地中含金이니 金亦地故일세니라

부처의 본체와 작용의 의지 공덕을 비유하였고, 또한 풍륜을 건립한 개별의 의의를 자세히 말하였다.

비유 부분은 2단락이다.

(ㄱ) 부지의 주체가 되는 풍륜에 4가지가 있음을 밝혔다.

① 일시적으로 물을 부지해 주기에 그 이름을 '안주의 풍륜'이라 하고,

② 많은 시간을 꼼짝하지 않기에 그 이름을 '상주의 풍륜'이라 하며,

③ 영겁의 세월과 함께 그 시간이 똑같은 것을 '구경의 풍륜'이라 하고,

④ 체성이 견고하고 정밀한 것을 '견고의 풍륜'이라 한다.

이로써 구사론에 이르기를, "가령 어떤 큰 낙건나 神將이 금강륜으로 위엄을 떨치면서 내리치면 금강은 부서지는 한이 있을지라도 풍륜은 손상이 없다. 풍륜의 양과 너비는 헤아릴 수 없고, 두께는 16낙차이다."고 한다.

구사론에서는 하나의 풍륜만을 말하였을 뿐이다. 여기에서 말한 것과는 똑같지 않다.

(ㄴ) '此四風輪' 이하는 4가지 풍륜이 서로 의지함을 말한다. 구사론에 준하면, "다음 위에 수륜이 있다. 두께는 8낙차이다."고 한다. 낙차는 억의 단위이다.

"다음 위에 다시 금륜이 있다. 두께는 3억 2만 유순이다."고 한다.

그러나 그 세계에 대해 혹자는 3륜으로 형성되었다고 말한다. 풍륜·수륜·금륜을 말한다.

혹자는 5륜으로 형성되었다고 말한다. 아래에 虛空輪을 더하고, 위로는 大地輪을 더하였다.

여기에서 법에 걸맞게 4가지 풍륜으로 합성하고자 하면, 대지 속에 금륜을 함유함이다. 금륜 또한 대지이기 때문이다.

經

佛子여 如來出現도 亦復如是하야 依無礙慧光明하사 起佛四種大智風輪하야 能持一切衆生善根하나니
何等이 爲四오
所謂普攝衆生하야 皆令歡喜大智風輪과
建立正法하야 令諸衆生으로 皆生愛樂大智風輪과
守護一切衆生善根大智風輪과
具一切方便하야 通達無漏界大智風輪이니 是爲四라
佛子여 諸佛世尊이 大慈救護一切衆生하시며 大悲度脫一切衆生하사 大慈大悲로 普徧饒益이나
然이나 大慈大悲는 依大方便善巧오
大方便善巧는 依如來出現이오
如來出現은 依無礙慧光明이오
無礙慧光明은 無有所依니라
佛子여 是爲如來應正等覺의 出現第九相이니

菩薩摩訶薩이 應如是知니라

불자여, 여래의 출현 또한 이와 같다. 걸림 없는 지혜 광명을 의지하여 부처님의 네 가지 큰 지혜 풍륜을 일으켜서 일체중생의 선근을 부지해 주는 것이다.

무엇이 네 가지 큰 지혜 풍륜인가?

이른바 중생을 모두 받아들여 그들에게 모두 기쁨을 주는 큰 지혜 풍륜,

바른 법을 세워서 중생으로 하여금 사랑을 내게 하는 큰 지혜 풍륜,

일체중생의 선근을 수호하는 큰 지혜 풍륜,

일체 방편을 갖추어 무루세계를 통달하는 큰 지혜 풍륜이다.

이것이 네 가지 큰 지혜 풍륜이다.

불자여, 제불세존이 크게 사랑하는 마음으로 일체중생을 구호하고,

크게 불쌍히 여기는 마음으로 일체중생을 해탈케 하고,

대자대비의 마음으로 두루 이익을 주었다.

그러나 대자대비의 마음은 뛰어난 큰 방편을 의지하고,

뛰어난 큰 방편은 여래의 출현을 의지하고,

여래의 출현은 걸림 없는 지혜 광명을 의지하고,

걸림 없는 지혜 광명은 의지한 바가 없다.

불자여, 이는 여래·응공·정등각이 출현하는 아홉째 모양이다.

보살마하살은 마땅히 이렇게 알아야 한다.

◉ 疏 ◉

二合中에 先은 合能持四風이라 有配四攝하니 義則少似나 旣合以如來出現인댄 則成太局이라 今謂 '一未信入'者는 以四攝普攝으로 示以正理요 二 '已信受'者는 建立教法이요 三 '已入法'者는 令其成行이요 四 '已成行'者는 令其得果니라

二 '佛子' 下는 合四輪相依니

一은 慈悲 合地니 能厚載故요

二는 方便은 合水니 曲隨器故요

出現은 合風이니 力能持故요

無礙는 合空이니 如空無礙故니라

故淨名云 '其無礙慧無若干故'라하니 文意는 雖但取展轉相依로되 不妨有似其事니라 若準偈中이면 慈悲之前에 有一切佛法하야 以況樹林이니 則五重相依니라

둘째, 종합 부분에서 (ㄱ) 앞은 부지의 주체가 되는 4가지 풍륜에 종합하였다.

혹자는 이를 4섭법에 짝지어서 말하였다. 그러한 뜻은 조금 그럴싸하지만, 이미 여래의 출현에 맞춰 말한 것으로 보면, 혹자의 말은 지나치게 국집된 것이다.

여기에서 말한 뜻은 다음과 같다.

① '아직 믿고 들어가지 못한 자'는 4섭법으로 모두 받아들여 바른 이치를 보여주고,

② '이미 믿고 받아들인 자'는 가르침의 법을 세워주며,

③ '이미 법에 들어간 자'는 그로 하여금 수행을 성취케 하고,

④ '이미 수행이 성취된 자'는 그로 하여금 과덕을 얻도록 함이다.

㈐ '佛子' 이하는 4가지 풍륜이 서로 의지함에 맞춰 말하였다.

① 여래의 자비 마음은 대지에 종합하는바, 만물을 후히 실어주기 때문이며,

② 여래의 방편은 수륜에 종합하는바, 모든 그릇에 따라 채워주기 때문이며,

여래의 출현은 풍륜에 종합하는바, 그 힘이 잘 부지해 주기 때문이며,

여래의 걸림 없음은 허공륜에 종합하는바, 허공처럼 걸림이 없기 때문이다.

이 때문에 유마경에 이르기를, "그 걸림이 없는 지혜는 조금도 찾아볼 수 없기 때문이다."고 하였다.

문장의 뜻은 비록 서로가 전전하면서 의지함을 취해 말했지만, 그런 일과 유사한 면이 있다는 점에서 나쁘지 않다. 만약 게송 부분을 준하여 살펴보면, 자비의 이전에 일체 불법이 있다. 일체 불법을 나무 숲에 비유했다는 점으로 보면, 이는 5중으로 서로 의지하고 있다.

第十大千饒益喩

⑽ 대천세계에 도움이 되는 비유

復次佛子여 譬如三千大千世界 旣成就已에 饒益無量種種衆生하나니
所謂水族衆生은 得水饒益하고
陸地衆生은 得地饒益하고
宮殿衆生은 得宮殿饒益하고
虛空衆生은 得虛空饒益인달하야
如來出現도 亦復如是하야 種種饒益無量衆生하나니
所謂見佛生歡喜者는 得歡喜益하고
住淨戒者는 得淨戒益하고
住諸禪定과 及無量者는 得聖出世大神通益하고
住法門光明者는 得因果不壞益하고
住無所有光明者는 得一切法不壞益이라
是故로 說言如來出現에 饒益一切無量衆生이니라
佛子여 是爲如來應正等覺의 出現第十相이니
菩薩摩訶薩이 應如是知니라

  또한 불자여, 비유하면 삼천대천세계가 이미 성취된 뒤에 한량없는 가지가지 중생에게 이익을 주었다.

  이른바 물에 사는 중생은 물의 이익을 얻고,

  땅에 사는 중생은 땅의 이익을 얻고,

  궁전에 사는 중생은 궁전의 이익을 얻고,

  허공에 사는 중생은 허공의 이익을 얻은 것처럼 여래의 출현

또한 그와 같다.

　가지가지로 한량없는 중생에게 이익을 주었다.

　이른바 부처를 보고 환희하는 이는 환희의 이익을 얻고,

　청정 계율에 머무는 이는 청정 계율의 이익을 얻고,

　모든 선정과 한량없는 데 머무는 이는 성인의 출세간 큰 신통의 이익을 얻고,

　법문의 광명에 머무는 이는 인과의 무너지지 않는 이익을 얻고,

　아무것도 없는 광명에 머무는 이는 일체 법이 무너지지 않는 이익을 얻는다.

　이 때문에 여래의 출현은 한량없는 일체중생에게 이익을 준다고 말한다.

　불자여, 이는 여래·응공·정등각이 출현하는 열째 모양이다.

　보살마하살은 마땅히 이렇게 알아야 한다.

◉ 疏 ◉

況佛利世德이라 別顯總中에 一切衆生이 各隨所宜하야 而得受用이라

合中에 次第로 合前四益이니

見佛生喜는 如魚得潤故오

戒如平地하야 萬善由生故오

定如宮室하야 得安息故오

慧如虛空하야 不可壞故니 於中二句니 初는 不壞事오 後는 不壞理라

119

부처의 세간에 이익을 주는 공덕을 비유하였다. 총상 가운데 일체 중생이 각기 그들에게 적절한 바를 따라서 수용함을 개별로 밝혔다.

종합 부분에서는 차례로 앞서 말한 4가지 이익에 맞춰 말하였다.

'부처를 보고 환희하는' 것은 물고기가 물을 만남과 같기 때문이며,

'청정 계율'은 평지와 같아서 모든 선이 이에 의해 발생하기 때문이며,

'선정'은 집과 같아서 안식을 얻기 때문이다.

'지혜'는 허공과 같아서 무너지지 않기 때문이다. 여기에는 2구가 있다.

첫 구절[住法門光明]은 현상의 일이 무너지지 않음이며,

뒤 구절[住無所有光明]은 내면의 이치가 무너지지 않음이다.

―

第三 總結成益

3) 성취 이익을 총괄하여 끝맺다

經

佛子여 **菩薩摩訶薩**이 **知如來出現**하면
則知無量이니 **知成就無量行故**며
則知廣大니 **知周徧十方故**며
則知無來去니 **知離生住滅故**며

則知無行無所行이니 知離心意識故며

則知無身이니 知如虛空故며

則知平等이니 知一切衆生이 皆無我故며

則知無盡이니 知徧一切刹無有盡故며

則知無退니 知盡後際無斷絶故며

則知無壞니 知如來智 無有對故며

則知無二니 知平等觀察爲無爲故며

則知一切衆生이 皆得饒益이니 本願廻向하야 自在滿足故니라

불자여, 보살마하살이 여래의 출현 인연을 알면

한량없는 일을 알 수 있다. 한량없는 수행 성취의 인연을 알기 때문이다.

광대한 세계를 알 수 있다. 시방에 두루 함을 알기 때문이다.

오고 감이 없음을 알 수 있다. 생겨나고 머물고 사라짐[生住異滅]을 여읜 줄을 알기 때문이다.

행함 자체도 없고 행할 대상도 없음을 알 수 있다. 마음과 뜻과 인식의 세계를 여읨을 알기 때문이다.

몸이 없음을 알 수 있다. 허공과 같음을 알기 때문이다.

평등함을 알 수 있다. 일체중생이 모두 '나'라는 것이 없음을 알기 때문이다.

그지없음을 알 수 있다. 일체 세계에 두루 존재하여 다함이 없음을 알기 때문이다.

물러섬이 없음을 알 수 있다. 미래 세계가 다하도록 끊임이 없음을 알기 때문이다.

무너짐이 없음을 알 수 있다. 여래의 지혜는 상대가 없음을 알기 때문이다.

둘이 없음을 알 수 있다. 평등하게 유위법과 무위법이 있음을 살필 줄 알기 때문이다.

일체중생이 모두 이익 얻음을 알 수 있다. 본래 서원을 회향하여 자재하게 만족하기 때문이다."

◉ 疏 ◉

成益中에 有十一句하니 各別結上十門이라 以九·十二句로 結第九門일세 故有十一이라

一은 多因出現故오

二는 廣故로 難受오

三은 無生故로 無從이오

四는 非心識故로 思必發狂이오

五는 如空故로 惑見雙亡이오

六은 平等無我故로 一味오

七은 由無盡故로 諸乘徧化오

八은 後際無斷故로 佛種不斷이오

九는 無對니 卽無礙慧오

十은 爲無爲平等이니 卽攝三輪歸無礙慧오

十一은 本爲衆生故로 令利益滿足이라

若將一一하야 通前十門이면 未爲得意니라

성취 이익을 총괄하여 끝맺은 부분에는 11구가 있다.

각각 위의 10가지 법문을 개별로 끝맺었다.

제9, 제10 2구절로써 제9의 법문을 끝맺은 까닭에 11구가 된 것이다.

(1) [知無量], 많은 인연으로 출현한 까닭이며,

(2) [知廣大], 광대한 까닭에 모두 받아들이기 어려우며,

(3) [知無來去], 생겨남이 없는 까닭에 유래가 없으며,

(4) [知無行無所行], 마음과 의식이 경계가 아닌 까닭에 생각하려 하면 반드시 미칠 지경이며,

(5) [知無身], 허공과 같기 때문에 미혹과 소견을 모두 버리며,

(6) [知平等], 평등하여 '나'라는 것이 없기 때문에 하나이며,

(7) [知無盡], 그지없음을 연유한 까닭에 二乘 등 모든 이들을 두루 교화하며,

(8) [知無退], 미래 세계가 끊임없기 때문에 부처의 종성이 끊이지 않으며,

(9) [知無壞], 상대할 자가 없다. 이는 걸림 없는 지혜이기 때문이며,

(10) [知無二], 세간의 유위법과 출세간의 무위법에 평등함이다. 이는 3륜[金輪, 水輪, 風輪]을 포괄하여 걸림 없는 지혜에 귀의한 까닭이며,

⑾ [知一切衆生皆得饒益], 본래 중생을 위한 서원 때문에 중생으로 하여금 이익을 만족하도록 주선한 것이다.

만약 하나하나를 들어서 앞의 10가지 법문에 통하면 그 뜻을 얻을 수 없다.

第二偈頌

2. 보현보살의 게송

經

爾時에 **普賢菩薩摩訶薩**이 **欲重明此義**하사 **而說頌言**하사대

그때, 보현보살마하살이 이 뜻을 거듭 밝히고자 게송으로 말하였다.

十力大雄最無上이　　**譬如虛空無等等**하사
境界廣大不可量이며　**功德第一超世間**이로다

　열 가지 힘, 크신 영웅 위없으셔
　허공처럼 견줄 이 없다
　경계가 넓고 커서 헤아릴 수 없고
　공덕이 으뜸이라 세간을 초월하여라

● 疏 ●

三十七頌은 分三이니

初 十四頌은 歎深許說이오 次 二十二頌은 頌上十喩오 後一頌은 結說無盡이오 不頌上文이라

今初는 分二니

前十一頌은 歎深難量이오 後三頌은 誡聽許說이라

今初 亦二니

初偈는 總歎이니 頌前標告不思議言이오

後十은 別歎이니 卽次第로 頌前總結十一句오 亦第九偈는 頌九·十二句라

結旣結喩일새 今此亦卽通頌前喩니 喩는 則性相雙明이어늘 此中에 多就性說이니 古稱性起彌復有由니라

　37수 게송은 3단락으로 나뉜다.

　1) 14수 게송은 심오함을 찬탄하고 설법을 허락하였고,

　2) 다음 22수 게송은 위의 10가지 비유를 읊었으며,

　3) 뒤의 1수 게송은 설법의 그지없음을 끝맺은 것이지, 위의 경문을 읊은 게 아니다.

　'1) 14수 게송'은 2단락으로 나뉜다.

　⑴ 11수 게송은 심오하여 헤아리기 어려움을 찬탄하였고,

　⑵ 3수 게송은 聽法을 경계하면서 설법을 허락하였다.

　'⑴ 11수 게송'은 또다시 2단락으로 나뉜다.

　① 첫 게송은 총체로 찬탄하였다. 앞서 말한 '불가사의함을 표

장하여 말한 부분'을 읊었다.

② 뒤의 10수 게송은 개별로 찬탄하였다. 이는 차례대로 앞의 '총체로 끝맺은 11구'를 읊었다. 또 제9게송은 제9, 제10 2구를 읊고 있다.

끝맺음 부분에서 이미 비유로 끝맺은 까닭에 이 또한 앞의 비유를 통틀어 읊었다. 앞의 비유에서는 내면의 본성과 현실의 양상을 모두 밝힌 데 반하여, 여기에서는 대체로 내면의 본성 측면에서 말하고 있다. 옛사람이 "본성의 자리에서 일어났다."고 말한 부분은 더욱 그 이유가 있다.

經

十力功德無邊量하사　　心意思量所不及이니
人中師子一法門을　　衆生億劫莫能知로다

　열 가지 힘 공덕은 한량이 없어
　마음으로 생각해도 미치지 못하리
　사람 중의 사자, 하나의 법문을
　중생이 억겁에도 알 수 없노라

● 疏 ●

一은 無邊量이니 卽無量義라

첫째, 끝이 없고 한량이 없음이다. 이는 앞서 말한 '한량없다.'는 뜻이다.

經

十方國土碎爲塵은　　　或有算計知其數어니와
如來一毛功德量은　　　千萬億劫無能說이로다

　시방 국토 부수어 만든 티끌은
　계산하여 그 수효 알 수 있지만
　여래의 한 털끝 공덕은
　천만 겁 말하여도 다할 수 없다

◉ 疏 ◉

二는 一毛叵量이니 卽廣大義라

　둘째, 한 털끝의 공덕도 헤아릴 수 없다. 이는 앞서 말한 '광대하다.'의 뜻이다.

經

如人持尺量虛空이어든　　復有隨行計其數호대
虛空邊際不可得하야　　　如來境界亦如是로다

　어떤 사람이 자를 들고 허공 잴 적에
　다른 이는 따라가며 그 수효 헤아리되
　허공의 끝을 알 수 없듯이
　여래의 경계 또한 그와 같아라

● 疏 ●

三은 空際叵得이니 卽無生義라 然唯此第三偈는 似頌第五如空이
오 第六偈는 似頌第三無生滅이라 然取義不同일새 故皆按次니라

 셋째, 허공의 끝을 알 수 없다. 이는 앞서 말한 '生滅이 없다.'는 뜻이다.

 그러나 이 제3게송은 제5게송에서 허공과 같음을 읊은 것과 비슷하고,

 제6게송은 제3게송에서 생멸이 없음을 읊은 것과 비슷하다.

 그러나 그 의의를 취함이 똑같지 않기에 모두 차례를 따라 안배하였다.

經

或有能於刹那頃에　　悉知三世衆生心이어니와
設經衆生數等劫이라도　不能知佛一念性이로다

 혹 찰나의 사이에
 삼세 중생의 마음을 모두 알 수 있겠지만
 중생 수효 같은 겁을 지낼지라도
 부처의 한 찰나 성품은 알지 못하리라

● 疏 ●

四 '不能知'者는 離心識故니라

 넷째, "알지 못한다."는 것은 마음의 의식을 여읜 까닭이다.

經

譬如法界徧一切호대　　不可見取爲一切인달하야
十力境界亦復然하야　　徧於一切非一切로다

　　법계가 일체 모든 것에 두루 미치되
　　그것을 일체라 볼 수 없는 것처럼
　　열 가지 힘 경계도 그와 같아서
　　일체에 두루 미치지만 일체가 아니어라

◉ 疏 ◉

五'徧於一切非一切'者는 卽如空義라

　　다섯째, "일체에 두루 미치지만 일체가 아니다."는 것은 앞서 말한 '허공과 같다.'는 뜻이다.

經

眞如離妄恒寂靜하야　　無生無滅普周徧하니
諸佛境界亦復然하야　　體性平等不增減이로다

　　진여는 허망 떠나 항상 고요하여
　　생멸이 없이 두루 널리 존재하니
　　부처님 경계 또한 그와 같아서
　　체성이 평등하여 증감이 없어라

◉ 疏 ◉

六 '體性平等'은 卽平等無我義라

여섯째, '체성의 평등'은 앞서 말한 '평등무아'의 뜻이다.

經

譬如實際而非際라　　普在三世亦非普인달하야
導師境界亦如是하야　　徧於三世皆無礙로다

실제라지만 그 실제도 아니며
두루 삼세에 있다지만 또한 두루 있음도 아닌 것처럼
부처님의 경계 또한 그와 같아서
삼세에 두루 있되 모두 걸림 없어라

◉ 疏 ◉

七은 前徧諸刹하고 此徧三世니 文綺互耳라

일곱째, 앞에서는 모든 국토에 두루 있고, 여기에서는 삼세에 두루 존재함이다. 앞뒤 문장이 서로 꾸며주고 있다.

經

法性無作無變易이　　猶如虛空本淸淨하니
諸佛性淨亦如是하야　　本性非性離有無로다

법성이 조작 없고 변함없음이
허공이 본래 청정함과 같다

불성의 청정함도 그와 같아서
본성이 성품이 아니라 유무를 벗어났어라

◉ 疏 ◉

八은 無變易일세 故盡後際니라

여덟째, 변함이 없기에 미래 세계까지 다함이다.

經

法性不在於言論이라　　無說離說恒寂滅하니
十力境界性亦然하야　　一切文辭莫能辨이로다

법성은 언어의 표현에 있지 않다
말 없고 말을 떠나 항상 고요하니
열 가지 힘 경계 체성도 그와 같아
일체 문장과 언어로 말할 수 없어라

◉ 疏 ◉

九는 離言說故로 無二無對니라

아홉째, 말을 여읜 까닭에 둘이 없고 상대도 없다.

經

了知諸法性寂滅이　　如鳥飛空無有迹호대
以本願力現色身하사　　令見如來大神變이로다

모든 법의 성품, 적멸함이
허공에 나는 새의 자취 없는 줄 알지만
본래 서원의 힘으로 육신 나타내어
여래의 신통변화 보여주노라

◉ 疏 ◉

十은 本願現身이라 故能成益이라
열째, 본래 서원으로 몸을 나타내기에 이익을 성취하는 것이다.

經

若有欲知佛境界인댄　　　當淨其意如虛空이니
遠離妄想及諸取하야　　　令心所向皆無礙어다

부처의 경계 알고자 하면
그 뜻을 허공처럼 청정히 하라
망상과 모든 집착 멀리 여의고
마음이 가는 곳 걸림 없도록 하라

是故佛子應善聽하라　　　我以少譬明佛境호니
十力功德不可量이로대　　　爲悟衆生今略說이로다

그러므로 불자여, 잘 들으시오
내, 적은 비유로 부처님 경계 밝히나니
열 가지 힘의 공덕, 헤아릴 수 없지만

중생 깨우치고자, 여기 조금 말하리라

**導師所現於身業과　　語業心業諸境界와
轉妙法輪般涅槃과　　一切善根我今說이로다**

　　부처님이 나타내신 몸의 업이나
　　말의 업, 마음의 업, 모든 경계와
　　미묘한 법륜 굴리심, 열반에 드시는 일
　　일체의 선근을 이제 말하리라

◉ 疏 ◉

第二 誠聽許說中에 分二니
初一은 誠聽勸修니 淨意如空은 總以喩顯이오
下二句는 別顯이니
一은 離妄取 如彼淨空에 無雲翳故니 斯卽眞止오
二는 觸境無滯 如彼淨空에 無障礙故니 斯卽眞觀이라
此觀은 不作意以照境이라 則所照無涯오 此止는 體性離而息妄
故諸取皆寂이니 若斯면 則不拂不瑩而自淨矣니 無淨之淨이 則
暗蹈佛境矣라 此爲心要니 請後學思行이어다
後二偈는 許說分齊라
於中에 初半偈는 結前生後오 後偈半은 正示分齊라
牒擧十門호되 畧無行者는 三業攝故오 闕正覺者는 導師中攝이며
或復畧無니라

(2) 법문을 귀담아듣기를 경계하고 설법을 허락함이다.

이 부분은 2단락으로 나뉜다.

① 앞의 1수 게송은 법문을 귀담아듣기를 경계하고 수행을 권면함이다. 청정한 뜻이 허공과 같음은 총괄하여 비유로 밝혔고,

아래의 2구[遠離妄想及諸取, 令心所向皆無礙]는 개별로 밝혀주었다.

첫 구절[遠離妄想及諸取]은 망상과 집착을 여읨이 마치 청정한 허공에 한 점 구름이 없는 것과 같기 때문이다. 이는 곧 진실한 '止'이다.

둘째 구절[令心所向皆無礙]은 모든 경계에 막힘없음이 마치 청정한 허공에 장애가 없는 것과 같기 때문이다. 이는 곧 진실한 '觀'이다.

이러한 '觀'은 조작된 생각이 없이 경계를 관조하기에 관조하는 바가 끝이 없고,

이러한 '止'는 체성을 여의어 망상이 사라진 까닭에 모든 집착이 모두 고요함이다.

이와 같이 하면 먼지를 털어내지 않고 깨끗이 하지 않아도 절로 청정하게 된다. 청정함이 없는 청정이 보이지 않게 부처의 경계를 밟아나감이다. 이는 심법의 요체이다. 바라건대 후학은 이를 생각하고 행해야 한다.

② 뒤의 2수 게송은 설법을 허락한 부분이다.

그 가운데 앞의 2구[是故佛子應善聽, 我以少譬明佛境]는 앞의 문장을 끝맺으면서 뒤의 문장을 일으켰고,

뒤의 1수 반 게송은 바로 부분의 한계를 보여주었다.

뒤이어서 10가지 법문을 들어 말하되 행을 생략하여 언급한 바 없는 것은 삼업에 포괄된 까닭이며, 정각을 말하지 않은 것은 '導師' 가운데 포괄되어 있거나 혹은 이 또한 생략하여 언급한 바 없다.

經

譬如世界初安立에　　　非一因緣而可成이오
無量方便諸因緣으로　　成此三千大千界인달하야

　세계가 처음으로 생겨날 적에
　하나의 인연으로 이뤄진 게 아니다
　한량없는 방편과 인연으로
　이 삼천대천세계 이뤄졌듯이

如來出現亦如是하사　　無量功德乃得成이니
刹塵心念尙可知어니와　十力生因莫能測이로다

　여래의 출현 또한 그와 같아
　한량없는 공덕으로 이뤄진 터
　세계 티끌처럼 수많은 마음이야 알 수 있지만
　십력으로 생긴 인연 헤아릴 수 없어라

譬如劫初雲澍雨에　　　而起四種大風輪하니

衆生善根菩薩力으로　　成此三千各安住인달하야
　　개벽의 시초에 큰 구름이 큰비 퍼부어
　　네 가지 풍륜 일으키니
　　중생의 선근과 보살 힘으로
　　대천세계 이뤄 각기 안주하는 것처럼

十力法雲亦如是하야　　起智風輪清淨意하고
昔所廻向諸衆生을　　　普導令成無上果로다
　　십력의 법 구름도 그와 같아서
　　지혜의 풍륜과 청정한 뜻 일으켜
　　옛적에 회향했던 여러 중생을
　　널리 인도하여 위없는 과덕 성취시켰노라

如有大雨名洪澍라　　　無有處所能容受오
唯除世界將成時에　　　清淨虛空大風力인달하야
　　퍼붓듯 빗줄기 '억수장마'라
　　그 어디에도 수용할 곳 없지만
　　오직 대천세계 이뤄질 때는 제외다
　　허공 말끔히 씻어주는 큰 바람만큼은 수용하듯이

如來出現亦如是하사　　普雨法雨充法界하니
一切劣意無能持오　　　唯除清淨廣大心이로다

여래의 출현 또한 그와 같아

법 비 널리 내려 법계 가득하니

일체 용렬한 소견으론 못 지니지만

청정하고 광대한 마음만큼은 제외여라

譬如空中澍大雨에　　無所從來無所去며
作者受者悉亦無호대　　自然如是普充洽인달하야

허공에서 큰 빗줄기 퍼부을 적에

온 데도 없고 간 데도 없으며

만든 이도 받는 이도 다 없지만

자연히 그처럼 흡족한 것처럼

十力法雨亦如是하야　　無去無來無造作이라
本行爲因菩薩力이니　　一切大心咸聽受로다

십력의 법 비도 그와 같아서

가는 것도 오는 것도 조작한 자도 없다

본행이 원인 되어 보살 힘으로

큰 맘 가진 모든 사람 받아 들노라

譬如空雲澍大雨에　　一切無能數其滴이오
唯除三千自在王이　　具功德力悉明了인달하야

허공의 구름 큰 빗줄기 내리듯

일체 그 빗방울 셀 수 없지만

삼천세계 자재천왕은 제외다

공덕의 힘 갖춰 모두 아는 것처럼

善逝法雨亦如是하야　　**一切衆生莫能測**이오
唯除於世自在人이　　　**明見如觀掌中寶**로다

부처님[善逝] 법 비도 그와 같아

일체중생 헤아리지 못한다

오직 세상에 자재한 분은 제외다

손바닥 위 보배 보듯 분명히 보노라

譬如空雲澍大雨에　　　**能滅能起亦能斷**하며
一切珍寶悉能成하며　　**三千所有皆分別**인달하야

허공의 구름 큰 빗줄기 내리듯

없애고 일으키고 또한 끊기도 하며

일체 진귀한 보배 이뤄주고

삼천세계 있는 것 모두 분별하듯이

十力法雨亦如是하야　　**滅惑起善斷諸見**하며
一切智寶皆使成하며　　**衆生心樂悉分別**이로다

십력의 법 비 또한 그와 같아서

미혹 없애주고 선업 일으켜 모든 소견 끊어주며

일체 지혜 보배 모두 성취시켜 주고

중생의 좋아하는 마음 모두 분별하여라

譬如空中雨一味에　　　隨其所雨各不同이나
豈彼雨性有分別가　　　然隨物異法如是인달하야

　허공에서 내리는 비 한 가지인데

　내린 곳 따라 각기 다르지만

　어찌 비의 자성에 분별이 있으랴

　사물의 차이 따라 그런 것처럼

如來法雨非一異라　　　平等寂靜離分別이나
然隨所化種種殊하야　　自然如是無邊相이로다

　여래의 법 비, 같은 것도 다른 것도 아니다

　평등하고 고요하여 분별을 떠났지만

　교화할 중생 갖가지 다름에 따라

　자연히 이처럼 그지없는 모습이어라

譬如世界初成時에　　　先成色界天宮殿하며
次及欲天次人處하며　　乾闥婆宮最後成인달하야

　세계 처음 창조될 때

　먼저 색계의 제천(諸天) 궁전 만들고

　다음에 욕계, 그다음에 인간 거처 만든 후에

건달바 궁전, 맨 끝에 만든 것처럼

如來出現亦如是하사 　　**先起無邊菩薩行**하며
次化樂寂諸緣覺하며 　　**次聲聞衆後衆生**이로다

　여래의 출현 또한 그와 같아
　먼저 그지없는 보살행 일으키고
　다음 고요함 좋아하는 연각을
　그다음은 성문을, 맨 끝에 중생을 교화하여라

諸天初見蓮華瑞하고 　　**知佛當出生歡喜**하나니
水緣風力起世間하야 　　**宮殿山川悉成立**이로다

　하늘들이 피어난 연꽃 처음 보고서
　부처님 나실 줄 알고 기뻐하여라
　물의 인연, 바람의 힘으로 세간 일으켜
　궁전과 산과 강을 모두 세웠어라

如來宿善大光明으로 　　**巧別菩薩與其記**하시니
所有智輪體皆淨하야 　　**各能開示諸佛法**이로다

　여래의 숙세 선업 대광명으로
　보살 근기 분별하여 수기 내려주니
　지녀온 지혜 풍륜 모두 청정하여
　제각기 불법을 열어 보이네

譬如樹林依地有하며　　地依於水得不壞하며
水輪依風風依空호대　　而其虛空無所依인달하야

　　나무숲은 땅에 의지하여 있고
　　땅은 물에 의지하여 무너지지 않으며
　　물은 바람에, 바람은 허공 의지하지만
　　허공만큼은 의지한 바 없는 것처럼

一切佛法依慈悲하며　　慈悲復依方便立하며
方便依智智依慧호대　　無礙慧身無所依로다

　　일체 불법은 자비 의지하고
　　자비는 또한 방편에 의지해 성립되며
　　방편은 지(智)를, 지는 혜(慧)를 의지하지만
　　걸림 없는 혜신(慧身)만큼은 의지한 바 없어라

譬如世界旣成立에　　一切衆生獲其利하나니
地水所住及空居와　　二足四足皆蒙益인달하야

　　비유하면 세계 이미 성립되자
　　일체중생 그 이익 누리나니
　　땅과 물과 허공에 사는 생명들
　　두 발, 네 발 가진 중생 모두 이익 누리듯이

法王出現亦如是하사　　一切衆生獲其利하나니

若有見聞及親近이면　　悉使滅除諸惑惱로다

　　법왕의 출현 또한 그와 같아

　　일체중생 이익 얻나니

　　보는 이나 듣는 이, 가까이하는 이

　　모두 번뇌 의혹 없애주어라

◉ 疏 ◉

第二는 頌前十喩니 卽爲十段이라

初喩四頌은 以是總故오 餘九는 各二라

今初는 文二니 前二頌은 總顯多緣이오 後二頌은 別顯緣相이라

其第九喩에 合云'方便依智'者는 智卽頌前出現이라 然初無礙慧는 是佛實智오 中二는 皆權이라 於中에 智는 卽知事오 方便은 隨機니 合上이면 卽權實無礙오 對初면 卽悲智雙游니라

　'2) 22수 게송'은 앞의 10가지 비유를 읊었으며, 10단락이다.

　　첫 비유[一 大千興造喩]에 관한 4수 게송은 총상이기 때문이며,

　　나머지 9가지 비유[二 洪霔大千喩~十 大千饒益喩]는 각각 2수 게송이다.

　　'첫 4수 게송'의 경문은 2단락이다.

　　앞의 2수 게송은 총체로 많은 인연을 밝혔고,

　　뒤의 2수 게송은 개별로 인연의 양상을 밝혔다.

　　그 제9 비유[四輪相依喩]에 관한 종합에서 "방편은 智에 의지한다[方便依智]."는 '智'는 앞서 말한 '부처의 출현'을 읊은 것이다.

142

그러나 처음 말한 '無礙慧[依無礙慧光明 起佛四種大智風輪]'는 부처의 진여실상의 지혜[實智]를 말하고, 중간의 2곳에 말한 '無礙慧[如來出現依無礙慧光明, 無礙慧光明無有所依]'는 방편의 權道이다.

그 제9 비유에서 말한 '方便依智'의 智는 현상의 일을 아는 것이고, 방편은 중생의 근기를 따른 교화이다. 이를 위의 진여실상의 지혜에 종합하여 보면, 이는 곧 방편과 실상에 걸림이 없음이며, 이를 처음 말한 '無礙慧'를 상대로 말하면, 이는 大悲와 大智에 모두 유유자적함이다.

經

如來出現法無邊이어늘　　**世間迷惑莫能知**일세
爲欲開悟諸含識하야　　**無譬喩中說其譬**로다

여래 출현하는 법 그지없는데
세간 중생 미혹하여 알지 못하기에
모든 중생 깨우쳐 주고자
비유할 수 없는데 비유 들어 말했어라

● 疏 ●

三은 結說無盡이라
　'3) 뒤의 1수 게송'은 설법의 그지없음을 끝맺었다.
第一答如來出現之法 竟하다
　제1. 여래의 출현하는 법에 대한 답을 끝마치다.

▄

第二別答出現九門

先은明身業이오後八은依故니라

長行中에二니先은標舉라

여래의 출현에 관한 9가지 법문을 개별로 답하였다.

앞에서는 身業을 밝혔고,

뒤의 8가지 법문은 앞서 말한 바를 따르고 있다.

제2. 여래가 나타낸 신업

1. 산문 부분은 2단락이다.

앞은 표장으로 들어 말하였다.

經

佛子여 諸菩薩摩訶薩이 應云何見如來應正等覺身고

"불자여, 보살마하살이 어떻게 여래·응공·정등각의 몸을 보아야 하는가?

▄

後 釋相

於中三이니初는就法總明이오次는約喩別顯이오後는就法總結이라

然總中五徧은通喩中十身이오結中十句는別結十喩니亦同前出現이라

今은初라

뒤는 여래 신업의 양상을 해석하였다.

이의 경문은 3단락이다.

1) 법의 측면에서 총체로 밝혔고,

2) 비유를 들어 개별로 밝혔으며,

3) 법의 측면에서 총체로 끝맺었다.

그러나 총체로 밝힌 부분의 '5가지 한량없는 경계에 두루 존재[五徧: 徧法界, 徧調伏界, 徧調伏加行界, 徧世界, 徧衆生界]'함은 아래 '2) 비유를 들어 개별로 밝힌' 부분의 '여래 출현 10가지 몸[如來出現 有十種身]'에 모두 통하고,

'3) 법의 측면에서 총체로 끝맺은' 부분의 10구[以其心無量徧十方故… 莊嚴一一佛身故]는 '2) 비유를 들어 개별로 밝힌' 부분의 10가지 비유를 끝맺은 것이다. 이 또한 앞의 '여래 출현의 법'에서 말한 바와 같다.

이는 '1) 법의 측면에서 총체로 밝힘'이다.

經

佛子여 諸菩薩摩訶薩이 應於無量處에 見如來身이니 何以故오
諸菩薩摩訶薩이 不應於一法·一事·一身·一國土·一衆生에 見於如來오
應徧一切處하야 見於如來니라

불자여, 보살마하살이 한량없는 곳에서 여래의 몸을 보아야

145

한다.

무엇 때문일까?

보살마하살은 하나의 법, 하나의 일, 하나의 몸, 하나의 국토, 하나의 중생에게 집착하여 여래를 보아서는 안 된다. 일체 모든 곳에서 두루두루 여래의 진신을 보아야 한다.

● 疏 ●

分四니 一은 總敎廣見이오 二'何以故'는 徵其所由오 三'諸菩薩'下는 反釋所以오 四'應徧一切'下는 順以結酬라

就反釋中에 總擧五法이니 法은 是所知法界와 及調伏法이오 事는 是調伏衆生行事라 故晉經에 名行이라 身은 卽是正이오 國土는 是依오 生은 是所化라

四順結中에 應翻上五하야 成五無量界니 身은 爲能徧이오 四는 爲所徧이니 一은 徧法界오 二는 徧調伏界오 三은 徧調伏加行界오 四는 徧世界오 五는 徧衆生界니 唯有五界니 非是畧也니라【鈔_ '唯有五界'者는 結是正義오 '非是畧也'는 彈於古釋이라 古云'應有十句어늘 但文畧耳'라 故今彈之니라】

'총체로 밝힌' 부분은 4단락으로 나뉜다.

⑴ 총체로 널리 보도록 가르침이며,

⑵ '何以故'는 그 이유를 물음이며,

⑶ '諸菩薩' 이하는 그 이유를 반대로 해석함이며,

⑷ '應徧一切' 이하는 차례로 끝맺으면서 답함이다.

'(3) 그 이유를 반대로 해석한' 부분에서는 5가지의 법을 총괄하여 말하였다.

法은 알아야 할 대상으로서의 법계 및 조복의 법이며,

事는 중생을 조복하는 행사이다. 이 때문에 60화엄경에서는 '行'이라 말하였다.

몸은 정보이고, 국토는 의보이며, 중생은 교화 대상이다.

'(4) 차례로 끝맺은' 부분에서는 위의 '5가지 법'을 뒤집어서 '5가지의 한량없는 세계'를 이루었다.

몸은 한량없는 세계에 두루두루 할 수 있는 주체이고,

'4가지의 한량없는 세계'는 두루두루 할 수 있는 대상이다.

① 법계에 두루 존재함이며,

② 조복의 세계에 두루 존재함이며,

③ 조복가행의 세계에 두루 존재함이며,

④ 세계에 두루 존재함이며,

⑤ 중생계에 두루 존재함이다.

오직 '5가지의 한량없는 세계'만을 들어 말했지만, 이는 생략함이 아니다.【초_ "오직 5가지의 한량없는 세계"란 여기에서 말한 정의를 끝맺음이며, "이는 생략함이 아니다."는 옛사람의 잘못된 해석을 탄핵함이다. 옛사람이 이렇게 말하였다.

"당연히 10구가 있어야 하는데, 문장을 생략하였을 뿐이다."

이런 말 때문에 여기에서 이를 탄핵하였다.】

第二 約喩別顯中에 明如來出現 有十種身이라

一은 周徧十方身이오 二는 無著無礙身이오 三은 普入成益身이오 四는 平等隨應身이오 五는 無生潛益身이오 六은 圓廻等住身이오 七은 無心普應身이오 八은 窮盡後際身이오 九는 嚴刹益生身이오 十은 嚴好滿願身이라

此卽八地十身이로되 而爲次不同이니 一은 法身이오 二는 智身이오 三은 威勢오 四는 菩提오 五는 莊嚴이오 六은 意生이오 七은 化오 八은 力持오 九는 福德이오 十은 願이라

'四是菩提'者는 初成先照니 故偈云 '日光出現故'오

'五莊嚴'者는 一一毛孔에 隨好光明으로 以莊嚴故니라

餘文竝顯이라

顯此十身하야 擧十喩況이니 一一喩中에 文各有三하니 謂喩·合·結이라

今初는 虛空周徧喩라

　　2) 비유를 들어 개별로 밝히다

이 부분에서는 여래의 출현에 10가지의 몸이 있음을 밝혔다.

① 시방세계에 두루 몸을 나타내는 몸[法身],

② 집착과 장애가 없는 몸[智身],

③ 널리 법계에 들어가 성취의 이익을 주는 몸[威勢身],

④ 평등하게 중생을 따라 응하는 몸[菩提身],

⑤ 無生으로 보이지 않은 이익을 주는 몸[相好莊嚴身],

⑥ 원만하게 돌아다니며 평등하게 머무는 몸[意生身],

⑦ 무심으로 널리 응하는 몸[化身],

⑧ 미래 세계까지 다하는 몸[力持身],

⑨ 세계를 장엄하고 중생에게 이익을 주는 몸[福德身],

⑩ 장엄한 상호로 서원이 원만한 몸[願身]이다.

이는 제8 부동지의 10가지 몸이지만 그 차례는 똑같지 않다.

① 법신, ② 지신, ③ 위세신, ④ 보리신, ⑤ 장엄신, ⑥ 의생신, ⑦ 화신, ⑧ 역지신, ⑨ 복덕신, ⑩ 원신이다.

'④ 보리신'이란 처음 이뤄진 몸으로 먼저 비춰줌이다. 이 때문에 게송에서 "태양 광명이 나타난 때문이다."고 하였다.

'⑤ 장엄신'이란 하나하나의 모공에 아름다운 모습의 광명으로써 장엄하였기 때문이다.

나머지 문장은 모두 뚜렷하다.

이 10가지 몸을 나타내어 10가지 비유를 들어 말하였다.

하나하나 비유의 문장에는 각각 3가지가 있다. 비유, 종합, 결론이다.

(1) 허공에 두루 이르는 비유

經

佛子여 譬如虛空이 徧至一切色非色處호대 非至非不至니 何以故오

虛空은 無身故인달하야 如來身도 亦如是하사 徧一切處하

며 徧一切衆生하며 徧一切法하며 徧一切國土호대 非至非不至니
何以故오
如來身은 無身故니 爲衆生故로 示現其身이니라
佛子여 是爲如來身第一相이니 諸菩薩摩訶薩이 應如是見이니라

불자여, 마치 허공이 모든 물질과 물질 아닌 곳에 두루 이르지만, 이르는 것도 아니요, 이르지 않는 것도 아니다.

무엇 때문일까?

허공은 몸이 없기 때문인 것처럼 여래의 몸 또한 그와 같다.

일체 모든 곳에 두루 이르고, 일체중생에 두루 이르고, 일체 법에 두루 이르고, 일체 국토에 두루 이르지만, 이르는 것도 아니요, 이르지 않는 것도 아니다.

무엇 때문일까?

여래의 몸은 몸이 없기 때문이다. 중생을 위하여 그 몸을 나타낼 뿐이다.

불자여, 이는 여래 몸의 첫째 모양이다.

보살마하살은 이와 같이 보아야 한다.

◉ 疏 ◉

況周徧十方身이라 故下結云 '以其心無量하야 徧十方故'라 하니라
喩中에 先은 直示오 後는 徵釋이라 徵云 '至不至別이어늘 何得俱耶아

以一無身으로 釋上二義니 由無身故로 無可得至오 亦以無身故로 無所不至니 如色中空하야 空若有身이면 身卽質聚라 便礙於色이리니 如鐵入水에 水不入鐵이어니와 今由無身일새 故偏入色中하나니 法準喩知니라

此以事空으로 以況理空이니 理空은 卽是法身이라 故經偈云 '佛以法爲身하야 淸淨如虛空'故니라

'爲衆生'下는 此釋外疑니라

'시방세계에 두루 나타나는 몸'을 비유하였다. 이 때문에 아래의 경문에서 끝맺어 말하기를, "그 마음이 한량없어 시방세계에 두루 몸을 나타내기 때문이다."고 하였다.

비유 부분의 앞은 직접 보여줌이며, 뒤는 묻고 해석하였다.

물었다.

"이르는 것과 이르지 않는 것은 엄연히 다른데 어떻게 함께 말할 수 있는가?"

하나의 없는 몸으로 위의 2가지 뜻을 해석하였다.

몸이 없기 때문에 이를 수 없고, 또한 몸이 없기 때문에 이르지 못할 데가 없다. 물질의 형색 가운데 공과 같은데, 공이 만약 그 어떤 형색의 몸이 있다고 한다면, 몸이란 형질이 취합하여 이뤄진 것이어서, 곧 물질에 장애가 있다. 이는 마치 쇠는 물에 들어갈 수 있지만 물은 쇠에 들어가지 못함과 같다.

하지만 여기에서 말한 바는 몸이 없기 때문에 물질의 형색 가운데 두루 들어가는 것이다. 법은 비유에 준하여 살펴보면 알 수

151

있다.

이는 현상 사물의 공으로써 진리의 공을 비유하였다. 진리의 공이란 바로 법신이다. 따라서 아래 경문의 게송에서 "부처는 법으로 몸을 삼아 허공처럼 청정하기" 때문이라고 하였다.

'爲衆生' 이하는 외적 의혹을 해석하였다.

第二 空無分別喩
(2) 허공에는 분별이 없다는 비유

經

復次佛子여 譬如虛空이 寬廣非色이로대 而能顯現一切諸色이나 而彼虛空은 無有分別하며 亦無戱論인달하야 如來身도 亦復如是하사 以智光明普照明故로 令一切衆生으로 世出世間諸善根業이 皆得成就호대 而如來身은 無有分別하며 亦無戱論이니
何以故오
從本已來로 一切執著과 一切戱論이 皆永斷故니라
佛子여 是爲如來身第二相이니
諸菩薩摩訶薩이 應如是見이니라

또한 불자여, 허공이 워낙 광대하여 물질이 아니지만, 일체 모든 물질의 생명체와 형상을 나타내주고 있다. 그러면서도 허공은

152

분별도 없고 또한 부질없는 말도 없는 것처럼 여래의 몸 또한 그와 같다.

지혜 광명으로 널리 비춰주기에 일체중생으로 하여금 세간과 출세간의 모든 선근의 업을 모두 성취시켜 주면서도 여래의 몸은 분별도 없고 부질없는 말도 없다.

무엇 때문일까?

본래부터 일체 집착과 일체 부질없는 말을 모두 영원히 끊어 버렸기 때문이다.

불자여, 이는 여래 몸의 둘째 모양이다.

보살마하살은 이와 같이 보아야 한다.

◉ 疏 ◉

無分別喩는 況無著無礙身이라 故結云 '所行無礙如虛空故'라하니라

空無分別이로되 不礙顯色이오 智無分別이나 不礙利生이라

'허공에는 분별이 없다는 비유'는 집착과 장애가 없는 智身을 비유하였다. 이 때문에 끝맺어 말하기를, "행하는 바에 장애가 없음이 허공과 같기 때문이다."고 하였다.

허공은 분별하는 바가 없지만, 물질의 형색을 나타내는 데에 걸림이 없고, 여래의 지혜는 분별하는 마음이 없지만, 중생의 이익에 걸림이 없다.

一

第三 日光饒益喩
　(3) 태양 광명의 이익을 누리는 비유

經
復次佛子여 譬如日出於閻浮提에 無量衆生이 皆得饒益하나니
所謂破暗作明하며
變濕令燥하며
生長草木하며
成熟穀稼하며
廓徹虛空하며
開敷蓮華하며
行者見道하며
居者辦業이니
何以故오
日輪이 普放無量光故인달하야
佛子여 如來智日도 亦復如是하사 以無量事로 普益衆生하나니
所謂滅惡生善하며
破愚爲智하며
大慈救護하고 大悲度脫하며

令其增長根·力·覺分하며
令生深信하야 捨離濁心하며
令得見聞하야 不壞因果하며
令得天眼하야 見歿生處하며
令心無礙하야 不壞善根하며
令智修明하야 開敷覺華하며
令其發心하야 成就本行이니
何以故오
如來廣大智慧日身이 放無量光하야 普照耀故니라
佛子여 是爲如來身第三相이니
諸菩薩摩訶薩이 應如是見이니라

  또한 불자여, 태양이 염부제에 떠오르면 한량없는 중생이 모두 이익을 누린다.

  어둠을 깨뜨리고 밝음을 열어주며,

  눅눅한 습기를 말려주며,

  초목을 돋아나고 자라게 하며,

  곡식을 성숙시켜 주며,

  허공을 툭 트이게 하며,

  연꽃을 피어나게 하며,

  나그네에게 길을 보여주며,

  거처하는 이들에게 일을 하도록 마련해 주었다.

  무슨 까닭일까?

태양이 한량없는 광명을 쏟아내기 때문이다.

불자여, 여래의 지혜 태양 또한 그와 같다. 한량없는 일로 널리 중생을 위해 이익을 베풀기 때문이다.

이른바 악업을 없애고 착한 일을 내게 하며,

어리석음을 깨뜨리어 지혜롭게 하며,

큰 사랑의 마음으로 중생을 구호하고, 크게 슬피 여기는 마음으로 제도, 해탈케 하며,

5근[五根: 信·進·念·定·慧根], 5력[五力: 信·進·念·定·慧力], 7각분[七覺分: 擇法·精進·喜·輕安·捨·定·念覺分]을 더욱 키워주며,

깊은 신심을 내어 혼탁한 마음을 여의게 하며,

보고 듣고서 인과를 깨뜨리지 않게 하며,

하늘눈을 얻어서 죽고 나는 곳을 보게 하며,

마음에 장애가 없어 선근을 무너뜨리지 않게 하며,

지혜를 닦고 밝혀서 깨달음의 꽃을 피게 하며,

마음을 일으켜 본행을 성취케 하였다.

무슨 까닭일까?

여래의 광대한 지혜 태양이 한량없는 광명을 쏟아내어 널리 비춰주기 때문이다.

불자여, 이는 여래 몸의 셋째 모양이다.

보살마하살은 이와 같이 보아야 한다.

◉ 疏 ◉

喩普入成益身이니 普入法界故니라

喩·合에 皆有總·別·釋·成이라

合中別內에 有十種益하야 合前八句하니

初二는 合初句니 世出世異故오

三은 拔四流之苦하야 與出世之樂하고 拯二乘沈定水之苦하야 與菩提樂이 皆變濕令燥之義오

四는 道品이니 通長三乘草木이오

五는 信有二義하니 一은 成上義니 信能增長一切法故오 二는 合成熟이니 信能必到如來地故오

六·七二句는 合廓徹虛空이니 一은 得見聞四諦因果智오 二는 得三明十力智니 如空有日하야 廓淨照徹故오

八有二義하니 令心無礙는 成上徹空이오 不壞善根은 成下蓮華니 如赤蓮華 不遇日光이면 翳死無疑니 三乘善根이 若遇智日이면 則便不壞오

九는 正合開華니 上은 已開不壞하고 今은 未開令開오

十은 合後二句니 發菩提心은 卽見大道오 成就本行은 是辦家業이라

'태양 광명의 이익을 누리는 비유'는 부처의 '널리 들어가 성취의 이익을 주는 威勢身'을 비유하였다. 이는 법계의 중생에게 널리 들어가기 때문이다.

비유와 종합 부분에는 모두 총상, 별상, 해석, 끝맺음이 있다.

종합 부분의 개별 속에는 10가지의 이익이 있는데, 앞의 8구에 맞춰볼 수 있다.

제1, 제2의 2가지 이익[滅惡生善, 破愚爲智]은 제1구[破暗作明]에 합하니 세간과 출세간이 다르기 때문이며,

제3 이익[大慈救護, 大悲度脫]은 4류[四流: 欲流, 有流, 見流, 無明流]의 번뇌 고통에서 뽑아내어 출세간의 즐거움을 주고, 선정에 몰닉한 이승의 고통을 구원하여 보리의 낙을 주는 것이 모두 '눅눅한 습기를 말려주는[變濕令燥]' 의의이다.

제4 이익[令其增長根力覺分]은 37助道品이다. 삼승의 초목을 모두 자라게 함[生長草木]이다.

제5 이익[令生深信捨離濁心]은 신심에는 2가지 뜻이 있다.

① 위에서 말한 뜻을 끝맺음이다. 신심은 일체 법을 더욱 키워 주기 때문이다.

② '곡식을 성숙시켜 줌[成熟穀稼]'에 합하였다. 신심은 반드시 여래의 지위에 이르게 하기 때문이다.

제6, 제7의 2가지 이익[令得見聞不壞因果, 令得天眼見歿生處]은 '허공을 툭 트이게 함[廓徹虛空]'에 합하였다.

① 四諦 인과를 보고 들은 데서 얻은 지혜,

② 三明[tri-vidya: 宿命·天眼·漏盡明]과 십력을 얻은 지혜이다. 허공에 태양이 있는 것처럼 툭 트이어 밝음이 통하기 때문이다.

제8 이익[令心無礙不壞善根]은 2가지 뜻이 있다.

① '마음에 걸림이 없도록 함[令心無礙]'은 위의 '허공을 툭 트이

게 함[廓徹虛空]'을 끝맺음이며,

② '선근을 무너뜨리지 않음[不壞善根]'은 아래의 '붉은 연꽃을 피어나게 함[開敷蓮華]'을 끝맺음이다.

붉은 연꽃이 햇살을 만나지 못하면 시들어 죽을 것은 의심할 여지가 없는 것과 같다. 삼승의 선근이 지혜의 태양을 만나면 선근이 무너지지 않는다.

제9 이익[令智修明開敷覺華]은 바로 '연꽃을 피어나게 함[開敷蓮華]'에 합하였다. 위에서는 이미 피어난 꽃을 시들지 않게 하는 것이며, 여기에서는 피지 않은 꽃을 피도록 하는 것이다.

제10 이익[令其發心成就本行]은 뒤의 '나그네에게 길을 보여줌'과 '거처하는 이들에게 일을 하도록 마련해 줌' 2구에 합하였다. 보리심을 일으킴은 '나그네에게 길을 보여줌[行者見道]'이며, 본행의 성취는 '거처하는 이들에게 일을 하도록 마련해 줌[居者辦業]'이다.

第四 日光等照喩
(4) 태양 광명이 평등하게 비추는 비유

經

復次佛子여 **譬如日出於閻浮提**에 **先照一切須彌山等 諸大山王**하고 **次照黑山**하고 **次照高原**하고 **然後普照一 切大地**나 **日不作念**호대 **我先照此**하고 **後照於彼**언마는 **但**

以山地 有高下故로 照有先後인달하야
如來應正等覺도 亦復如是하사 成就無邊法界智輪하야 常放無礙智慧光明하사 先照菩薩摩訶薩等諸大山王하고 次照緣覺하고 次照聲聞하고 次照決定善根衆生하사 隨其心器하야 示廣大智하고 然後普照一切衆生하며 乃至邪定이라도 亦皆普及하나니 爲作未來利益因緣하야 令成熟故나 而彼如來大智日光은 不作是念호대 我當先照菩薩大行하며 乃至後照邪定衆生이오 但放光明하야 平等普照하사 無礙無障하며 無所分別이니라

佛子여 譬如日月이 隨時出現에 大山幽谷을 普照無私인달하야 如來智慧도 亦復如是하사 普照一切하야 無有分別호대 隨諸衆生의 根欲不同하야 智慧光明이 種種有異니라

佛子여 是爲如來身第四相이니
諸菩薩摩訶薩이 應如是見이니라

　또한 불자여, 태양이 염부제에 떠오르면 수미산 등 모든 큰 산들을 먼저 비춰주고, 그다음에 흑산을 비춰주고, 그다음에 높은 언덕을 비춰주고, 그런 뒤에 맨 끝으로 모든 대지를 비춰주지만, 태양은 '내가 먼저 이곳 비추고, 뒤에 저곳을 비추겠다.'는 생각을 하지 않는다. 다만 산과 대지의 높낮이가 있음에 따라서 먼저 비치고, 뒤에 비치는 것처럼 여래·응공·정등각 또한 그와 같다.

　그지없는 법계의 지혜 바퀴를 성취하여, 언제나 걸림 없는 지

혜 광명을 쏟아내어 먼저 보살마하살의 큰 산을 비춰주고, 다음에 연각을 비춰주고, 그다음에 성문을 비춰주고, 그다음에 선근이 결정된 중생에게 비춰주되, 그 마음의 그릇을 따라 광대한 지혜를 보여주고, 그 뒤에 널리 일체중생에게 비춰주며, 내지 도저히 깨달음을 얻을 수 없는 중생일지라도 또한 널리 비춰주는 것이다.

미래에 이익이 될 인연을 만들어, 그를 성숙시켜 주기 위함이지만, 여래의 지혜 태양 광명은 '내가 크게 수행하는 보살에게 먼저 비춰주고, 내지 도저히 깨달음을 얻을 수 없는 중생은 뒤에 비춰줄 것이다.'고 생각지 않는다. 다만 방광으로 평등하게 두루 비춰 걸림도 없고 막힘도 없고 분별함도 없다.

불자여, 해와 달이 때 따라서 나타나 큰 산봉우리와 깊은 골짜기에 사심 없이 널리 비춰주는 것처럼 여래의 지혜 또한 그와 같다. 일체 모든 이들을 두루 비춰주어 분별하는 마음이 없지만, 중생의 근기와 욕구가 같지 아니하여 지혜의 광명이 가지가지 다른 것이다.

불자여, 이는 여래 몸의 넷째 모양이다.

보살마하살은 이와 같이 보아야 한다.

● 疏 ●

日光等照喩는 喩平等隨應身이니 由住眞際일세 故無私平等이라
文中二니 先은 正喩오 後는 重擧釋疑라
前中에 黑山으로 喩緣覺者는 無法空之光故오 不出功德故니 不

同菩薩의 十大山王으로 表十地故니라

高原으로 喩聲聞者는 不生佛法蓮華故니라

大地는 一種일새 通含三聚니 取決定能生處는 喩正定聚요 得緣方生은 喩不定聚요 砂鹵等地는 喩邪定聚라 然亦不捨일새 故皆等照니라

後釋疑云 '日光은 是一이오 佛智는 萬殊니 豈爲同喩리오'

釋云 '豈不向說 但隨山地有高下耶아 故知但隨衆生智慧不同이언정 佛無私智는 無若干也니 未違前喩니라

又旣約機說異면 則照高에 未能兼下이어니와 照下而猶照高니라

又若捨化인댄 先捨於小하고 次捨於中하고 唯菩薩高山은 盡日蒙照니 思之어다 【鈔_ '又旣約機'者는 如照高山에 未照黑山이어니와 若照黑山이면 卽照高山이니 謂說華嚴은 是照高山이니 二乘不預어니와 說阿含等은 菩薩常聞等이니 餘可例知니라

'又若捨化'下는 約會權歸實이라 然經但有 '先照高'言이오 無有 '後照高山'之語로되 今以義求면 必有之矣니라

'會權歸實'에 先棄人天은 非出離故니 如平地落照요 '次捨聲聞'은 令自悟故니 如高無光이오 次捨緣覺은 令起悲故니 如黑山掩曜요 次捨三乘은 歸一乘故니 如山銜夕陽故니라 先大後小는 卽從本流末이니 於一佛乘에 分別說三等이오 捨小歸大는 卽攝末歸本이니 則二義皆具니라】

'태양 광명이 평등하게 비추는 비유'는 부처의 '평등하게 중생을 따라 응하는 菩提身'을 비유함이다. 眞際에 머물기에 사심이

없이 평등하다.

이 부분은 2단락이다.

① 앞은 바른 비유이고, ② 뒤는 거듭 들어 의심을 해석하였다.

'① 바른 비유 부분'에서 흑산으로 연각을 비유한 것은 법공의 광명이 없기 때문이며, 공덕을 내지 못하기 때문이다. 10곳의 큰 산으로 십지를 밝히는 보살의 경계와는 똑같지 않기 때문이다.

높은 언덕으로 성문을 비유한 것은 불법의 연꽃이 피어나지 않기 때문이다.

대지는 하나이기에 三定聚[正定聚, 邪定聚, 不定聚]를 모두 포함하고 있다.

반드시 만물을 내어주는 땅은 '반드시 정진하여 성불할 무리[正定聚]'를 비유하였고,

반연을 얻어야 바야흐로 내어주는 땅은 '성불할 수도 못 할 수도 있는, 결정되지 않은 무리[不定聚]'를 비유하였고,

풀과 나무가 도저히 살 수 없는 사막과 염전 등은 '도저히 깨달음을 얻을 수 없는 무리[邪定聚]'를 비유하였다. 그러나 그들 또한 버리지 않기에 모두 평등하게 비춰주는 것이다.

'② 의심 해석' 부분에서 의심하여 말하였다.

"태양의 광명은 하나이고, 부처의 지혜는 만 가지로 다른데 어떻게 똑같이 비유할 수 있는가?"

이에 대해 해석하였다.

"앞에서 단 산과 대지의 높낮이를 따라 다르다고 말하지 않았

던가. 이 때문에 중생의 지혜가 똑같지 않음을 따라 다를 뿐이지, 부처의 사심 없는 지혜는 조금도 차이가 없다. 앞의 비유에 어긋나지 않음을 알 수 있다.

또한 앞서 근기를 들어 차이점을 말한 것으로 살펴보면, 높은 산을 비춰줄 적에 아래의 대지를 비춰줄 수는 없지만, 아래의 대지를 비춰주면서도 오히려 높은 곳을 비춰줄 수 있다.

또한 만약 교화를 버리는 차례로 말한다면, 먼저 작은 것을 버리고, 그다음으로 중간을 버리며, 오직 보살의 높은 산은 진종일 햇살이 비치는 것이다. 이러한 점을 생각해야 한다.【초_ "또한 앞서 근기를 들어 차이점을 말한 것"이란 마치 저 높은 수미산을 비출 적에 흑산을 비춰주지 못하지만, 흑산을 비출 적에는 높은 수미산을 비춰주는 것과 같다. 화엄경의 설법은 높은 수미산을 비춰주는 것이라, 이승은 동참할 수 없지만, 아함경 등을 설법할 적에는 보살이 언제나 듣는다는 등이다. 나머지는 이런 예로 미루어 알 수 있다.

"또한 만약 교화를 버리는 차례로 말한다면" 이하는 權教를 회통하여 實教로 귀결 지음이다. 그러나 경문에는 '먼저 높은 산을 비춰준다.'는 말만 있을 뿐, '뒤에 높은 산을 비춰준다.'는 말이 없지만, 여기에서 그 의의를 찾아보면 반드시 그런 뜻이 있다.

'權教를 회통하여 實教로 귀결 지음'에 먼저 사람과 천상의 대중을 버리는 것은 삼계를 벗어남이 아니기 때문이니, 이는 저물어 가는 평지의 햇살과 같고,

다음으로 성문을 버림은 그로 하여금 스스로 깨닫도록 한 것이니, 햇살이 없는 고원과 같고,

그다음으로 연각을 버림은 그로 하여금 大悲의 마음을 일으키도록 한 것이니, 햇살이 가려진 흑산과 같고,

그다음으로 삼승을 버림은 一乘에 귀의토록 함이니, 석양 녘 햇살을 머금은 산과 같기 때문이다.

큰 것을 먼저 말하고 작은 것을 뒤에 말한 것은 근본법회를 따라 지말법회로 흘러 내려감이다. 하나의 佛乘에서 3가지로 나누어서 말하였고, 작은 것을 버리고서 큰 것으로 귀결 지은 것은 지말법회를 포괄하여 근본법회로 귀결 짓는 것이다. 이런 2가지의 의의가 모두 갖춰져 있다.】

第五 日益生盲喩

(5) 빛의 고마움을 모르는 장님에게도 도움을 주는 비유

經

復次佛子여 **譬如日出**에 **生盲衆生**이 **無眼根故**로 **未曾得見**하나니 **雖未曾見**이나 **然爲日光之所饒益**이니
何以故오
因此得知晝夜時節하며 **受用種種衣服飮食**하야 **令身調適**하야 **離衆患故**인달하야

또한 불자여, 해가 뜨는 것을 눈먼 중생은 눈이 없으므로 보지 못한다. 비록 해를 보지는 못하지만, 햇살의 이익을 받는다.

무엇 때문일까?

이로 인하여 낮과 밤의 시간을 알며, 가지가지 음식과 의복을 수용하여 몸에 알맞게 생활함으로써 많은 병환을 없애주는 것처럼,

◉ 疏 ◉

日益生盲喩는 喩佛無生潛益身이라 有目者觀로되 非是獨爲오 生盲不見이나 亦未曾滅이니 以潛益故니라

'빛의 고마움을 모르는 장님에게도 도움을 주는 비유'는 부처의 '無生으로 보이지 않은 이익을 주는 相好莊嚴身'을 비유하였다.

눈이 있는 이는 떠오르는 태양을 볼 수 있지만 자기만 홀로 누림이 아니며, 눈먼 이는 보지 못하나 또한 일찍이 사라지는 것도 아니다. 보이지 않은 이익을 주기 때문이다.

經

如來智日도 亦復如是하사 無信無解하며 毁戒毁見하며 邪命自活하는 生盲之類는 無信眼故로 不見諸佛智慧日輪하나니 雖不見佛智慧日輪이나 亦爲智日之所饒益이니 何以故오
以佛威力으로 令彼衆生의 所有身苦와 及諸煩惱와 未來苦因으로 皆消滅故니라

여래의 지혜 태양 또한 그와 같다.

신심도 없고 아는 것도 없으며, 계율을 범하고 바른 소견이 없으며, 잘못 살아가는 눈먼 부류들은 신심의 눈이 없으므로 부처님의 지혜 태양을 보지 못한다.

그들은 부처님의 지혜 태양을 보지 못하지만, 또한 지혜 태양의 이익을 누리는 것이다.

무엇 때문일까?

부처의 위력으로써 저 중생들이 지닌 몸의 고통, 모든 번뇌와 미래 고통의 원인을 모두 없애주기 때문이다.

◉ 疏 ◉

合中二니 先畧後廣이라
畧中五事 皆盲이로되 而無信爲總일세 故云無信眼故라하니 此卽涅槃闡提三罪니 無信斷善은 卽一闡提오 無解·毁見은 卽謗方等이오 毁戒·邪命은 卽犯四重禁과 作五逆罪니 此四至惡이로되 猶有佛性일세 亦爲饒益하야 令離苦集이라【鈔_ '三罪'者는 一은 謗方等經이오 二는 犯四重이오 三은 作五逆罪라】

종합 부분은 2단락이다.

앞에서는 간단하게, 뒤에서는 자세히 말하였다.

간단히 말한 앞부분의 5가지 일[無信·無解·毁戒·毁見·邪命自活]은 모두 生盲의 사안이지만, 그중에서도 신심 없는 것이 총상이다. 이 때문에 "신심의 눈이 없다."고 말하였다.

이는 열반경에서 말한 闡提와 3가지 죄이다.

신심이 없어 선업을 단절하는 것은 하나의 천제이며,

이해가 없고 바른 소견이 없음은 곧 방등경을 비방함이며,

계율을 범하고 잘못 살아가는 것은 '4가지 계율[殺生, 偸盜, 邪淫, 妄語]'을 범함과 '五逆罪[殺父, 殺母, 殺阿羅漢, 破和合僧, 佛身出血]'를 지음이다.

천제와 3가지 죄, 이 4가지는 지극히 흉악한 사람이지만, 그런 그에게도 불성이 있기 때문에 지혜 태양의 이익을 누리면서 苦·集을 여의도록 하였다.【초_ '3가지 죄'란 ① 방등경을 비방함이며, ② 4가지 계율을 범함이며, ③ 5역죄를 지음이다.】

經

佛子여 **如來 有光明**하니 **名積集一切功德**이며

有光明하니 **名普照一切**며

有光明하니 **名淸淨自在照**며

有光明하니 **名出大妙音**이며

有光明하니 **名普解一切語言法**하야 **令他歡喜**며

有光明하니 **名示現永斷一切疑自在境界**며

有光明하니 **名無住智自在普照**며

有光明하니 **名永斷一切戲論自在智**며

有光明하니 **名隨所應出妙音聲**이며

有光明하니 **名出淸淨自在音**하야 **莊嚴國土**하야 **成熟衆**

生이니라

佛子여 如來一一毛孔에 放如是等千種光明하사 五百光明은 普照下方하고 五百光明은 普照上方種種刹中種種佛所諸菩薩衆이어든

불자여, 여래에게 광명이 있는데, 그 이름을 '일체 공덕을 모아 쌓는 광명'이라 하며,

또 광명이 있는데, 그 이름을 '일체에 두루 비추는 광명'이라 하며,

또 광명이 있는데, 그 이름을 '청정하고 자재하게 비추는 광명'이라 하며,

또 광명이 있는데, 그 이름을 '크고 미묘한 음성을 내는 광명'이라 하며,

또 광명이 있는데, 그 이름을 '모든 언어의 법을 두루 알고서 그들을 기쁘게 해주는 광명'이라 하며,

또 광명이 있는데, 그 이름을 '일체 의심을 아주 끊어 자재한 경계를 나타내는 광명'이라 하며,

또 광명이 있는데, 그 이름을 '집착이 없는 지혜로 자재하게 널리 비춰주는 광명'이라 하며,

또 광명이 있는데, 그 이름을 '일체 부질없는 말을 아주 끊고서 자재한 지혜의 광명'이라 하며,

또 광명이 있는데, 그 이름을 '응할 바를 따라 미묘한 음성을 내는 광명'이라 하며,

또 광명이 있는데, 그 이름을 '청정하고 자재한 음성을 내어 국토를 장엄하고 중생을 성숙시켜 주는 광명'이라 한다.

불자여, 여래의 하나하나 모공에서 이와 같은 1천 가지 광명을 쏟아내어, 5백 가지의 광명은 아래를 널리 비춰주고, 5백 가지의 광명은 위 가지가지 세계의 가지가지 부처님 처소에 있는 보살 대중을 비춰주었다.

◉ 疏 ◉

後廣顯中에 二니 先은 能益光이오 後는 所益衆이라

今初二니 先列十光이오 後結分齊라

今初十中에 初三은 成二莊嚴이니 慧中二句는 一은 普照事오 一은 照淨理라

次三은 成三慧니 初二는 成聞慧오 後一은 成思修라

後四는 成四智니

大圓鏡智는 無住普照故오

平等性智는 絕戱論故오

妙觀察智는 隨應演故오

成所作智는 嚴土化生故니라

'佛子'下는 結數分齊니 以日有千光일세 故結云千이나 實乃無數라

'五百照下'者는 五位自分行이오 '五百照上'者는 五位勝進行이라

 뒤의 자세히 밝힌 부분은 2단락이다.

 ㈀ 이익을 주는 주체의 광명이며,

(ㄴ) 이익 대상의 대중이다.

'(ㄱ) 이익을 주는 주체의 광명' 부분은 다시 2단락이다.

① 10가지 광명을 나열하였고,

② 부분의 한계를 끝맺었다.

'① 10가지 광명' 가운데 앞의 3가지 광명은 복덕장엄과 지혜장엄의 성취이다.

'지혜장엄의 성취' 부분의 2구 가운데 하나[名普照一切]는 현상의 事法界를 널리 비춤이며, 또 다른 하나[名淸淨自在照]는 청정한 理法界를 비춤이다.

다음 3가지 광명은 3가지 지혜의 성취이다.

앞의 2구[名出大妙音, 名普解一切語言法令他歡喜]는 聞慧의 성취이고,

뒤의 하나[名示現永斷一切疑自在境界]는 思慧와 修慧의 성취이다.

뒤의 4가지 광명은 4가지 지혜의 성취이다.

제7구[名無住智自在普照], 대원경지는 집착이 없이 널리 비춰주기 때문이며,

제8구[名永斷一切戲論自在智], 평등성지는 부질없는 말이 끊어지기 때문이며,

제9구[名隨所應出妙音聲], 묘관찰지는 응할 바를 따라 연설하기 때문이며,

제10구[名出淸淨自在音莊嚴國土成熟衆生], 성소작지는 국토를 장엄하고 중생을 교화하기 때문이다.

'佛子' 이하는 수효의 한계를 끝맺음이다. 태양에 1천 가지의 광명이 있기 때문에 '千'이라 끝맺었으나, 실제로는 헤아릴 수 없다.

'五百照下'란 五位 자분의 행이며, '五百照上'이란 오위를 잘 닦아나가는 행이다.

經

其菩薩等이 見此光明하고 一時皆得如來境界하야 十頭十眼과 十耳十鼻와 十舌十身과 十手十足과 十地十智皆悉淸淨하며 彼諸菩薩의 先所成就諸處諸地 見彼光明하고 轉更淸淨하야 一切善根이 皆悉成熟하야 趣一切智하며 住二乘者 滅一切垢하며 其餘一分生盲衆生이 身旣快樂하고 心亦淸淨하야 柔軟調伏하야 堪修念智하며

그 보살들이 이러한 광명을 보고서 한꺼번에 모두 여래의 경계를 얻어, 열 개의 머리·열 개의 눈·열 개의 귀·열 개의 코·열 개의 혀·열 개의 몸·열 개의 손·열 개의 발·열 가지의 지위·열 가지의 지혜가 모두 청정하고,

저 많은 보살의 먼저 성취한 모든 곳, 모든 지위가 그 광명을 보고서 더욱 청정하여 일체 선근이 모두 성숙되어 일체 지혜에 나아갔으며,

이승에 머문 이는 일체 때를 없애고,

그 나머지 한 부분의 눈먼 중생도 몸이 이미 쾌락하고 마음 또한 청정하여 부드럽고 조복되어, 잊지 않고 언제나 생각하는 지혜

를 닦으며,

● 疏 ●

二所益中에 有四니 初는 益菩薩이오 二는 益二乘이오 三은 益生盲이오 四는 益惡趣라

菩薩은 有二種益이니 一은 益圓機니 頓證佛境이오 二는 益權機니 令熟權趣實이라 諸處는 謂五眼等이오 諸地는 謂種性地等이라

二乘生盲은 可知니라

'㈏ 이익 대상의 대중' 부분은 4단락이다.

① 보살의 이익,

② 이승의 이익,

③ 눈먼 중생의 이익,

④ 악취 중생의 이익이다.

'① 보살의 이익'에는 2가지가 있다.

㉠ 圓機 대중의 이익, 단번에 부처의 경계를 증득함이며,

㉡ 權機 대중의 이익, 방편으로 성숙시켜 實敎에 나아가게 함이다.

'諸處'는 5眼[肉眼, 天眼, 慧眼, 法眼, 佛眼] 등을 말하고,

'諸地'는 種性地, 趣入地, 出離地 등을 말한다.

'② 이승'과 '③ 눈먼 중생'의 이익은 말하지 않아도 알 수 있다.

地獄餓鬼畜生諸趣所有衆生이 皆得快樂하야 解脫衆苦
하고 命終에 皆生天上人間하나니

佛子여 彼諸衆生이 不覺不知以何因緣이며 以何神力으
로 而來生此하고 彼生盲者 作如是念호대 我是梵天이며
我是梵化로라하야든

是時如來 住普自在三昧하사 出六十種妙音하야 而告之
言하사대 汝等이 非是梵天이며 亦非梵化며 亦非帝釋護
世所作이오 皆是如來威神之力이라하면

彼諸衆生이 聞是語已하고 以佛神力으로 皆知宿命하야
生大歡喜하며 心歡喜故로 自然而出優曇華雲과 香雲과
音樂雲과 衣雲과 蓋雲과 幢雲과 幡雲과 末香雲과 寶雲과
師子幢半月樓閣雲과 歌詠讚歎雲과 種種莊嚴雲하야 皆
以尊重心으로 供養如來하나니

何以故오

此諸衆生이 得淨眼故로

如來與彼로 授阿耨多羅三藐三菩提記일세니라

佛子여 如來智日이 如是利益生盲衆生하야 令得善根하
야 具足成熟이니라

佛子여 是爲如來身第五相이니

諸菩薩摩訶薩이 應如是見이니라

　　지옥·아귀·축생의 세계에 있는 중생이 모두 즐거움을 얻어 수

많은 고통에서 벗어나고, 목숨이 다하면 모두 하늘과 인간으로 태어나게 된다.

　불자여, 저 중생들은 무슨 인연으로, 무슨 신통력으로 여기에 와서 태어나는지를 알지 못하고서, 저 눈먼 중생은 이런 생각을 한다.

　'내가 범천이며, 내가 범천의 변화이다.'

　그때, 여래가 두루 자재한 삼매에 머물면서 60가지 미묘한 음성으로 그들에게 일러주었다.

　'너희들은 범천도 아니고, 또한 범천의 변화도 아니며, 또한 제석천왕이나 사천왕이 만든 것도 아니다. 모두 여래의 위엄과 신통력이다.'

　저 중생들은 이런 말을 듣고서 부처님의 신통력으로써 모두 지난 세상의 일을 알고 몹시 즐거워하며, 마음이 즐거우므로 절로 우담바라꽃 구름·향 구름·음악 구름·옷 구름·일산 구름·당기 구름·번기 구름·가루향 구름·보배 구름·사자당기 반달누각 구름·노래 찬탄 구름·가지각색 장엄 구름을 내어, 모두 존경하는 마음으로 여래께 공양하였다.

　무엇 때문일까?

　이 모든 중생이 청정한 눈을 얻은 까닭에 여래께서 그들에게 아뇩다라삼먁삼보리의 수기를 내려주었기 때문이다.

　불자여, 여래의 지혜 태양은 이처럼 눈먼 중생에게 이익을 주어, 그들로 하여금 선근을 얻어 두루 원만하게 성숙케 하였다.

불자여, 이는 여래 몸의 다섯째 모양이다.

보살마하살은 이와 같이 보아야 한다.

◉ 疏 ◉

四는 光益惡趣라

文有六段이니 一은 拔苦與樂이오 二'佛子'下는 因起邪見이오 三'是時'下는 慈音示正이오 四'彼諸'下는 廻邪報恩이오 五'如來'下는 佛與授記오 六'佛子'下는 結光利益이라 此中諸益은 多同隨好라

'④ 악취 중생'에게 광명으로 이익을 줌이다.

이의 경문은 6단락이다.

㉠ 고통을 뽑아주고 즐거움을 줌이며,

㉡ '佛子' 이하는 因地에서 삿된 견해를 일으킴이며,

㉢ '是時' 이하는 자비의 음성으로 정도를 보임이며,

㉣ '彼諸' 이하는 삿된 견해를 돌이켜 부처의 은혜에 보답함이며,

㉤ '如來' 이하는 부처가 수기를 줌이며,

㉥ '佛子' 이하는 광명의 이익을 끝맺음이다.

여기에서 말한 모든 이익은 대체로 제35 여래수호광명공덕품에서 말한 바와 같다.

第六 月光奇特喩

(6) 달빛이 기특함의 비유

復次佛子여 譬如月輪이 有四奇特未曾有法하니
何等이 爲四오
一者는 暎蔽一切星宿光明이오
二者는 隨逐於時하야 示現虧盈이오
三者는 於閻浮提澄淨水中에 影無不現이오
四者는 一切見者 皆對目前호대 而此月輪은 無有分別하며 無有戱論인달하야
佛子여 如來身月도 亦復如是하사 有四奇特未曾有法하니
何等이 爲四오
所謂暎蔽一切聲聞獨覺學無學衆과
隨其所宜하야 示現壽命의 修短不同호대 而如來身은 無有增減과
一切世界淨心衆生의 菩提器中에 影無不現과
一切衆生이 有瞻對者는 皆謂如來 唯現我前이라하나니
隨其心樂하야 而爲說法하며 隨其地位하야 令得解脫하며 隨所應化하야 令見佛身호대 而如來身은 無有分別하며 無有戱論하야 所作利益이 皆得究竟이니라
佛子여 是爲如來身第六相이니
諸菩薩摩訶薩이 應如是見이니라

　또한 불자여, 비유하면 달에는 전에 없던 기특한 네 가지 법이 있다.

무엇이 전에 없던 기특한 네 가지 법인가?

첫째, 모든 별빛을 가려버리고,

둘째, 때를 따라서 이지러짐과 가득 참을 보여주며,

셋째, 염부제의 맑은 물속에는 모두 그림자가 나타나고,

넷째, 모든 보는 이의 눈앞에 마주하되, 달은 분별도 없고 부질없는 말도 없다.

불자여, 여래 몸의 달 또한 그와 같다. 전에 없던 기특한 네 가지 법이 있다.

무엇이 전에 없던 기특한 네 가지 법인가?

이른바 첫째, 일체 성문과 독각, 그리고 배울 게 있는 이와 배울 게 없는 중생들을 가려버리고,

둘째, 그들에게 알맞은 바를 따라서 장수와 단명의 다른 점을 보여주지만, 여래의 몸은 더하거나 줄어듦이 없으며,

셋째, 일체 세계의 청정한 마음을 지닌 중생의 보리지혜 그릇에 모두 그림자가 나타나고,

넷째, 여래를 마주하는 일체중생은 모두가 자기 앞에 여래가 계신다고 말들 한다.

그들이 좋아하는 마음을 따라서 설법을 하며,

그들의 지위를 따라서 해탈을 얻게 하며,

교화할 만한 중생을 따라 부처의 몸을 보도록 마련해 주지만, 여래의 몸은 분별도 없고 부질없는 말도 없으며, 이익되는 일들이 모두 최고의 경계를 얻었다.

불자여, 이는 여래 몸의 여섯째 모양이다.

보살마하살은 이와 같이 보아야 한다.

● 疏 ●

喩佛圓廻等住身이니 謂等住三世無增減故니라

合中四法者는 一은 圓智暎二乘이오 二는 常身示延促이오 三은 由器見有無오 四는 所見無向背라

初及後二는 皆圓廻義라

菩提器者는 堪受菩提之人이 觀意生身이어니와 若心海澄淸하야 妄念都寂이면 則眞見佛矣니라

'달빛이 기특함의 비유'는 부처의 '원만하게 돌아다니며 평등하게 머무는 몸'을 비유하였다. 삼세에 평등하게 머물면서 더하거나 줄어듦이 없기 때문이다.

종합 부분의 4가지 법은 다음과 같다.

① 원만한 지혜가 이승을 비춰줌이며,

② 변함없는 몸으로 장수와 단명을 보여줌이며,

③ 중생의 근기에 따라서 있고 없음을 보여주며,

④ 중생이 친견하는 바에 向背가 없다.

'① 원만한 지혜…' 및 '③ 중생의 근기…'와 '④ 중생이 친견…'은 모두 '원만하게 돌아다니는 몸'을 말한다.

'보리지혜의 그릇'이란 보리지혜를 받아들일 수 있는 사람이 부처의 意生身을 본 것이지만, 만약 마음의 바다가 해맑아서 망상

이 모두 사라지면 참으로 부처를 보게 된다.

第七 梵王普現喩

(7) 범왕이 널리 몸을 나타내는 비유

經

復次佛子여 **譬如三千大千世界大梵天王**이 **以少方便**으로 **於大千世界**에 **普現其身**이어든 **一切衆生**이 **皆見梵王**이 **現在已前**호대 **而此梵王**은 **亦不分身**하며 **無種種身**인달하야

佛子여 **諸佛如來**도 **亦復如是**하사 **無有分別**하며 **無有戲論**하며 **亦不分身**하며 **無種種身**이오 **而隨一切衆生心樂**하야 **示現其身**호대 **亦不作念現若干身**이니라

佛子여 **是爲如來身第七相**이니

諸菩薩摩訶薩이 **應如是見**이니라

또한 불자여, 저 삼천대천세계의 대범천왕이 조그만 방편으로써 대천세계에 그 몸을 두루 나타내면, 일체중생이 모두 자기 앞에 범왕이 있는 것을 보지만, 범천왕은 또한 하나의 몸에서 갈라져 나온 몸이 아니며, 가지가지 다른 몸도 없다.

불자여, 제불여래 또한 그와 같다.

분별도 없고, 부질없는 말도 없으며, 또한 하나의 몸에서 갈라

져 나온 몸이 아니며, 가지가지 다른 몸도 없다. 그저 일체중생의 마음에 좋아하는 바를 따라서 몸을 나타내면서도 또한 얼마의 몸을 나타내야겠다는 생각을 하지 않는다.

불자여, 이는 여래 몸의 일곱째 모양이다.

보살마하살은 이와 같이 보아야 한다.

◉ 疏 ◉

梵王普現喩는 喩佛無心普應身이니 不分而徧故니라

'범왕이 널리 몸을 나타내는 비유'는 부처의 '무심으로 널리 응하는 化身'에 비유하였다.

하나의 몸에서 갈라져 나온 몸이 아니면서도 두루 널리 몸을 나타내기 때문이다.

第八 醫王延壽喩

(8) 훌륭한 의원이 중생의 목숨을 연장해 주는 비유

經

復次佛子여 譬如醫王이 善知衆藥과 及諸呪論하야 閻浮提中諸所有藥을 用無不盡하며 復以宿世諸善根力과 大明呪力으로 爲方便故로 衆生見者 病無不愈어든

彼大醫王이 知命將終하고 作是念言호대 我命終後에 一

切衆生이 無所依怙니 我今宜應爲現方便이라하고 是時醫王이 合藥塗身하며 明呪力持하야 今其終後에 身不分散하야 不萎不枯하며 威儀視聽이 與本無別하며 凡所療治 悉得除差인달하야

佛子여 如來應正等覺無上醫王도 亦復如是하사 於無量百千億那由他劫에 鍊治法藥하야 已得成就하며 修學一切方便善巧하야 大明呪力이 皆到彼岸하사 善能除滅一切衆生의 諸煩惱病하며

及住壽命하야 經無量劫호대 其身淸淨하야 無有思慮하고 無有動用하야 一切佛事를 未嘗休息이어든 衆生見者 諸煩惱病이 悉得消滅이니라

佛子여 是爲如來身第八相이니

諸菩薩摩訶薩이 應如是見이니라

　또한 불자여, 비유하면 어떤 훌륭한 의원이 여러 가지 약과 여러 가지 주문을 잘 알아서 염부제에 있는 모든 약을 쓰지 않는 게 없고, 또 전생의 선근의 힘과 큰 밝은 주문의 힘으로써 방편을 삼은 까닭에 그를 찾아간 중생이라면 그들의 병이 치유되지 않은 적이 없었다.

　그 훌륭한 의원은 자신의 목숨이 머지않아 다할 줄을 알고서 이런 생각을 하였다.

　'내가 죽은 뒤에는 일체중생이 의지할 데가 없을 것이다. 내가 이제 방편을 보여주어야겠다.

그때, 의원은 약을 만들어 자신의 몸에 바르고 주문의 힘으로 부지하여, 그가 죽은 뒤에도 그의 몸은 흐트러지지 않고서 시들지도 않고 마르지도 않으며, 위의 행동이나 보고 들음이 본래와 다르지 않았으며, 병을 치료하면 모두 치유되었다.

불자여, 여래·응공·정등각의 위없는 의원 또한 그와 같다.

한량없는 백천억 나유타 겁에 법약을 법제하여 이미 성취하였고, 일체 방편의 뛰어난 법문을 닦고 배워서, 대명주(大明呪)의 지닌 힘이 모두 피안에 이르렀다. 이로써 일체중생의 모든 번뇌의 병을 없애주었다.

그리고 장수를 누리면서 한량없는 겁을 살면서도 그의 몸이 청정하여 생각함도 없고 하는 일이 없으면서도 일체 불사를 멈추지 않았다. 그를 만나본 중생들은 모든 번뇌의 병이 모두 사라졌다.

불자여, 이는 여래 몸의 여덟째 모양이다.

보살마하살은 이와 같이 보아야 한다.

● 疏 ●

喩佛窮盡後際身이라

喩中二니 先은 彰現德이오 後彼大下는 呪力持身이라

合中亦二니

初는 合現德이니 於中初는 合用藥無不盡이오

次修學下는 合呪力爲方便이오 後善能下는 合見者病愈라

二及住下는 合呪力持身이니 用前呪藥하야 持住多劫故니 畧不

重明藥呪能持니라

'훌륭한 의원이 중생의 목숨을 연장해 주는 비유'는 부처의 '미래 세계까지 다하는 力持身'을 비유하였다.

비유 부분은 2단락이다.

① 나타낸 공덕을 밝힘이며,

② '彼大醫王' 이하는 죽은 뒤에 大明呪力으로 몸을 부지함이다.

종합 부분 또한 2단락이다.

① 나타낸 공덕에 합하였다.

그 가운데 첫째는 약의 사용을 모조리 다함에 합하였고,

다음 '修學' 이하는 대명주력으로 방편을 삼음에 합하였으며,

뒤의 '善能' 이하는 그를 찾아본 이들은 모두가 병이 치유됨에 합하였다.

② '及住壽命' 이하는 대명주력으로 몸을 부지하는 데에 합하였다. 앞의 대명주와 약을 사용하여 오랜 겁에 머문 까닭이다. 약과 呪力으로 부지한 부분을 생략하여 거듭 밝히지 않았다.

▬

第九 摩尼利物喩

(9) 마니주가 중생에게 이익을 주는 비유

復次佛子여 **譬如大海**에 **有大摩尼寶**하니 **名集一切光明
毘盧遮那藏**이라 **若有衆生**이 **觸其光者**면 **悉同其色**이오
若有見者면 **眼得清淨**이며 **隨彼光明**의 **所照之處**하야 **雨
摩尼寶**하니 **名爲安樂**이라 **令諸衆生**으로 **離苦調適**인달하야
佛子여 **諸如來身도 亦復如是**하사 **爲大寶聚一切功德大
智慧藏**이니 **若有衆生**이 **觸佛身寶智慧光者**면 **同佛身色**
이오 **若有見者**면 **法眼清淨**이라 **隨彼光明**의 **所照之處**하
야 **令諸衆生**으로 **離貧窮苦**하며 **乃至具足佛菩提樂**이니
佛子여 **如來法身이 無所分別**하며 **亦無戲論**호대 **而能普
爲一切衆生**하야 **作大佛事**니라
佛子여 **是爲如來身第九相**이니
諸菩薩摩訶薩이 **應如是見**이니라

또한 불자여, 비유하면 큰 바다에 마니주가 있는데, 그 이름을 '일체 광명을 모아놓은 비로자나법장 마니주'라 한다. 어떤 중생이 그 광명이 닿으면 모두 그 빛과 같아지고, 그 광명을 보는 이는 눈이 청정하게 된다.

그 광명이 비추는 곳에 따라서 마니주를 비처럼 내려주는데, 그 이름을 '안락 마니주'라 한다. 모든 중생으로 하여금 고통을 여의고 안락케 하였다.

불자여, 여래들의 몸 또한 그와 같다.

'큰 보배 덩이에 일체 공덕을 모아놓은 큰 지혜의 법장'이라

한다.

　만약 어떤 중생이 부처 몸의 보배인 지혜 광명을 맞이하면 부처님 몸의 빛과 같아지고, 그 빛을 보는 이는 법의 눈이 청정하게 된다.

　그 광명이 비추는 곳을 따라서 모든 중생으로 하여금 빈궁의 고통을 여의게 해주며, 내지 부처 보리지혜의 낙을 두루 원만하게 해주었다.

　불자여, 여래의 법신은 분별도 없고 부질없는 말도 없지만, 널리 일체중생을 위하여 큰 불사를 짓는다.

　불자여, 이는 여래 몸의 아홉째 모양이다.

　보살마하살은 이와 같이 보아야 한다.

● 疏 ●

摩尼利物喩는 喩佛嚴剎益生身이니 雨寶利貧이 卽嚴剎故로 各有體用이니 可知니라

　'마니주가 중생에게 이익을 주는 비유'는 부처의 '세계를 장엄하고 중생에게 이익을 주는 福德身'을 비유하였다.

　보배를 내려주어 가난한 이들에게 이익을 주는 것이 바로 세계의 장엄이기 때문에 각기 본체와 작용이 있다. 이는 말하지 않아도 알 수 있다.

第十 寶王滿願喩

⑽ 원하는 바를 만족시켜 주는 마니주의 비유

經

復次佛子여 譬如大海에 有大如意摩尼寶王하니 名一切世間莊嚴藏이라 具足成就百萬功德하며 隨所住處하야 令諸衆生으로 災患消除하고 所願滿足이나 然此如意摩尼寶王은 非少福衆生의 所能得見인달하야

如來身如意寶王도 亦復如是하사 名爲能令一切衆生으로 皆悉歡喜니 若有見身聞名讚德이면 悉令永離生死苦患하며 假使一切世界一切衆生이 一時專心하야 欲見如來라도 悉令得見하야 所願皆滿이어니와

佛子여 佛身은 非是少福衆生의 所能得見이오 唯除如來自在神力으로 所應調伏이니 若有衆生이 因見佛身하면 便種善根하야 乃至成熟하며 爲成熟故로 乃令得見如來身耳니라

佛子여 是爲如來身第十相이라

諸菩薩摩訶薩이 應如是見이니라

또한 불자여, 비유하면 큰 바다에 큰 여의주 마니 보배가 있는데, 그 이름을 '일체 세간 장엄장 여의주'라 한다.

백만 공덕을 두루 모두 성취하였으며, 머무는 곳마다 중생으로

하여금 재앙이 소멸되고 소원이 만족케 하였다. 그러나 이 여의주 마니 보배는 복이 적은 중생은 보지 못한 것처럼 여래의 몸 여의주 보배 또한 그와 같다.

그 이름을 '일체중생의 기쁨을 주는 여래의 몸 여의주'라 한다. 만약 여래 여의주의 몸을 보거나 그 이름을 듣거나 그 공덕을 찬탄하면, 모두 생사의 고통을 영원히 벗어나게 해주며, 가령 일체 세계의 일체중생이 한꺼번에 오롯한 마음으로 여래를 보고자 할지라도 모두에게 보여주고 소원이 모두 만족하도록 마련해 주었지만,

불자여, 부처님의 몸은 복이 적은 중생으로서는 볼 수 없다. 오직 여래의 자재한 신통력으로 조복할 수 있는 이만큼은 예외이다.

만약 중생이 부처님의 몸을 보면 곧 선근을 심어 마침내 성숙하게 된다. 이처럼 성숙하기 위하여 여래의 몸을 보도록 하였다.

불자여, 이는 여래 몸의 열째 모양이다.

보살마하살은 이와 같이 보아야 한다.

● 疏 ●

寶王滿願喩는 喩佛相嚴滿願身이라
合中에 先은 正合이오 後 '佛子佛身' 下는 釋疑라
於中에 初雖合喩나 已是釋疑니 謂有疑云 '若念皆見이어늘 今何不見고' 故云 '少福不見'이라 次疑云 '亦有貧下薄福이니 何以得見고' 釋云 '除可調者'니라

'원하는 바를 만족시켜 주는 마니주의 비유'는 부처의 '장엄한 상호로 서원이 원만한 願身'을 비유하였다.

종합 부분에서 앞은 바로 종합하였고,

뒤의 '佛子佛身' 이하는 의심을 풀어주었다.

'의심을 풀어준' 부분의 앞은 비록 비유에 맞춰 말했지만, 이미 의심을 풀어준 것이다.

이런 의심을 하였다.

"생각만 하면 모두 볼 수 있는데, 여기에서는 볼 수 없는 것일까?"

이 때문에 "복이 적은 중생은 볼 수 없다."고 말하였다.

다음으로 이런 의심을 하였다.

"또한 아주 가난하여 박복한 자도 있다. 이런 사람은 어떻게 하면 볼 수 있는 것일까?"

이에 대해 해석하였다.

"조복할 수 있는 이만큼은 예외이다."

第三 就法總結

3) 법의 측면에서 총체로 끝맺다

以其心無量하야 **徧十方故**며

所行無礙하야 如虛空故며

普入法界故며

住眞實際故며

無生無滅故며

等住三世故며

永離一切分別故며

住盡後際誓願故며

嚴淨一切世界故며

莊嚴一一佛身故니라

그 마음이 한량없어 시방에 두루 있기 때문이며,

행하는 바에 걸림이 없어 허공과 같기 때문이며,

법계에 널리 들어가기 때문이며,

진실한 자리에 머물기 때문이며,

나지도 않고 사라지지도 않기 때문이며,

삼세에 평등하게 머물기 때문이며,

일체 분별을 영원히 여의기 때문이며,

최후 다하는 날까지 일으킨 서원에 머물기 때문이며,

일체 세계를 장엄 청정케 하기 때문이며,

하나하나 부처의 몸을 장엄하기 때문이다."

● 疏 ●

十句次第는 結前十身이라 其有難者는 前已會釋이라

10구의 차례는 앞의 10가지 佛身을 끝맺음이다.
이에 대한 논란은 앞에서 이미 회통하여 해석하였다.

第二頌

2. 보현보살의 게송

經

爾時에 普賢菩薩摩訶薩이 欲重明此義하사 而說頌言하사대

그때, 보현보살마하살이 이런 뜻을 거듭 밝히고자 게송으로 말하였다.

譬如虛空徧十方하야　　若色非色有非有와
三世衆生身國土에　　　如是普在無邊際인달하야

　허공이 시방에 두루 하여
　형상과 형상 아님, 있음과 있지 않음
　삼세 중생의 몸과 국토에
　이처럼 두루 있어 그지없듯이

諸佛眞身亦如是하사　　一切法界無不徧하야
不可得見不可取나　　　爲化衆生而現形이로다

부처님의 진신도 그와 같아

온 법계에 두루 계시지만

볼 수도 취할 수도 없으나

중생 교화 위해 그 모습 보이노라

譬如虛空不可取라 **普使衆生造衆業**호대
不念我今何所作이며 **云何我作爲誰作**인달하야

허공은 취할 수 없지만

중생으로 모든 업을 짓게 하되

내가 현재 무슨 일을 했으며

무엇은 내가 했고 누굴 위해 했다는 생각 없듯이

諸佛身業亦如是하사 **普使群生修善法**호대
如來未曾有分別하야 **我今於彼種種作**이로다

부처의 몸의 업도 그와 같아

널리 중생으로 선법을 닦게 하지만

여래는 내가 지금 그들에게

가지가지 해주었다고 분별하지 않노라

譬如日出閻浮提에 **光明破暗悉無餘**하며
山樹池蓮地衆物과 **種種品類皆蒙益**인달하야

염부제에 태양이 솟아오르면

찬란한 광명, 모든 어둠 깨뜨리고
산에 나무, 못에 연꽃, 그리고 수많은 물건
가지가지 품류 이익 받듯이

諸佛日出亦如是하사 　　**生長人天衆善行**하며
永除癡暗得智明하야 　　**恒受尊榮一切樂**이로다

　부처님의 해가 뜸도 그와 같아서
　인간 천상의 선행 낳아주고 키워주며
　영원히 어리석음 없애주고 밝은 지혜 얻어
　존귀한 일체 즐거움 누리게 하여라

譬如日光出現時에 　　**先照山王次餘山**하며
後照高原及大地호대 　　**而日未始有分別**인달하야

　햇살이 처음 떠오를 적에
　먼저 높은 산 비추고 그다음 낮은 산으로
　고원과 평지 나중에 비춰주지만
　해는 본시 분별심 없는 것처럼

善逝光明亦如是하사 　　**先照菩薩次緣覺**하며
後照聲聞及衆生호대 　　**而佛本來無動念**이로다

　부처님 광명도 그와 같아서
　먼저 보살에게, 그다음 연각으로

성문과 중생 나중에 비춰주지만
부처님은 본래 생각 없어라

譬如生盲不見日호대　　　**日光亦爲作饒益**하야
令知時節受飮食하야　　　**永離衆患身安穩**인달하야

　눈먼 이들 해를 못 보지만
　햇빛은 그에게도 이익을 주어
　밤낮 알고서 음식 먹으며
　여러 우환 여의어 몸이 평안하듯이

無信衆生不見佛호대　　　**而佛亦爲興義利**하시니
聞名及以觸光明에　　　　**因此乃至得菩提**로다

　신심 없는 중생들 부처 못 보지만
　부처는 그들에게도 이익 베푸시니
　명호 듣거나 방광 마주하면
　그 인연으로 보리지혜 얻노라

譬如淨月在虛空에　　　　**能蔽衆星示盈缺**하며
一切水中皆現影이어든　　**諸有觀瞻悉對前**인달하야

　밝은 달 허공에 높이 뜨면
　모든 별 사라지고 찼다 기울다 하며
　모든 물속에 달그림자 나타나면

보는 이들마다 나의 앞에 있다 하듯이

如來淨月亦復然하사 　　**能蔽餘乘示修短**하며
普現天人淨心水하시니 　　**一切皆謂對其前**이로다

　　여래의 밝은 달도 그와 같아서
　　삼승을 가리고 장수와 단명으로
　　인간 천상 청정한 마음 물에 그 몸 보여주시니
　　일체중생 모두가 '나의 앞에 계신다' 하여라

譬如梵王住自宮하야 　　**普現三千諸梵處**하니
一切人天咸得見호대 　　**實不分身向於彼**인달하야

　　범천왕이 제 궁전에 머물면서
　　삼천 여러 범천에 몸을 나타내면
　　모든 인간과 하늘이 모두 보지만
　　몸을 나눠 그들을 찾아가지 않은 것처럼

諸佛現身亦如是하사 　　**一切十方無不徧**하시니
其身無數不可稱이나 　　**亦不分身不分別**이로다

　　부처님의 현신 또한 그와 같아서
　　일체 시방에 두루 있지 않는 데 없어라
　　그 몸이 무수하여 말 못하지만
　　몸 나누지도 않았고 분별도 없어라

如有醫王善方術에　　若有見者病皆愈라
命雖已盡藥塗身하야　　令其作務悉如初인달하야

　　훌륭한 의원이 좋은 처방 지니어
　　만나는 환자마다 모든 병 치유하더니
　　목숨 다한 몸에 약을 발라서
　　예전처럼 똑같이 그 일을 하듯이

最勝醫王亦如是하사　　具足方便一切智하야
以昔妙行現佛身하시니　　衆生見者煩惱滅이로다

　　가장 뛰어난 의왕(醫王) 또한 그와 같아
　　방편과 일체 지혜 두루 갖춰
　　예전처럼 부처 몸 미묘한 행 나타내니
　　중생들 보는 족족 번뇌 사라지네

譬如海中有寶王하야　　普出無量諸光明이어든
衆生觸者同其色이며　　若有見者眼淸淨인달하야

　　비유하면 바다에 큰 구슬이
　　한량없는 광명을 널리 쏟아내면
　　광명을 받는 중생 그 빛과 같고
　　그 빛을 보는 이 눈이 청정한 것처럼

最勝寶王亦如是하사　　觸其光者悉同色이며

若有得見五眼開하야　　　破諸塵暗住佛地로다

　　가장 높은 보배왕 또한 그와 같아

　　그 빛에 닿는 이 모두 그 빛과 같고

　　보는 이는 다섯 눈 모두 열려

　　어둠을 깨뜨리고 부처 지위 머무노라

譬如如意摩尼寶　　　隨其所求皆滿足이나
少福衆生不能見하나니　非是寶王有分別인달하야

　　비유하면 여의 마니주

　　원하는 대로 모두 채워주지만

　　복 없는 중생, 보지 못하네

　　정작 마니주는 분별심 없는 것처럼

善逝寶王亦如是하사　　悉滿所求諸欲樂이나
無信衆生不見佛하나니　非是善逝心棄捨로다

　　잘 가시는 보배왕 또한 그와 같아

　　구하는 모든 욕망 채워주지만

　　신심 없는 중생, 보지 못함은

　　부처님의 마음에 버리는 게 아니어라

● 疏 ●

頌中에 有二十偈니 次第頌喩니 喩各二偈라

게송은 20수 게송이다.

차례대로 비유를 읊었는데, 비유마다 각각 2수 게송이다.

第二答如來出現身業 竟하다

제2. 여래가 나타낸 신업에 관한 대답을 끝마치다.

여래출현품 제37-1 如來出現品 第三十七之一

화엄경소론찬요 제86권 華嚴經疏論纂要 卷第八十六

화엄경소론찬요 제87권
華嚴經疏論纂要 卷第八十七

◉

여래출현품 제37-2
如來出現品 第三十七之二

一

第三 出現語業

長行에 有標·釋·結이라

釋中三이니 初는 就法畧說이오 二는 約喩廣說이오 三은 以法通結이라
今은 初라

제3. 여래가 나타낸 어업

1. 산문에 표장, 해석, 결론이 있다.

해석 부분은 3단락이다.

1) 법으로 간단히 말하였고,

2) 비유를 들어 자세히 말하였으며,

3) 법으로 전체를 끝맺었다.

이는 '1) 법으로 간단히 말한 부분'이다.

經

佛子여 菩薩摩訶薩이 應云何知如來應正等覺音聲고
佛子여 菩薩摩訶薩이
應知如來音聲이 徧至니 普徧無量諸音聲故며
應知如來音聲이 隨其心樂하야 皆令歡喜니 說法明了故며
應知如來音聲이 隨其信解하야 皆令歡喜니 心得淸凉故며
應知如來音聲이 化不失時니 所應聞者 無不聞故며
應知如來音聲이 無生滅이니 如呼響故며
應知如來音聲이 無主니 修習一切業所起故며

應知如來音聲이 甚深이니 難可度量故며

應知如來音聲이 無邪曲이니 法界所生故며

應知如來音聲이 無斷絕이니 普入法界故며

應知如來音聲이 無變易이니 至於究竟故니라

"불자여, 보살마하살이 어떻게 여래·응공·정등각의 음성을 알아야 하는가?

불자여, 보살마하살은 여래의 음성이 일체 음성에 두루 이르는 줄을 알아야 한다. 한량없는 음성에 두루 이르기 때문이다.

여래의 음성이 중생의 좋아하는 마음을 따라서 모두 기쁘게 함을 알아야 한다. 설법이 분명하기 때문이다.

여래의 음성이 중생의 신심과 이해를 따라서 모두 기쁘게 함을 알아야 한다. 마음이 시원하기 때문이다.

여래의 음성이 교화의 시기를 놓치지 않음을 알아야 한다. 들을 만한 이는 듣지 않음이 없기 때문이다.

여래의 음성이 나고 사라짐이 없음을 알아야 한다. 메아리와 같기 때문이다.

여래의 음성이 주재가 없음을 알아야 한다. 일체 업을 닦아서 일어나기 때문이다.

여래의 음성이 매우 심오함을 알아야 한다. 헤아리기 어렵기 때문이다.

여래의 음성이 삿됨이 없음을 알아야 한다. 법계로부터 생겨나기 때문이다.

여래의 음성이 끊어짐이 없음을 알아야 한다. 법계에 두루 들어가기 때문이다.

여래의 음성이 변함없음을 알아야 한다. 최고의 경계까지 이르기 때문이다.

◉ 疏 ◉

文有十音하야 以顯無盡이니 各上句는 標오 下句는 釋이라
一 '普徧'者는 卽隨類音이라 然有二義하니
一은 約體廣이니 無聲不至일세 故云普徧無量音聲이니 斯則人天等異에 萬類齊聞이니 上云衆生隨類各得解오
二者는 隨前一一之音하야 皆能獨徧이니 如目連 不究其邊이라
二는 隨樂欲音이니 謂趣擧一一類音에 能隨樂欲하야 說種種法이니 上經云 '如來 於一語言中에 演說無邊契經海'라하고 又云 '佛以一妙音으로 周聞十方國하나니 衆音悉具足이라 法雨皆充徧이로다'하니 通證前之二義라
三은 隨根解音이니 謂卽上說中에 隨說一法하야 大小各聞일세 故云隨其信解니 寶積云 '佛以一音演說法이어든 衆生各各隨所解'라하니라
四는 隨時音이니 謂卽上大小之法하야 令聞不聞에 皆自在故로 云不失時라하니라 亦兼隨聞一法하야 欣憂不同이니 寶積云 '或有恐畏或歡喜'라하니라
上四는 多約卽體之用이니 是圓音義오 後六은 多約卽用之體니 顯

一音義라

謂五는 外隨緣叩이언정 我無生滅이오

六은 內集緣成이어니 何有主宰리오

七 '甚深'者는 欲言其一이나 則萬類殊應이오 欲言其異나 一體無生이오 又欲言其一이나 隨一音中하야 能具多音일새 故上云 '一切衆生語言法을 一言演說盡無餘라'하니라 欲言其異나 卽上多音하야 唯令聞一일새 故下喩云 '譬如天鼓 發種種聲이나 懈怠諸天은 唯聞無常覺悟之音'이라'하니 故甚深也라

八은 純稱法界오

九는 橫入無斷이오

十은 竪歸一極이니 此十圓融一味 是如來圓音이라

    이의 경문은 10가지 음성으로 그지없음을 밝힌 것이다. 각각 위 구절은 표장이고, 아래 구절은 해석이다.

    (1) '두루 이르는 음성'이란 부류에 따른 음성이다.

    그러나 여기에 2가지 뜻이 있다.

    ① 체성의 광대함으로 말하였다. 그 어느 음성이든 이르지 않음이 없기에 "한량없는 음성에 두루 이른다."고 말하였다. 이는 인간과 천상 중생의 각기 다른 차이에 따라 1만 부류가 모두 일제히 듣는 것이다. 위의 경문에서 "중생이 유를 따라 각각 알아듣는다."고 말하였다.

    ② 앞서 말한 하나하나 부류의 음성을 따라서 모두 홀로 두루 이르는 것이다. 예컨대 목련존자가 그 끝을 알지 못하였다.

(2) '중생의 좋아하는 마음을 따른 음성'이다. 하나하나 부류의 음성을 귀담아듣고 그들이 좋아하는 바를 따라서 가지가지로 설법하였다. 위의 경문에서 "여래의 하나의 말 속에 그지없는 경전 바다를 연설한다."고 하였으며, 또한 "부처는 하나의 미묘한 음성으로써 시방 국토에 두루 들려주노라. 많은 부류의 음성 두루 갖춘 터라, 法雨가 모두 충만하다."고 하니, 앞의 2가지 뜻을 모두 증명하였다.

(3) '중생의 신심과 이해를 따른 음성'이다. 위에서 말한 부분에 하나의 법을 연설함에 따라서 대승과 소승이 각기 듣기 때문에 '그들의 믿음과 이해를 따른다.'고 하였다.

보적경에서 말하였다.

"부처님이 하나의 음성으로 설법하면 중생이 각각 따라서 이해한다."

(4) '교화의 시기를 놓치지 않은 음성'은 때에 따른 음성이다. 위 대승 소승의 법에 나아가 듣게 하고 듣지 못하게 함이 모두 자재한 까닭에 '시기를 놓치지 않는다.'고 말하였다. 또한 하나의 법을 들음에 따라서 기쁨과 걱정이 똑같지 않다는 뜻을 겸하고 있다.

보적경에서 말하였다.

"어떤 이는 두려워하고, 어떤 이는 기뻐한다."

위의 4가지 음성은 대체로 본체와 하나가 된 작용을 들어 말하였다. 이는 원만한 음성이라는 뜻이며,

뒤의 6가지 음성은 대체로 작용과 하나가 된 본체를 들어 말하

였다. 이는 하나의 음성이 지닌 뜻을 밝힌 것이다.

⑸ '나고 사라짐이 없는 음성'은 밖으로 인연을 따라 응할 뿐이지, 나는 나고 사라짐이 없다.

⑹ '주재가 없는 음성'은 안으로 인연을 모아서 이룬 것이니 어찌 주재가 있겠는가.

⑺ '매우 심오한 음성'이란 그 음성이 '하나'라 말하고자 하나 모든 유에 따라서 각기 달리 응하고, 그 음성이 '다르다'고 말하고자 하지만 하나의 본체는 생겨남이 없다.

또한 그 음성이 '하나'라 말하고자 하지만 하나의 음성에 따라 많은 음성을 갖추고 있기에 위에서 말하였다.

"일체중생의 언어법을 하나의 언어로 연설하여 모두 남음이 없이 한다."

그 음성이 '다르다'고 말하고자 하지만 위의 많은 음성에서 오직 하나의 음성만을 듣게 한 까닭에 아래의 비유에서 말하였다.

"비유하면 하늘 북이 가지가지 소리를 울려 내지만, 게으른 諸天은 오직 無常覺悟의 소리만을 들을 뿐이다."

이 때문에 '매우 심오한 음성'이다.

⑻ '삿됨이 없는 음성'은 법계에 순수하게 걸맞음이며,

⑼ '끊어짐이 없는 음성'은 공간으로 들어가 끊임이 없음이며,

⑽ '변함없는 음성'은 하나의 극처에 수직으로 돌아감이다. 이 10가지 원융한 하나가 여래의 원만한 음성이다.

第二 約喩廣說

中二니 初는 結前生後오 次는 徵釋이라

今은 初라

   2) 비유를 들어 자세히 말하다

   이는 2단락이다.

   첫째는 앞의 문장을 끝맺으면서 뒤의 문장을 일으켰고,

   다음은 묻고 해석하였다.

   이는 첫째 부분이다.

經

佛子여 菩薩摩訶薩이 應知如來音聲이 非量非無量이며 非主非無主며 非示非無示니

   불자여, 보살마하살이 여래의 음성은 한량이 있지도 않고 한량이 없지도 않으며, 주재가 있지도 않고 주재가 없지도 않으며, 보여줌도 아니고 보여줌이 없음도 아님을 알아야 한다.

◉ 疏 ◉

收上十聲에 要不出三이니 約相인댄 則廣無量이오 約體댄 則無主宰오 約用인댄 則有顯示니 今竝雙非로 以顯中道라 謂莫窮其邊일세 故非量이오 隨機隨時하야 有聞不聞일세 故非無量이오 多緣集故로 非有主오 純一法界生故로 非無主오 當體無生故로 無能示오

巧顯義理故로 非無示니라

更以四句로 明體用無礙니

謂一은 以用從體니 由體無不在故로 能令上十類로 皆徧一切니 非唯徧聲이라 亦徧一切時處·衆生·如來·法界等하며 雖復於色等皆徧이나 恒不雜亂하나니 若不等徧이면 則音非圓이오 若由等徧이라도 失其音曲이면 則圓非音이어니와 今不壞曲而等徧하고 不動徧而差韻일새 方成圓音이라

二는 以體從用이니 其一一音이 皆具含眞性이라

三은 用卽體故로 上十類聲 皆不可得이라 唯第一義니 永離所執일새 故法螺恒震이나 妙音常寂이니 名寂靜音이라 如空谷響이 有而卽虛니 若不卽虛면 非但失於一音이라 亦不得圓融自在니라

四는 體卽用故로 寂而恒宣이니 若天鼓無心이나 而應一切하고 長風隨竅하야 萬吹不同이니 若不徧同이면 非但失於能圓이라 亦非眞一梵音이 隨緣自在니 名爲如來圓音妙音니 非是心識思量境界니라

위의 10가지 음성을 정리하면 요는 3가지에서 벗어나지 않는다.

(1) 양상으로 말하면 한량없이 광대하고,

(2) 본체로 말하면 주재가 없으며,

(3) 작용으로 말하면 보여줌이 있다.

여기에서는 아울러 이것도 저것도 아니라는 것으로써 중도를 밝히고 있다.

그 끝을 다할 수 없기에 한량이 있지도 않고,

기연 따라서 시기에 따라서 듣거나 듣지 못함이 있기에 한량이

없지도 않으며,

　　많은 인연이 모인 까닭에 주재가 있지도 않고
　　純一한 법계를 내주기에 주재가 없지도 않으며,
　　당체가 생겨남이 없기에 보여줌도 아니고
　　이치를 잘 밝혀주기에 보여줌이 없음도 아니다.

　또한 4구로 본체와 작용에 장애가 없음을 밝혔다.

　(1) 작용으로써 본체를 따랐다. 본체가 있지 않음이 없기 때문에 위의 10가지 유로 모두 일체에 두루 미치도록 하는 것이다.

　오직 음성에 두루 미칠 뿐 아니라, 또한 일체 시간과 공간, 중생과 여래, 법계 등에 두루 미치며, 또한 물질 등에 모두 두루 미치지만 언제나 혼잡하거나 산란하지 않다.

　만약 평등하게 두루 미치지 않으면 이는 음성이 원만함이 아니며, 평등하게 두루 미칠지라도 그 음성의 리듬을 잃으면 원만함이 음성이 아니지만, 여기에서는 리듬을 잃지 않고 평등하게 두루 미치며, 두루 미치는 데에 흔들림이 없으면서 차등의 음운이 있기에 바야흐로 원만한 음성을 이룬 것이다.

　(2) 본체로써 작용을 따랐다. 그 하나하나의 음성이 모두 眞性을 갖추고 있다.

　(3) 작용이 곧 본체이기 때문에 위의 10가지 음성을 모두 얻을 수 없다. 오직 第一義諦이다. 집착하는 바를 아주 벗어났기에 法螺가 항상 울리지만 미묘한 음성은 언제나 고요하다. 그 이름을 '고요한 음성[寂靜音]'이라 한다.

빈 골짜기의 울림이 있으나 공허함과 하나이다. 만약 공허함과 하나가 아니면 하나의 음성을 상실할 뿐 아니라, 또한 원융 자재하지 못한다.

(4) 본체가 작용과 하나이기 때문에 고요하되 언제나 말하는 것이다.

마치 하늘 북은 무심하지만 일체에 두루 응하고, 바람이 수많은 구멍을 따라서 그 바람소리가 똑같지 않음과 같다.

만약 두루 똑같지 않으면 원만의 주체를 상실할 뿐 아니라, 또한 眞一의 梵音이 인연 따라 자재함이 아니다. 그 이름을 '여래의 원만한 음성, 미묘한 음성'이라 하니, 이는 心識思量의 경계가 아니다.

第二, 徵意云 '前言無量等이어늘 今何雙非아'
第三은 擧喩廣釋이니
其大意云 '性相無礙하고 體用相卽故로 約法難顯일세 寄喩以明이라
十喩는 卽爲十段이라 段各有三이니 謂喩·合·結이라
今은 第一劫盡唱聲喩라

둘째, 물음의 뜻은 다음과 같다.

"앞에서 한량없음 등을 말했는데, 여기에서는 어찌하여 이것도 저것도 아니라고 말하는가?"

셋째, 비유를 들어 자세히 해석하였다.

그 大意는 다음과 같다.

"근본자리의 본성과 현실세계의 양상이 걸림이 없으며, 본체와 작용이 서로 하나이기에 법을 들어 말하려 해도 이를 밝히기 어렵다. 이 때문에 비유에 붙여 밝힌 것이다."

10가지 비유는 10단락이다.

단락마다 각각 3가지가 있다.

비유, 종합, 결론을 말한다.

(1) 세계가 무너질 때 울려나는 소리의 비유

經

何以故오

佛子여 譬如世界 將欲壞時에 無主無作호대 法爾而出 四種音聲하나니

其四者는 何오

一曰汝等은 當知하라 初禪安樂이 離諸欲惡하야 超過欲界라하면 衆生이 聞已에 自然而得成就初禪하야 捨欲界身하고 生於梵天하며

二曰汝等은 當知하라 二禪安樂이 無覺無觀하야 超於梵天이라하면 衆生이 聞已에 自然而得成就二禪하야 捨梵天身하고 生光音天하며

三曰汝等은 當知하라 三禪安樂이 無有過失하야 超光音天이라하면 衆生이 聞已에 自然而得成就三禪하야 捨光音身하고 生徧淨天하며

四曰汝等은 當知하라 四禪寂靜이 超徧淨天이라하면 衆生이 聞已에 自然而得成就四禪하야 捨徧淨身하고 生廣果天이니 是爲四니라
佛子여 此諸音聲이 無主無作이로대 但從衆生의 諸善業力之所出生인달하야
佛子여 如來音聲도 亦復如是하야 無主無作하며 無有分別하며 非入非出이로대 但從如來功德法力하야 出於四種廣大音聲하나니
其四者는 何오
一曰汝等은 當知하라 一切諸行이 皆悉是苦니 所謂地獄苦와 畜生苦와 餓鬼苦와 無福德苦와 著我我所苦와 作諸惡行苦라 欲生人天인댄 當種善根이니 生人天中에 離諸難處라하면 衆生이 聞已에 捨離顚倒하고 修諸善行하야 離諸難處하야 生人天中하며
二曰汝等은 當知하라 一切諸行이 衆苦熾然하야 如熱鐵丸하니 諸行이 無常이라 是磨滅法이오 涅槃寂靜이 無爲安樂하야 遠離熾然하야 消諸熱惱라하면 衆生이 聞已에 勤修善法하야 於聲聞乘에 得隨順音聲忍하며
三曰汝等은 當知하라 聲聞乘者는 隨他語解하야 智慧狹劣이어니와 更有上乘하니 名獨覺乘이라 悟不由師니 汝等은 應學하라하면 樂勝道者 聞此音已에 捨聲聞道하고 修獨覺乘하며

四曰汝等은 當知하라 過二乘位하야 更有勝道하니 名爲大乘이니 菩薩所行이라 順六波羅蜜하야 不斷菩薩行하고 不捨菩提心하야 處無量生死호대 而不疲厭하야 過於二乘일세 名爲大乘이며 第一乘이며 勝乘이며 最勝乘이며 上乘이며 無上乘이며 利益一切衆生乘이라하면 若有衆生이 信解廣大하고 諸根猛利하야 宿種善根하야 爲諸如來神力所加면 有勝樂欲하야 希求佛果일세 聞此音已에 發菩提心이니라

佛子여 如來音聲이 不從身出이며 不從心出이로대 而能利益無量衆生이니라

佛子여 是爲如來音聲第一相이니

諸菩薩摩訶薩이 應如是知니라

　　무슨 까닭일까?

　　불자여, 비유하면 세계가 무너지려 할 때 주재하는 자도 없고 만드는 자도 없지만, 법의 본체로 네 가지 음성이 울려 나온다.

　　무엇이 네 가지 음성인가?

　　첫째, '그대들은 알라. 초선천[색계의 梵衆天·梵輔天·梵王天]의 안락이 모든 탐욕과 악을 여의어 욕계 6천[六天: 四王天·忉利天·夜摩天·兜率天·化樂天·他化自在天]의 안락보다 뛰어나다.'고 하면, 중생들이 이런 말을 듣고서 자연스럽게 초선의 경계를 성취하여 욕계의 몸을 버리고 범천의 청정한 몸으로 태어나는 것이다.

　　둘째, '그대들은 알라. 2선천[색계의 少光天·無量光天·光音天]의 안

락이 감각도 없고 관찰도 없어 범천의 안락보다 뛰어나다.'고 하면, 중생들이 이런 말을 듣고서 자연스럽게 2선천의 경계를 성취하여 범천의 몸을 버리고 광음천의 몸으로 태어나는 것이다.

셋째, '그대들은 알라. 3선천[少淨天·無量淨天·徧淨天]의 안락이 허물이 없어 광음천의 안락보다 뛰어나다.'고 하면, 중생들이 이런 말을 듣고서 자연스럽게 3선천의 경계를 성취하여 광음천의 몸을 버리고 변정천의 몸으로 태어나는 것이다.

넷째, '그대들은 알라. 4선천[福生天·福愛天·廣果天]의 고요함이 변정천의 안락보다 뛰어나다.'고 하면, 중생들이 이런 말을 듣고서 자연스럽게 4선천의 경계를 성취하여 변정천의 몸을 버리고 광과천의 몸으로 태어나는 것이다.

이것이 네 가지 음성이다.

불자여, 이 모든 음성은 주재하는 자도 없고 만드는 이도 없지만, 다만 중생의 선업의 힘에서 생겨나는 것처럼,

불자여, 여래의 음성 또한 그와 같다. 주재하는 자도 없고 만드는 이도 없으며, 분별도 없으며, 들어가는 것도 나오는 것도 아니지만, 다만 여래의 공덕과 법력에서 네 가지 광대한 음성이 울려나오는 것이다.

그 네 가지 광대한 음성은 무엇인가?

첫째, '그대들은 알라. 일체 모든 행이 모두 고통이다. 이른바 지옥의 고통, 축생의 고통, 아귀의 고통, 복덕이 없는 고통, 나와 내 것에 집착하는 고통, 많은 악행을 짓는 고통이다. 인간과 천상에

태어나고자 한다면 당연히 선근을 심어야 한다. 인간과 천상에 태어나 모든 고난이 있는 곳을 떠나야 한다.'고 하면, 중생들이 이런 말을 듣고서 전도망상을 버리고 선행을 닦아서 모든 고난이 있는 곳을 떠나서 인간이나 천상에 태어나게 된다.

둘째, '그대들은 알라. 일체 모든 행은 수많은 고통이 치성하여 뜨거운 탄환과 같다. 모든 행이 무상하여 사라지는 법이며, 열반의 고요함이 무위(無爲)의 안락으로 치성한 고통을 멀리 여의고 모든 번뇌를 없애준다.'고 하면, 중생들이 이런 말을 듣고서 부지런히 선한 법을 닦아 성문의 법문에서 음성을 따르는 지혜를 얻는다.

셋째, '그대들은 알라. 성문승은 남의 말을 따라서 이해하여 지혜가 용렬하지만, 그보다 높은 법이 있는데, 그 이름을 독각승이라 한다. 스승을 의지하지 않고 깨달음을 얻는다. 그대들은 당연히 독각승을 배워야 한다.'고 하면, 수승한 도를 좋아하는 자가 이런 음성을 듣고서 성문의 도를 버리고 독각승을 닦는다.

넷째, '그대들은 알라. 이승의 지위보다 더욱 훌륭한 도가 있다. 그 이름을 대승이라 한다. 보살이 수행한 도이다. 6바라밀을 따라서, 보살의 행을 끊지 않고 보리심을 버리지 않고서, 한량없이 나고 죽는 데 머물면서도 고달파하지 않는다.

이는 이승의 지위보다 뛰어난 것이어서 대승이라 하며, 제일승이라 하며, 훌륭한 승이라 하며, 가장 훌륭한 승이라 하며, 상승이라 하며, 최상승이라 하며, 일체중생에게 이익을 주는 승이라 한다.'고 하면, 만약 중생이 신심과 이해가 광대하고 근기가 예리하여 전생에 선근을 심음에 따라서 여래의 신통력으로 가피를 받았을 경우, 훌륭한 욕망이 있어 부처의 과덕을 구할 것이다. 이러한 음성을 듣고서 보리심을 일으킬 것이다.

　불자여, 여래의 음성은 몸에서 나오는 것도 아니고, 마음에서 나오는 것도 아니지만 한량없는 중생에게 이익을 주는 것이다.

　불자여, 이는 여래 음성의 첫째 모양이다.

　보살마하살은 이와 같이 알아야 한다.

● 疏 ●

劫盡唱聲喻는 喻前第六無主라
喻中言 '法爾'者는 俱舍第二云 '生無色界 有二種因하니 一은 因力이니 謂近習及數習故오 二는 業力이니 謂上界後報業果欲至故라하니 若生色界인댄 則有三因하니 謂加法爾力이니 但器壞時에 法爾有聲故니라
然四種音이 非是一時니
初二는 火劫이 將壞欲界及初禪時오
三은 卽水災 壞二禪時오
四는 卽風災 欲壞三禪時니
四聲各別일새 故非無主오 但從緣生일새 故非有主니라
合中에 明佛欲壞生死世間에 亦有四聲하야 說五乘法이라

　'세계가 무너질 때 울려나는 소리의 비유'는 앞의 '(6) 주재가 없음'을 비유하였다.

비유 부분에서 '법의 본체[法爾]'라 말한 것은 구사론 제2에서 말하였다.

"무색계에 태어나는 데에는 2가지 원인이 있다.

첫째는 因力이다. 가까이 익힌 것[近習]과 자주 익힌 것[數習] 때문이며,

둘째는 業力이다. 上界의 後報業果가 이르고자 한 때문이다."

색계에 태어난 데에는 3가지 원인이 있다. '법 본체의 힘[法爾力]'을 더하였다. 다만 器世界가 무너지려고 할 때 '법의 본체'에 그와 같은 음성이 있기 때문이다.

그러나 4가지 음성은 일시에 이뤄진 게 아니다.

첫째와 둘째 음성은 火劫의 불의 재앙으로 욕계 및 초선천이 무너질 때 울려 나오고,

셋째 음성은 물의 재앙으로 2선천이 무너질 때 울려 나오며,

넷째 음성은 바람의 재앙으로 3선천이 무너질 때 울려 나온다.

4가지 음성이 각기 다르기에 주재하는 자가 없는 것도 아니다. 다만 인연 따라 생겨나기에 주재가 있는 것도 아니다.

종합 부분에서 부처님이 나고 죽는 세간을 무너뜨리고자 할 때에도 4가지 음성으로 五乘의 법을 연설함을 밝혔다.

第二 響聲隨緣喻

(2) 인연을 따라 울려오는 메아리의 비유

經

復次佛子여 譬如呼響이 因於山谷과 及音聲起라 無有形狀하야 不可覩見이며 亦無分別이로대 而能隨逐一切語言인달하야

如來音聲도 亦復如是하사 無有形狀하야 不可覩見이라 非有方所며 非無方所로대 但隨衆生의 欲解緣出이라 其性이 究竟에 無言無示하야 不可宣說이니라

佛子여 是爲如來音聲第二相이니

諸菩薩摩訶薩이 應如是知니라

또한 불자여, 비유하면 메아리가 골짜기와 음성을 따라 생겨나는 것이라, 형상이 없어 볼 수도 없고 또한 분별할 수도 없지만 일체 언어를 따르는 것처럼, 부처님의 음성 또한 그와 같다.

형상이 없어 볼 수도 없는 터라, 어느 곳이 있는 것도 아니고, 없는 것도 아니지만, 다만 중생이 원하는 인연, 알고 있는 인연을 따라 울려 내는 것이다. 그 체성은 결국 말할 수도 없고 보여줄 수도 없어 설명할 수 없다.

불자여, 이는 여래 음성의 둘째 모양이다.

보살마하살은 이와 같이 알아야 한다.

● **疏** ●

響聲隨緣喩는 喩上第五無生이라

'인연을 따라 울려오는 메아리의 비유'는 위의 '(5) 나고 사라짐

이 없음'을 비유하였다.

―

第三 天鼓開覺喩

(3) 깨우쳐 주는 하늘 북의 비유

經

復次佛子여 譬如諸天에 有大法鼓하니 名爲覺悟라 若諸天子 行放逸時엔 於虛空中에 出聲告言호대 汝等은 當知하라 一切欲樂이 皆悉無常하며 虛妄顚倒하야 須臾變壞라 但誑愚夫하야 令其戀著이니 汝莫放逸하라 若放逸者는 墮諸惡趣하야 後悔無及이라하면

放逸諸天이 聞此音已에 生大憂怖하야 捨自宮中의 所有欲樂하고 詣天王所하야 求法行道하나니

佛子여 彼天鼓音이 無主無作하며 無起無滅호대 而能利益無量衆生인달하야

當知如來도 亦復如是하사 爲欲覺悟放逸衆生하야 出於無量妙法音聲하나니

所謂無着聲과 不放逸聲과 無常聲과 苦聲과 無我聲과 不淨聲과 寂滅聲과 涅槃聲과 無有量自然智聲과 不可壞菩薩行聲과 至一切處如來無功用智地聲이라 以此音聲으로 徧法界中하야 而開悟之어든

219

無數衆生이 聞是音已하고 皆生歡喜하야 勤修善法하야 各於自乘에 而求出離하나니
所謂或修聲聞乘하며 或修獨覺乘하며 或習菩薩無上大乘호대
而如來音은 不住方所하며 無有言說이니라
佛子여 是爲如來音聲第三相이니
諸菩薩摩訶薩이 應如是知니라

또한 불자여, 여러 하늘에 큰 북이 있는데 그 이름을 '깨우쳐 주는 북'이라 한다.

여러 하늘의 대중들이 방일할 적에 허공에서 북소리를 내어 그들에게 일러준다.

'너희들은 알아야 한다. 모든 욕망과 향락이 모두 무상하며 허망하고 전도된 것이어서 잠깐 사이에 변하고 무너지는 것이다. 어리석은 사람을 속여 연연하게 만들어 줄 뿐이다. 너희는 방일하지 말라. 방일한 자는 삼악도에 떨어져 후회해도 쓸 데가 없을 것이다.'

방일하던 하늘 대중들이 그 음성을 듣고서 큰 걱정과 두려운 마음에 그들의 궁전에서 누리는 욕망과 향락을 버리고서 천왕에게 나아가 법을 구하고 도를 닦는다.

불자여, 저 하늘의 북소리는 주재하는 이도 없고 만들어 내는 이도 없으며, 일어남도 사라짐도 없지만, 한량없는 중생에게 이익을 주었던 것처럼 여래 또한 그와 같음을 알아야 한다.

방일한 중생을 깨우쳐 주고자 한량없는 미묘한 법의 음성을

내는 것이다.

　이른바 집착 없는 음성, 방일하지 않는 음성, 무상하다는 음성, 괴롭다는 음성, '나'라는 것이 없다는 음성, 부정하다는 음성, 고요한 음성, 열반의 음성, 한량없이 자연스러운 지혜의 음성, 깨뜨릴 수 없는 보살행의 음성, 일체 모든 곳에 전해지는 여래의 하염없는 지혜 음성이다.

　이런 음성으로 법계에 두루 울려 깨우침을 주면, 무수한 중생들이 이런 음성을 듣고서 모두 환희의 마음을 내어, 착한 법을 부지런히 닦아서 각각 자기의 법[乘]에서 벗어남을 구한다.

　이른바 성문승을 닦기도 하고, 독각승을 닦기도 하며, 보살의 위없는 대승을 익히기도 하지만, 여래의 음성은 어느 한곳에 머무르지 않으며, 말이 없다.

　불자여, 이는 여래 음성의 셋째 모양이다.

　보살마하살은 이와 같이 알아야 한다.

◉ 疏 ◉

天鼓開覺喩는 喩第九無斷絶聲이니 徧入法界하야 化無斷故니라 喩·合 各三이니 一은 能開覺이오 二는 開覺益이오 三은 結用歸體니라
二 '當知'下는 合中三者니 初合能開覺이라 別有十一聲하니 義分四節이나 而有二意하니
一은 初二는 通五乘이오 次六은 通三乘이오 次一은 通第一第二乘이오 後二는 唯大乘이라

二者는 初一節은 人天이오 餘三節은 配三乘이라
次'無數'下는 合開覺益이오 後'而如來'下는 合結歸體니 由不住方
等일새 故上能普徧이니 是以로 莊嚴論云 '若佛音聲'이 是有法이오
非非法者면 不能徧至十方이라하니 反此故能이라【 鈔_ '若佛音聲'
下는 釋曰 此非法言은 卽是眞理 爲非法耳라】

'깨우쳐 주는 하늘 북의 비유'는 '(9) 끊어짐이 없는 음성'에 비
유하였다. 법계에 두루 들어가 교화가 끊이지 않기 때문이다.

비유와 종합은 각기 3단락이다.

(ㄱ) 깨우쳐 주는 주체,

(ㄴ) 깨달음의 이익,

(ㄷ) 작용을 끝맺으면서 본체로 귀결 지음이다.

둘째 '當知' 이하 종합 부분은 3단락이다.

앞은 '(ㄱ) 깨우쳐 주는 주체'에 종합하였다.

개별로는 11가지의 음성이 있는데, 그 의의는 4節로 나뉘지만
2가지 뜻이 있다.

① 앞의 2가지는 五乘에 모두 통하고,

다음 6가지는 三乘에 모두 통하며,

다음 1가지는 제1승, 제2승에 모두 통하고,

뒤의 2가지는 오직 대승이다.

② 앞의 1절은 인간과 천상이며,

나머지 3절은 삼승에 짝하고 있다.

다음 '無數' 이하는 '(ㄴ) 깨달음의 이익'에 합하였고,

뒤의 '而如來' 이하는 'ⓒ 작용을 끝맺으면서 본체로 귀결 지음'에 합하였다.

方等에 머물지 않음으로 인하여 위로 두루 널리 할 수 있다. 이 때문에 장엄론에서는 "만약 부처의 음성이 有法이고, 非法이 아니라고 분별한다면 두루 이르지 못한다."고 하였다. 이에 반하기 때문에 능할 수 있다.【초_ '若佛音聲' 이하는 이에 대한 해석은 다음과 같다.

"여기에서 非法이란 말은 진리를 非法이라 한다."】

第四 天女妙聲喩

(4) 자재천 여인의 미묘한 음성의 비유

經

復次佛子여 譬如自在天王이 有天婇女하니 名曰善口라 於其口中에 出一音聲하면 其聲이 則與百千種樂으로 而共相應하야 一一樂中에 復有百千差別音聲하나니
佛子여 彼善口女 從口一聲으로 出於如是無量音聲인달하야 當知如來도 亦復如是하사 於一音中에 出無量聲하야 隨諸衆生의 心樂差別하사 皆悉徧至하야 悉令得解니라
佛子여 是爲如來音聲第四相이니
諸菩薩摩訶薩이 應如是知니라

또한 불자여, 자재천왕에게 아름다운 하늘의 여인이 있는데, 그 이름을 '착한 입을 지닌 여인'이라 한다.

그의 입에서 하나의 음성을 내면 그 음성이 백천 가지 음악에 상응하여 하나하나의 음악 가운데 다시 백천 가지 각기 다른 음성이 있다.

불자여, '착한 입을 지닌 여인'이 하나의 음성으로 이처럼 한량없는 음성을 내듯이, 여래 또한 그와 같음을 알아야 한다.

여래의 한 음성 가운데서 한량없는 음성을 내어, 각기 달리 좋아하는 중생의 마음을 따라서 모두에게 두루 이르러 그들을 모두 해탈하도록 마련해 주었다.

불자여, 이는 여래 음성의 넷째 모양이다.

보살마하살은 이와 같이 알아야 한다.

● 疏 ●

天女妙聲喩는 喩第三隨信解聲이니 多音이 隨樂故일세니라

'자재천 여인의 미묘한 음성의 비유'는 '(3) 중생의 신심과 이해를 따른 음성'을 비유하였다. 많은 음성이 중생이 좋아하는 바를 따르기 때문이다.

第五. 梵聲及衆喩

(5) 대범천왕의 범음 소리의 비유

> 經

復次佛子여 譬如大梵天王이 住於梵宮하야 出梵音聲에 一切梵衆이 靡不皆聞호대 而彼音聲이 不出衆外어든 諸梵天衆이 咸生是念호대 大梵天王이 獨與我語인달하야 如來妙音도 亦復如是하사 道場衆會 靡不皆聞호대 而其音聲이 不出衆外니

何以故오

根未熟者는 不應聞故로 其聞音者는 皆作是念호대 如來世尊이 獨爲我說이라하나니

佛子여 如來音聲이 無出無住로대 而能成就一切事業이니라

是爲如來音聲第五相이니

諸菩薩摩訶薩이 應如是知니라

또한 불자여, 비유하면 대범천왕이 범천궁전에 머물면서 범천의 음성을 내면, 일체 범천의 대중들이 모두 듣지 않은 이가 없지만, 그 음성이 대중 밖을 벗어난 것이 아니다. 범천 대중이 모두 이런 생각을 하였다.

'대범천왕이 오직 나만을 위하여 말해주신 것이다.'

여래의 미묘한 음성 또한 그와 같다.

도량의 법회 대중이 모두 듣지 않은 이가 없지만, 그 음성이 대중 밖을 벗어난 것이 아니다.

무슨 까닭일까?

근기가 성숙하지 못한 이는 듣지 못하기 때문에 부처의 음성을 듣는 이들은 모두 이런 생각을 하였다.

'여래 세존이 오직 나만을 위하여 말해주신 것이다.'

불자여, 여래의 음성은 나가는 일도 없고 머무는 일도 없지만, 모든 사업을 이뤄주는 것이다.

이는 여래 음성의 다섯째 모양이다.

보살마하살은 이와 같이 알아야 한다.

◉ 疏 ◉

梵聲及衆喩는 喩化不失時라

熟者必聞은 卽以根熟爲衆이라

'대범천왕의 범음 소리의 비유'는 '(4) 교화의 시기를 놓치지 않음'을 비유하였다.

근기가 성숙한 자는 반드시 들을 수 있음은 근기의 성숙으로써 교화 대상의 대중을 삼기 때문이다.

第六 衆水一味喩

(6) 수많은 강물이 똑같은 맛이라는 비유

經

復次佛子여 譬如衆水 皆同一味니 隨器異故로 水有差

226

別이나 水無念慮하며 亦無分別인달하야 如來言音도 亦
復如是하야 唯是一味니 謂解脫味라 隨諸衆生의 心器
異故로 無量差別이나 而無念慮하며 亦無分別이니라
佛子여 是爲如來音聲第六相이니
諸菩薩摩訶薩이 應如是知니라

또한 불자여, 비유하면 많은 물이 모두 똑같은 맛이다. 그릇의 차이에 따라 물에 차별이 있으나 물은 아무런 생각도 없고 분별도 없는 것처럼, 여래의 음성 또한 그와 같다.

오직 똑같은 하나의 맛이다. 이를 '해탈의 맛'이라 한다. 모든 중생의 마음 그릇이 다르기에 한량없이 각기 다르지만, 부처님은 아무런 생각도 없고 분별하는 마음도 없다.

불자여, 이는 여래 음성의 여섯째 모양이다.

보살마하살은 이와 같이 알아야 한다.

◉ 疏 ◉

衆水一味喩는 喩無邪曲聲이니 從法界生하야 一體性故일세니라

'수많은 강물이 똑같은 맛이라는 비유'는 '(8) 삿됨이 없는 음성'을 비유하였다. 법계에서 생겨난 하나의 체성이기 때문이다.

第七 降雨滋榮喩

(7) 단비를 내려 곡식을 키워주는 비유

經

復次佛子여 譬如阿那婆達多龍王이 興大密雲하야 徧閻浮提하야 普霆甘雨에 百穀苗稼 皆得生長하며 江河泉池 一切盈滿이니 此大雨水 不從龍王의 身心中出이로대 而能種種饒益衆生인달하야

佛子여 如來應正等覺도 亦復如是하사 興大悲雲하야 徧十方界하야 普雨無上甘露法雨하사 令一切衆生으로 皆生歡喜하야 增長善法하며 滿足諸乘하나니

佛子여 如來音聲이 不從外來며 不從內出이로대 而能饒益一切衆生이니라

是爲如來音聲第七相이니

諸菩薩摩訶薩이 應如是知니라

또한 불자여, 비유하면 아나바달다 용왕이 큰 구름을 일으켜 염부제에 두루 덮고 단비를 내려주면, 모든 곡식의 싹이 잘 자라고, 강과 시내와 샘과 못들이 모두 가득 차게 된다.

이처럼 큰비는 용의 몸이나 마음에서 나오는 것이 아니지만, 가지가지로 중생에게 이익을 주는 것처럼,

불자여, 여래·응공·정등각 또한 그와 같다.

큰 자비의 구름을 일으켜 시방세계에 가득하여 위없는 감로의 법 비를 널리 내려주어 일체중생으로 하여금 모두 환희심을 내어, 착한 법을 더욱 키워나가며, 여러 가지 법을 만족케 한다.

불자여, 여래의 음성은 밖에서 오지도 않고 안에서 나오지도

않지만 일체중생에게 이익을 주고 있다.

이는 여래 음성의 일곱째 모양이다.

보살마하살은 이와 같이 알아야 한다.

◉ 疏 ◉

降雨滋榮喩는 喩歡喜聲이니 稱根增長故니라
離佛無聲일세 不從外來오 離機無聲일세 不從內出이라

'단비를 내려 곡식을 키워주는 비유'는 '(2) 환희의 음성'을 비유하였다. 근기에 맞게 키워주기 때문이다.

부처를 떠나서는 음성이 없기에 밖에서 온 것도 아니고,

근기를 떠나서는 음성이 없기에 내면에서 나온 것도 아니다.

第八 漸降成熟喩

(8) 서서히 비를 내려 성숙시켜 주는 비유

經

復次佛子여 譬如摩那斯龍王이 將欲降雨에 未便卽降하고 先起大雲하야 彌覆虛空하야 凝停七日하야 待諸衆生의 作務究竟하나니
何以故오
彼大龍王이 有慈悲心하야 不欲惱亂諸衆生故로 過七日

已에 降微細雨하야 普潤大地인달하야
佛子여 如來應正等覺도 亦復如是하사 將降法雨에 未便
卽降하고 先興法雲하야 成熟衆生하사 爲欲令其心無驚
怖하야 待其熟已然後에 普降甘露法雨하야 演說甚深微
妙善法하사 漸次令其滿足如來一切智智無上法味니라
佛子여 是爲如來音聲第八相이니
諸菩薩摩訶薩이 應如是 知니라

또한 불자여, 비유하면 마나사 용왕이 비를 내려줄 적에 곧장 내리지 않고, 먼저 큰 구름을 일으켜 허공에 가득 덮고 이레를 지체하면서 중생들이 하는 일을 마치도록 기다리는 것이다.

무슨 까닭일까?

마나사 용왕이 자비의 마음으로 중생을 괴롭히지 않고자 이레가 지난 뒤에 이슬비를 내려 대지를 적셔주는 것이다.

불자여, 여래·응공·정등각 또한 그와 같다.

장차 법 비를 내려주고자 할 적에 곧장 내리지 않고, 먼저 법 구름을 일으켜 중생을 성숙시켜, 그들의 마음에 놀람이 없도록 하고자 그들의 성숙을 기다린 뒤에 감로의 법 비를 내려, 매우 심오하고 미묘한 좋은 법을 연설하여 차츰차츰 여래의 일체 지혜의 지혜인 위없는 법을 만족시켜 주는 것이다.

불자여, 이는 여래 음성의 여덟째 모양이다.

보살마하살은 이와 같이 알아야 한다.

● **疏** ●

漸降成熟喩는 喩無變聲이니 以皆至究竟故니라
上에 先照高山은 以顯頓圓이오 此 先小後大는 卽是漸圓이라
'將降法雨'者는 思欲說一也오 '未便卽降'者는 恐破法墮惡道故
오 '先興法雲'은 是說方便이니 方便含實이 如雲含水니라

'서서히 비를 내려 성숙시켜 주는 비유'는 '⑩ 변함없는 음성'을 비유하였다. 모두 마지막의 최고 경계에 이르게 하기 때문이다.

위에서 먼저 높은 산을 비춰주는 것은 단번에 곧바로 원만한 성취를 밝힘이며, 여기에서 작은 것을 먼저 하고 큰 것을 뒤에 한 것은 차례로 원만하게 이뤄가는 것이다.

'장차 법 비를 내려주고자' 함은 一乘을 말하고자 생각함이며,

'곧장 내리지 않음'은 법을 잃고서 악도에 떨어질까 두려워하기 때문이며,

'먼저 법 구름을 일으킴'은 방편을 말한다. 방편이 實敎를 포함함이 구름이 물을 머금고 있는 것과 같기 때문이다.

第九 降霔難思喩

(9) 불가사의한 빗줄기를 내려주는 비유

經

復次佛子여 譬如海中에 有大龍王하니 名大莊嚴이라 於

231

大海中降雨之時에 或降十種莊嚴雨하며 或百或千하며 或百千種莊嚴雨하나니

佛子여 水無分別호대 但以龍王의 不思議力으로 令其莊嚴하야 乃至百千無量差別인달하야 如來應正等覺도 亦復如是하야 爲諸衆生說法之時에 或以十種差別音說하며 或百或千하며 或以百千하며 或以八萬四千音聲으로 說八萬四千行하며 乃至或以無量百千億那由他音聲으로 各別說法하사 令其聞者로 皆生歡喜하나니 如來音聲은 無所分別이로대 但以諸佛이 於甚深法界에 圓滿清淨하사 能隨衆生根之所宜하사 出種種言音하야 皆令歡喜니라

佛子여 是爲如來音聲第九相이니

諸菩薩摩訶薩이 應如是知니라

　또한 불자여, 비유하면 바다 가운데 큰 용왕이 있는데, 그 이름을 '대장엄 용왕'이라 한다.

　큰 바다 속에서 비를 내릴 적에, 혹은 열 가지 장엄한 비를 내리기도 하고, 혹은 백 가지 장엄한 비, 천 가지 장엄한 비, 백천 가지 장엄한 비를 내리기도 한다.

　불자여, 물은 똑같아 다르지 않지만, 용왕의 불가사의한 힘으로 비를 장엄하여, 백천 가지 한량없는 다른 물을 내려주는 것처럼 여래·응공·정등각 또한 그와 같다.

　많은 중생을 위해 설법할 적에 혹은 열 가지 각기 다른 음성으로 말하고, 혹은 백 가지 음성, 천 가지 음성, 백천 가지 음성, 8만 4

천 가지의 음성으로 8만 4천 가지의 행을 말하며, 내지 한량없는 백천억 나유타의 음성으로 각기 달리 설법하여, 듣는 이들에게 모두 기쁨을 준다.

여래의 음성은 다르지 않지만 다만 부처님이 깊은 법계에 원만하고 청정하여, 중생의 근기에 알맞은 바를 따라서 가지가지 음성으로 그들을 모두 기쁘게 만들어 주는 것이다.

불자여, 이는 여래 음성의 아홉째 모양이다.

보살마하살은 이와 같이 알아야 한다.

◉ 疏 ◉

降霔難思喩는 喩上甚深聲이니 雖多差別이나 皆於甚深法界之所流故니라

'불가사의한 빗줄기를 내려주는 비유'는 위의 '(7) 매우 심오한 음성'을 비유하였다. 비록 각기 다른 모습이 많으나 모두 매우 심오한 법계에서 흘러나오기 때문이다.

第十 徧降種種喩

(10) 두루 가지가지로 내려주는 비유

經

復次佛子여 譬如娑竭羅龍王이 欲現龍王의 大自在力

하야 饒益衆生하야 咸令歡喜하야 從四天下로 乃至他化自在天處히 興大雲網하야 周匝彌覆하니 其雲色相이 無量差別이라
或閻浮檀金光明色이며
或毗瑠璃光明色이며
或白銀光明色이며
或玻瓈光明色이며
或牟薩羅光明色이며
或碼碯光明色이며
或勝藏光明色이며
或赤眞珠光明色이며
或無量香光明色이며
或無垢衣光明色이며
或淸淨水光明色이며
或種種莊嚴具光明色이니
如是雲網이 周匝彌布하고 旣彌布已에 出種種色電光하나니
所謂閻浮檀金色雲은 出琉璃色電光하고
瑠璃色雲은 出金色電光하고
銀色雲은 出玻瓈色電光하고
玻瓈色雲은 出銀色電光하고
牟薩羅色雲은 出碼碯色電光하고

碼磠色雲은 出牟薩羅色電光하고
勝藏寶色雲은 出赤眞珠色電光하고
赤眞珠色雲은 出勝藏寶色電光하고
無量香色雲은 出無垢衣色電光하고
無垢衣色雲은 出無量香色電光하고
淸淨水色雲은 出種種莊嚴具色電光하고
種種莊嚴具色雲은 出淸淨水色電光하고
乃至種種色雲은 出一色電光하고
一色雲은 出種種色電光하며
復於彼雲中에 出種種雷聲하야 隨衆生心하야 皆令歡喜하나니
所謂或如天女歌詠音하며
或如諸天伎樂音하며
或如龍女歌詠音하며
或如乾闥婆女歌詠音하며
或如緊那羅女歌詠音하며
或如大地震動聲하며
或如海水波潮聲하며
或如獸王哮吼聲하며
或如好鳥鳴囀聲과 及餘無量種種音聲이라
旣震雷已에 復起涼風하야 令諸衆生으로 心生悅樂하고
然後乃降種種諸雨하야 利益安樂無量衆生호대 從他化

天으로 至於地上히 於一切處에 所雨不同하나니
所謂於大海中에 雨淸冷水하니 名無斷絶이오
於他化自在天에 雨簫笛等種種樂音하니 名爲美妙오
於化樂天에 雨大摩尼寶하니 名放大光明이오
於兜率天에 雨大莊嚴具하니 名爲垂髻오
於夜摩天에 雨大妙華하니 名種種莊嚴具오
於三十三天에 雨衆妙香하니 名爲悅意오
於四天王天에 雨天寶衣하니 名爲覆蓋오
於龍王宮에 雨赤眞珠하니 名涌出光明이오
於阿修羅宮에 雨諸兵仗하니 名降伏怨敵이오
於北鬱單越에 雨種種華하니 名曰開敷오
餘三天下도 悉亦如是라 然이나 各隨其處하야 所雨不同하니
雖彼龍王이 其心平等하야 無有彼此나 但以衆生의 善根異故로 雨有差別인달하야

또한 불자여, 비유하면 사갈라 용왕이 용왕의 크게 자재한 힘을 나타내어 중생에게 이익을 주어 모두 기쁨을 주고자, 사대주 천하로부터 타화자재천에 이르기까지 큰 구름 그물을 일으켜 가득 덮어주었는데, 그 구름 색깔이 한량없이 각기 달랐다.

혹 염부단금 광명 빛·비유리 광명 빛·백은(白銀) 광명 빛·파리 광명 빛·모살라 광명 빛·마노 광명 빛·승장 광명 빛·적진주 광명 빛·한량없는 향 광명 빛·때 없는 옷 광명 빛·깨끗한 물 광명

빛·가지가지 장엄거리 광명 빛이다.

이런 구름 그물을 온통 덮어주었다.

이처럼 덮어준 뒤에 가지가지 색상으로 번쩍이는 번개 빛을 내었다.

이른바 염부단금 빛 구름은 유리 빛 번개 빛을,

유리 빛 구름은 금빛 번개 빛을,

은빛 구름은 파리 빛 번개 빛을,

파리 빛 구름은 은빛 번개 빛을,

모살라 빛 구름은 마노 빛 번개 빛을,

마노 빛 구름은 모살라 빛 번개 빛을,

승장 보배 빛 구름은 적진주 빛 번개 빛을,

적진주 빛 구름은 승장 보배 빛 번개 빛을,

한량없는 향 빛 구름은 때 없는 옷 빛 번개 빛을,

때 없는 옷 빛 구름은 한량없는 향 빛 번개 빛을,

청정한 물 빛 구름은 가지가지 장엄거리 빛 번개 빛을,

가지가지 장엄거리 빛 구름은 청정한 물 빛 번개 빛을,

내지 가지가지 빛 구름은 한 빛의 번개 빛을,

한 빛의 구름은 가지가지 빛 번개 빛을 내었다.

또한 저 구름 속에서 가지가지 우렛소리를 내어 중생의 마음을 따라 모두 기쁘게 하였다.

이른바 하늘 아씨의 노랫소리도 같고,

하늘의 풍류 소리도 같고,

용녀의 노랫소리도 같고,
건달바녀의 노랫소리도 같고,
긴나라녀의 노랫소리도 같고,
땅이 진동하는 소리도 같고,
바다의 파도 소리도 같고,
큰짐승이 울부짖는 소리도 같고,
아름다운 새의 울음소리도 같으며,
그 밖의 한량없는 가지가지의 소리와도 같았다.

우렛소리가 진동한 뒤에 다시 시원한 바람을 일으켜 중생의 마음을 기쁘게 해주었다. 그런 뒤에 또다시 가지가지 비를 내려 한량없는 중생에게 이익과 안락을 베풀되 타화자재천에서 땅 위까지 일체 모든 곳에 내리는 비가 똑같지 않았다.

이른바 큰 바다에는 맑고 차가운 비를 내려주었다. 그 이름을 '끊이지 않는 비'라 하였다.

타화자재천에는 통소, 피리 따위의 음악 소리의 비를 내려주었다. 그 이름을 '미묘한 비'라 하였다.

화락천에는 큰 마니주의 비를 내려주었다. 그 이름을 '큰 광명을 쏟아내는 비'라 하였다.

도솔천에는 큰 장엄거리의 비를 내려주었다. 그 이름을 '드리운 상투의 비'라 하였다.

야마천에는 크고 미묘한 꽃의 비를 내려주었다. 그 이름을 '가지가지 장엄거리의 비'라 하였다.

33천에는 여러 가지 미묘한 향의 비를 내려주었다. 그 이름을 '마음에 기쁨을 주는 비'라 하였다.

사천왕천에는 하늘 보배 옷의 비를 내려주었다. 그 이름을 '덮개 일산의 비'라 하였다.

용궁에는 적진주의 비를 내려주었다. 그 이름을 '광명이 솟아나는 비'라 하였다.

아수라궁에는 모든 병장기의 비를 내려주었다. 그 이름을 '원수를 항복 받는 비'라 하였다.

북울단월에는 가지각색 꽃의 비를 내려주었다. 그 이름을 '활짝 피어난 비'라 하였다.

나머지 3대주(大洲)의 하늘에도 모두 이와 같았다. 그러나 각기 그곳을 따라서 내리는 비가 똑같지 않았다.

저 용왕의 마음은 평등하여 피차의 차별이 없지만, 중생의 선근이 다르기에 내리는 비의 차별이 있는 것처럼,

● 疏 ●

徧降種種喩는 喩普徧聲이니 非唯普徧四洲라 亦徧出多雷音이니 喩中에 有總·別·結이라
從四天下는 別中有五니 一雲 二電 三雷 四風 五雨라 此與賢首品으로 文有影畧하니 思之어다
後'雖彼'下는 結이라

'두루 가지가지로 내려주는 비유'는 '(1) 두루 일체 언어에 널리

들어가는 음성'을 비유하였다. 오직 사대주에 두루 널리 들어갈 뿐 아니라, 또한 수많은 우렛소리가 두루 울려 나오는 것이다.

비유 부분에 총상, 별상, 결론이 있다.

'從四天' 이하는 별상 부분에 5가지가 있다.

① 구름, ② 번갯불, ③ 우렛소리, ④ 바람, ⑤ 비이다.

이는 제12 현수품에서 말한 바와 더불어 한 부분의 뜻이 생략되어 있으니, 이 점을 생각해야 한다.

뒤의 '雖彼龍王' 이하는 끝맺음이다.

經

佛子여 如來應正等覺無上法王도 亦復如是하야 欲以正法으로 敎化衆生하사 先布身雲하야 彌復法界호대 隨其樂欲하야 爲現不同이니

所謂或爲衆生하야 現生身雲하며

或爲衆生하야 現化身雲하며

或爲衆生하야 現力持身雲하며

或爲衆生하야 現色身雲하며

或爲衆生하야 現相好身雲하며

或爲衆生하야 現福德身雲하며

或爲衆生하야 現智慧身雲하며

或爲衆生하야 現諸力不可壞身雲하며

或爲衆生하야 現無畏身雲하며

或爲衆生하야 現法界身雲이니라

불자여, 여래·응공·정등각의 위없는 법왕 또한 그와 같다.

바른 법으로 중생을 교화하고자 할 적에 먼저 몸의 구름을 일으켜 법계에 두루 덮어주고 그들의 좋아하는 바를 따라서 몸을 나타냄이 똑같지 않다.

이른바 어떤 중생에게는 살아 있는 몸의 구름을 나타내고,

어떤 중생에게는 화신의 구름을 나타내고,

어떤 중생에게는 힘으로 부지하는 몸의 구름을 나타내고,

어떤 중생에게는 형상 몸의 구름을 나타내고,

어떤 중생에게는 잘난 몸매의 구름을 나타내고,

어떤 중생에게는 복덕 몸의 구름을 나타내고,

어떤 중생에게는 지혜 몸의 구름을 나타내고,

어떤 중생에게는 모든 힘으로 깨뜨릴 수 없는 몸의 구름을 나타내고,

어떤 중생에게는 두려움 없는 몸의 구름을 나타내고,

어떤 중생에게는 법계 몸의 구름을 나타내었다.

● 疏 ●

合中에 亦有總·別·結이오

別中에 亦有五니 前四는 各有'佛子'하니 一은 以身合雲이니 有覆陰等故니 卽菩提等 十身中有四身이 名異義同이라 一은 卽願身이니 願生兜率故오 第四는 卽意生身이니 隨意所生이 同世色故오 八은

卽菩提身이니 具佛十力成菩提故오 九는 卽威勢니 具四無畏하야 能伏外故오 亦可十力降魔 爲威勢오 無畏 爲正覺이니 有正覺義故니라

餘六은 名義俱同하다

　　종합 부분 또한 총상, 별상, 결론이 있다.

　　별상의 부분 또한 5가지가 있다.

　　앞의 4가지는 문단의 첫머리에 각각 '佛子'라는 글자가 있다.

　　첫째는 몸으로 구름에 맞춰 말하였다. 덮어주는 따위가 있기 때문이다.

　　보리신 등 10가지 몸 가운데 4가지 몸은 명호는 다르지만 뜻은 같다.

　　제1 生身은 곧 願身이다. 도솔천에 태어나기를 원하기 때문이며,

　　제4 色身은 곧 意生身이다. 마음에 따라 태어날 적에 그 세간의 모습과 똑같기 때문이며,

　　제8 諸力不可壞身은 곧 菩提身이다. 부처의 十力을 갖춰 보리를 성취하기 때문이며,

　　제9 無畏身은 곧 威勢身이다. 四無畏를 갖춰 외도를 항복 받기 때문이다. 또한 十力으로 마군을 항복 받음이 위세신이고, 사무외는 正覺이니 바른 깨달음의 의의가 있기 때문이다.

　　나머지 6가지 몸은 모두 명호의 의의와 같다.

佛子여 如來 以如是等無量身雲으로 普覆十方一切世界하고 隨諸衆生의 所樂各別하사 示現種種光明電光하나니

所謂或爲衆生하야 現光明電光하니 名無所不至오
或爲衆生하야 現光明電光하니 名無邊光明이오
或爲衆生하야 現光明電光하니 名入佛秘密法이오
或爲衆生하야 現光明電光하니 名影現光明이오
或爲衆生하야 現光明電光하니 名光明照耀오
或爲衆生하야 現光明電光하니 名入無盡陀羅尼門이오
或爲衆生하야 現光明電光하니 名正念不亂이오
或爲衆生하야 現光明電光하니 名究竟不壞오
或爲衆生하야 現光明電光하니 名順入諸趣오
或爲衆生하야 現光明電光하니 名滿一切願하야 皆令歡喜니라

　불자여, 여래가 이처럼 한량없는 몸의 구름으로 시방의 일체 세계에 두루 덮고, 중생의 좋아하는 바를 따라서 가지가지 번쩍이는 번갯불을 나타내었다.

　이른바 중생을 위해 나타내는 번갯불의 이름을 '이르지 않음이 없는 번갯불'이라 하고,

　중생을 위해 나타내는 번갯불의 이름을 '그지없는 광명의 번갯불'이라 하고,

중생을 위해 나타내는 번갯불의 이름을 '부처의 비밀스러운 법에 드는 번갯불'이라 하고,

중생을 위해 나타내는 번갯불의 이름을 '그림자 나타내는 광명의 번갯불'이라 하고,

중생을 위해 나타내는 번갯불의 이름을 '광명이 밝게 비춰주는 번갯불'이라 하고,

중생을 위해 나타내는 번갯불의 이름을 '끝없는 다라니 법문에 들어가는 번갯불'이라 하고,

중생을 위해 나타내는 번갯불의 이름을 '바른 생각이 어지럽지 않은 번갯불'이라 하고,

중생을 위해 나타내는 번갯불의 이름을 '끝까지 무너지지 않는 번갯불'이라 하고,

중생을 위해 나타내는 번갯불의 이름을 '여러 악도에 따라 들어가는 번갯불'이라 하고,

중생을 위해 나타내는 번갯불의 이름을 '모든 소원을 만족시켜 기쁨을 주는 번갯불'이라 한다.

● 疏 ●

第二는 合電光이니 不出 '通明無畏'니라

둘째는 번갯불에 맞춰본 것이다. 四無畏를 전체로 밝힌 데서 벗어나지 않는다.

經

佛子여 如來應正等覺이 現如是等無量光明電光已에
復隨衆生心之所樂하사 出生無量三昧雷聲하나니
所謂善覺智三昧雷聲과
熾然離垢海三昧雷聲과
一切法自在三昧雷聲과
金剛輪三昧雷聲과
須彌山幢三昧雷聲과
海印三昧雷聲과
日燈三昧雷聲과
普令衆生歡喜三昧雷聲과
無盡藏三昧雷聲과
不壞解脫力三昧雷聲이니라

  불자여, 여래·응공·정등각이 이처럼 한량없이 번쩍이는 번갯불을 나타낸 뒤에 다시 중생의 마음에 좋아하는 바를 따라서 한량없는 삼매의 우렛소리를 내었다.

  이른바 잘 깨달은 지혜 삼매의 우렛소리,
  치성하게 때를 여읜 바다 삼매의 우렛소리,
  일체 법에 자재한 삼매의 우렛소리,
  금강바퀴 삼매의 우렛소리,
  수미산 당기 삼매의 우렛소리,
  해인 삼매의 우렛소리,

태양 등불 삼매의 우렛소리,

널리 중생에게 기쁨을 주는 삼매의 우렛소리,

무진장 삼매의 우렛소리,

무너지지 않는 해탈의 힘 삼매의 우렛소리이다.

● 疏 ●

第三은 以三昧로 合雷聲者는 畧有三義하니

一은 若秋之雷에 蟄蟲藏匿니 若入三昧에 諸惡不行이오

二는 若春之雷에 則發蟄開萌이니 猶彼三昧 發生功德이오

三은 雷 是雨之先相이오 三昧 是說之先兆니라

十名은 思而釋之니라

　　셋째, 삼매로써 우렛소리에 종합한 데에는 간추려 3가지 의의가 있다.

　　① 가을의 우렛소리는 겨울잠에 들 벌레들을 잠재우는 것처럼, 삼매에 들면 모든 악업이 일어나지 않으며,

　　② 봄의 우렛소리는 겨울잠에 든 벌레들을 깨워주고 대지에 새싹을 돋아나게 하는 것처럼, 삼매는 모든 공덕을 낳아주는 것과 같으며,

　　③ 우렛소리는 비가 내리기에 앞서 보여주는 조짐이듯이, 삼매는 설법하기에 앞서 보여주는 조짐이다.

　　10가지의 명칭은 생각하면 해석할 수 있다.

> 經

佛子여 **如來身雲中**에 **出如是等無量差別三昧雷聲已**하시고 **將降法雨**에 **先現瑞相**하사 **開悟衆生**하나니
所謂從無障礙大慈悲心하야 **現於如來大智風輪**하시니
名能令一切衆生으로 **生不思議歡喜適悅**이니라

　불자여, 여래의 몸 구름 속에서 이처럼 한량없이 각기 다른 삼매의 우렛소리를 내고서 장차 법 비를 내리려 할 적에 먼저 상서를 나타내어 중생을 깨우쳐 주었다.

　이른바 걸림 없는 큰 자비심으로 여래의 큰 지혜 풍륜을 나타내니, 그 이름을 '일체중생으로 하여금 불가사의의 환희심을 내어 기뻐하게 하는 지혜 풍륜'이라 한다.

● 疏 ●

第四以大智合風者는 **以後得智觀機**하고 **警覺加被**하야 **令成法器故**니라

　넷째, 큰 지혜로써 바람에 종합한 것은 후득지로써 근기를 관찰하며, 경각시키고 가피를 내려, 중생으로 하여금 法器를 이루도록 하기 때문이다.

> 經

此相現已에 **一切菩薩**과 **及諸衆生**의 **身之與心**이 **皆得淸涼**이어든 **然後**에 **從如來大法身雲**과 **大慈悲雲**과 **大不**

思議雲하야 雨不思議廣大法雨하사 令一切衆生으로 身心
淸淨하나니

所謂爲坐菩提場菩薩하사 雨大法雨하니 名法界無差別
이오

爲最後身菩薩하사 雨大法雨하니 名菩薩遊戱如來祕密
敎오

爲一生所繫菩薩하사 雨大法雨하니 名淸淨普光明이오

爲灌頂菩薩하사 雨大法雨하니 名如來莊嚴具所莊嚴이오

爲得忍菩薩하사 雨大法雨하니 名功德寶智慧華開敷하야
不斷菩薩大悲行이오

爲住向行菩薩하사 雨大法雨하니 名入現前變化甚深門
하야 而行菩薩行호대 無休息無疲厭이오

爲初發心菩薩하사 雨大法雨하니 名出生如來大慈悲行
하야 救護衆生이오

爲求獨覺乘衆生하사 雨大法雨하니 名深知緣起法하야 遠
離二邊하야 得不壞解脫果오

爲求聲聞乘衆生하사 雨大法雨하니 名以大智慧劍으로 斷
一切煩惱怨이오

爲積集善根決定不決定衆生하사 雨大法雨하니 名能令
成就種種法門하야 生大歡喜니라

　　이런 모습을 보여준 뒤에 일체 보살과 중생의 몸과 마음이 모두
상쾌해지고, 그런 뒤에 여래의 큰 법신의 구름, 큰 자비의 구름, 큰

불가사의 구름에서 불가사의하고 광대한 법 비를 내려, 일체중생의 몸과 마음을 청정하게 해주었다.

이른바 보리도량에 앉은 보살을 위하여 내려준 큰 법 비의 이름을 '법계에 차별 없는 법 비'라 하였고,

맨 나중 몸 보살을 위하여 내려준 큰 법 비의 이름을 '보살이 유희하는 여래의 비밀스러운 가르침의 법 비'라 하였고,

다시 한 번 태어난 데에 얽매인 보살을 위하여 내려준 큰 법 비의 이름을 '청정하게 널리 비춰주는 광명의 법 비'라 하였고,

관정 보살을 위하여 내려준 큰 법 비의 이름을 '여래의 장엄거리로 장엄한 법 비'라 하였고,

법인을 얻은 보살을 위하여 내려준 큰 법 비의 이름을 '공덕 보배 지혜의 꽃이 피어 보살의 대비행이 끊이지 않는 법 비'라 하였고,

십주·십행·십회향 보살을 위하여 내려준 큰 법 비의 이름을 '눈앞에서 변화하는 심오한 법문에 들어가 보살행을 닦으면서도 멈추지 않고 고달프지도 않는 법 비'라 하였고,

처음 발심한 보살을 위하여 내려준 큰 법 비의 이름을 '여래의 대자비행을 내어 중생을 구호하는 법 비'라 하였고,

독각승을 추구하는 중생을 위하여 내려준 큰 법 비의 이름을 '연기법을 깊이 알고서 유무의 2가지 편견을 멀리 여의어 무너지지 않는 해탈과를 얻는 법 비'라 하였고,

성문승을 추구하는 중생을 위하여 내려준 큰 법 비의 이름을 '큰 지혜의 검으로 일체 번뇌의 원수를 끊어주는 법 비'라 하였고,

선근을 쌓되 결정되었거나 결정되지 못한 중생을 위하여 내려준 큰 법 비의 이름을 '가지가지 법문을 성취하여 큰 기쁨을 내주는 법 비'라 하였다.

◉ 疏 ◉

第五는 以說法合雨니

於中에 初는 結前標後오

'所謂'下는 別有十法者니

一은 將成正覺할세 念相欲盡에 聞斯法雨하고 便細念都忘하야 得見心性等虛空界하야 法界一相이오 始本無二하야 契同諸佛平等法身일세 故云 '說法界 無差別'이라하니라

다섯째, 설법으로 비에 맞춰 말하였다.

그 가운데 첫 단락은 앞의 경문을 끝맺으면서 뒤의 문장을 밝혔고,

'所謂' 이하는 개별로 10가지의 법이다.

① 장차 正覺을 성취할 적에 念相이 다하려는 즈음에 이 법 비의 소식을 듣고서 바로 미세한 생각까지 모두 잊고서 심성이 허공계와 같아서 법계가 하나의 모양이며, 본시 둘이 없음을 보아, 제불의 평등한 법신에 하나가 되기에 '법계에 차별 없는 법'이라 하였다.

二는 出胎已後와 坐道場前에 後更無身일세 故名最後니라

法雨名遊戲等者는 此有二義니

一은 開爲二니 爲游戲是神通大用이오 秘敎는 卽心智所契니라

二는 合爲一이니 令於秘敎出沒自在일새 故云游戱라 言秘敎者는 卽詮如來三德涅槃이라 故涅槃經云 '秘密藏'이라하니 安住於此하야 能建大事 神通作用일새 故名游戱라 在法華經는 以體從用일새 名如來知見이라하니 深固幽遠일새 名爲秘密이오 雖初心同禀이나 而窮究在斯일새 故亦爲說이라

② 出胎 이후, 도량에 앉기 이전에는 그 뒤에 다시는 몸을 받음이 없기 때문에 '최후'라 말한다.

법 비를 '유희' 등이라 이름 붙인 데에는 2가지 뜻이 있다.

㉠ 이를 나누면 2가지이다. 유희는 신통의 큰 작용이고, 秘敎는 마음 지혜의 계합하는 바이다.

㉡ 이를 합하면 하나이다. 비밀스러운 가르침에 출몰이 자재하도록 한 까닭에 이를 '유희'라 한다. '비밀스러운 가르침'이라 말한 것은 여래의 열반 三德[智德, 斷德, 恩德]을 말한다. 이 때문에 열반경에서는 이를 '秘密藏'이라 하였다. 여기에 안주하여 大事의 신통 작용을 세우기에 그 이름을 '유희'라 한다.

법화경에서는 본체로써 작용을 따르기에 그 이름을 '여래의 지견'이라 하였다. 여래의 지견이 심오하고 견고하며, 그윽하고 원대한 까닭에 그 이름을 '비밀'이라 하고, 비록 初心은 똑같이 받아왔지만 궁구 대상이 여기에 있기에 또한 설법하는 것이다.

三 '一生所繫'者는 謂如彌勒이 更一下生故니 所以更一生者는 由微細無明이 能障所知일새 故今爲說하야 令淨彼細惑하야 成種智普照니 上三은 皆等覺位라

③ '다시 한 번 태어난 데에 얽매인 보살'이란 예컨대 미륵이 다시 한 번 태어나기 때문이다. 다시 한 번 태어난다는 것은 미세한 무명에 의해 所知障을 이룬 까닭에 여기에서 이를 말하여, 그로 하여금 미세한 무명의 미혹을 청정하게 하여 널리 비춤을 성취하도록 함이다.

위의 3가지는 모두 등각위이다.

四'灌頂菩薩'은 卽十地受職位니 十方諸佛이 法水灌頂해 墮在佛數하야 能受如來大法雲雨하야 令具佛功德智慧하야 廣作佛事爲莊嚴故니라

④ 관정보살은 十地에서 받은 직위이다. 시방 제불이 法水로 관정하매 부처의 수효에 들어가 여래의 큰 법 구름의 비를 받고, 부처의 공덕지혜를 갖춰 널리 불사를 지어 장엄하도록 하기 때문이다.

五'得忍菩薩'은 若取忍淨인댄 八地已上이니 將止此忍하고 勸滿福智하야 不斷悲故며 若取初得인댄 有說'初地卽得'이라하니 爲說信等 功德하야 後後圓淨하야 十地地智 一一開發하야 不斷二利故니라

⑤ 법인을 얻은 보살은, 법인의 청정으로 말하면 제8 부동지 이상이다. 장차 이 법인에 멈추고 권면하여 복덕과 지혜를 원만케 하여 大悲의 마음을 끊이지 않도록 하기 때문이다.

만약 처음 얻은 것으로 말하면 혹자가 "초지에서 바로 얻을 수 있다."고 하였다. 신심 등의 공덕을 말하여 뒤의 뒤로 갈수록 원만하고 청정하여 十地 지위의 지혜가 하나하나 밝혀져 자리이타를

단절하지 않기 때문이다.

六住向行三'은 卽三賢位니 令其入證에 眞如現前이어든 依此變化 爲甚深門하야 而勝進不息이라

　⑥ 십주·십행·십회향 3가지는 삼현보살의 지위이다. 그로 하여금 증득하여 들어가 진여가 앞에 나타나게 하면, 이런 변화를 의지함이 매우 심오한 법문이 되어 멈추지 않고 훌륭하게 닦아나가는 것이다.

七初發心'者는 通信初發心과 及信滿發心이니 旣發上求下化之心일세 令依願行故니라 上皆已得本位라 故竝爲說勝進上位之法이라

　⑦ 初發心이란 신심의 처음 발심 및 신심 원만 발심에 모두 통한다. 이미 상구보리와 하화중생의 마음을 일으켰기에 그로 하여금 願行을 따르도록 하기 때문이다.

　위에서는 모두 이미 本位를 얻었기 때문에 아울러 이를 위해 위의 지위로 닦아나가는 법을 말한 것이다.

八緣覺'者는 此下二門은 通有二意니 一은 約初求顯說하야 說其自乘이오 二는 約已住密說하야 密授大乘이니라
如緣覺中에 約自乘說이면 則因謝非常이오 果續非斷이며 逆觀은 非有오 順觀은 非無일새 爲離二邊이니 雖離二邊이나 而不壞自乘之果니라 約密인댄 十二因緣이 卽是中道니 中道者는 名爲佛性일새 故曰甚深緣起니 是爲上上智觀故며 得不壞佛解脫果故니라

　⑧ '연각'이란 이 아래 2가지 법문은 모두 2가지 뜻이 있다.

㉠ 처음 연각을 추구하는 이를 들어서 분명히 말하여 그 自乘을 말하였고,

㉡ 이미 연각에 머문 이를 들어서 비밀스럽게 말하여 은밀하게 대승을 전수하였다.

저 연각 부분의 자체 법으로 말하면 '원인의 시들어짐[因謝]'은 常見이 아니요, '결과의 이어짐[果續]'은 斷見이 아니며, 역으로 보는 것은 有가 아니요, 차례로 보는 것은 無가 아니기에 양쪽의 편견을 여의는 것이다. 비록 양쪽의 편견을 여의었을지라도 자체 법의 결과를 무너뜨리지 않는다.

비밀스러운 것으로 말하면 12인연이 곧 중도이다. 중도란 그 이름을 '불성'이라 한다. 이 때문에 '매우 심오한 연기'라 한다. 이는 上上의 지혜로 관찰하기 때문이며, 무너뜨리지 못하는 부처의 解脫果를 얻기 때문이다.

九 '聲聞'中二者는 一은 顯說이니 由彼厭患苦集이라 故說人空 智劍斷之오

二는 約密說이니 應以法空으로 斷一切惑일세 故名大劍이라

⑨ 성문 부분의 2가지 뜻은 다음과 같다.

㉠ 분명하게 말하였다. 저 苦集을 싫어함에 따라 人空의 지혜 검으로 단절함을 말하였다.

㉡ 비밀스럽게 말하였다. 당연히 法空으로써 일체 미혹을 끊어야 하므로 그 이름을 '대검'이라 하였다.

十은 爲二聚衆生일세 故云集善根者라하니 其邪定聚는 未堪法雨어

니와 未定令得이 名爲成熟이오 已定으로 令增種種法門이라

⑩ 결정되었거나 결정되지 못한 중생을 위한 까닭에 '선근을 모은 자'라 하였다. 그 가운데 도저히 성불할 수 없는 무리[邪定聚]는 법 비를 감당치 못하지만, 결정되어 있지 않은 이로 하여금 얻도록 함을 '성숙'이라 하고, 이미 결정된 이로 하여금 가지가지 법문을 더욱 키워나가게 함이다.

經

佛子여 諸佛如來 隨衆生心하야 雨如是等廣大法雨하사 充滿一切無邊世界하나니
佛子여 如來應正等覺이 其心平等하야 於法無吝이로대 但以衆生의 根欲 不同으로 所雨法雨 示有差別이니라
是爲如來音聲第十相이니
諸菩薩摩訶薩이 應如是 知니라

불자여, 제불여래가 중생의 마음을 따라서 이처럼 광대한 법비를 내려 일체 그지없는 세계에 가득 채워주었다.

불자여, 여래·응공·정등각은 그 마음이 평등하여 법에 인색하지 않지만, 중생의 근기와 욕망이 똑같지 않으므로 법 비를 내리는 데 각기 달리 보여주는 것이다.

이는 여래 음성의 열째 모양이다.

보살마하살은 이와 같이 알아야 한다.

● 疏 ●

三 '合上結'中에 有二佛子하니
初는 合結數오 後는 合心等하야 以釋外疑라

셋째, 종합 부분의 결론에서 2차례 '佛子'를 말하였다.
앞에서는 수효를 끝맺음에 종합하였고, 뒤에서는 마음 등에 종합하여 외적 의혹을 해석하였다.

第三 通結十喩니 皆無分量이라

3) 10가지 비유를 전체로 끝맺었다. 모두 구분과 한량이 없다.

經

復次佛子여 應知如來音聲이 有十種無量이니
何等이 爲十고
所謂如虛空界無量하야 至一切處故며
如法界無量하야 無所不徧故며
如衆生界無量하야 令一切心喜故며
如諸業無量하야 說其果報故며
如煩惱無量하야 悉令除滅故며
如衆生言音無量하야 隨解令聞故며
如衆生欲解無量하야 普觀救度故며
如三世無量하야 無有邊際故며

如智慧無量하야 分別一切故며
如佛境界無量하야 入佛法界故니라
佛子여 如來應正等覺音聲이 成就如是等阿僧祇無量이니
諸菩薩摩訶薩이 應如是知니라

또한 불자여, 여래의 음성에 열 가지 한량없음이 있음을 알아야 한다.

무엇이 열 가지 한량없음인가?

허공계처럼 한량없이 모든 곳에 이르기 때문이며,

법계처럼 한량없이 두루 가득하지 않은 데가 없기 때문이며,

중생계처럼 한량없이 일체의 마음에 기쁨을 주기 때문이며,

모든 업처럼 한량없이 그 과보를 말하기 때문이며,

번뇌처럼 한량없이 모두 없애주기 때문이며,

중생의 말처럼 한량없이 이해하는 대로 들려주기 때문이며,

중생의 욕망과 이해처럼 한량없이 두루 관찰하고 제도해 주기 때문이며,

삼세처럼 한량없이 끝이 없기 때문이며,

지혜처럼 한량없이 모든 것을 분별하기 때문이며,

부처의 경계처럼 한량없이 부처의 법계에 들어가기 때문이다.

불자여, 여래·응공·정등각의 음성은 이처럼 아승지의 한량없음을 성취하였다.

보살마하살은 이와 같이 알아야 한다.

● 疏 ●

文顯可知니라

경문의 뜻이 분명하여 설명하지 않아도 알 수 있다.

第二 偈頌

2. 보현보살의 게송

經

爾時에 普賢菩薩摩訶薩이 欲重明此義하사 而說頌言하사대

그때, 보현보살마하살이 이 이치를 거듭 밝히려고 게송으로 말하였다.

三千世界將壞時에　　衆生福力聲告言호대
四禪寂靜無諸苦라하야　令其聞已悉離欲하나니

　삼천대천세계가 무너지려 할 적에
　중생의 복덕으로 울려오는 소리
　'4선천은 고요하여 괴로움 없다.'고
　그 말 듣고 모두 욕심에서 벗어나네

十力世尊亦如是하야　　出妙音聲徧法界하사

爲說諸行苦無常하사　　　令其永度生死海로다

　십력 지닌 세존도 그와 같아

　미묘한 음성, 법계에 가득히 울리는 말

　'모든 행은 괴롭고 무상하다.'고

　생사고해를 길이 여의도록 하였어라

譬如深山大谷中에　　　隨其音聲皆響應이니
雖能隨逐他言語나　　　而響畢竟無分別인달하야

　비유하면 깊은 산 큰 골짜기에

　소리 따라 모두 메아리 울리니

　다른 이의 말을 따르지만

　그 메아리 끝까지 분별없듯이

十力言音亦復然하사　　　隨其根熟爲示現하야
令其調伏生歡喜호대　　　不念我今能演說이로다

　십력 세존 말씀도 그와 같아

　근기의 성숙 따라 몸을 나타내어

　그들을 조복하여 기쁘게 하지만

　내가 말해주었다 생각지 않아라

如天有鼓名能覺이라　　　常於空中震法音하야
誡彼放逸諸天子하야　　　令其聞已得離著인달하야

259

하늘에 '깨우쳐 주는 북' 있는데
언제나 허공에서 법음 울려
방일한 하늘 대중 경계하니
그 말 듣고 집착 여의어라

十力法鼓亦如是하야　　**出於種種妙音聲**하사
覺悟一切諸群生하야　　**令其悉證菩提果**로다

    십력 세존 법고도 그와 같아
    가지가지 미묘한 음성 내어
    일체중생 깨우쳐 주어
    모두 보리과 증득케 하여라

自在天王有寶女하야　　**口中善奏諸音樂**호대
一聲能出百千音하고　　**一一音中復百千**하나니

    자재천왕의 고귀한 딸
    입으로 아름다운 음악 연주할 때
    한 음성에 백천 가지 소리 내고
    낱낱 소리는 또다시 백천 음성

善逝音聲亦如是하야　　**一聲而出一切音**하사
隨其性欲有差別하야　　**各令聞已斷煩惱**로다

    부처님 음성도 그와 같아

한 음성에 모든 소리 내어

근기와 욕망 따라 각기 달리 말해주어

각각 음성 듣고서 번뇌 끊었어라

譬如梵王吐一音하야   **能令梵衆皆歡喜**호대
音唯及梵不出外하니   **一一皆言已獨聞**인달하야

범천왕 하나의 음성 토하면

범천 대중 모두 기뻐하되

범천만 소리 울려 밖에 나가지 않으니

모두 자기만 들었다고 말하듯이

十力梵王亦復然하사   **演一言音充法界**호대
唯霑衆會不遠出하니   **以無信故未能受**로다

십력 지닌 범왕도 그와 같아서

법문 연설 법계에 가득하되

법회 대중만 들릴 뿐 멀리 나가지 않으니

신심 없으면 들을 수 없어라

譬如衆水同一性이라   **八功德味無差別**호대
因地在器各不同일세   **是故令其種種異**인달하야

비유하면 많은 물이 하나의 성품으로

여덟 가지 공덕 맛 차이 없지만

인지(因地)에서 닦아온 그릇 각각 다르기에

가지가지 다른 것처럼

一切智音亦如是하사 　　**法性一味無分別**호대
隨諸衆生行不同일세 　　**故使聽聞種種異**로다

일체 지혜 음성도 그와 같아

법성은 한 가지라 분별없지만

중생의 소행이 똑같지 않기에

듣는 이 가지가지 다르노라

譬如無熱大龍王이 　　**降雨普洽閻浮地**하야
能令草樹皆生長호대 　　**而不從身及心出**인달하야

비유하면 무열 대용왕이

비를 내려 염부제 널리 적셔주어

나무와 풀을 모두 길러주되

몸이나 마음으로 내는 것 아니듯

諸佛妙音亦如是하사 　　**普雨法界悉充洽**하야
能令生善滅諸惡호대 　　**不從內外而得有**로다

부처의 미묘한 음성 그와 같아

법계 널리 흡족한 비 적셔주어

선업을 길러주고 모든 악 없애주되

안팎을 따라 있지 않노라

譬如摩那斯龍王이　　　興雲七日未先雨하고
待諸衆生作務竟한　　　然後始降成利益인달하야

　　비유하면 마나사 용왕이
　　이레 동안 구름 낄 뿐, 비 내리지 않다가
　　중생이 하던 일 모두 마치자
　　비로소 비 내려 이익 주듯이

十力演義亦如是하사　　先化衆生使成熟하고
然後爲說甚深法하사　　令其聞者不驚怖로다

　　십력 세존 법문도 그와 같아
　　중생 먼저 교화하여 성숙케 하고
　　그 뒤에 매우 깊은 법 말하여
　　듣는 이 놀라지 않게 하노라

大莊嚴龍於海中에　　　霔於十種莊嚴雨하며
或百或千百千種이라　　水雖一味莊嚴別이니

　　대장엄 용왕, 바닷속에서
　　열 가지의 장엄한 비 내려주고
　　백 가지 천 가지 백천 가지의 장엄 비
　　물맛은 하나지만 장엄은 각각이어라

究竟辯才亦如是하사　說十二十諸法門하며
或百或千至無量호대　不生心念有殊別이로다

　　구경의 변재도 그와 같아
　　열 가지 스무 가지 설법으로
　　백 가지 천 가지 한량없지만
　　마음과 생각에는 차별 없어라

最勝龍王娑竭羅　　興雲普覆四天下하야
於一切處雨各別호대　而彼龍心無二念이니

　　가장 훌륭한 사갈라 용왕
　　일으킨 구름, 사대주 두루 덮고
　　모든 곳에 내리는 비 각각 다르지만
　　용왕의 마음, 이런저런 생각 없어라

諸佛法王亦如是하사　大悲身雲徧十方하야
爲諸修行雨各異호대　而於一切無分別이로다

　　부처님의 법왕도 그처럼
　　대자비의 몸 구름 시방에 가득
　　수행하는 사람 따라 비는 다르지만
　　일체에 분별하는 마음 없어라

● 疏 ●

頌上十喩니 喩各二偈라

위의 10가지 비유를 읊었다.

비유마다 각각 2수 게송씩이다.

第三 答如來出現語業 竟하다

제3. 여래가 나타낸 어업에 관한 대답을 끝마치다.

第四 出現意業

先身 次語 後意는 義次第故니라

長行中二니

先은 徵起오 後는 正釋이라

釋中三이니

初는 約法總辨이오 二는 寄喩別顯이오 三은 總結勸知라

今은 初라

제4. 여래가 나타낸 의업

첫째는 몸의 업, 다음은 말의 업, 뒤에 뜻의 업을 말한 것은 뜻의 차례이기 때문이다.

1. 산문 부분은 2단락이다.

앞은 물음으로 문장을 일으킴이며,

뒤는 바로 해석하였다.

해석 부분은 3단락이다.

1) 법을 들어 총체로 논변하였고,
2) 비유를 들어 개별로 밝혔으며,
3) 총체로 끝맺으면서 이를 알도록 권면하였다.
이는 '1) 법을 들어 총체로 논변한' 부분이다.

經

佛子여 **諸菩薩摩訶薩**이 **應云何知如來應正等覺心**고
佛子여 **如來心意識**을 **俱不可得**이니 **但應以智無量故**로
知如來心이니라

불자여, 보살마하살이 어떻게 여래·응공·정등각의 마음을 알아야 하는가?

불자여, 여래의 마음과 뜻과 의식은 모두 볼 수 없다. 다만 지혜가 한량없음으로써 여래의 마음을 알아야 한다.

◉ 疏 ◉

言'如來心意識俱不可得'者는 約體遮詮也오 但應以智無量故로 知如來心者는 寄用表詮이라
然此一文에 古有多說하니

"여래의 마음과 뜻과 의식은 모두 볼 수 없다."고 말한 것은 본체를 들어 부정하는 말이며,

"다만 지혜가 한량없음으로써 여래의 마음을 알아야 한다."는 것은 작용에 붙여 긍정하는 말이다.

그러나 이 하나의 문장에 대해 예로부터 많은 설이 있다.

一은 云識等有二니 一染 二淨이라 佛地는 無彼有漏染心·心所오 而有淨分心及心所하니 果位之中에 智强識劣일세 故於王上에 以 顯染無하고 約彼智所하야 以明無量이니 若必無王이면 所依何立가 故成唯識第二에 引如來功德莊嚴經하야 云 '如來無垢識이 是淨 無漏界니 解脫一切障하야 圓鏡智相應이라'하니 則有王明矣니라 言 '轉識'者는 智依識轉이오 非轉識體니라

일설에 의하면, 識 등에는 2가지가 있다.

① 오염된 식, ② 청정한 식이다.

부처의 지위는 有漏의 오염된 마음과 그 마음의 작용이 없고, 자성이 청정한 마음[自性淸淨心: 제8식의 淨分]과 그 마음의 작용이 있다.

果位의 부분에서는 지혜가 강하고 識이 용렬한 까닭에 心王의 자리에서 오염된 마음이 없음을 밝혔고, 지혜의 입장에서 한량없음을 밝힌 것이다.

만약 반드시 마음의 본체[心王]가 없다면 의지할 바의 지혜[所依智]가 어떻게 성립될 수 있겠는가. 이 때문에 성유식론 제2에서 여래공덕장엄경을 인용하여 말하였다.

"여래의 더러운 때가 없는 식이 청정 무루의 경계이다. 일체 장애를 해탈하여 대원경지와 상응한다."

이는 마음의 본체가 있음이 분명하다.

'轉識'이라 말한 것은 지혜가 식에 의해 전변한 것이지, 식의

본체를 전변함이 아니다.

一은 云以無積集思量等義일세 故說心等叵得이라 就無分別智하야 以顯無量이니 非無心體니라 故攝論第八云 '無分別智所依는 非心非思義故며 亦非非心爲所依止니 心種類故'라하니 以心爲因하야 數習勢力하야 引得此位일세 名心種類라하니 上之二解는 俱明心意識有니라

일설에 의하면, 제8 아뢰야식의 積集과 제7 思量識 등의 의의가 없기 때문에 "마음과 뜻과 의식은 모두 볼 수 없다."고 말하였다. 그러나 절대적인 無分別智의 입장에서 한량없음을 밝혔다. 마음의 본체가 없는 것이 아니기 때문이다.

따라서 眞諦의 양섭론 제8에서 말하였다.

"분별이 없는 절대 지혜의 의지한 바는 마음도 아니요, 생각도 아니라는 의의 때문이며, 또한 마음이 아닌[非心] 물질[色]이 의지할 바가 아니다. 마음의 종류이기 때문이다."

마음으로써 因을 삼아 자주 세력을 익혀 이 지위를 이끌어 얻은 것이기에 '마음의 종류'라 한다.

위의 2가지 해석은 모두 '마음과 뜻과 의식'이 있음을 밝힌 것이다.

一云佛果는 實無心意意識과 及餘心法일세 云不可得이오 唯有大智일세 故言智無量故로 知如來心이니 故金光明經과 及梁攝論에 皆云 '唯如如와 及如如智獨存'이라하고 佛地論中에 五法으로 攝大覺性하니 唯一眞法界와 及四智菩提라하고 不言更有餘法하다

일설에 의하면, 佛果는 실로 '마음과 뜻과 의식' 및 나머지 心法이 없기에 "모두 볼 수 없다."고 말하였다. 그러나 오직 큰 지혜가 있기 때문에 "지혜가 한량없기에 여래의 마음을 안다."고 말하였다.

이 때문에 금광명경 및 양섭론에서 모두 이르기를, "오직 如如 및 如如智가 홀로 존재한다."고 하며, 불지론에서는 '相·名·分別·如如·正智' 5가지의 법으로 大覺性을 포괄하니, 오직 一眞法界 및 四智菩提라 하고, 다시는 나머지 법에 대해 말하지 않았다.

上之二宗 偏取皆妨이니 若依前有면 未免增益이오 亦不能通不可得言이라

又此淨分에 此何不說고 彼無垢識而得說耶아 經何不言染不可得고 若依後義면 未免損減이오 亦不能通知佛心言이니 旣云以智無量으로 知如來心이라하고 不言無心可知하니 明非無心矣니라

又心旣是無인댄 智何獨立가 非唯違上二論이라 亦違涅槃'滅無常識 獲常識義'라

위의 2가지 종지 가운데 하나만을 취하면 모두 잘못된 것이다.

만약 '識等有二'설을 따르면 본래의 것보다 더 첨가[增益]한 것임을 면치 못하며, 또한 '모두 볼 수 없다.'는 말에 통하지 않는다. 또한 '제8식의 淨分'을 여기에서 무엇 때문에 말하지 않고, 저 '더러운 때가 없는 식[無垢識]'을 말했는가. 경문에서 어찌하여 '오염된 것을 볼 수 없다.'고 말하지 않았는가.

만약 뒤의 뜻[無積集思量等義]을 따르면 본래의 것보다 더 줄인

[損減] 것임을 면치 못하며, 또한 '여래의 마음을 안다.'는 말에 통하지 않는다. 이미 "지혜의 한량없음으로써 여래의 마음을 안다."고 말하였을 뿐, '마음을 알 수 없다.'고 말하지 않았다. 이는 분명히 마음이 없는 게 아니다.

또한 마음이 이미 없는 것이라면 지혜가 어떻게 홀로 성립될 수 있겠는가. 오직 위의 2가지 설에 어긋날 뿐 아니라, 또한 열반경에서 말한 "떳떳함이 없는 識을 없애고 떳떳한 식을 얻는다."는 의의에도 어긋난다.

若二義雙取면 未免相違오 若互泯雙非면 寧逃戱論가 若爾인댄 何以指南가 今釋此義호되 先會前二宗하고 後消經意니라

만약 2가지 뜻을 모두 취하면 서로 어긋남을 면치 못하고, 모두 없애야 할 잘못된 말이라면 어찌 부질없는 논임을 피할 수 있을까?

만약 그렇다면 어떻게 지침이 될 수 있겠는가. 여기에서 이런 뜻을 해석하되 먼저 앞의 2가지 종지를 회통하고 뒤이어 경문의 뜻을 소화하고자 한다.

今初는 若後宗에 言'唯如智'者는 以心卽同眞性일세 故曰唯如오 照用不失일세 故曰如智니 豈離心外而智別有아 如是인댄 則唯如不乖於有오 前宗은 以純如之體일세 故有淨心이니 心旣是如어니 有之何失가 是知卽眞之有는 與卽有之眞으로 二義相成하야 有無無礙니라

'앞의 2가지 종지를 회통'하면, 뒤의 종지에 '唯如如 及如如智'라 말한 것은 마음이 곧 眞性과 같기에 오직 '진여와 같다[如如].'

말하고, 비춰보는 작용을 잃지 않기에 '진여와 같은 지혜[如如智]'라 말한다. 어떻게 마음을 떠나서 그 밖에 별도로 지혜가 있을 수 있겠는가. 이와 같이 보면 오직 진여가 有에 어긋나지 않는다.

앞의 종지는 純如의 본체이기에 청정한 마음이다. 마음이 이미 진여와 같은데, 有라 한들 어찌 잘못이겠는가. 이는 진여와 하나가 된 有가 有와 하나가 된 眞과 서로 2가지 의의를 이루어 有·無에 걸림이 없음을 알아야 한다.

'後消經意'者는 言'不可得'者는 以心義深玄하야 言不及故로 寄遮顯深이오 言'但以智 知如來心'者는 託以心所하야 寄表顯深이라 故晉經云 '但知如來智無量故로 知心無量이라'

云何深玄고 欲言其有인댄 同如絶相이오 欲言其無인댄 幽靈不竭이오 欲言其染인댄 萬累斯亡이오 欲言其淨인댄 不斷性惡이오 欲言其一인댄 包含無外오 欲言其異인댄 一味難分이오 欲謂有情인댄 無殊色性이오 欲謂無情인댄 無幽不徹이라 口欲辯而辭喪이오 心將緣而慮亡하니 亦猶果分 不可說故니라

是知佛心은 卽有卽無오 卽事卽理며 卽王卽數오 卽一卽多며 心中非有意나 亦非不有意오 意中非有心이나 亦非不有心이며 王中非有數나 亦非不有數오 數非依於王이나 亦非不依王이니 一一皆爾라 圓融無礙하니 則令上諸義 各隨一理하야 不爽玄宗이니라

言'寄表顯深'者는 旣心不可以智知일세 且託智以稱歎이오 智是心所일세 尙以十喩明玄이니 則所依之心이 玄又玄矣라 故十喩之末에 皆結爲心之相이라 然佛尙不說이온 凡何敢思아 有因緣故로

輒憑敎理하야 以示玄宗이니 望無訾其繁而不要也어다

'뒤이어 경문의 뜻을 소화한다.'는 부분으로, "모두 볼 수 없다."고 말한 것은 마음의 의의가 심오하고 현묘하여 말을 붙일 수 없기 때문에 이를 부정의 말에 붙여 심오함을 밝힌 것이고,

"다만 지혜가 한량없음으로써 여래의 마음을 알아야 한다."고 말한 것은 마음의 작용에 가탁하여 긍정의 말에 붙여 심오함을 밝힌 것이다.

이 때문에 60화엄경에서는 "다만 여래의 지혜가 한량없음을 알기 때문에 마음이 한량없음을 안다."고 말하였다.

어째서 심오하고 현묘하다고 말하는가. 이를 有라고 말하고자 하면 진여와 같아서 모양이 끊어진 자리이고,

이를 無라고 말하고자 하면 그윽한 신령함이 끝이 없으며,

이를 오염이라고 말하고자 하면 모든 누가 이에 사라지고,

이를 청정이라고 말하고자 하면 성품의 악함이 끊어지지 않으며,

이를 하나라고 말하고자 하면 모든 것을 포함하여 밖이 없고,

이를 다르다고 말하고자 하면 하나여서 구분하기 어려우며,

이를 유정이라고 말하고자 하면 色과 性의 차이가 없고,

이를 무정이라고 말하고자 하면 그윽한 데 통하지 않음이 없다.

입으로 논변하고자 해도 할 말을 잃고, 마음으로 따르고자 해도 생각할 수조차 없다. 또한 果分을 말할 수 없는 것과 같기 때문이다.

여기에서 알아야 할 점은 佛心이란
有에 하나가 되고 無에 하나가 되며,
事에 하나가 되고 理에 하나가 되며,
心王에 하나가 되고 心數(心所의 舊譯)에 하나가 되며,
하나에 하나가 되고 많음에 하나가 된다.
마음속에 뜻이 있는 게 아니지만 또한 뜻이 있지 않음도 아니며,
뜻 속에 마음이 있지 않으나 또한 마음이 있지 않음도 아니며,
心王에 心數가 있지 않으나 또한 심수가 있지 않음도 아니며,
심수에 심왕이 의지하지 않으나 또한 심왕이 의지하지 않음도 아니다.

하나하나가 모두 그와 같다. 이처럼 원융하여 걸림이 없기에, 위에서 말한 모든 의의가 각기 하나의 이치를 따라서 현묘한 종지에 어긋나지 않게 함이다.

'긍정의 말에 붙여 심오함을 밝혔다.'는 말은 이미 마음이란 지혜로써 알 수 있는 것이 아니기에 또한 지혜에 가탁하여 찬탄하였고,

지혜는 마음의 작용이기에 오히려 10가지 비유로써 현묘한 종지를 밝혔다. 이는 의지 대상의 마음이 현묘하고 또 현묘하다. 이 때문에 10가지 비유의 말미에 모두 마음의 相이라는 점으로 끝맺었다.

그러나 부처로서도 오히려 이를 말할 수 없는 것인데 범부로서 어떻게 감히 생각할 수 있겠는가. 인연이 있기 때문에 가르침의 진리를 따라 현묘한 종지를 말한 것이니, 번잡하여 요긴하지 못한 문장이라 탓하지 말기를 바란다.

一

第二 寄喩別顯

舉十大喩하야 以喩如來十種大智니 十智體用이 非一非異니라

亦文 各有三하니 謂喩·合·結이라

今初는 虛空無依爲依喩라

> 2) 비유를 들어 개별로 밝히다
>
> 10가지 큰 비유를 들어서 여래의 10가지 큰 지혜에 비유하였다.
> 10가지 지혜의 본체와 작용은 하나도 아니고 다른 것도 아니다.
> 또한 비유의 경문마다 각각 3가지가 있다.
> 비유, 종합, 결론이다.
> (1) 허공에 의지처가 없지만 의지가 되는 비유

經

**譬如虛空이 爲一切物所依로대 而虛空은 無所依인달하야
如來智慧도 亦復如是하야 爲一切世間出世間智所依로
대 而如來智는 無所依니라
佛子여 是爲如來心第一相이니
諸菩薩摩訶薩이 應如是知니라**

　비유하면 허공이 모든 물건의 의지가 되지만, 허공은 의지한 바가 없는 것처럼 여래의 지혜 또한 그와 같다.
　일체 세간 지혜와 출세간 지혜의 의지가 되지만, 여래의 지혜는 의지한 바가 없다.

불자여, 이는 여래 마음의 첫째 모양이다.
보살마하살은 이와 같이 알아야 한다.

◉ 疏 ◉

虛空無依爲依喩는 喩佛無依成事智라
合中에 謂諸乘之智 依佛智生이니 如十地云 '此十地智 皆因佛智而有差別이라'하니 離佛智外에 無所依學이어니와 而佛智果滿이라 更不依他니 豈不依心及依理耶아 豈不向言王所無二耶아 良以佛智照極이라 無有智外如爲智所依故로 智體全如니 若有所依면 不名如智니라【鈔_ '豈不依心'者는 次設難也라 依心은 約法相宗이오 依理는 約法性宗이라
'良以佛智'下는 釋依理義니 於中에 有四니 初는 正釋이니 卽廻向經云 '無有智外如 爲智所入이오 亦無如外智 能證於如라'하니 今但通上 '豈不依理'難일새 故但引前句니 謂彼難云 '上言唯如如及如如智 獨存이라'하니 則智依如矣니 何言無依오 故今釋云 '智外無如라 故無所依라'하니라
然彼廻向經文에 自有三意하니
一은 約如體性空이라 故智外無如며 智體性空이라 故如外無智오
二는 如智一味라 同一眞體니 安得智外에 更有如耶아
三은 約事事無礙하야 擧一全收니 今但用前二意하야 以酬難竟이니 後意는 卽第四擧況之中이라】

'허공에 의지처가 없지만 의지가 되는 비유'는 부처의 의지함

이 없이 일을 성취하는 지혜에 비유하였다.

종합 부분에 모든 乘의 지혜가 부처의 지혜를 의지하여 생겨 남을 말한다.

저 십지론에서는 "이 십지의 지혜가 모두 부처의 지혜를 因하여 차별이 있다."고 하였다. 부처의 지혜를 벗어난 그 밖의 어느 것으로도 의지하여 배울 데가 없지만, 부처의 지혜는 果位가 원만한 자리이기에 더 이상 남을 의지하지 않는다. 어찌 법상종의 종지에 따라 마음을 의지하거나, 법성종의 종지에 따라 이치를 의지하지 않을 수 있겠는가. 앞에서 心王과 心所가 둘이 없다고 말하지 않았던가. 참으로 부처의 지혜는 관조의 극치라, 지혜 밖의 진여가 지혜의 의지한 대상이 되는 바가 없기에 지혜의 본체는 전부 여여하다. 만약 의지한 바 있으면 진여의 지혜라 말하지 못한다.【초_ '豈不依心'이란 다음의 가설 논란이다. 마음을 의지함은 법상종으로 말하고, 이치를 의지함은 법성종으로 말한다.

'良以佛智' 이하는 이치를 의지함의 뜻을 해석하였다. 여기에는 4가지 뜻이 있다.

첫째는 바로 해석하였다. 이는 회향경에 이르기를, "지혜 밖의 진여는 지혜가 들어가는 대상이 될 수 없으며, 또한 진여 밖의 지혜가 진여를 증득할 주체가 없다."고 하였다. 여기에서는 다만 위에서 말한 "어찌 이치를 의지하지 않겠는가."라는 논란에 답한 것이기에 다만 앞의 구절만을 인용하였다.

그가 따져 묻기를, "위에서 '오직 如如 및 如如智만 홀로 존재한다.'고 말하였다. 이는 지혜가 진여를 의지한 것인데 어떻게 의지함이 없다고 말하는가?"라고 하기에, 여기에서 "지혜의 밖에 진여가 없기에 의지한 바 없다."고 해석하였다.

그러나 저 회향경문에는 그 나름 3가지의 뜻이 있다.

① 진여 본체의 체성이 공한 까닭에 지혜 밖에 진여가 없으며, 지혜 본체의 체성이 공한 까닭에 진여 밖의 지혜가 없는 것으로 말하였다.

② 진여와 지혜가 하나이다. 똑같은 진여의 본체이다. 어떻게 지혜 밖에 다시 진여가 있을 수 있겠는가.

③ 事事無礙로 하나를 들어서 전체를 정리하였다. 여기에서는 다만 앞의 2가지 뜻을 인용하여 논란에 답하여 끝내고 있다.

뒤에서 말한 뜻은 제4 비유 가운데 말한 부분이다.】

亦猶淨名云 '法隨於如일새 無所隨故라'하고【鈔_ 言'無所隨故'者는 經自釋'隨如'之義니 由法은 卽如法外無如일새 故云無所隨故니라 若有所隨면 能所未泯이어니 豈得隨如리오 又法外有如면 法非如矣라 故無所隨라야 方曰隨如니 此中亦爾니라 若有所依면 智外有法하야 能所未亡이라 不名如智오 如外有智면 智亦不如라 故得引例니라】

또한 유마경에서 말하였다.

"모든 법이 진여를 따르기에 따르는 바가 없기 때문이다."【초_ '無所隨故'는 경문에 스스로 '隨如'의 뜻으로 해석하였다. '법을 따른다[由法].'는 법의 밖에 진여가 없음과 같기 때문에 따르는 바가

277

없다고 말하였다. 만약 따르는 바가 있다면 주체와 대상이 사라지지 않은 바이니 어떻게 진여를 따를 수 있겠는가.

또한 법 밖에 진여가 있다면 법은 진여가 아니다. 이 때문에 따른 바가 없어야만 비로소 '진여를 따른다.'고 말할 수 있다. 이 부분 또한 그와 같다. 만약 의지한 바 있으면, 지혜 밖에 법이 있어 주체와 대상이 사라지지 않은 것이어서 진여 지혜라 말할 수 없고, 진여 밖에 지혜가 있으면 지혜 또한 진여가 아니다. 이 때문에 이런 예문을 인용한 것이다.】

文殊般若云 '若無境界면 則無所依온 況佛智外에 無法可得가라 하니 以一切法이 卽佛智故일세니라

문수반야경에서 말하였다.

"만약 경계가 없으면 의지할 바가 없는데 하물며 부처 지혜의 밖에 법을 얻을 게 없는 것이야."

이는 일체 법이 곧 부처의 지혜이기 때문이다.

第二 法界湛然喩

(2) 법계가 담연하다는 비유

經

復次佛子여 譬如法界 常出一切聲聞獨覺菩薩解脫호대 而法界는 無增減인달하야

如來智慧도 亦復如是하야 恒出一切世間出世間種種智
慧호대 而如來智는 無增減이니라
佛子여 是爲如來心第二相이니
諸菩薩摩訶薩이 應如是知니라

　또한 불자여, 비유하면 법계에서 언제나 일체 성문, 독각, 보살의 해탈을 내어주지만, 법계는 더하거나 줄어듦이 없는 것처럼 여래의 지혜 또한 그와 같다.

　언제나 일체 세간과 출세간의 가지가지 지혜를 내어주지만, 여래의 지혜는 더하거나 줄어듦이 없다.

　불자여, 이는 여래 마음의 둘째 모양이다.

　보살마하살은 이와 같이 알아야 한다.

● 疏 ●

法界湛然喩는 喩佛體無增減智니 卽轉釋前依니 依者는 依此出故니 雖出諸智나 亦不減少며 菩薩解脫하야 成佛智時에 亦不增足이니 以同體均故니 如上海中板喩하다【鈔_ '卽轉釋'者는 謂疏意는 明初喩爲總이라 含下九喩일새 故下喩中에 節節指初니 今以第一喩云 '虛空이 爲一切法所依니 喩佛智 爲一切世出世智所依'일새 故今釋之호대 云 '得爲依니 依彼出故'라하니라

'雖出諸智'者는 如山出雲호대 山亦不減오

'菩薩'下는 如谷納雲호대 谷亦不增이라

'海中板喩'는 卽十行品이라】

'법계가 담연하다는 비유'는 부처의 본체에 더하거나 줄어듦이 없는 지혜에 비유하였다. 곧 앞의 의지를 돌려 해석하였다. 의지한다는 것은 이를 의지하여 내기 때문이다. 비록 모든 지혜를 내어주지만 또한 줄어들지 않으며, 보살이 해탈하여 부처의 지혜를 성취할 때에도 또한 더 커지지 않는다. 똑같은 체성으로 하나이기 때문이다. 위 제21 십행품에서 말한 '海中板'의 비유와 같다.【초_ "돌려 해석하였다."는 것은 청량소에서 말한 뜻은 첫 비유가 총상이 되어 아래의 9가지 비유를 포함함을 밝혔기에 아래의 비유 부분에 비유마다 첫 비유를 가리키고 있다. 그러나 여기에서는 제1의 비유에 이르기를, "허공이 일체 법의 의지 대상이므로 부처의 지혜가 일체 세간과 출세간 지혜의 의지처가 됨을 비유하였다."고 하였다. 이 때문에 여기에서 이에 대한 해석은 다음과 같다.

"의지처가 된다. 그것을 의지하여 나오기 때문이다."

'雖出諸智'란 산이 구름을 내어주되 산 또한 줄어들지 않음과 같다.

'菩薩' 이하는 골짜기는 구름을 받아들이되 골짜기 또한 더하지도 않음과 같다.

'海中板의 비유'는 제21 십행품에서 말한 비유이다.】

第三 大海潛益喩

(3) 바다의 보이지 않는 이익의 비유

復次佛子여 **譬如大海 其水潛流四天下地**와 **及八十億 諸小洲中**하야 **有穿鑿者 無不得水**나 **而彼大海**는 **不作 分別**호대 **我出於水**인달하야

佛智海水도 **亦復如是**하야 **流入一切衆生心中**일세 **若諸 衆生**이 **觀察境界**하야 **修習法門**하면 **則得智慧 淸淨明了** 호대 **而如來智**는 **平等無二**하며 **無有分別**이오 **但隨衆生 의 心行異故로 所得智慧 各各不同이니라**

佛子여 是爲如來心第三相이니

諸菩薩摩訶薩이 應如是知니라

또한 불자여, 비유하면 바닷물이 사천하의 땅과 80억 작은 섬의 땅속으로 흘러 땅을 파면 어느 곳이든 물이 나오지 않은 곳이 없지만, 그 큰 바다는 내가 물을 내어주었다는 분별심을 내지 않은 것처럼 부처의 지혜 바다의 물 또한 그와 같다.

일체중생의 마음속에 흘러 들어가므로, 중생들이 경계를 관찰하면서 법문을 닦으면 청정하고 분명한 지혜를 얻지만, 여래의 지혜는 평등하여 둘이 없고 분별이 없으며, 다만 중생의 마음과 행이 다름에 따라서 그들의 얻은 바의 지혜가 각기 똑같지 않다.

불자여, 이는 여래 마음의 셋째 모양이다.

보살마하살은 이와 같이 알아야 한다.

◉ 疏 ◉

大海潛益喩는 喩佛體均益生智니 卽雙釋前依와 及出生義니 謂
與衆生心同體故로 義曰潛流라하니 穿鑿自心하야 得智慧時에 卽
是見他佛智를 是曰依之出生이라 又由體同하야 令外佛加持하야
資其念力이 亦是流入이라

'바다의 보이지 않는 이익의 비유'는 부처의 균일한 체성으로 중생에 이익을 주는 지혜에 비유하였다.

이는 앞의 의지 및 낳아준다는 뜻을 모두 해석하였다. 중생의 마음과 일체이기 때문에 그 의의를 "보이지 않게 흐른다[潛流]."고 말하였다. 자신의 마음에 천착하여 지혜를 얻을 때에 곧 저 부처의 지혜를 보는 것을 그에 의해 생겨났다고 말한다. 또한 본체가 같음에 따라서 바깥 부처로 하여금 가피를 내리게 하여 그 念力을 힘입음이 또한 '속으로 흘러 들어감'이다.

第四大寶出生喩

(4) 큰 보배가 보배를 내어주는 비유

經

復次佛子여 譬如大海에 有四寶珠 具無量德하야 能生
海內一切珍寶하나니 若大海中에 無此寶珠면 乃至一寶
도 亦不可得이니

何等이 爲四오
一은 名積集寶오
二는 名無盡藏이오
三은 名遠離熾然이오
四는 名具足莊嚴이라
佛子여 此四寶珠는 一切凡夫諸龍神等이 悉不得見이니 何以故오
娑竭龍王이 以此寶珠端嚴方正으로 置於宮中深密處 故인달하야

또한 불자여, 비유하면 바다에 네 알의 보배 구슬이 있는데 한량없는 공덕을 갖추고서 바다의 모든 보배를 내어준다. 바다에 이 보배 구슬이 없다면 그 어떤 하나의 보배 또한 있을 수 없다.

무엇이 네 알의 보배 구슬인가?

첫째, 모아 쌓아놓은 보배 구슬,

둘째, 무진장 보배 구슬,

셋째, 치성함을 멀리 여읜 보배 구슬,

넷째, 장엄이 구족한 보배 구슬이다.

불자여, 이 네 알의 보배 구슬은 일체 범부나 용과 신들이 모두 보지 못한다.

무엇 때문일까?

사갈라 용왕이 이 보배 구슬을 단정하고 장엄하다 하여 궁중의 깊숙한 비밀스러운 곳에 간직하였기 때문이다.

● 疏 ●

大寶出生喩는 喩佛用興體密智니 釋上能生이니 以何義故而能生耶아 具四寶故니라

喩中有三하니

初는 總明出處體用이오

次는 徵列寶名이오

後는 結其深勝이니 合三同喩니라

'큰 보배가 보배를 내어주는 비유'는 부처의 작용을 일으켜도 본체는 은밀한 지혜에 비유하였다. 위의 낳아주는 주체를 해석하였다.

무엇 때문에 이처럼 낳아줄 수 있을까?

4가지 보배를 갖추었기 때문이다.

비유 부분에는 3가지 뜻이 있다.

(ㄱ) 출처의 체용을 총체로 밝혔고,

(ㄴ) 보배 이름을 묻고 나열했으며,

(ㄷ) 심오하고 뛰어남을 끝맺었다. 3가지를 종합함에 다 같은 비유이다.

經

佛子여 如來應正等覺大智慧海도 亦復如是하야 於中에 有四大智寶珠 具足無量福智功德하야 由此能生一切衆生과 聲聞獨覺學無學位와 及諸菩薩智慧之寶하나니

何等이爲四오
所謂無染着巧方便大智慧寶와
善分別有爲無爲法大智慧寶와
分別說無量法호대而不壞法性大智慧寶와
知時非時하야未曾誤失大智慧寶니

불자여, 여래·응공·정등각의 큰 지혜 바다 또한 그와 같다.

그 가운데 네 알의 큰 지혜 보배 구슬이 있는데 한량없는 복덕과 지혜의 공덕을 두루 갖추고서 이로 연유하여 일체중생, 성문, 독각, 배워야 할 사람, 더 이상 배울 게 없는 사람, 보살들의 지혜 보배를 내어주었다.

무엇이 네 알의 큰 지혜 보배 구슬인가?

물들지 않는 뛰어난 방편의 큰 지혜 보배,

유위와 무위의 법을 잘 분별하는 큰 지혜 보배,

한량없는 법을 분별하여 연설하면서도 법성을 깨뜨리지 않는 큰 지혜 보배,

때와 때가 아님을 알고서 그르치지 않는 큰 지혜 보배이다.

◉ 疏 ◉

列名中에

一은 大圓鏡智니 以離諸分別일세 名無染著이오 所緣行相微細難知하야 不忘不愚一切境相일세 名巧方便이라

二는 卽平等性智니 觀一切法의 若爲無爲에 自他平等일세 名善分

別이라
三은 即妙觀察智니 此智 善觀諸法 自相共相 無礙而轉일새 故說 無量法호되 而不壞法性이라 無量法者는 即攝觀無量總持·定門 等이오 而言'說'者는 雨大法雨하야 斷一切疑故니라
四는 即成所作智니 知機知時하야 作所應作故니라

'(ㄴ) 보배 이름의 나열' 부분의 4가지는 다음과 같다.

① 대원경지, 모든 분별을 여의었기에 그 이름을 '물들지 않았다.'고 하며, 반연한 바의 行相이 미세하여 알기 어려운데, 일체 경계의 모양을 잊지도 않고 어리석지도 않기에 그 이름을 '뛰어난 방편'이라 한다.

② 평등성지, 일체 법의 유위와 무위에 자타가 평등함을 관조하였기에 그 이름을 '잘 분별하였다.'고 한다.

③ 묘관찰지, 이 지혜는 모든 법의 自相과 共相이 걸림 없이 전변함을 잘 관찰하기 때문에 한량없는 법을 연설하되 법성을 무너뜨리지 않는다. '한량없는 법'이란 한량없는 총지와 선정 등을 포괄하여 관찰하고, '分別說'의 '說'이라 말한 것은 큰 법 비를 내려주어 모든 의심을 끊어주기 때문이다.

④ 성소작지, 근기를 알고 시기를 알아서 당연히 해야 할 일을 행하기 때문이다.

經
若諸如來大智海中에 無此四寶면 有一衆生도 得入大

乘이 終無是處니라
此四智寶는 薄福衆生의 所不能見이니
何以故오 置於如來深密藏故니

　　만약 여래의 큰 지혜 바다에 이 네 알의 보배 구슬이 없으면 어느 한 중생도 끝내 대승에 들어갈 수 없다.

　　이 네 알의 보배 구슬은 박복한 중생은 볼 수가 없다.

　　무엇 때문일까?

　　여래의 깊숙하고 비밀스러운 법장에 두었기 때문이다.

● 疏 ●

三은 合前深勝이라 於中에 先은 明用勝體深이니 此中用勝은 喩在總中이오 此中體深은 同法華髻中明珠를 不妄與人이라 然約下智不及일세 故稱密藏이니 不全同喩라 故涅槃中에 明有密語오 而無密藏이라

　　㈢ 앞서 말한 심오하고 뛰어남에 종합하였다.

　　이 가운데, ① 작용이 뛰어나고 본체가 심오함을 밝혔다.

　　여기에서 말한 작용의 뛰어남은 비유가 총상 부분에 있고, 여기에서 말한 본체의 심오함은 법화경의 "상투 속의 구슬을 부질없이 사람들에게 내보이지 않는다."는 말과 같다.

　　그러나 하등의 지혜를 지닌 이는 도저히 미칠 수 없다는 것으로 말한 까닭에 '비밀스러운 법장'이라 말하였다. 이는 전체가 똑같은 비유가 아니다. 이 때문에 열반경에서는 '비밀스러운 말'만을 밝

했을 뿐, '비밀스러운 법장'은 언급한 바 없다.

經

此四智寶 平均正直하고 **端潔妙好**하야 **普能利益諸菩薩 衆**하야 **令其悉得智慧光明**이니라
佛子여 **是爲如來心第四相**이니
諸菩薩摩訶薩이 **應如是知**니라

　이 네 알의 보배 구슬은 고르고 정직하고 단정하고 조촐하고 아름다워서 널리 보살 대중에게 이익을 주어 모두 지혜의 광명을 얻게 하였다.
　불자여, 이는 여래 마음의 넷째 모양이다.
　보살마하살은 이와 같이 알아야 한다.

● 疏 ●

後는 明體勝用深이라
平均正直은 卽平等性智니 大慈悲等 共相應故니 故曰平均이오 一味相續일세 名爲正直이라
二'端潔'은 卽大圓鏡智니 端者는 純淨圓德이니 現種依持故오 潔者는 性相淸淨이니 離諸雜染故니라
三'妙好'는 卽妙觀察智오
四'普能利益'은 卽成所作智니 此約別配어니와 今以四智圓融故로 四德亦該니라 四寶況四智는 乃十中之一이니 則永異餘宗이라

【鈔_ '今以四智'下는 二解妨이니 妨云 '何以將法相宗하야 釋法性義오' 故爲此通이니 謂彼四智는 迢然不同이로되 今一具四니 豈得同耶아 先將四寶하야 以況四智니 此卽別義로 於一寶上애 復具四德이 卽圓融義은 況四圓融가 十中之一을 豈得言同이리오 欲顯包融일새 故用之釋이라】

② 본체가 수승하고 작용이 심오함을 밝혔다.

㉠ 平均正直은 평등성지이다. 대자비 등으로 똑같이 상응하기 때문이다. 따라서 '평균'이라 하고, 하나로 이어지기에 '정직'이라고 말한다.

㉡ 端潔은 대원경지이다. 端이란 순수 청정하여 원만한 공덕이다. 現種의 의지이기 때문이며, 潔이란 性·相이 청정함이니 모든 잡염을 여의기 때문이다.

㉢ 妙好는 묘관찰지이다.

㉣ 널리 이익을 준다는 것은 성소작지이다. 이는 별개로 짝지어 말했지만 여기에서는 4가지 지혜가 원융하기에 4가지의 공덕 또한 모두 갖추고 있다.

4가지 보배로 4가지 지혜를 비유함은 10가지 가운데 하나이다. 이는 나머지 종지와 영영 다르다.【초_ '今以四智' 이하는 2가지로 논란을 해석하였다.

논란하여 말하였다.

"어떻게 법상종을 들어 법성의를 해석하는가?"

이 때문에 이로 답한 것이다.

저 4가지 지혜는 전혀 다른 것이지만 여기에서 말한 한 가지는 4가지를 갖추고 있다. 어떻게 똑같이 말할 수 있겠는가. 먼저 4가지 보배를 들어 4가지 지혜에 비유하였다. 이는 개별의 뜻으로 하나의 보배 위에 다시 4가지 공덕을 갖춤이 곧 원융하다는 뜻이다. 하물며 4가지 원융함이야. 10가지 가운데 하나를 어떻게 같다고 말할 수 있겠는가. 포괄하여 원융함을 나타내고자 한 까닭에 이를 인용하여 해석한 것이다.】

第五珠消海水喩
(5) 구슬이 바닷물을 소멸한다는 비유

經
復次佛子여 譬如大海에 有四熾然光明大寶 布在其底호대 性極猛熱하야 常能飮縮百川所注無量大水일세 是故大海 無有增減하나니
何等이 爲四오
一은 名日藏이오 二는 名離潤이오 三은 名火燄光이오 四는 名盡無餘라
佛子여 若大海中에 無此四寶면 從四天下로 乃至有頂히 其中所有 悉被漂沒이니라
佛子여 此日藏大寶光明이 照觸海水에 悉變爲乳하며

**離潤大寶光明이 照觸其乳에 悉變爲酪하며
火焰光大寶光明이 照觸其酪에 悉變爲酥하며
盡無餘大寶光明이 照觸其酥에 變成醍醐하야 如火熾然
하야 悉盡無餘인달하야**

또한 불자여, 비유하면 큰 바다에 빛나는 광명을 쏟아내는 큰 보배 네 가지가 바다 바닥에 펼쳐져 있는데, 그 성질이 매우 뜨거워서 언제나 수많은 강에서 흘러 들어오는 한량없이 많은 물을 빨아들인다. 이 때문에 바닷물은 늘어나거나 줄어들지 않는다.

무엇이 네 가지 큰 보배인가?

첫째, 일장 보배,

둘째, 축축함을 여읜 보배,

셋째, 불꽃빛 보배,

넷째, 남김없이 다한 보배이다.

불자여, 만약 바다에 이 네 가지 보배가 없으면 사천하로부터 유정천에 이르기까지 그 가운데 있는 것들이 모두 물에 잠기게 된다.

불자여, 이 일장 보배의 광명이 바닷물에 비치면 모두 젖으로 변하고,

축축함을 여의는 보배의 광명이 그 젖에 비치면 모두 타락으로 변하고,

불꽃빛 보배의 광명이 그 타락에 비치면 모두 변하여 연유가 되고,

남김없이 다한 보배의 광명이 그 연유에 비치면 모두 제호가

되어, 마치 불이 치성하여 모두 남김없이 다한 것처럼,

● 疏 ●

珠消海水喩는 喩佛滅惑成德智니 由有前智하야 無智不生이오 由有此智하야 無惑不斷이라 又前則橫具四智오 此則豎具四智니 皆是釋前爲依之義라

喩中二니

先은 總明體用이오

後 '佛子此日藏' 下는 別顯用相이니 此爲極敎了說이라 而起世·婆沙等說호되 阿毘地獄在下어늘 火氣上呑하야 銷鑠海水는 蓋是少分方便之說이오 而俗典云 '以沃焦石消海水'者는 或測度而知오 或見寶不辨하야 謂之石耳라 又云 '注尾廬壑'者는 但見其消코 以名之耳라

'구슬이 바닷물을 소멸한다는 비유'는 부처의 미혹을 소멸하여 공덕을 성취하는 지혜에 비유하였다. 앞서 말한 지혜가 있음에 따라서 지혜마다 생겨나지 않은 게 없고, 이 지혜가 있음에 따라서 그 어떤 미혹이든 끊어지지 않음이 없다.

또한 앞에서는 횡으로 4가지 지혜를 갖추었고, 역에서는 종으로 4가지 지혜를 갖추었다. 이는 모두 앞의 '의지처가 없는 것으로 의지를 삼는다.'는 의의를 해석하였다.

비유 부분은 2단락이다.

① 본체와 작용을 총체로 밝혔고,

② '佛子此日藏' 이하는 작용의 양상을 개별로 밝혔다. 이는 지극한 가르침[極敎]을 말한 것이다. 기세인본경·아비달마대비바사론 등에서 말하기를, "아비지옥이 아래에 있는데 화기가 위로 솟구쳐 바닷물을 삭힌다."고 한다. 이는 일부의 방편[少分方便] 설이다.

세속의 경전에서는 "沃焦石으로 바닷물을 없앤다."고 한다. 이는 가늠하여 아는 것이거나 아니면 보배를 보고서도 이를 구분하지 못하여 '돌[石]'이라고 말한 것이다. 또한 莊子 秋水篇에서는 "바닷물이 '尾廬[尾閭]' 골짜기로 새 나간다[尾閭泄之, 不知何時已, 而不虛]."고 말한 것은 그 바닷물이 사라지는 것만을 보고서 그런 이름을 붙인 것이다.

經

佛子여 如來應正等覺大智慧海도 亦復如是하야 有四種大智慧寶 具足無量威德光明하야 此智寶光이 觸諸菩薩에 乃至令得如來大智하나니
何等이 爲四오
所謂滅一切散善波浪大智慧寶와
除一切法愛大智慧寶와
慧光普照大智慧寶와
與如來平等無邊無功用大智慧寶라

불자여, 여래·응공·정등각의 큰 지혜 바다 또한 그와 같다.
네 가지 큰 지혜 보배가 있어 한량없는 위덕과 광명을 두루 갖

추고 있다.

이 지혜 보배의 광명이 보살들에게 비춰주어, 여래의 큰 지혜를 얻게까지 하는 것이다.

무엇이 네 가지 큰 지혜 보배인가?

이른바 일체 선업을 흩어버리는 물결을 없애주는 큰 지혜 보배,

일체 법의 애착을 없애주는 큰 지혜 보배,

지혜 광명을 널리 비춰주는 큰 지혜 보배,

여래와 평등하여 그지없고 하염없는 큰 지혜 보배이다.

● 疏 ●

合中亦二니 先은 合總明體用이라

종합 부분 또한 2단락이다.

앞에서는 '본체와 작용을 총체로 밝힘'을 종합하였다.

經

佛子여 諸菩薩이 修集一切助道法時에 起無量散善波浪하야 一切世間天人阿修羅의 所不能壞어든 如來 以滅一切散善波浪大智慧寶光明으로 觸彼菩薩하사 令捨一切散善波浪하고 持心一境하야 住於三昧하며
又以除一切法愛大智慧寶光明으로 觸彼菩薩하사 令捨離三昧味著하고 起廣大神通하며
又以慧光普照大智慧寶光明으로 觸彼菩薩하사 令捨所

起廣大神通하고 住大明功用行하며
又以與如來平等無邊無功用大智慧寶光明으로 觸彼
菩薩하사 令捨所起大明功用行하고 乃至得如來平等地
하야 息一切功用하야 令無有餘하나니
佛子여 若無如來此四智寶大光照觸이면 乃至有一菩
薩도 得如來地 無有是處니라
佛子여 是爲如來心第五相이니
諸菩薩摩訶薩이 應如是知니라

불자여, 모든 보살이 일체 '깨달음에 이르는 37도품(道品: 三十七 覺支 또는 三十七菩提分法)'을 닦아 모을 적에, 한량없는 선업을 흩어 버리는 물결을 일으키는데, 일체 세간의 하늘과 사람과 아수라로 서는 이런 물결을 도저히 깨뜨려주지 못한다. 하지만 여래께서는 '일체 선업을 흩어버리는 물결을 없애주는 큰 지혜 보배'의 광명으로 그들 보살에게 비춰주어, 일체 선업을 흩어버리는 물결을 버리고 오롯한 마음의 경계를 지니고서 삼매에 머물게 하였다.

또한 '일체 법의 애착을 없애주는 큰 지혜 보배'의 광명으로 그들 보살에게 비춰주어 삼매에 탐착하는 마음을 여의고, 광대한 신통을 일으키게 하였다.

또한 '지혜 광명을 널리 비춰주는 큰 지혜 보배'의 광명으로 그들 보살에게 비춰주어 일으킨 광대한 신통을 버리고, 크게 밝은 공용(功用) 있는 행에 머물게 하였다.

또한 '여래와 평등하여 그지없고 하염없는 큰 지혜 보배'의 광명으로 그들 보살에게 비춰주어 일으킨 바 크게 밝은 공용 있는 행을 버리고, 내지 여래의 평등한 자리를 얻으며, 모든 공용을 쉬어서 하나도 남음이 없게 하였다.

불자여, 만약 여래께서 이 네 가지 지혜 보배의 광명으로 비춰주는 일이 없으면, 내지 그 어느 한 보살도 여래의 지위를 얻을 수 없었을 것이다.

불자여, 이는 여래 마음의 다섯째 모양이다.

보살마하살은 이와 같이 알아야 한다.

● 疏 ●

後는 合別顯用相이라 然此四智를 古德有配四三昧하니 初는 是大乘光明三昧智오 二는 是集福德王이오 三은 是賢護오 四는 是首楞嚴이라하니 此釋配定可爾로되 按次乖理하니 以第三名智光普照故니라

若將初爲三이오 以三爲初면 乃順文理라 今更一解니 標其所成이면 卽是四定이어니와 約能成智면 應別立名이라

又將豎配諸位인댄 尤異昔解니

謂一은 佛以卽事而眞智로 治於地前하야 成初四地하야 令得賢守定이니 以此三昧 能守世出世間賢善法故니 前三地는 爲世오 四地는 爲出世니 旣了卽事而眞이면 則卽散而定이라

二는 以卽體之用智로 治四地未能起用하야 令得五地入俗하야 成集福德王定이라

三은 以平等無相智로 治五地 雖能隨俗이나 未得平等하야 令得

六七地般若大光功用後邊하야 成光明定이라
四는 以平等無功用智로 治七地功用하야 令入八地하고 乃至佛果하야 得首楞嚴定하야 所作究竟故니라 果旣具四에 因亦通修로되 且約相顯하야 爲此豎配니 不可偏局이니라

뒤는 '작용의 양상을 개별로 밝힘'에 종합하였다.

그러나 옛 스님들은 이 4가지 지혜를 4가지 삼매에 짝지어 보았다.

① 대승 광명의 삼매,
② 집복덕왕의 삼매,
③ 현호보살의 삼매,
④ 수릉엄 삼매.

이러한 해석의 배정이 가당한 말이긴 하지만 차례의 안배는 이치에 어긋난다.

'③ 현호보살의 광명삼매지혜'를 '지혜 광명을 널리 비춰주는 큰 지혜'라 말하였기 때문이다.

만약 '① 대승의 광명삼매지혜'를 들어 셋째 '지혜 광명을 널리 비춰주는 지혜'로 삼고,

'③ 현호보살의 광명삼매지혜'를 들어 첫째 '일체 선업을 흩어버리는 물결을 없애주는 지혜'로 삼는다면 문맥의 차례가 맞는다.

여기에서 다시 또 다른 하나의 해석을 하고자 한다. 그 성취 대상으로 밝히면 4가지 삼매라 할 수 있지만, 성취 주체의 지혜로 말하면 당연히 별개의 명칭을 세워야 한다.

또한 모든 지위에 종으로 짝지어 말하면, 더욱 옛사람의 해석과는 다르게 된다.

① 부처가 현상의 사법계와 하나가 된 진여의 지혜로써 地前을 다스려서 앞의 4지까지 성취하여, 賢守의 선정을 얻도록 하였다. 이 삼매가 세간과 출세간의 어질고 착한 법을 지키기 때문이다. 앞의 3地는 세간의 법이고, 제4 염혜지는 출세간의 법이다. 이미 현상의 사법계와 하나가 된 진여의 지혜를 알면 바로 산란한 일과 하나가 된 선정이다.

② 본체와 하나가 된 지혜로써 4지에서 작용을 일으키지 못했던 부분을 다스려서 그로 하여금 제5 난승지의 '세속에 들어감[入俗]'을 얻어서 집복덕왕의 선정을 성취케 하였다.

③ 平等無相의 지혜로써 제5 난승지에 비록 세속을 따르지만, 얻지 못한 평등 부분을 다스려서 그로 하여금 제6 현전지, 제7 원행지에서 반야 대광명의 공용 이후의 측면을 얻어 지혜 광명의 선정을 성취케 하였다.

④ 平等無功用의 지혜로써 제7 원행지의 작용을 다스려서 그로 하여금 제8 부동지에 들어가도록 하고, 이에 佛果에 이르러 수릉엄 선정을 얻어 하는 일마다 모두 최고의 경계에 이르도록 한 까닭이다. 불과에 이미 4가지 지혜를 모두 갖추고 있으며, 원인 또한 모두 닦아야 하지만, 相을 들어서 밝혀 종으로 짝지어 말하였을 뿐이니, 이는 어느 하나만을 고집해서는 안 된다.

第六 虛空含受喩

(6) 허공이 포괄하여 받아들이는 비유

經

復次佛子여 如從水際로 上至非想非非想天히 其中所有大千國土와 欲色無色衆生之處 莫不皆依虛空而起며 虛空而住니

何以故오 虛空이 普徧故니라 雖彼虛空이 普容三界나 而無分別인달하야

佛子여 如來智慧도 亦復如是하야 若聲聞智와 若獨覺智와 若菩薩智와 若有爲行智와 若無爲行智 一切皆依如來智起하며 如來智住하나니

何以故오 如來智慧 徧一切故니라 雖復普容無量智慧나 而無分別이니라

佛子여 是爲如來心第六相이니

諸菩薩摩訶薩이 應如是 知니라

또한 불자여, 아래로 수면에서부터 위로 비상비비상천에 이르기까지 그 가운데 있는 대천 국토와 욕계·색계·무색계의 중생이 머무는 곳들이 모두 허공을 의지하여 일어나고 허공을 의지하여 머물고 있다.

무엇 때문일까?

허공이 두루 모든 세계를 감싸고 있기 때문이다. 저 허공이 널리 욕계·색계·무색계를 감싸고 있으면서도 분별하는 마음이 없는 것처럼,

불자여, 여래의 지혜 또한 그와 같다.

성문의 지혜, 독각의 지혜, 보살의 지혜, 유위행의 지혜, 무위행의 지혜 일체가 모두 여래의 지혜를 의지하여 일어나고 여래의 지혜를 의지하여 머물고 있다.

무엇 때문일까?

여래의 지혜는 모든 이들의 지혜를 두루 지니고 있기 때문이다. 비록 한량없는 지혜를 두루 지니고 있으면서도 분별하는 마음이 없다.

불자여, 이는 여래 마음의 여섯째 모양이다.

보살마하살은 이와 같이 알아야 한다.

● 疏 ●

虛空含受喩는 喩佛依持無礙智니 亦釋前依義라 上但云依는 猶通外依他力이어니와 今明體徧普容이니 是則五乘等智 皆是如來大智中物이라

肇公亦云 '夫聖人은 虛心冥照하야 理無不統이라 懷六合於胸中호되 而靈鑑有餘하고 鏡萬有於方寸호되 其神常虛라하니 卽斯義也라

【鈔_ '肇公亦云'下는 卽涅槃無名論 第七 妙存中文이니 云 '然則 玄道는 在乎妙悟오 妙悟는 在於卽眞이니 卽眞이면 則有無齊觀이오

有無齊觀이면 則彼已莫二니라 所以로 天地는 與我同根이오 萬物은 與我一體라 同我則非復有無오 異我則乖於會通이라 所以不出不在로되 而道存乎其間矣니라 何則고 夫至人은 虛心冥照하야 理無不統이라 懷六合於胸中호되 而靈鑑有餘하고 鏡萬有於方寸호되 其神常虛等이라】

'허공이 포괄하여 받아들이는 비유'는 부처의 걸림 없이 의지하는 지혜에 비유했으며, 또한 앞서 말한 '의지'의 의의를 해석하였다.

위에서 다만 '의지'라 말한 것은 오히려 밖으로 他力에 의지함까지 통하지만, 여기에서는 본체가 두루 널리 포용함을 밝혔다. 이는 오승 등의 지혜가 모두 여래의 큰 지혜 가운데에 있는 존재이기 때문이다.

승조법사 또한 말하였다.

"대체로 성인은 마음을 비우고 보이지 않게 관조하여 이치가 총괄하지 않음이 없기에 상하 사방의 우주를 가슴속에 품고서도 비춰봄이 넉넉하고, 삼라만상을 하나의 마음속에서 비춰보되 그 신명이 언제나 비어 있다."

바로 이런 뜻이다.【초_ "승조법사 또한 말하였다." 이하는 열반무명론 제7 妙存에서 인용한 문장이다. 이는 다음과 같다.

"이로 보면 현묘한 도는 미묘한 깨달음에 있고, 미묘한 깨달음은 진여와 하나가 된 데 있다. 진여와 하나가 되면 유와 무를 하나로 보게 되고, 유와 무를 하나로 보면 나와 남이 둘이 없다.

이 때문에 천지는 나와 똑같고, 만물은 나와 일체이다. 나와 같으면 다시는 유와 무가 없고, 나와 다르면 회통에 어긋나는 것이다. 이 때문에 나가지도 않고 있는 것도 아니지만 도는 그 사이에 있다.

무엇 때문일까?

대체로 성인은 마음을 비우고 보이지 않게 관조하여 이치가 총괄하지 않음이 없기에 상하 사방의 우주를 가슴속에 품고서도 비춰봄이 넉넉하고, 삼라만상을 하나의 마음속에서 비춰보되 그 신명이 언제나 비어 있다."}

第七 藥王生長喩

(7) 설산 정상에서 크는 약초의 비유

經

復次佛子여 如雪山頂에 有藥王樹하니 名無盡根이라 彼藥樹根이 從十六萬八千由旬下하야 盡金剛地水輪際生하나니

彼藥王樹 若生根時엔 令閻浮提一切樹根生하며

若生莖時엔 令閻浮提一切樹莖生하며

枝葉華果도 悉皆如是니 此藥王樹 根能生莖하며 莖能生根호대 根無有盡일세 名無盡根이니라

佛子여 彼藥王樹 於一切處에 皆令生長호대 唯於二處에

不能爲作生長利益하나니 **所謂地獄深坑**과 **及水輪中**이라 **然亦於彼**에 **初無厭捨**인달하야

또한 불자여, 설산 정상에 큰 약초 나무가 있다. 그 이름은 '그지없는 뿌리의 약나무'라 한다.

그 약나무의 뿌리가 16만 8천 유순 아래까지 뻗어 내려가 금강지(金剛地)의 수륜(水輪) 즈음에서 생겨나는 것이다.

그 약나무의 뿌리가 생겨날 적에 염부제에 있는 모든 나무의 뿌리를 돋아나게 하고,

그 약나무의 줄기가 돋아날 적에 염부제에 있는 모든 나무의 줄기를 돋아나게 하며,

가지, 잎, 꽃, 열매도 모두 그와 같다.

이 약나무가 뿌리에서 줄기를 돋아내고, 줄기에서 뿌리를 돋아내어 뿌리가 끝이 없기에 '그지없는 뿌리의 약나무'라고 말한다.

불자여, 저 약나무가 모든 곳에서 다 자랄 수 있지만, 오직 두 곳에서만은 돋아나 자라면서 이익을 주지 못한다.

이른바 지옥이란 깊은 구렁과 수륜의 속이다. 그러나 그런 곳에서도 애당초 싫어하거나 버리지 않는 것처럼,

● **疏** ●

藥王生長喩는 **喩佛窮劫利樂智**라

喩中四니

初는 **顯體用**이오

二 '彼藥王'下는 別顯用相이오

三 '此藥王'下는 得名所由오

四 '佛子'下는 揀其非處니 先揀後收라 收者는 亦不厭故로 晉經云 '不捨生性'이라

　'설산 정상에서 크는 약초의 비유'는 부처의 영겁이 다하도록 이익과 즐거움을 주는 지혜를 비유하였다.

　비유 부분은 4가지이다.

　㈀ 본체와 작용을 밝혔고,

　㈁ '彼藥王樹' 이하는 작용의 양상을 개별로 밝혔으며,

　㈂ '此藥王' 이하는 그 이름을 얻게 된 연유이고,

　㈃ '佛子' 이하는 약나무가 살 수 없는 곳을 구분하였다. 앞에서는 구별을 하였고, 뒤에서는 이를 정리하였다. 정리함이란 또한 그 어떤 곳이든 싫어하지 않음이다. 이 때문에 60화엄경에서는 "생장하려는 자성을 버리지 않는다."고 말하였다.

經

佛子여 如來智慧大藥王樹도 亦復如是하야

以過去所發成就一切智慧善法으로 普覆一切諸衆生界하야

除滅一切諸惡道苦하는 廣大悲願으로 而爲其根하고

於一切如來眞實智慧種性中生하야 堅固不動善巧方便으로 以爲其莖하고

**徧法界智諸波羅蜜로 以爲其枝하고
禪定解脫諸大三昧로 以爲其葉하고
總持辯才菩提分法으로 以爲其華하고
究竟無變諸佛解脫로 以爲其果니라**

불자여, 여래의 지혜 약나무도 그와 같다.

과거에 심었던 일체 지혜를 성취하는 선법으로써 일체 중생계를 두루 덮어,

일체 삼악도의 고통을 없애주는 광대한 자비와 서원으로 뿌리를 삼고,

일체 여래의 진실한 지혜의 종성 속에 태어나 견고하여 동요하지 않고서 뛰어난 방편으로 줄기를 삼으며,

법계에 두루 하는 지혜와 십바라밀로 가지를 삼고,

선정·해탈·큰 삼매로 그 잎을 삼으며,

다라니와 변재와 보리조도분법으로 꽃을 삼고,

끝까지 변하지 않는 제불의 해탈로 열매를 삼았다.

◉ 疏 ◉

合亦四段이로되 而文不次라

初는 合總顯體用 有六이니

一은 以悲願菩提로 合根이니 此爲諸佛之本이니 深難拔故니라 文有四弘이라

二는 依實智所生方便爲莖이니 能幹事故오 菩提體故니라

三은 依前二智하야 分爲諸度니 旁陰爲枝라
四는 戒定息熱일새 別受葉名이라
五는 辨才·道品等이 親生菩提니 開發爲華니라
六은 果니 可知니라
上六은 亦可豎配地位로되 而下別顯用相에 旣云一切菩薩이라 故但從通釋이라

종합 부분 또한 4단락이지만, 경문은 차례가 맞지는 않다.

(ㄱ) 본체와 작용을 총체로 밝힌 종합 부분에 6가지가 있다.

① 大悲와 서원의 보리로써 뿌리에 맞춰 보았다. 이는 제불의 근본이라, 깊이 박혀 뽑기 어렵기 때문이다. 해당 경문에 四弘誓願이 있다.

② 여실한 지혜에 의해 생겨나는 방편으로 줄기를 삼는다. 모든 일의 근간이기 때문이며, 보리의 본체이기 때문이다.

③ 앞의 2가지 지혜를 의지하여 십바라밀로 나뉜다. 사방의 그늘이 가지이다.

④ 持戒·선정으로 열을 잠식시키기에 개별로 잎이라는 이름을 받게 되었다.

⑤ 辨才와 道品 등이 보리를 친히 생겨나게 하는 것이다. 개발하는 것으로 꽃을 삼는다.

⑥ 열매이다. 설명하지 않아도 알 수 있다.

위의 6가지 또한 지위에 종으로 짝하지만, 아래의 '작용의 양상을 개별로 밝힌' 부분에서 이미 '일체 보살이기 때문'이라 하였다.

이 때문에 다만 전반적인 해석을 따르고 있다.

經

佛子여 **如來智慧大藥王樹**를 **何故**로 **得名爲無盡根**고
以究竟無休息故며 **不斷菩薩行故**니
菩薩行이 **卽如來性**이며 **如來性**이 **卽菩薩行**일세
是故로 **得名爲無盡根**이니라

　　불자여, 여래 지혜의 큰 약나무를 어찌하여 '그지없는 뿌리'라 말하는가.

　　끝까지 멈추지 않기 때문이며,

　　보살행을 끊지 않기 때문이다.

　　보살행이 여래 성품이며,

　　여래 성품이 보살행이다.

　　이 때문에 '그지없는 뿌리'라 말한다.

● **疏** ●

二 '一佛子'는 越次合得名所由니 窮未來際일세 故云究竟無休오 得果不捨因일세 故云不斷菩薩行이니 由此故로 得因果交徹하야 展轉相生이라

　　㈇ 하나의 '佛子'는 차례를 건너뛰어 그 이름을 얻게 된 연유에 맞춰 말하였다.

　　미래의 끝까지 다하기에 "끝까지 멈추지 않는다." 말하였고,

결과를 얻되 원인을 버리지 않기에 "보살행을 끊지 않는다." 말하였다.

이러한 연유로 인과가 서로 통하여 점점 서로 생겨나는 것이다.

經

佛子여 如來智慧大藥王樹
其根生時에 令一切菩薩로 生不捨衆生大慈悲根하며
其莖生時에 令一切菩薩로 增長堅固精進深心莖하며
其枝生時에 令一切菩薩로 增長一切諸波羅蜜枝하며
其葉生時에 令一切菩薩로 生長淨戒頭陀功德少欲知足葉하며
其華生時에 令一切菩薩로 具諸善根相好莊嚴華하며
其果生時에 令一切菩薩로 得無生忍과 乃至一切佛灌頂忍果니라

불자여, 여래 지혜의 큰 약나무에서

그 뿌리가 돋아날 적에 일체 보살로 하여금 중생을 버리지 않는 대자대비의 뿌리를 돋아나게 하고,

줄기가 생겨날 적에 일체 보살로 하여금 견고한 정진과 깊은 마음의 줄기를 자라게 하며,

그 가지가 뻗어갈 적에 일체 보살로 하여금 십바라밀의 가지를 자라게 하고,

그 잎이 피어날 적에 일체 보살로 하여금 청정한 계율과 두타

의 공덕을 내어 욕심이 없고 만족할 줄 아는 잎을 피어나게 하며,

그 꽃이 활짝 필 때에 일체 보살로 하여금 선근을 갖추고 아름다운 몸매로 장엄한 꽃을 피게 하고,

그 열매가 맺을 적에 일체 보살로 하여금 무생법인 내지 일체 부처님의 관정 법인의 열매를 맺게 하였다.

● 疏 ●

三'一佛子'는 却合前別顯用相이라 深心은 樂修善行이니 即前方便이오 淨戒도 亦能息熱이오 相好는 如華爲嚴이라

文多影畧者는 爲分能所成故니라【鈔_ '文多影畧'者는 能成은 即如來悲等이오 所成은 即菩薩悲等이니 如在佛爲方便이오 在菩薩爲深心이며 在佛에 禪定爲葉이오 在菩薩에 淨戒頭陀爲葉이며 在佛에 即是菩提爲果오 在菩薩에 即無生忍等이라】

㈐ 하나의 '佛子'는 거꾸로 앞의 '개별로 작용의 양상을 밝힌' 부분에 맞춰 말하였다.

'深心'은 기쁜 마음으로 선행을 닦음이다. 이는 곧 앞서 말한 '방편'이며,

'淨戒'는 또한 극심한 고통을 식혀 줌이며,

'相好'는 아름다운 꽃으로 장엄함과 같다.

경문에 일부 생략된 부분이 많은 것은 성취의 주체와 대상을 구분하기 때문이다.【초_ "경문에 일부 생략된 부분이 많다."는 것은 성취의 주체는 여래의 대비 등이고, 성취의 대상은 보살의 대비

등이다.

　여래에게 있어서는 방편이라 하고, 보살에게 있어서는 深心이라 하며,

　여래에게 있어서는 선정을 잎이라 하고, 보살에게 있어서는 淨戒頭陀가 잎이 되며,

　여래에게 있어서는 보리를 열매라 하고, 보살에게 있어서는 무생법인 등이다.】

經

佛子여 **如來智慧大藥王樹 唯於二處**에 **不能爲作生長利益**하나니

所謂二乘이 **墮於無爲廣大深坑**과 **及壞善根非器衆生**이 **溺大邪見貪愛之水**라 **然亦於彼**에 **曾無厭捨**니라

佛子여 **如來智慧 無有增減**이니 **以根善安住**하야 **生無休息故**니라

佛子여 **是爲如來心第七相**이니

諸菩薩摩訶薩이 **應如是知**니라

　불자여, 여래 지혜의 약나무는 오직 두 곳에서만큼은 돋아나고 자라서 이익이 되지 못한다.

　이른바 하릴없는 넓고 깊은 구덩이에 떨어진 이승, 선근이 파괴되어 도저히 법 그릇이 아닌 중생으로서 아주 삿된 소견과 탐심과 애욕의 물에 빠진 이들이다.

그러나 그들 역시 일찍이 싫어하거나 버리지 않는다.

불자여, 여래의 지혜는 늘어나거나 줄어드는 일이 없다. 선근이 잘 안주하여 멈춤이 없기 때문이다.

불자여, 이는 여래 마음의 일곱째 모양이다.

보살마하살은 이와 같이 알아야 한다.

◉ 疏 ◉

四'一佛子'는 合揀非器니 亦先揀後收라 無爲正位에 一墮難出일새 故喩深坑이오 又無悲水하야 取灰斷故로 如彼地獄이라 邪見撥無와 貪愛浸爛 皆喩於水는 不容善根이며 又闕土緣이라 非生處故니라 後收에 言'無厭捨'者는 上據現惡闕緣하야 令生厭怖하야 直進一乘일새 故除二處어니와 而同有佛性하야 久久當成일새 故不厭捨니 是知現惡明無니 則無惡必有나라【鈔_ '是知現惡'等者는 卽生公意라 生公은 忍死코 待得大經하야 以證大義어늘 如何至今에 猶不信耶아 廣如玄中이로되 今當重釋호리라

言'現惡明無'者는 正作闡提는 撥無因果故오

'無惡必有'者는 由撥無因果之惡故無니 今無此惡이면 是則有矣라 故應問言호되 '頗有新作一闡提不아 復有闡提後生信不아 若有新作인댄 未作之時에 有佛性不아 若未作時有라 作時無者인댄 佛性可斷이오 若先無者인댄 則不由於闡提無也라 本自無故로 後生信心도 亦復如是니라 若有佛性인댄 佛性은 是可生之法이니 前則本有今無오 此則本無今有라 若發信心 亦無性者인댄 此亦不

311

干闡提故無라 故知但是約於長時에 未成果善이면 抑言無耳라 謂抑令恐怖하야 使發大心하고 未作闡提하야 令其莫作일세 故皆誘物이어니 何定言無아】

㈃ 하나의 '佛子'는 법 그릇이 아님을 구별함에 대해 맞춰 말하였다.

이 또한 앞에서는 구별을 하였고, 뒤에서는 이를 정리하였다.

'하릴없는 바른 자리[無爲正位]'에 한번 떨어지면 나오기 어려운 까닭에 깊은 구덩이에 비유하였다. 또한 자비의 물이 없어 '몸과 마음이 모두 다하여 없어짐[灰斷]'이라는 뜻을 취한 까닭에 저 지옥과 같다.

삿된 견해를 털어 없애는 것과 탐욕, 애욕에 무젖음을 모두 물에 비유함은 선근을 용납하지 못하고, 또한 국토의 인연이 없기에 도저히 여래 지혜의 약나무가 생장할 수 있는 곳이 아니기 때문이다.

뒤의 정리 부분에서 "그들 역시 일찍이 싫어하거나 버리지 않는다."고 말한 것은 위의 '악업을 나타내고 인연이 없음'에 의하여, 이를 싫어하거나 두려워하는 마음을 내어 바로 一乘으로 나아가게 한 까닭에 2곳은 제외되지만, 그들 역시 똑같은 불성을 지니고 있기에 오랜 세월이 흐르다 보면 반드시 성취할 수 있으므로, 그들을 싫어하거나 버리지 않는다. 이는 '그의 악을 나타내고, 그런 악이 없음을 밝힌[現惡明無]' 줄을 알 수 있다. 이런 악이 없으면 반드시 불성이 있다.【초_ '是知現惡' 등이란 쓴道生 스님이 말한 뜻이다.

도생 스님은 당시까지만 해도 경전에서 설하지 않았던 '도저히 성불할 수 없다는 천제도 성불할 수 있다는 논지[闡提成佛論]'를 주장하여 교단에 파문을 일으켜 추방됨으로써 온갖 고초를 감내하면서 홀로 수행하였다. 하지만 뒷날 대반열반경이 번역되면서 그가 말한 闡提成佛論이 증명되었는데, 어찌하여 지금까지도 그의 논지를 믿지 않는가. 그의 논에 자세히 언급되어 있지만, 여기에서 다시 해석하고자 한다.

"그의 악을 나타내고, 그런 악이 없음을 밝혔다[現惡明無]."고 말한 것은 바로 도저히 성불할 수 없는 천제가 되는 것은 인과가 없다고 부정하기 때문이며,

"이런 악이 없으면 반드시 불성이 있다[無惡必有]."는 것은 인과가 없다고 부정하는 악으로 인하여 불성이 없는 것이다. 이제 이런 악이 없으면 이는 불성이 있는 것이다.

이 때문에 당연히 이런 물음을 하게 된 것이다.

"새로 하나의 천제가 되는가. 또한 천제가 된 이후에 신심을 내는가.

만약 새로 하나의 천제가 있다면 천제가 되기 이전에 불성이 있는 것일까?

만약 천제가 되기 이전에는 있다가 천제가 되었을 적에 없는 것이라면 불성은 단절이 있는 것이다.

만약 이전에도 없었다면 천제가 인과의 없음을 부정한 악에 의하여 불성이 없는 것이 아니다. 본래 없었기 때문에 천제가 된 이후에 신심을 내는 것도 또한 그와 같다.

만약 불성이 있다면 불성은 태어날 수 있는 법이다. 앞에서는 본래 있었지만 이제는 없으며, 여기에서는 본래는 없었지만 이제는 있다는 것이다.

만약 신심을 일으킨 자 또한 불성이 없다면 이 또한 천제와는 아무런 관련이 없기 때문에 없는 것이다.

이 때문에 오랜 세월에 거쳐 결과의 선을 성취하지 못하면 이는 도리어 없다고 말하게 됨을 알 수 있다. 어쩌면 두려운 마음으로 큰 신심을 일으키도록 하고, 천제가 되지 않았을 적에 그런 일을 범하지 않도록 하려는 것이다. 따라서 이는 모두 중생을 유도하려는 것이지, 어떻게 반드시 불성이 없다고 말할 수 있겠는가."】

故涅槃云 '一闡提人이 雖復斷善이나 猶有佛性하니 若能發心이면 非闡提也'라하고 法華云 '決了聲聞法호리니 餘諸聲聞衆도 亦當復如是'라하고 結云 '根善安住者는 常住大悲故'라하니라

有引向所揀하야 證無佛性과 及定性義니 不觀次後不捨之言이온 況第十喩에 平等共有어늘 減損佛性이면 恐毁謗一乘이니 願諸後學은 當誠愼之하야 無滯權說이어다【鈔_ 唐三藏이 創自西廻할세 薦福寺에 有一人大德하니 不肯修敬이러니 後因見曰 '三藏이 遠涉流沙하야 廣取經論하니 誠曰劬勞라 然減損佛性하고 增足煩惱하니 未知케라 與聖意相應不아'하니

言'減損佛性'者는 以五性之中에 唯一性半 有佛性耳니 謂菩薩性과 及不定性之半이니 以不定性은 容有無故요 餘三性半은 一向言無니 謂一은 無種性人이오 二는 定性聲聞이오 三은 定性緣覺이라

言'一半'者는 卽不定性中에 或無 是也라
'恐謗一乘'者는 以罪怖之라 然法華經에 特稱'妙'者는 以佛昔說 三乘五性이나 今法華云 '一乘一性'이라하니 謂一切衆生이 有如來 知見이오 更無餘性일세 故唯一乘이라
涅槃亦云 '佛性者는 名爲一乘이니 以凡是有心은 定當作佛이라 故唯一乘이라'하고 法華又云 '唯此一事實이오 餘二則非眞이라 終不以小乘으로 濟度於衆生이라'하고 又第四云 '平等大慧라하니 彼疏 는 自立一乘로 爲宗이오 而其立義에 定有五性이오 却以一乘而爲 方便이니 此豈不是謗一乘耶아 謗一乘罪는 法華具明하니 事不可 輕이니 如增上慢·不信·不輕을 皆作佛言이 卽爲謗耳라】

이 때문에 열반경에서 말하였다.

"하나의 천제가 비록 다시 선행을 끊는다 할지라도 오히려 불성은 있다. 만약 발심만 할 수 있다면 더 이상 도저히 성불할 수 없는 천제가 아니다."

법화경에서 말하였다.

"성문의 법을 결정코 알 수 있다. 나머지 모든 성문 대중 또한 이와 같다."

끝맺는 말은 다음과 같다.

"선근을 잘 안주하는 자는 대비의 마음에 常住하기 때문이다."

앞에서 구분하는 바를 인용하여 無佛性 및 定性의 의의를 증명하였다. 다음 뒤에 쓰인 '그들도 버리지 않는다.'는 말을 살펴보지 못한 것이다. 하물며 '⑩ 티끌마다 대장경을 간직하고 있다는

315

비유'에서 '불성이 공통으로 평등하게 있음'을 말해주고 있는데, 불성이 減損된다고 하면 一乘의 법을 훼손할까 두렵다. 바라건대 후학은 마땅히 이를 경계하고 삼가 방편의 말에 집착함이 없어야 한다.【초_ 당나라 삼장법사가 처음 서역에서 돌아오는데, 천복사에 어느 큰스님이 법사에게 예의를 갖추지 않았다. 그 뒤에 법사를 만난 자리에서 말하였다.

"삼장법사가 머나먼 사막을 건너 많은 불경을 가져왔으니 참으로 고생하였다고 말할 만하다. 그러나 불성을 減損하고 번뇌를 더하였다. 부처의 뜻에 상응하는 것인지 알 수 없다."

'불성의 감손[減損佛性]'이라는 말은 5가지 성품[五性] 가운데 오직 1가지 성품 절반이 불성이 있다. 菩薩性 및 不定性의 절반이다. 부정성은 유무를 용납한 까닭이다.

나머지 3가지 성품 절반은 하나같이 없다고 말한다.

첫째는 종성이 없는 사람이며,

둘째는 定性의 성문이며,

셋째는 定性의 緣覺이다.

'절반'이라 말한 것은 부정성 가운데 간혹 없다는 것이 바로 이 것이다.

"一乘의 법을 훼손할까 두렵다."는 것은 죄업으로 그를 두렵게 함이다. 그러나 법화경에서 '미묘'하다고 특별히 일컬은 것은 부처가 옛적에 삼승의 5가지 성품을 말했으나, 이의 법화경에서는 '一乘의 一性'이라 말하였다. 이는 일체중생에게 여래의 지견이 있고,

또한 나머지 또 다른 성품이 없기에 오직 一乘임을 말한다.

열반경에서 또 말하였다.

"불성이란 一乘이라 말한다. 무릇 이런 마음이 있으면 반드시 부처가 될 수 있다. 이 때문에 오직 일승이라 말한다."

법화경에서 또 말하였다.

"오직 하나의 사실일 뿐, 나머지 2가지는 진실이 아니다. 끝내 소승으로써 중생을 제도할 수 없다."

또 법화경 제4에서 '평등한 큰 지혜'라 하니 그 疏에서 "스스로 一乘을 세우는 것으로 종지를 삼고, 그 정립한 의의에 반드시 5가지 성품이 있는데, 도리어 일승으로써 방편을 삼는다. 이 어찌 일승을 비방함이 아니겠는가."라고 하였다.

'일승을 비방한 죄'는 법화경에 구체적으로 밝히고 있으니, 그 사안이 적지 않다. 예컨대 增上慢·不信·不輕을 모두 부처의 말이라 하는 것은 곧 비방한 죄이다.】

第八 劫火燒盡喻

(8) 겁화에 모두 불타버리는 비유

經

復次佛子여 譬如三千大千世界劫火起時에 焚燒一切草木叢林과 乃至鐵圍大鐵圍山하야 皆悉熾然하야 無有

遺餘하나니
佛子여 假使有人이 手執乾草하야 投彼火中하면 於意云何오 得不燒不아
答言하사대 不也니이다.
佛子여 彼所投草는 容可不燒어니와 如來智慧는 分別三世一切衆生과 一切國土와 一切劫數와 一切諸法하야 無不知者니
若言不知인댄 無有是處니
何以故오
智慧平等하야 悉明達故니라
佛子여 是爲如來心第八相이니
諸菩薩摩訶薩이 應如是知니라

또한 불자여, 비유하면 삼천대천세계가 파멸될 때, 일어나는 큰불[劫火]이 모든 초목과 숲을 태우고, 철위산과 큰 철위산까지 모두 태워 남아 있는 게 없다.

불자여, 가령 어떤 사람이 손수 마른풀을 저 불구덩이에 던진다면 어떻게 생각하는가. 타지 않을 수 있을까?

대답하였다.

'아닙니다.'

불자여, 그 던진 풀은 간혹 타지 않을 수도 있겠지만, 여래의 지혜는 삼세의 일체중생, 일체 국토, 일체 겁, 일체 법을 분별하여 하나도 모르는 게 없다.

만약 모르는 게 있다고 말하면 그럴 리가 없다.

무엇 때문일까?

지혜는 평등하여 모두 분명하게 통달하였기 때문이다.

불자여, 이는 여래 마음의 여덟째 모양이다.

보살마하살은 이와 같이 알아야 한다.

● 疏 ●

劫火燒盡喩는 喩佛智無不盡知니 由此佛智는 更無所依니라

'겁화에 모두 불타버리는 비유'는 부처의 지혜가 모두 알지 못한 게 없음을 비유하였다. 이러한 연유로 부처의 지혜는 다시 의지한 바가 없다.

第九 劫風持壞喩

(9) 파괴하는 바람과 부지해 주는 바람의 비유

經

復次佛子여 譬如風災 壞世界時에 有大風起하니 名曰散壞라 能壞三千大千世界鐵圍山等하야 皆成碎末이어든 復有大風하니 名爲能障이라 周匝三千大千世界하야 障散壞風하야 不令得至餘方世界하나니 佛子여 若令無此能障大風이면 十方世界 無不壞盡인달

하야
如來應正等覺도 亦復如是하야 有大智風하니 名爲能滅이라
能滅一切諸大菩薩의 煩惱習氣어든
有大智風하니 名爲巧持라 巧持其根未熟菩薩하야 不令能滅大智風輪으로 斷其一切煩惱習氣하나니
佛子여 若無如來巧持智風이면 無量菩薩이 皆墮聲聞辟支佛地어니와 由此智故로 令諸菩薩로 超二乘地하야 安住如來究竟之位니라
佛子여 是爲如來心第九相이니
諸菩薩摩訶薩이 應如是知니라

또한 불자여, 비유하면 바람 재앙으로 세계를 무너뜨릴 적에 큰 바람이 일어난다. 그 이름을 '부숴버리는[散壞] 바람'이라고 한다. 삼천대천세계 철위산 등을 부숴 모두 가루로 만들어 버리는데, 또 다른 큰 바람이 있다. 그 이름을 '막아주는[能障] 바람'이라고 한다. 삼천대천세계를 두루 감싸면서 '부숴버리는 바람'을 막아주어 다른 세계에 이르지 못하게 하였다.

불자여, 만약 이 '막아주는 바람'이 없었더라면 시방세계가 모두 파괴되지 않은 곳이 없었을 것이다.

여래·응공·정등각 또한 그와 같다.

큰 지혜 바람이 있는데, 그 이름을 '아주 없애주는 지혜 바람'이라 한다. 일체 대보살의 번뇌와 습기를 없애주는 것이다.

또 다른 큰 지혜 바람이 있는데, 그 이름을 '잘 부지해 주는 지혜 바람'이라 한다. 근기가 성숙하지 못한 보살들을 잘 붙들어주어, '아주 없애주는 지혜 바람'으로 하여금 일체 번뇌와 습기를 끊지 못하게 하였다.

불자여, 만약 여래의 '잘 부지해 주는 지혜 바람'이 없었다면 한량없는 보살이 성문이나 벽지불 자리에 떨어지련만, 이 지혜로 말미암아 보살로 하여금 이승의 지위에서 벗어나 여래의 마지막 최고의 지위에 머물게 하였다.

불자여, 이는 여래 마음의 아홉째 모양이다.

보살마하살은 이와 같이 알아야 한다.

● 疏 ●

劫風持壤喩는 喩佛巧令留惑智니 非但能斷이라 亦復能留니 謂佛有斯巧하사 授與根未熟 未具萬行菩薩하야 令留潤生之惑하나니 由此留惑하야 惑方至盡에 得一切智니 不同二乘 不爲菩提오 心期速出이라 廣明留惑潤生은 具如別章하다

'파괴하는 바람과 부지해 주는 바람의 비유'는 부처의 '방편으로 미혹을 잘 남겨 두는 지혜'에 비유하였다. 잘 끊어줄 뿐만 아니라, 또한 잘 남겨 두기도 한다.

부처에게 이처럼 뛰어난 방편을 근기가 미숙하여 萬行을 두루 갖추지 못한 보살에게 전수하여, 그들로 하여금 '태어나게 만들어 주는, 愛·取 2가지 미혹[潤生之惑: 稱爲生起因]'을 남겨 두는 것이다.

이처럼 남겨준 미혹에 의하여, 미혹이 바야흐로 다함에 이르렀을 적에 一切智를 얻게 된다. 이승이 보리지혜를 얻고자 생각지 않고 속히 벗어나려는 마음의 다짐과는 다른 것이다.

'미혹을 남겨 두어 다시 태어나게 한다[留惑潤生].'는 점을 자세히 밝힌 것은 구체적으로 다른 장에서 말한 바와 같다.

第十塵含經卷喩

⑽ 티끌마다 대장경을 간직하고 있다는 비유

經

復次佛子여 如來智慧 無處不至니
何以故오
無一衆生도 而不具有如來智慧언마는

또한 불자여, 여래의 지혜는 이르지 못한 데가 없다.
무엇 때문일까?
어떤 한 중생도 여래의 지혜를 갖추지 않은 이가 없으련만,

● 疏 ●

塵含經卷喩는 喩佛性通平等智라
文中四니
謂法·喩·合·結이라

今은 初라 所以知佛智徧者는 無一衆生不有本覺하야 與佛體無殊故니라 以上言潛流는 則似佛智徧他衆生이어늘 今顯衆生自有일세 故云徧耳라

此有三意하니

一은 明無一衆生不有니 則知無性者는 非衆生數니 謂草木等이니 已過五性之見이라【鈔_ '則知無性'下는 反成上義니 卽涅槃經云 '除墻壁瓦石하곤 皆有佛性이라 故無佛性이면 則非衆生이니라 凡是有心일세 定當作佛이니 則無一不有니 以一切人이 皆有心故로 卽知言無佛性者는 則無心也라 無心이면 寧異瓦礫이오' 此는 是涅槃一性之宗일세 故云已過五性이라하니라】

'티끌마다 대장경을 간직하고 있다는 비유'는 '불성이 공통으로 평등한 지혜'에 비유하였다.

이의 경문은 4단락이다.

법, 비유, 종합, 결어이다.

이는 첫째, 법이다. 부처의 지혜가 두루 아는 바는 어느 중생이든 본각을 지니지 않은 바가 없어 부처의 본체와 다름이 없기 때문이다.

위에서 말한 '보이지 않게 흐른다.'는 것은 부처의 지혜가 다른 중생에게도 두루 존재함과 같은 것인데, 여기에서는 중생이 스스로 소유한 까닭에 '두루 안다.'고 말하였다.

여기에는 3가지 뜻이 있다.

(ㄱ) 어느 중생이든 지니지 않은 바가 없음을 밝혔다. 성품이 없는 자는 중생의 수효에 들지 못함을 알 수 있다. 이는 초목 등을 말한

다. 이미 5가지 성품에서 벗어난 것이다.【초_ '則知無性' 이하는 거꾸로 위의 뜻을 끝맺었다. 열반경에서 말하였다.

"담장의 벽과 기왓장, 돌멩이를 제외하곤 모두 불성이 있다. 따라서 불성이 없으면 중생이 아니다. 무릇 이런 마음이 있기에 반드시 부처가 될 수 있다. 그 어떤 이든 소유하지 않은 자가 없다. 일체 모든 사람이 모두 마음이 있기 때문에 불성이 없는 자는 마음이 없음을 알 수 있다. 마음이 없으면 어찌 기왓장, 돌멩이와 다르다 하겠는가."

이는 열반경의 一性論의 종지이기에 '이미 5가지 성품에서 벗어났다.'고 말한 것이다.】

二者는 衆生在纏之因에 已具出纏之果法일새 故云有如來智慧라 하니 非但有性이라 後方當成이며 亦非理先智後니 是知涅槃 對昔 方便하야 且說有性이어늘 後學이 尙謂談有藏無은 況聞等有果智코 誰當信者오【鈔_ '後學尙謂'者는 卽大乘法師 法華疏意니 彼云 '涅槃經言호되 一切衆生이 皆有佛性이라하니 總談皆有는 欲獎衆生 하야 實而明之니 亦有無者하니 藏在一切總有之中이라'
言通別類異者인댄 通相은 皆有로되 別揀有無니 無有不同로되 不應 一類라
'況聞衆生'者는 卽具今宗이니 結成難信하야 勸令信耳니라】

(ㄴ) 중생의 속박에 있게 된 원인에는 벌써 속박에서 벗어날 수 있는 결과의 법을 갖추고 있다. 따라서 '여래의 지혜가 있다.'고 말하였다. 불성이 있을 뿐 아니라, 뒤에 바야흐로 당연히 성불할 수 있고, 또한 이치가 먼저이고 지혜가 뒤가 아니다. 여기에서 알아야 할 것

은, 열반경에서는 예전의 방편을 상대로 불성이 있다고 말했거늘, 후학은 오히려 有만을 말하고 無는 숨겼다고 말하는데, 하물며 평등하게 소유한 果智를 듣고서 누가 이 말을 믿을 이가 있겠는가. 【초_ '後學尙謂'란 대승법사의 법화경 疏에서 말한 뜻이다.

대승법사가 말하였다.

"열반경에 이르기를, '일체중생이 모두 불성이 있다.'고 한다. 일체 모두 있다고 말한 것은 중생을 권장하여 실로 밝히고자 함이다. 또한 불성이 없는 자가 있다. 일체 모두 있다고 말한 가운데 간직되어 있다."

通相과 別相의 차이로 말하면 통상으로는 모두 있다 말하고, 별상으로는 있고 없는 차이를 구분하였다. 똑같지 않은 바가 없지만, 당연히 하나의 유가 아니다.

'況聞衆生'이란 여기에서 말한 종지를 갖추고 있다. 이처럼 믿기 어렵다는 점으로 끝맺으면서 권면하여 믿도록 하였다.】

三은 彼因中之果智 卽他佛之果智니 以圓敎宗은 自他因果 無二體故니라 不爾면 此說衆生有果에 何名說佛智耶아 斯則玄又玄矣니 非華嚴宗이면 無有斯理니라

㈐ 그 원인 속의 果智가 곧 다른 부처의 果智이다. 圓敎의 종지는 나와 남의 인과가 둘의 자체가 없기 때문이다. 그렇지 않으면 이는 중생의 결과를 말하는데 어찌하여 부처의 지혜를 말한다고 하는가. 이는 현묘하고 또 현묘하다. 화엄종지가 아니고서는 이런 이치가 없다.

但以妄想顚倒執著으로 **而不證得**하나니
若離妄想하면 **一切智**와 **自然智**와 **無礙智** **則得現前**하리라

다만 망상과 전도와 집착으로써 이를 증득하지 못하는 것이다.
만약 허망한 생각을 여의면 일체 지혜, 절로 생기는 지혜, 걸림 없는 지혜가 앞에 나타나게 될 것이다.

● 疏 ●

次는 釋疑니 疑云涅槃云'佛性者는 名爲智慧라하니 有智慧時에 則無煩惱니 今得佛智면 那作衆生이리오

釋中에 先은 順答前義니 謂倒故不證이언정 豈得言無리오 如壯士 迷於額珠나 豈謂膚中無寶리오【鈔_ '如壯士'者는 卽涅槃第八 如來性品이니 北經은 第七이라 '佛告迦葉하사되 善男子여 譬如王家 有大力士하니 其人이 眉間에 有金剛珠하니 與餘力士로 捔力相撲할새 而彼力士 以頭抵觸이면 其額上珠 尋沒膚中이라 都不覺知是 珠所在오 其處有瘡이어늘 卽命良醫하야 欲自療治라하니라

時有明醫하니 善知方藥이라 卽知是瘡이 因珠入皮하고 卽便停住하다 是時에 良醫 尋問力士호되 汝額上珠는 爲何所在오 力士 驚答호되 大師醫王이여 我額上珠 乃無去耶아 是珠는 今者에 爲何所在오 將非幻化아 憂愁啼哭이어늘 是時에 良醫 慰喩力士호되 汝今不應 生大愁惱하라 汝因鬪時에 瞋恚毒盛하야 珠陷入體라 故不自知니라 是時에 力士 不信醫言하고 若在皮裏인댄 膿血不淨이 何緣不出고

若在筋裏인댄 不應可見이어늘 汝今云何欺誑於我오 時에 醫執鏡하야 以照其面하니 珠在鏡中하야 明了顯現하니 力士 見已에 心懷驚怪하야 生奇特想하다'

上具經文하고 下合文廣이어늘 以意引之니 謂以良醫로 喩之善友하고 煩惱로 爲皮膚하고 佛性으로 爲寶珠라 不知爲失이오 惑盡乃得은 證知了了홈이 如彼力士 於明鏡中 見其寶珠니라】

다음은 의문을 해석하였다.

의심하여 다음과 같이 말하였다.

"열반경에서 '불성이란 그 이름을 지혜라 한다.'고 말하였다. 지혜가 있을 때는 번뇌가 없다. 여기에서 부처의 지혜를 얻었다면 어떻게 중생이라 말하겠는가."

해석 부분의 앞은 앞서 말한 뜻을 차례대로 답하였다. 전도망상 때문에 불성의 지혜를 증득하지 못할 뿐이지, 어떻게 없다고 말할 수 있겠는가. 마치 어느 장사가 이마 위의 구슬이 어디에 있는 줄을 알지 못한다 할지라도 어떻게 나의 피부 속에 보배가 없다고 말할 수 있겠는가.【초_ '如壯士'의 고사는 열반경 제8 여래성품에서 인용한 부분이다. 北經은 제7이다.

"부처님이 가섭에게 말씀하셨다.

선남자여, 비유하면 그 어느 왕가에 힘이 센 장사가 있었다. 그 장사의 눈썹 사이에 金剛珠가 있는데, 다른 장사와 힘을 겨루면서 서로 맞부딪칠 적에 다른 장사가 머리로 박치기를 하면 그 눈썹 사이의 금강주가 곧 그의 살 속으로 박혀버렸다.

금강주가 어느 곳에 있는 줄을 알지 못하고, 그곳에 상처가 생기자, 훌륭한 의원을 명하여 치료하고자 하였다.

그 당시 명철한 의원이 방약을 잘 알았다. 그는 곧바로 금강주가 피부 속으로 들어가면서 생겨난 상처임을 알았다. 더 이상 들어가지 못하도록 하였다.

그때, 의원이 장사에게 물었다.

'그대 이마 위의 금강주는 어디에 있는가?'

장사는 깜짝 놀라며 대답하였다.

'위대한 의원이시여,

내 이마 위의 금강주가 어디로 가버린 것이 아닙니까?

금강주는 지금 어디에 있습니까?

또한 요술이 아닙니까?'

장사는 걱정근심으로 통곡하였다.

그때, 의원이 장사를 달랬다.

'그대는 이제 너무 걱정하지 말라. 그대가 힘을 겨룰 적에 노여움의 독기가 치성하여 금강주가 몸속으로 들어갔는데, 그대가 모르고 있는 것이다.'

그때, 장사는 의원의 말을 믿지 않고서 말하였다.

'만약 피부 속에 있다면 더러운 피고름이 무엇 때문에 흐르지 않은 것입니까?

만약 근육 속에 있다면 볼 수 없는데, 그대는 어찌하여 저를 속이는 것입니까?'

그때, 의원이 거울을 들고서 그의 얼굴을 비춰주자, 금강주는 거울 속에 또렷하게 보였다. 장사는 이를 보고서 놀란 마음에 기특하다는 생각을 하였다."

위에 경문을 잘 갖추고 있고, 아래로는 자세한 경문과 부합하는데, 뜻을 간추려 이를 인용한 것이다.

훌륭한 의원으로 선지식을 비유하고,

번뇌로 피부를 삼고,

불성으로 금강주를 삼았다.

잃은 줄을 알지 못하다가 의혹이 다하여 다시 찾게 된 것은 증득한 지혜의 분명함이 마치 저 장사가 거울 속에서 금강주를 발견한 것과 같다.】

後'若離'下는 反以理成이니 謂若先無면 離倒寧有리오 旣離倒則現이니 明本不無니 如貧得珠에 非今授與니라 是以로 涅槃에 恐不修行일새 故云言定有者인댄 則爲執著이오 恐不信有일새 故云若言定無인댄 則爲妄語이니 乍可執著이언정 不可妄語니라 自然智는 自覺聖智也오 無礙智者는 始本無二하야 絶二礙也니라【鈔_ 如貧得珠者 卽法華第四 五百弟子授記品에 說繫珠喩하야 領解得記니라

'是以涅槃'下는 以涅槃經으로 結成上義라 執著은 過輕이니 乍可言有어니와 妄語는 過重이니 不可言無오 況無著而知를 更須有矣니라 '始本無二'者는 此有二意하니 一은 則衆生 本有佛智니 是則本覺이 不礙始覺니 如是而證을 名無礙智오 二者는 斷障顯了니 則無

329

煩惱·所知二礙니라】

뒤의 '若離' 이하는 거꾸로 이치로써 끝맺었다.

만약 이전에 불성의 지혜가 없었다면 전도망상을 여읜들 어떻게 불성의 지혜가 있을 수 있겠는가. 이미 전도망상을 여의고 나면 곧바로 나타나게 된다. 본래 없었던 게 아님을 밝혔다. 마치 가난한 사람이 구슬을 얻은 것은 지금 막 건네준 것이 아님과 같다.

이 때문에 열반경에서는 수행하지 않을까 두려운 마음에 "반드시 있다고 말하면 곧 집착이다."고 하며, 있다는 사실을 믿지 않을까 두려운 마음에 "반드시 없다고 말하면 곧 허튼소리이다."고 하였다. 잠깐 집착할지언정 허튼소리를 지껄여서는 안 된다.

'절로 생기는 지혜'는 '스승 없이 스스로 깨달아 얻은 지혜[自覺聖智]'이며,

'걸림 없는 지혜'는 본시 둘이 없어 번뇌장과 소지장이 끊어짐이다.【초_ "가난한 사람이 구슬을 얻은 것과 같다."는 것은 법화경 제4 오백제자수기품에서 구슬을 제 몸에 지니고 있으면서 모른다는 비유를 말하여, 이를 알고서 授記를 얻게 하였다.

'是以涅槃' 이하는 열반경으로 위에서 말한 뜻을 끝맺었다.

집착이야 가벼운 잘못이니만큼 잠시 있을 수 있다고 말하지만, 허튼소리는 큰 잘못이다. 그런 잘못 자체가 없어야 한다고까지 말할 수 없다. 이는 집착 없이 아는 것을 다시 반드시 있어야 함을 비유한 것이다.

'始本無二'는 여기에 2가지 뜻이 있다.

    ① 중생은 본래 부처의 지혜를 지녔다. 이는 本覺이 始覺에 걸림이 없다. 이와 같이 증득한 것을 '걸림 없는 지혜'라고 말한다.
    ② 장애를 끊고서 분명히 앎을 밝힌 것이다. 번뇌장과 소지장이 없다.】

經

佛子여 譬如有大經卷이 量等三千大千世界하야 書寫三千大千世界中事하야 一切皆盡하나니
所謂書寫大鐵圍山中事에 量等大鐵圍山하며
書寫大地中事에 量等大地하며
書寫中千世界中事에 量等中千世界하며
書寫小千世界中事에 量等小千世界하며
如是若四天下와 若大海와 若須彌山과 若地天宮殿과 若欲界空居天宮殿과 若色界宮殿과 若無色界宮殿을 一一書寫에 其量悉等이라
此大經卷이 雖復量等大千世界나 而全住在一微塵中이니 如一微塵하야 一切微塵도 皆亦如是어든 時有一人이 智慧明達하야 具足成就淸淨天眼하야 見此經卷이 在微塵內하야 於諸衆生에 無少利益하고 卽作是念호대 我當以精進力으로 破彼微塵하고 出此經卷하야 令得饒益一切衆生이라하야 作是念已에 卽起方便하야 破彼微塵하고 出此經卷하야 令諸衆生으로 普得饒益하나니 如於一

塵하야 一切微塵도 應知悉然인달하야

불자여, 비유하면 큰 경책의 분량이 삼천대천세계와 같아서 삼천대천세계의 일들을 죄다 썼다.

이른바 큰 철위산에서 일어난 일들을 썼던 분량이 큰 철위산만 하고,

대지에서 일어난 일들을 썼던 분량이 대지만 하며,

중천세계에서 일어난 일들을 썼던 분량이 중천세계만 하고,

소천세계에서 일어난 일들을 썼던 분량이 소천세계만 하며,

이처럼 사천하, 큰 바다, 수미산, 땅에 있는 하늘 궁전, 욕계의 허공에 있는 하늘 궁전, 색계의 궁전, 무색계의 궁전에서 일어난 일들을 하나하나 쓴 그 분량이 모두 그와 같았다.

이 큰 경책의 분량이 비록 대천세계와 같지만, 전체가 하나의 미세한 티끌 속에 있으며, 하나의 미세한 티끌 속에 있는 것처럼 일체 미세한 티끌 역시 그와 같았다.

그때, 어떤 지혜가 밝은 사람이 청정한 천안을 두루 성취하여, 이 경책이 미세한 티끌 속에 있으면서도 모든 중생에게 이익을 주지 못함을 보고서 이런 생각을 하였다.

'내가 마땅히 정진의 힘으로 저 미세한 티끌을 깨뜨리어 이 경책을 들춰내어 일체중생에게 이익을 주리라.'

이처럼 생각하고서 곧바로 방편을 일으켜 미세한 티끌을 깨뜨리어 이 경책을 꺼내어 일체중생으로 하여금 널리 이익을 얻게 하였다.

하나의 미세한 티끌에서 했던 것처럼 일체 미세한 티끌에서도 모두 그렇게 하였다.

● 疏 ●

第二喩中 二니

先은 明大經潛塵이니 以喩上文妄纏佛智라 '大經卷'者는 佛智無涯하야 性德圓滿也라 '書各稱境'者는 智如理故니라 '潛一塵'者는 畧有三義니 一은 妄覆眞故오 二는 小含大故오 三은 一具多故니라 '一切塵'者는 無一衆生不具佛智故니라

後'時有一人'下는 出經益物이니 喩上離妄現前이라

둘째, 비유 부분은 2단락이다.

㈀ 큰 경책이 미세한 티끌 속에 묻혀 있음을 밝혔다. 위의 경문에서 말한 전도망상으로 부처의 지혜를 속박함을 비유하였다.

大經卷이란 부처의 지혜가 끝이 없어 체성의 공덕이 원만함이다.

그 일을 쓴 분량이 각각 그 경계만큼씩 된 것은 지혜가 이치와 같기 때문이다.

하나의 미세한 티끌 속에 묻혀 있다는 것은 간추리면 3가지 뜻이 있다.

① 전도망상이 진여를 뒤덮기 때문이며,

② 작은 것이 큰 것을 포괄하기 때문이며,

③ 하나가 많은 것을 갖추고 있기 때문이다.

一切塵이란 어느 한 중생도 부처의 지혜를 갖추지 않음이 없기 때문이다.

㈏ '時有一人' 이하는 경책을 끄집어내어 중생에게 이익을 줌이다. 위의 '전도망상을 여읨에 따라 부처의 지혜가 앞에 나타남'을 비유하였다.

經

佛子여 如來智慧도 亦復如是하야 無量無礙하야 普能利益一切衆生하사 具足在於衆生身中이언마는 但諸凡愚妄想執著으로 不知不覺하야 不得利益이어든
爾時 如來 以無障礙淸淨智眼으로 普觀法界一切衆生하고 而作是言하사대 奇哉奇哉라 此諸衆生이 云何具有如來智慧언마는 愚癡迷惑하야 不知不見고 我當敎以聖道하야 令其永離妄想執著하고 自於身中에 得見如來廣大智慧 與佛無異케호리라하사
卽敎彼衆生하야 修習聖道하야 令離妄想하고 離妄想已에 證得如來無量智慧하야 利益安樂一切衆生이니라
佛子여 是爲如來心第十相이니
諸菩薩摩訶薩이 應如是知니라

불자여, 여래의 지혜 또한 그와 같다.

한량없고 걸림이 없어서 일체중생에게 두루 이익을 베풀어 중생의 몸속에 두루 갖추고 있지만, 어리석은 이는 망상과 집착으로

써 알지 못하고 깨닫지 못하여 이익을 얻지 못하였다.

그때, 여래께서 장애 없는 청정한 지혜의 눈으로 법계의 일체 중생을 두루 관찰하고 이렇게 말하였다.

'이상하고, 이상하다. 이 모든 중생이 여래의 지혜를 갖추고 있으련만 어째서 어리석고 미혹하여 알지도 못하고 보지도 못하는 것일까?

나는 성인의 도로써 그들을 가르쳐 망상과 집착을 영원히 여의고 자기의 몸속에서 여래의 광대한 지혜가 부처와 다름이 없음을 보게 하리라.'

곧바로 저 중생을 가르쳐 성인의 도를 닦아서 망상을 여의게 하고, 망상을 여의고서 여래의 한량없는 지혜를 증득케 하여 일체 중생에게 이익과 안락을 베풀었다.

불자여, 이는 여래 마음의 열째 모양이다.

보살마하살은 이와 같이 알아야 한다.

◉ 疏 ◉

第三合中에 亦二니

先은 合大經潛塵이니 無量無礙普能利益은 合上書寫多事오 衆生身及妄想은 俱合上塵이라

後'爾時如來'下는 合出經益物이니 如來는 合上一人이오 智眼은 合上天眼이니 是知不信衆生도 等有佛智로되 智眼未開니 復何可怪아

然如來藏等經에 說有九喩하니 喩如來藏이니 謂如靑蓮華 在泥水中하야 未出泥水에 人無貴者오

又如貧女而懷聖胎오

如大價寶 垢衣所纏오

如摩尼珠 落在深厠이오

如眞金像 弊衣所覆오

如菴羅樹 華實未成이오

亦如稻米 在糠糩中이오

如金在鑛이오

如像在模니

皆是塵中有佛身義니 與此大同也라

　　셋째, 종합 부분 또한 2단락이다.

　㈀ 큰 경책이 미세한 티끌 속에 묻혀 있음에 종합하였다.

　'한량없고 걸림이 없이 널리 이익을 베푸는 것'은 위의 수많은 일들을 쓴 데에 종합하였고,

　중생의 몸 및 망상은 모두 위의 미세한 티끌에 종합하였다.

　㈁ '爾時如來' 이하는 경책을 끄집어내어 중생에게 이익을 줌에 종합하였다.

　여래는 위에서 말한 '한 사람'에 종합하였고,

　'지혜의 눈'은 위에서 말한 '天眼'에 종합하였다. 여기에서 알아야 할 것은 믿지 않은 중생이라도 부처의 지혜를 똑같이 지니고 있지만 지혜의 눈이 열리지 못하였기 때문이다. 또한 이를 어찌 이

상하게 생각할 수 있겠는가.

그러나 여래장등경에서 말한 데에는 9가지의 비유로 여래장을 비유하였다.

푸른 연화가 흙탕물 속에 있으면서 흙탕물 속에서 벗어나지 않음에 따라서 귀중히 여기는 자가 없는 것과 같으며,

또한 가난한 여인이 聖胎를 품은 것과 같으며,

고가의 보배를 더러운 옷에 달고 있는 것과 같으며,

마니주가 변소에 떨어짐과 같으며,

진금의 상이 떨어진 옷에 덮여 있음과 같으며,

암라수의 열매가 익지 않음과 같으며,

또한 하얀 쌀이 쌀겨 속에 있음과 같으며,

황금이 광석 속에 있음과 같으며,

형상이 틀 속에 있음과 같다.

이는 모두 티끌 속에 부처의 몸이라는 뜻이다. 이와 크게는 같다.

大文第三 總結上來十喩

3) 10가지 비유를 총체로 끝맺다

經

佛子여 菩薩摩訶薩이 應以如是等無量無礙不可思議廣大相으로 知如來應正等覺心이니라

337

불자여, 보살마하살은 이처럼 한량없고 걸림 없고 불가사의한 관대한 모양으로써 여래·응공·정등각의 마음을 알아야 한다."

● 疏 ●

初는 總明無依爲依오 二는 能出生이오 三은 能潛徧이오 四는 橫具四智오 五는 豎具四能이오 六은 體廣包含이오 七은 用無終竟이오 八은 知無不盡이오 九는 巧能攝持오 十은 處處具足이니 前九는 直語佛智하고 後一은 乃融自他라
此十圓融으로 畧顯佛智之相하야 寄顯如來之心이나 未盡佛心一毫라 故應更以無量無礙等知也라【鈔 '後總結'者는 疏文有二니 先은 結上十門하야 以成未盡이라 故應更下는 正釋經文이라 由經云 '如是等無量相知'니 如是는 指前이오 等은 卽等後니 更明別義라 此結有四니 一은 無量이오 二는 無礙오 三은 不可思오 四는 廣大니 竝徧上十과 及所不說이라】

(1) 의지함이 없는 것으로 의지 삼음을 총괄하여 밝혔고,

(2) 낳아주는 주체이며,

(3) 보이지 않게 두루 존재하는 주체이며,

(4) 4가지 지혜를 횡으로 갖췄으며,

(5) 4가지 능력을 종으로 갖췄으며,

(6) 본체가 광대하게 포함함이며,

(7) 작용이 끝이 없음이며,

(8) 아는 것이 다하지 않음이 없으며,

⑼ 잘 받아들여 부지함이며,

⑽ 모든 곳에 두루 넉넉함이다.

앞의 9가지는 바로 부처의 지혜를 말하였고, 뒤의 하나는 나와 남이 모두 원융함이다.

이 10가지 원융함으로 부처 지혜의 양상을 간단하게 밝히면서, 여래의 마음을 여기에 붙여 밝혔으나, 佛心의 터럭 하나마저도 다하지 못한 까닭에 다시 한량없고 걸림 없는 등으로 부처의 마음을 알아야 한다.【초_ '後總結'이란 청량소에서 말한 뜻은 2가지이다.

앞은 위 10가지 법문을 끝맺으면서도 미진함이 있기에 '應更' 이하는 바로 경문을 해석하였다.

경문에 이르기를, "이처럼 등등의 한량없는 양상을 알아야 한다."고 말함을 연유한 까닭이다.

'이처럼[如是]'은 앞의 경문을 말하고, '等'은 곧 등의 뒤 문장으로, 개별의 의의를 다시 밝히고 있다.

이의 결어에는 4가지가 있다.

① 한량없음이며,

② 걸림이 없음이며,

③ 불가사의함이며,

④ 광대함이다. 아울러 위의 10가지 법문 및 말하지 못한 부분까지 두루 말함이다.】

第二偈頌

2. 보현보살의 게송

經

爾時에 **普賢菩薩摩訶薩**이 **欲重明此義**하사 **而說頌言**하사대

그때, 보현보살마하살이 이 뜻을 거듭 밝히고자 게송으로 말하였다.

欲知諸佛心인댄   **當觀佛智慧**니

부처님의 마음을 알고자 하면
부처의 지혜 자세히 보라

⦁ 疏 ⦁

二十二偈는 分二니 初 兩句는 約法總顯이라

22수 게송은 2단락으로 나뉜다.
첫 2구는 법을 들어 총체로 밝혔다.

經

佛智無依處하야   **如空無所依**로다

부처의 지혜 의지처 없어

허공처럼 의지 없어라

衆生種種樂과　　　　　　　**及諸方便智**
皆依佛智慧호대　　　　　　**佛智無依止**로다

　　중생의 갖가지 즐거움
　　그 밖의 모든 방편 지혜
　　모두 부처의 지혜 의지하지만
　　부처의 지혜 의지 없어라

◉ 疏 ◉

餘는 頌上喩라
於中에 初喩는 一偈半이오 後一은 四偈오 餘八은 各二偈니 並顯可
知니라

　　나머지 게송은 위의 10가지 비유를 읊었다.
　　그 가운데 '一 虛空無依爲依喩'는 1수 반의 게송이며,
　　맨 끝의 '十 塵含經卷喩'는 4수 게송이며,
　　나머지 8가지 비유는 각각 2수 게송이다.
　　모두 뚜렷하기에 이는 말하지 않아도 알 수 있다.

經

聲聞與獨覺과　　　　　　　**及諸佛解脫**이
皆依於法界호대　　　　　　**法界無增減**이니

성문과 독각
여러 부처님의 해탈이
모두 법계를 의지하지만
법계는 늘어나거나 줄어듦 없어라

佛智亦如是하야　　　　**出生一切智**호대
無增亦無減하며　　　　**無生亦無盡**이로다

부처의 지혜도 그와 같아
일체 지혜 내지만
더함도 없고 덜함도 없고
나지도 않고 다함도 없어라

如水潛流地에　　　　**求之無不得**하나니
無念亦無盡하야　　　　**功力徧十方**인달하야

그윽이 땅속 흐르는 물
찾아도 찾을 수 없다
생각도 없고 다함도 없지만
공덕의 힘이 시방에 두루 미치듯이

佛智亦如是하야　　　　**普在衆生心**하니
若有勤修行이면　　　　**疾得智光明**이로다

부처의 지혜 그와 같아

중생 마음에 두루 있어라
부지런히 수행하면
지혜 광명 빨리 얻으리

如龍有四珠하야　　　　　出生一切寶호대
置之深密處라　　　　　　凡人莫能見인달하야

　용의 네 알의 여의주
　일체 보배 내어주지만
　깊숙한 비밀스러운 곳에 있어서
　보통 사람 보지 못하듯이

佛四智亦然하야　　　　　出生一切智호대
餘人莫能見이오　　　　　唯除大菩薩이로다

　부처 네 지혜 그와 같아
　일체 지혜 내어주지만
　다른 사람은 보지 못하는데
　대보살만은 예외여라

如海有四寶하야　　　　　能飮一切水일세
令海不流溢하며　　　　　亦復無增減인달하야

　바다에 네 알의 보배 있어
　일체 물을 빨아들이기에

바닷물 넘치지 않고
늘거나 줄어드는 일 없듯이

如來智亦爾하야　　息浪除法愛하며
廣大無有邊하야　　能生佛菩薩이로다
　　부처의 지혜 그와 같아
　　물결 고요하고 법집 애착 없애주며
　　넓고도 커서 그지없어
　　부처와 보살 내어주어라

下方至有頂히　　欲色無色界
一切依虛空호대　　虛空不分別이니
　　아래로부터 유정천
　　욕계, 색계, 무색계까지
　　모두 허공 의지하지만
　　허공은 분별없듯이

聲聞與獨覺과　　菩薩衆智慧
皆依於佛智호대　　佛智無分別이로다
　　성문과 독각
　　보살 대중의 지혜
　　모두 부처의 지혜 의지하지만

부처의 지혜 분별없어라

雪山有藥王하니   **名爲無盡根**이라
能生一切樹의   **根莖葉華實**하나니

    설산의 약나무 이름
    '그지없는 뿌리의 약나무'
    모든 나무의 뿌리와 줄기
    잎과 꽃과 열매 내주듯이

佛智亦如是하야   **如來種中生**이라
旣得菩提已에   **復生菩薩行**이로다

    부처의 지혜 그와 같아
    여래의 종성 속에서 나와라
    보리를 얻은 후에
    다시 보살행을 내어라

如人把乾草하야   **置之於劫燒**에
金剛猶洞然이어든   **此無不燒理**니

    마른풀을 들어
    겁화의 불길 속에 던지면
    금강석도 활활 타는데
    이 풀이 타지 않을 리 없듯이

三世劫與刹과   及其中衆生이여
彼草容不燒어니와   此佛無不知로다

    삼세의 겁과 모든 세계
    그 속에 있는 중생이여
    저 풀은 안 탈 수 있을지라도
    부처의 지혜는 모르는 게 없어라

有風名散壞라   能壞於大千하나니
若無別風止면   壞及無量界니

    큰 바람 그 이름 '부숴버리는 바람'
    대천세계 가루로 만드는데
    '막아주는 바람'이 없었더라면
    모든 세계 부서졌듯이

大智風亦爾하야   滅諸菩薩惑이어든
別有善巧風하야   令住如來地로다

    큰 지혜 바람 그와 같아
    모든 보살의 의혹 없애줄 적에
    교묘한 바람 따로 있어
    여래 지위에 머물게 하여라

如有大經卷이   量等三千界호대

在於一塵內하며　　　　一切塵悉然이어든
　　크나큰 경책
　　삼천세계 분량 같지만
　　하나의 티끌 속에 있고
　　일체 티끌 모두 그러한데

有一聰慧人이　　　　　淨眼悉明見하고
破塵出經卷하야　　　　普饒益衆生인달하야
　　어떤 총명한 사람이
　　밝은 눈으로 분명히 보고
　　티끌 쪼개고 경책을 들어내어
　　중생 널리 이익 주듯이

佛智亦如是하야　　　　徧在衆生心호대
妄想之所纏으로　　　　不覺亦不知일세
　　부처의 지혜 그와 같아
　　중생 마음에 두루 있지만
　　망상에 얽힌 바로
　　알지 못하고 깨닫지 못하기에

諸佛大慈悲로　　　　　令其除妄想하사
如是乃出現하사　　　　饒益諸菩薩이로다

여러 부처님 크신 자비로

그 망상 없애주나니

이처럼 없애야 지혜가 나타나

모든 보살 이익되리라

◉ 疏 ◉

第四答如來出現意業 竟하다

  제4. 여래가 나타낸 의업에 관한 대답을 끝마치다.

여래출현품 제37-2 如來出現品 第三十七之二

화엄경소론찬요 제87권 華嚴經疏論纂要 卷第八十七

화엄경소론찬요 제88권
華嚴經疏論纂要 卷第八十八

◉

여래출현품 제37-3
如來出現品 第三十七之三

第五明出現境界

正顯分齊之境이오 兼辨所緣之境이라

依初義者인댄 前約智以顯心이오 此正明智用分齊며 依後義者인댄 前明能知오 今辨所緣이라 由所緣無邊故로 顯分齊難思오 由分齊難思故로 方窮所緣之境이니 二義相成이 如函蓋相稱이라

文中에 長行은 分三이니 謂標·釋·結이라

제5. 여래가 나타낸 경계

바로 출현 부분의 경계를 밝혔고, 겸하여 반연 대상의 경계를 논변하였다.

첫 '출현 부분의 경계' 의의를 따르면, 앞에서는 지혜를 들어 마음을 밝혔고, 여기에서는 바로 지혜 작용의 한계를 밝혔으며,

뒤의 '반연 대상의 경계'를 따르면, 앞에서는 앎의 주체를 밝혔고, 여기에서는 반연의 대상을 논변하였다. 반연 대상이 끝이 없기에 그 한계는 불가사의하며, 그 한계가 불가사의한 까닭에 바야흐로 반연 대상의 경계를 끝까지 다하였다.

앞뒤 2가지 의의가 서로 형성됨이 마치 함과 뚜껑이 꼭 들어맞는 것과 같다.

1. 경문의 산문 부분은 3단락이다.

표장, 해석, 결어이다.

1) 표장이다.

佛子여 **菩薩摩訶薩**이 **應云何知如來應正等覺境界**오

"불자여, 보살마하살이 어떻게 여래·응공·정등각의 경계를 알아야 하는가?

釋中二니 先法 後喩라
法中亦二니 先은 廣取所緣하야 顯分齊境이오 後는 近取諸心하야 以況佛境이라
今은 初라

2) 해석 부분은 2단락이다.
⑴ 법이고,
⑵ 비유이다.
'⑴ 법의 부분' 또한 2단락이다.
㈀ 반연 대상을 널리 취하여 한계의 경계를 밝혔고,
㈁ 모든 마음을 가까이 취하여 이로써 부처의 경계를 비유하였다.
이는 '㈀ 반연 대상' 부분이다.

佛子여 **菩薩摩訶薩**이 **以無障無礙智慧**로
知一切世間境界 是如來境界하며

知一切三世境界와 一切刹境界와 一切法境界와 一切衆生境界와 眞如無差別境界와 法界無障礙境界와 實際無邊際境界와 虛空無分量境界와 無境界境界 是如來境界하나니

佛子여 如一切世間境界無量하야 如來境界도 亦無量하며 如一切三世境界無量하야 如來境界도 亦無量하며 乃至如無境界境界無量하야 如來境界도 亦無量하며 如無境界境界 一切處無有하야 如來境界도 亦如是一切處無有니라

불자여, 보살마하살은 막힘이 없고 걸림이 없는 지혜로써

일체 세간의 경계가 여래의 경계임을 알며,

일체 삼세의 경계, 일체 세계의 경계, 일체 법의 경계, 일체중생의 경계, 진여의 차별 없는 경계, 법계의 걸림 없는 경계, 실제의 그지없는 경계, 허공의 분량 없는 경계, 경계 없는 경계가 여래의 경계임을 알아야 한다.

불자여, 일체 세간의 경계가 한량없는 것처럼 여래의 경계 또한 한량이 없으며,

일체 삼세의 경계가 한량없는 것처럼 여래의 경계 또한 한량이 없으며,

내지 경계 없는 경계가 한량없는 것처럼 여래의 경계 또한 한량이 없으며,

경계 없는 경계가 일체 모든 곳에 있지 않는 것처럼 여래의 경

계 또한 그와 같이 일체 모든 곳에 있는 게 아니다.

● 疏 ●

文二니 先은 列所緣無邊이오 後는 顯分齊無量이라

今初에 先令以無障礙智爲能知者는 非此면 不能量佛境故며 後는 正顯所緣이라

文有十句니

一은 通擧所化오 二는 化時오 三은 化處오 四는 化法이오 五는 所化人이오 六·七·八 三은 皆明所證이니 於中眞如는 語其體常一味일세 故云無差別이오 法界는 生法所依일세 故云無礙오 實際는 是窮事至實일세 故云無邊이오 九는 化處分齊오 後一은 徧通이라

若約二諦境인댄 前五는 爲俗이오 次三은 爲眞이오 九는 通眞俗이니 事空·理空이 俱是空故오 後一은 雙非니 顯前九境이 卽同無故니라

若約三諦인댄 空卽是眞이니 三眞爲中道오

若以五界로 攝之인댄 初三은 是世界無量이오 四는 卽調伏과 及調伏加行界오 五는 卽衆生이오 次三은 卽法界오 餘二는 雙非라

二'佛子如一切'下는 顯分齊無量中에 先은 約十境하야 以顯分齊니 境智相稱일세 故皆無量이오 後는 約無境하야 顯其非有니 乃至眞如도 皆不可得故니라 是以로 諸境 雲興이로되 而常寂也니 如無旣爾인댄 如眞如等 無變易等도 亦然이라

경문은 2단락이다.

앞에서는 반연 대상의 그지없음을 나열하였고,

뒤에서는 한계가 한량없음을 밝혔다.

앞에서는 먼저 막힘과 걸림이 없는 지혜로써 앎의 주체를 삼은 것은 이런 지혜가 아니고서는 부처의 경계를 헤아릴 수 없기 때문이며,

뒤에서는 바로 반연 대상을 밝혔다.

경문은 10구이다.

제1구 一切世間境界는 교화 대상을 모두 들어 말하였고,

제2구 一切三世境界는 교화의 시간이며,

제3구 一切刹境界는 교화의 공간이며,

제4구 一切法境界는 교화의 방법이며,

제5구 一切衆生境界는 교화 대상의 사람이며,

제6, 제7, 제8 3구[眞如無差別境界, 法界無障礙境界, 實際無邊際境界]는 증득 대상을 밝혔다.

그 가운데 진여는 그 본체가 언제나 하나임을 말하기에 '차별이 없다.'고 하며,

법계는 중생과 법의 의지 대상이기에 '장애가 없다.'고 하며,

실제는 현상의 일들을 다하여 실상에 이른 까닭에 '그지없다.'고 말하였다.

제9구 虛空無分量境界는 교화 처소의 한계이며,

제10구 無境界境界는 두루 통함이다.

만약 眞諦와 俗諦의 경계로 말하면, 앞의 5구는 속제이고, 다음 3구는 진제이며, 제9구는 진제와 속제에 모두 통하니, 事空과

355

理空이 모두 공이기 때문이며, 제10구는 진제도 속제도 모두 아니다. 앞의 9가지 경계가 無와 같음을 밝혔기 때문이다.

만약 三諦로 말하면, 空은 곧 진제이니, 3구의 진제는 中道이다.

만약 五界로 포괄하여 말하면, 앞의 3구는 세계의 無量이고, 제4구는 조복 및 調伏加行位의 경계이며, 제5구는 중생의 경계이고, 다음 3구는 법계이며, 나머지 2구는 모두 아니다.

뒤의 '佛子如一切' 이하, '한계가 한량없음을 밝힌' 부분 가운데 앞은 10가지 경계를 들어 그 한계를 밝혔다. 경계와 지혜가 서로 걸맞기에 모두 한량이 없다.

뒤는 경계가 없는 것을 들어서 그 경계가 있는 게 아님을 밝혔다. 진여까지도 모두 얻을 수 없기 때문이다. 이 때문에 모든 경계가 구름처럼 피어나지만 항상 고요하다. 만약 無가 이미 그렇다면 예컨대 진여 등의 변역이 없다는 것 또한 그와 같다.

──

第二는 近取諸心하야 以況佛境이라

㈃ 모든 마음을 가까이 취하여 이로써 부처의 경계를 비유하였다.

經

佛子여 菩薩摩訶薩이 應知心境界 是如來境界니 如心境界의 無量無邊하며 無縛無脫하야 如來境界도 亦無量

無邊하며 **無縛無脫**이니
何以故오
以如是如是思惟分別로 **如是如是無量顯現故**니라

불자여, 보살마하살은 마음의 경계가 여래의 경계임을 알아야 한다.

마음의 경계가 한량없고 그지없고 속박도 없고 해탈도 없는 것처럼, 여래의 경계도 한량없고 그지없고 속박도 없고 해탈도 없음을 알아야 한다.

무엇 때문일까?

이러이러 생각하고 분별함으로써 이러이러하게 한량없이 나타나기 때문이다.

● 疏 ●

於中二니 先은 正明이오 後는 徵釋이라
今初에 無量無邊은 語其相用廣大오 無縛無脫은 明其體性深寂이라
次는 徵意云 何以將心하야 況於佛境고
釋意云 菩薩自心이 隨思卽顯일새 故無分量이니 佛境 亦爾라 隨機顯現이어니 若身若智 何有量耶아 智假思顯이면 則性無縛脫이니 不爲相縛이면 後無脫故니라

이 부분은 2단락이다.

앞에서는 바로 밝혔고,

뒤에서는 묻고 해석하였다.

앞에서 말한 '한량없고 그지없음'은 그 모양과 작용의 광대함을 말하고, '속박도 없고 해탈도 없음'은 그 본체와 성품이 심오하고 고요함을 밝힌 것이다.

다음 물음의 뜻은 다음과 같다.

"어찌하여 마음을 가지고서 부처의 경계에 비유했는가?"

이에 대한 해석의 뜻은 다음과 같다.

"보살 자신의 마음이 생각을 따라 나타나기에 한량이 없듯이 부처의 경계 또한 그와 같다. 근기를 따라 나타나는 것이니, 몸과 지혜가 어찌 한량이 있겠는가.

지혜는 생각을 빌려 나타나면 이는 곧 체성이 속박도 해탈도 없다. 모양의 속박이 없으면 뒤에 해탈 그 자체가 없기 때문이다."

第二喩顯
有三喩하니 前二喩는 無縛無脫이오 後一喩는 無量無邊이니 無量無邊이 通前二段이라
今은 初라

(2) 비유

3가지 비유가 있다.

앞의 2가지 비유는 속박도 해탈도 없음이며,

뒤의 1가지 비유는 한량도 끝도 없음이다.

한량도 끝도 없음은 앞의 2단락에 모두 통한다.

이는 '앞의 2가지 비유'이다.

經

佛子여 如大龍王이 隨心降雨에 其雨 不從內出이며 不從外出인달하야 如來境界도 亦復如是하야 隨於如是思惟分別하사 則有如是無量顯現일세 於十方中에 悉無來處니라 佛子여 如大海水 皆從龍王心力所起인달하야 諸佛如來 一切智海도 亦復如是하야 皆從如來往昔大願之所生起니라

불자여, 마치 큰 용왕이 마음대로 비를 내릴 적에 그 비는 안에서 나오는 것도 아니고 밖에서 나오는 것도 아닌 것처럼, 여래의 경계 또한 그와 같다.

이와 같이 생각하고 분별함을 따라서 이처럼 한량없이 나타나기에, 시방에 모두 오는 데가 없다.

불자여, 마치 바닷물이 모두 용왕의 마음에서 일어나는 것처럼, 제불여래의 일체 지혜의 바다 또한 그와 같다.

모두 여래의 과거 큰 서원에서 생겨난 것이다.

◉ 疏 ◉

前은 明降雨無從喩니 正喩無縛脫이니 旣無來處어니 有何縛脫耶아 後는 明海水從心喩니 喩無縛脫所因이니 水從心力爲因일세 非定內外오 智從昔願緣起일세 故來卽無來니라

앞은 비가 내림에 유래한 곳이 없음을 밝힌 비유이다. 이는 바로 속박과 해탈이 없음을 비유하였다. 이미 오는 곳이 없는데 무슨 속박과 해탈이 있겠는가.

뒤는 바닷물이 용왕의 마음을 따름을 밝힌 비유이다. 속박과 해탈이 없는 바의 원인을 비유하였다. 바닷물은 용왕의 마음을 따라 원인이 되기에 안팎이 정해진 게 아니며, 지혜는 옛 서원을 반연하여 일어나기에 오는 것이 곧 오는 데가 없다.

後一은 海水宏深喩니 喩無量無邊이라

뒤의 1가지 비유는 바닷물이 광대하고 깊으니, 한량도 끝도 없음을 비유하였다.

經

佛子여 一切智海 無量無邊하야 不可思議며 不可言說이나 然我今者에 略說譬喩호리니 汝應諦聽이어다
佛子여 此閻浮提에 有二千五百河 流入大海하고
西拘耶尼에 有五千河 流入大海하고
東弗婆提에 有七千五百河 流入大海하고
北鬱單越에 有一萬河 流入大海라
佛子여 此四天下에 如是二萬五千河 相續不絕하야 流入大海하나니 於意云何오 此水 多不아

答言하사대 甚多니이다

佛子여 復有十光明龍王이 雨大海中에 水倍過前하며

百光明龍王이 雨大海中에 水復倍前하며

大莊嚴龍王과 摩那斯龍王과 雷震龍王과 難陀跋難陀龍王과 無量光明龍王과 連澍不斷龍王과 大勝龍王과 大奮迅龍王과 如是等八十億諸大龍王이 各雨大海에 皆悉展轉하야 倍過於前하며

娑竭羅龍王太子 名閻浮幢이니 雨大海中에 水復倍前하나니라

佛子여 十光明龍王의 宮殿中水 流入大海에 復倍過前하며

百光明龍王의 宮殿中水 流入大海에 復倍過前하며

大莊嚴龍王과 摩那斯龍王과 雷震龍王과 難陀跋難陀龍王과 無量光明龍王과 連澍不斷龍王과 大勝龍王과 大奮迅龍王과 如是等八十億諸大龍王의 宮殿各別이어든 其中有水 流入大海에 皆悉展轉하야 倍過於前하며

娑竭羅龍王太子閻浮幢의 宮殿中水 流入大海에 復倍過前하나니라

佛子여 娑竭羅龍王이 連雨大海에 水復倍前하며 其娑竭羅龍王의 宮殿中水 涌出入海에 復倍於前하니 其所出水 紺琉璃色이며 涌出有時일세 是故大海 潮不失時니라

佛子여 如是大海에 其水無量하며 衆寶無量하며 衆生無

量하며 所依大地도 亦復無量하니

佛子여 於汝意云何오 彼大海 爲無量不아

答言하사대 實爲無量하야 不可爲喩니이다.

佛子여 此大海無量이 於如來智海無量에 百分에 不及一이며 千分에 不及一이며 乃至優波尼沙陀分에 不及其一이로대 但隨衆生心하야 爲作譬喩언정 而佛境界는 非譬所及이니라

佛子여 菩薩摩訶薩이 應知如來智海無量이니 從初發心으로 修一切菩薩行不斷故며

應知寶聚無量이니 一切菩提分法과 三寶種이 不斷故며

應知所住衆生無量이니 一切學無學聲聞獨覺의 所受用故며

應知住地無量이니 從初歡喜地로 乃至究竟無障礙地히 諸菩薩所居故니라

불자여, 일체 지혜의 바다는 한량없고 그지없고 헤아릴 수 없고 말할 수 없지만, 내 이제 간략히 비유를 들어 말하리니 그대들은 자세히 듣도록 하라.

불자여, 이 염부제[南贍部洲]에는 2천5백 줄기의 강물이 바다로 흘러 들어가고,

서쪽 구야니[西牛賀洲]에는 5천 줄기의 강물이 바다로 흘러 들어가고,

동쪽 불바제[東勝神洲]에는 7천5백 줄기의 강물이 바다로 흘러

들어가고,

　　북쪽 울단월[北俱盧洲]에는 1만 줄기의 강물이 바다로 흘러 들어간다.

　　불자여, 이 사대주(四大洲)에 이처럼 2만 5천 줄기의 강물이 계속하여 끊이지 않고 바다에 흘러 들어가는 것을 어떻게 생각하는가. 이 물이 많겠느냐?"

　　대답하였다.

　　"매우 많겠습니다."

　　"불자여, 또한 열 광명용왕이 바다에 내리는 빗줄기는 앞의 강물보다 곱절이 넘고,

　　1백 광명용왕이 바다에 내리는 빗줄기는 또한 앞의 것보다 곱절이 되고,

　　대장엄용왕, 마나사용왕, 뇌진용왕, 난타발란타용왕, 무량광명용왕, 연주부단용왕, 대승용왕, 대분신용왕 등 이와 같은 80억 대용왕이 각기 바다에 내리는 빗줄기 또한 모두 차례차례 앞의 것보다 곱절이 되며,

　　사갈라용왕의 태자 염부당이 바다에 내리는 빗줄기 또한 앞의 것보다 곱절이 된다.

　　불자여, 열 광명용왕 궁전의 물줄기가 바다에 흘러 들어갈 적에 또한 앞의 것보다 곱절이 되며,

　　1백 광명용왕 궁전의 물줄기가 바다에 흘러 들어갈 적에 또한 앞의 것보다 곱절이 되며,

대장엄용왕, 마나사용왕과 뇌진용왕, 난타발란타용왕, 무량광명용왕, 연주부단용왕, 대승용왕, 대분신용왕 등 이와 같은 80억 대용왕의 궁전이 각기 다른데, 그 가운데 있는 물줄기가 바다로 흘러 들어갈 적에 모두 차례차례 앞의 것보다 곱절이 되며,

사갈라용왕의 태자 염부당 궁전의 물줄기가 바다에 흘러 들어갈 적에 또한 앞의 것보다 곱절이 된다.

불자여, 사갈라용왕이 연이어서 바다에 내리는 빗줄기 또한 앞의 것보다 곱절이 되고, 사갈라용왕의 궁전에 물이 솟아올라 바다에 들어가는 것 또한 곱절이 된다. 그 솟아오르는 물빛은 감유리색이며, 솟아오르는 때가 정해져 있기에 바다의 조숫물은 간조와 만조의 물때를 어기지 않는다.

불자여, 이처럼 큰 바닷물은 한량없고 보배도 한량없고 중생도 한량없고 의지한 대지 또한 한량없다.

불자여, 그대의 생각은 어떠한가.

저 큰 바다는 한량이 없다 하겠는가?"

대답하였다.

"실로 한량이 없어 비유할 수 없습니다."

"불자여, 이 바다의 한량없음이 여래의 한량없는 지혜 바다에 비하면, 백분의 일에도 미치지 못하고 천분의 일에도 미치지 못하며, 내지 우바니사타분의 일에도 미치지 못하지만, 중생의 마음을 따라 비유하여 말하였을 뿐, 부처의 경계는 비유할 수 있는 것도 아니다.

불자여, 보살마하살은 여래의 지혜 바다가 한량없음을 알아야 한다. 처음 발심할 때로부터 일체 보살행을 닦아 끊이지 않기 때문이다.

보배 덩이가 한량없음을 알아야 한다. 일체 보리분법과 불법승 삼보의 종성이 끊이지 않기 때문이다.

세계에 머문 바의 중생이 한량없음을 알아야 한다. 일체 유학위(有學位: 三果聖人)와 무학위(無學位: 四果阿羅漢), 성문과 독각이 수용하는 곳이기 때문이다.

머무는 지위가 한량없음을 알아야 한다. 처음 환희지로부터 내지 끝까지 장애가 없는 지위에 이른 보살들이 거주하는 곳이기 때문이다.

● 疏 ●

文三이니

先은 標章誡聽이라

二 '佛子此閻浮' 下는 喻顯이오

三 '佛子彼大' 下는 法合이라

喻中三이니

初는 別顯水多라 文有四節이니 一은 四洲水오 二는 龍王雨水오 三은 宮殿出水오 四는 娑竭王 兼雨兼出이니 皆後後倍前하야 以顯深廣이라

二 '其所出' 下는 通顯水相이라 涌出故로 潮上이오 速爲寶消故로 潮

下니 此爲極說이라

三'佛子如是大海'下는 通顯無量이니 兼水有四라

第三 合中二니

先은 合水無量이니 佛智一念도 卽無窮盡이온 況盡三際하고 周乎十方하야 重重重重이어니 安可喩顯이리오

二'佛子至應知如來'下는 合通顯無量이니 非唯智爲佛境이라 菩提分等도 皆分齊境也니라 智海는 合水하고 餘는 合寶等이니 竝顯可知니라

경문은 3단락이다.

㈀ 표장으로 경건히 법문을 듣도록 경계하였고,

㈁ '佛子此閻浮' 이하는 비유로 밝혔으며,

㈂ '佛子彼大' 이하는 법으로 종합하였다.

'㈁ 비유' 부분은 다시 3단락이다.

① 물이 많음을 개별로 밝혔다. 이의 해당 경문은 4절이다.

㉠ 四大洲에서 흘러드는 물,

㉡ 용왕이 내린 빗줄기,

㉢ 궁전에서 나오는 물,

㉣ 사갈왕은 내린 빗줄기와 나오는 물을 겸하였다.

모두 뒤의 뒤로 갈수록 앞엣것보다 곱절이 되어, 심오하고 광대함을 밝혔다.

② '其所出' 이하는 물의 양상을 전체로 들어 밝혔다. 물줄기가 솟아오르면 조숫물이 올라가 만조가 되고, 빠르게 물이 빠진 까닭

에 조숫물이 내려가면서 간조가 된다. 이는 지극한 말이다.

③ '佛子如是大海' 이하는 한량없음을 전체로 들어 밝혔다. 물을 겸하여 4가지가 있다.

'(ㄷ) 종합' 부분은 2단락이다.

① 물이 한량없음을 종합하였다. 부처의 지혜 한 생각도 다함이 없는데, 하물며 삼세에 다하고 시방에 가득하여 거듭거듭 또 거듭거듭 한 터라, 이를 어떻게 비유로 밝힐 수 있겠는가.

② '佛子至應知如來' 이하는 한량없음을 전체로 밝힘에 종합하였다. 오직 지혜가 부처의 경계일 뿐 아니라, 보리분법 등도 모두 부분의 경계이다.

지혜 바다는 물에 종합하였고, 나머지는 보배 등에 종합하였다.

모두 그 뜻이 뚜렷하여 설명하지 않아도 알 수 있다.

大文 第三 總結

3) 총괄하여 끝맺다

經

佛子여 **菩薩摩訶薩**이 **爲入無量智慧**하야 **利益一切衆生故**로 **於如來應正等覺境界**에 **應如是知**니라

불자여, 보살마하살이 한량없는 지혜에 들어가 일체중생에게 이익을 주기 위하여 여래·응공·정등각의 경계를 이처럼 알아야 한다."

◉ 疏 ◉

卽結云'知意'라하니 不知佛境이면 安能利生이리오

결어에서 '부처의 뜻을 안다.'고 하니, 부처의 경계를 알지 못하면 어떻게 중생에게 이익을 줄 수 있겠는가.

第二偈頌

2. 보현보살의 게송

經

爾時에 普賢菩薩摩訶薩이 欲重明此義하사 而說頌言하사대

그때, 보현보살마하살이 이 뜻을 거듭 밝히고자 게송으로 말하였다.

如心境界無有量하야　　諸佛境界亦復然하며
如心境界從意生하야　　佛境如是應觀察이니라

　마음의 경계 한량없듯이
　부처의 경계도 그와 같고
　마음의 경계 뜻에서 나오듯이
　부처의 경계 이처럼 살펴보라

⊙ 疏 ⊙

五偈는 分二니 初一은 頌法說이라

　　5수 게송은 2단락으로 나뉜다.
　　첫 1수 게송은 법으로 말한 부분을 읊었다.

經

如龍不離於本處하고　　　　以心威力澍大雨하나니
雨水雖無來去處나　　　　　隨龍心故悉充洽인달하야

　　용왕이 본래 자리 떠나지 않고
　　마음의 위력으로 큰비 내리니
　　빗물이 오고 가는 곳 없으나
　　용왕 마음 따라 촉촉이 적셔주듯이

十力牟尼亦如是하사　　　　無所從來無所去로대
若有淨心則現身하야　　　　量等法界入毛孔이로다

　　십력 지닌 부처님도 그와 같아
　　오는 곳도 가는 곳도 없지만
　　청정한 맘 있으면 몸을 나타내어
　　법계처럼 큰 세계, 모공에 들어가네

⊙ 疏 ⊙

餘는 頌前喩도 亦二니 初二는 合頌前二喩니 同喩無縛脫이라

나머지 게송은 앞의 비유를 읊은 것 또한 2가지이다.

앞의 2수 게송은 앞의 2가지 비유를 종합하여 읊었다. 속박도 해탈도 없음을 비유함과 같다.

經

如海珍奇無有量하며　　**衆生大地亦復然**하니
水性一味等無別이나　　**於中生者各蒙利**인달하야

　바다의 진기함 한량없고
　중생과 대지도 그와 같아라
　물의 성품 한 맛으로 차별 없으나
　그 속에 사는 중생 각기 이익 얻듯이

如來智海亦如是하사　　**一切所有皆無量**하니
有學無學住地人이　　**悉在其中得饒益**이로다

　여래의 지혜 바다 그와 같아
　일체 소유한 바 한량없어
　유학과 무학의 지위에 머문 이
　모두 그 속에서 이익 얻어라

◉ 疏 ◉

後二는 頌大海宏深喩니 但頌通顯無量이라

餘文은 畧無라

뒤의 2수 게송은 큰 바다가 드넓고 깊은 비유를 읊었다. 다만 한량없음을 전체로 밝힌 부분을 읊었을 뿐이다.

나머지 경문에 대해서는 생략하여 언급함이 없다.

第五. 出現境界 竟하다

제5. 여래가 나타낸 경계를 끝마치다.

第六 出現之行

前은 明分齊境智無邊이오 今은 彰運用則悲智無盡이니 雖智海已滿이나 悲無息故니라 【鈔_ '雖智海'下는 二通妨이니 謂有問言호되 '行在因中이어늘 今果何有오' 釋云 '行雖無量이나 總不出二니 謂智與悲라 智行已圓은 自利滿故어늘 而運卽智之悲하야 利他不息이라 '若爾인댄 何以下文說眞如行고' 答이라 '此卽果滿之行이니 將說悲智無礙之行일세 故說眞如行之本耳라】

제6. 여래가 나타낸 행

앞에서는 부분 경계의 지혜가 끝이 없음을 밝혔고, 여기에서는 지혜의 운용을 밝힌 것으로, 大悲大智가 그지없다. 비록 지혜 바다가 이미 원만하지만, 자비의 마음이 멈춤이 없기 때문이다. 【초_ '雖智海' 이하는 2가지 물음을 답하였다.

"행이란 원인 가운데 있는데, 여기에서 말한 결과는 어디에 있는 것일까?"

"행이란 한량없으나 모두 2가지에서 벗어나지 않는다. 大智와

大悲를 말한다. 대지의 행이 원만함은 自利의 원만이지만, 대지와 하나가 된 대비의 마음을 운용하여 利他行을 멈추지 않는다."

"만약 그렇다면 어찌하여 아래의 경문에서 眞如行을 말하는가?"

"이는 결과가 원만한 행이다. 장차 대비와 대지의 걸림 없는 행을 말하고자 한 까닭에 眞如行의 근본이라고 말한다."】

長行中二니 先은 標擧오 後는 釋相이라

1. 산문 부분은 2단락이다.
   1) 출현하는 행의 표장으로 들어 말하였고,
   2) 출현하는 행의 양상을 해석하였다.

經

佛子여 菩薩摩訶薩이 應云何知如來應正等覺行고

"불자여, 보살마하살은 어떻게 여래·응공·정등각의 행을 알아야 하는가?

釋相中三이니

初는 雙標二行이오

次는 雙釋二行이오

後는 雙結二行이라

今은 初라

2) 출현하는 행의 양상을 해석한 부분은 3단락이다.

(1) 여래행과 진여행을 함께 들어 밝혔고,

(2) 여래행과 진여행을 함께 들어 해석하였으며,

(3) 여래행과 진여행을 함께 들어 끝맺었다.

이는 '(1) 여래행과 진여행을 함께 들어 밝힌' 부분이다.

經

佛子여 菩薩摩訶薩이 應知無礙行이 是如來行이며 應知 眞如行이 是如來行이니라

불자여, 보살마하살은 걸림 없는 행이 여래의 행임을 알아야 하며, 진여의 행이 여래의 행임을 알아야 한다.

● 疏 ●

義有多含이니 一'無礙行'者는 卽理之事行이오 '眞如行'者는 卽事之理行이오 前卽行相이오 後卽行體라 又前은 是卽智之悲오 後는 是卽悲之智며 前은 卽眞之俗이오 後는 卽俗之眞이니 融而無礙 爲如來行이라

이는 많은 뜻을 포함하고 있다.

'걸림 없는 행'이란 이법계와 하나가 된 사법계의 행이고,

'진여의 행'이란 사법계와 하나가 된 이법계의 행이다.

'걸림 없는 행'은 행의 양상이고,

'진여의 행'은 행의 본체이다.

또한 '걸림 없는 행'은 지혜와 하나가 된 자비이고,

'진여의 행'은 자비와 하나가 된 지혜이다.

'걸림 없는 행'은 진제와 하나가 된 속제이고,

'진여의 행'은 속제와 하나가 된 진제이다.

진제와 속제가 원융하여 걸림이 없는 게 '여래의 행'이다.

第二 雙釋中二니 先은 釋眞如行이오 後는 釋無礙行이라 今은 初라

(2) 여래행과 진여행을 함께 들어 해석한 부분은 2단락이다.

(ㄱ) 진여행을 해석하였고,

(ㄴ) 걸림 없는 행을 해석하였다.

이는 '(ㄱ) 진여행의 해석'이다.

經

佛子여 如眞如 前際不生이며 後際不動이며 現在不起인달하야 如來行도 亦如是하야 不生不動不起니라

佛子여 如法界 非量非無量이니 無形故인달하야 如來行도 亦如是하야 非量非無量이니 無形故니라

佛子여 譬如鳥飛虛空에 經於百年하야도 已經過處와 未經過處를 皆不可量이니

何以故오 虛空界 無邊際故인달하야 如來行도 亦如是하야 假使有人이 經百千億那由他劫토록 分別演說호대 已

說未說을 皆不可量이니
何以故오 如來行이 無邊際故니라

　불자여, 진여는 앞에 생겨나지도 않았고 뒤에서 움직이지도 않고 현재에 일어나지도 않는 것처럼, 여래의 행 또한 그와 같다. 생겨나지도 않았고 움직이지도 않고 일어나지도 않는다.

　불자여, 마치 법계는 한량이 있는 것도 아니고 한량이 없는 것도 아니다. 형상이 없기 때문인 것처럼, 여래의 행 또한 그와 같다. 한량이 있는 것도 아니고 한량이 없는 것도 아니다. 형상이 없기 때문이다.

　불자여, 마치 새가 허공에 날면서 백년을 지낼지라도 이미 지나간 곳과 지나가지 않은 곳을 모두 가늠할 길이 없다.

　무엇 때문일까?

　허공계가 끝이 없기 때문이다.

　여래의 행 또한 그와 같다. 가령 어떤 사람이 백천억 나유타 겁을 지내면서 분별하여 연설했다 할지라도 이미 말했거나 말하지 않은 것을 모두 가늠할 길이 없다.

　무엇 때문일까?

　여래의 행이 끝없기 때문이다.

● 疏 ●

眞如之名은 言含法·喩라
文中有三하니

初는 牒名以解니 明體絕三際일새 故同眞如오 契如成行일새 行卽如也라 過未는 非緣이라 故不生不動이오 現在離緣이라 故非起也니라【鈔_ '眞如之名'者는 經云 '如眞如前際不生'等은 卽以眞如로 喩佛行也라 若佛行契如면 行卽是如라 故卽是法이라 '過未非緣'者는 過去緣已謝하고 未來緣未會라 故曰非緣이라하니 由非緣故로 過去無可生이오 未來無可動이며 現在 雖在緣中이나 不與緣合일새 故云離緣이라 故廻向中에 明徧在三世는 不同三世 徧在一切而非一切라 故緣雖起滅이나 而湛然無起라】

'진여'라는 이름은 법과 비유를 포함하여 말하고 있다.

이의 경문은 3단락이다.

① '진여'라는 이름을 뒤이어서 해석하였다. 본체는 과거·현재·미래가 끊어진 자리이기에 진여와 같고, 진여에 계합하여 행을 성취하기에 행이 곧 진여임을 밝혔다.

과거와 미래는 반연이 아니기 때문에 생겨나지도 않고 움직이지도 않으며, 현재는 반연을 여읜 까닭에 일어남이 아니다.【초_ '진여라는 이름'이란 경문에서 "마치 진여는 앞에 생겨나지도 않았다." 등은 곧 진여로써 부처의 행에 비유함이다. 만약 부처의 행이 진여에 하나가 되면 행이 바로 진여이다. 이 때문에 이는 바로 법이다.

"과거와 미래는 반연이 아니다."는 과거의 반연은 이미 사라졌고, 미래의 반연은 만나지 않았다. 이 때문에 '반연이 아니다.'고 말한다. 반연이 아닌 까닭에 과거에 생겨남이 없고, 미래에 움직임이 없으며, 현재는 비록 반연 속에 있으나 반연과 계합된 것이 아니기에 '반연을 여의었다.'고 말한다. 이 때문에 회향 부분에서 '삼세에 두루 있다.'는 것은 '삼세가 두루 일체에 있으면서도 일체가 아니다.'는 것과는 같지 않다. 이 때문에 반연은 비록 일어났다가 사라지지만 담담하여 일어남이 없다.】

二는 復擧法界無形하야 明雙非契中이니 是知實相等이 皆如來行이라

② 다시 법계의 無形을 들어서 이것도 저것도 아닌 중도와 하나가 됨을 밝혔다. 이는 실상 등이 모두 여래의 행임을 알아야 한다.

三은 擧鳥飛虛空喩하야 釋非量義라

非量有二니

一은 行廣無量일새 故云如來行無邊際故라하고

二는 卽事同眞하야 便無分量일새 故以空喩니 旣無有量이어니 何有無量가 若謂無量인댄 卽是量故니 雙非永寂이 爲如來行이라 故心彌虛하고 行彌曠하야 終日行而未曾行일새 故涅槃云 '復有一行이 是如來行이니 所謂大乘大般涅槃이라'하니라

③ 새가 허공에 나는 비유를 들어서 '한량이 있는 것도 아니다.'는 의의를 해석하였다.

'한량이 있는 것도 아니다.'는 것은 2가지이다.

㉠ 행이 광대하여 한량없기에 "여래의 행이 끝없기 때문이다."고 하였다.

㉡ 사법계와 하나가 되어 진여와 같아서 분량이 없기에 허공

으로 비유하였다.

　이미 한량이 없는데, 어떻게 한량없음이 있을 수 있겠는가. 만약 한량이 없다고 말하면 그것은 한량이기 때문이다. 이도저도 모두 아니라는 것으로 길이 고요함이 여래의 행이다. 이 때문에 마음은 더욱 공허하고, 행은 더욱 비어서 종일 행하되 일찍이 행함이 아니기에 열반경에서 다음과 같이 말하였다.

　"또 다른 하나의 행이 있다. 여래의 행이다. 이른바 대승의 대반열반이라고 말한다."

第二 釋無礙行
　(ㄴ) 걸림 없는 행의 해석

經
佛子여 如來應正等覺이 住無礙行하야 無有住處나 而能普爲一切衆生하사 示現所行하야 令其見已에 出過一切諸障礙道하나니
佛子여 譬如金翅鳥王이 飛行虛空에 廻翔不去하야 以淸淨眼으로 觀察海內諸龍宮殿하고 奮勇猛力하야 以左右翅로 鼓揚海水하야 悉令兩闢하고 知龍男女의 命將盡者하야 而搏取之인달하야
如來應正等覺金翅鳥王도 亦復如是하사 住無礙行하야

以淨佛眼으로 觀察法界諸宮殿中一切衆生하사 若曾種善根하야 已成熟者면 如來 奮勇猛十力하사 以止觀兩翅로 鼓揚生死大愛水海하사 使其兩闢하고 而撮取之하야 置佛法中하야 令斷一切妄想戲論하고 安住如來無分別無礙行이니라

佛子여 譬如日月이 獨無等侶하고 周行虛空하야 利益衆生이나 不作是念호대 我從何來하야 而至何所인달하야 諸佛如來도 亦復如是하사 性本寂滅하야 無有分別이나 示現遊行一切法界하사 爲欲饒益諸衆生故로 作諸佛事하야 無有休息호대 不生如是戲論分別하야 我從彼來하야 而向彼去라하나니

불자여, 여래·응공·정등각이 걸림 없는 행에 머물러 머문 곳이 없지만, 일체중생을 두루 위하여 행한 바를 보여주어, 그들이 이를 보고서 일체 장애되는 길에서 벗어나게 하였다.

불자여, 마치 금빛 날개를 지닌 큰 금시조가 허공 높이 빙빙 날면서 청정한 눈으로 바닷속 용왕의 궁전을 살펴보고 날쌘 힘을 지닌 좌우의 깃으로 바닷물을 내리쳐서 양쪽으로 쫙 벌어지게 하고서 목숨이 다한 암컷 용과 수컷 용을 골라서 잡아가는 것처럼, 여래·응공·정등각의 금시조 또한 그와 같다.

걸림 없는 행에 머물면서 청정한 부처의 눈으로 법계 궁전 안에 있는 일체중생을 살펴보면서, 만약 일찍이 선근을 심어 이미 성숙한 자가 있으면, 여래가 용맹스러운 열 가지 힘을 떨치어 선정

[止]과 관조[觀]의 두 날개로 나고 죽는 애욕의 바닷물을 내리쳐서 양쪽으로 쫙 벌어지게 하고서 그를 안아다가 불법 가운데 두어 일체 망상과 부질없는 소리를 끊어버리고 여래의 분별과 걸림이 없는 행에 머물게 하였다.

불자여, 마치 해와 달이 짝이 없이 홀로 허공에 선회하면서 중생에게 이익을 베풀면서도 '내가 어디에서 와서 어디로 간다.'는 생각을 하지 않은 것처럼, 제불여래 또한 그와 같다.

성품이 본래 고요하여 분별이 없으나 일체 법계에 다님을 보여주면서 중생의 이익을 위하여 모든 불사를 멈추지 않지만, 이와 같은 부질없는 소리로 분별하여 '내가 어디에서 와서 어디로 간다.'는 생각을 내지 않는다.

◉ 疏 ◉

文中二니
先은 約法總明이오 後는 以喩別顯이라
今初에 智無所住나 悲示所行이니 卽悲智無礙하야 自無二礙오 令他無礙 皆無礙行也니라
二는 別以喩顯中에 二喩니 初 金翅闢海喩는 喩卽智之悲오 後 日月無思喩는 喩悲不失智니라

    경문 부분은 2단락이다.
      ① 법을 들어 총체로 밝혔고,
      ② 비유를 들어 개별로 밝혔다.

'① 법을 들어 총체로 밝힌' 부분에서 말한 지혜는 머무는 바가 없으나 大悲의 마음으로 행할 바를 보여주었다. 이는 大悲와 大智가 걸림이 없어 스스로 번뇌장과 소지장이 없고, 그들로 하여금 걸림 없게 함이 모두 걸림이 없는 행이다.

'② 비유를 들어 개별로 밝힌' 부분에는 2가지 비유가 있다.

㉠ 금시조가 바닷물을 내리쳐 갈라놓는다는 비유는 지혜와 하나가 된 大悲를 비유하였고,

㉡ 태양과 달이 분별하는 생각이 없다는 비유는 대비의 마음이 지혜를 잃지 않음을 비유하였다.

第三 雙結二行

(3) 여래행과 진여행을 함께 들어 끝맺다

經

佛子여 菩薩摩訶薩이 應以如是等無量方便과 無量性相으로 知見如來應正等覺所行之行이니라

불자여, 보살마하살이 이처럼 한량없는 방편, 한량없는 성품과 모양으로써 여래·응공·정등각이 행한 바의 행을 알아야 한다.

◉ 疏 ◉

性은 結眞如오 相은 結無礙라

'한량없는 성품'은 진여를 끝맺고,
'한량없는 모양'은 걸림 없음을 끝맺었다.

第二 偈頌

2. 보현보살의 게송

經

爾時에 普賢菩薩이 欲重明此義하사 而說頌言하사대
그때, 보현보살이 이 뜻을 거듭 밝히고자 게송으로 말하였다.

譬如眞如不生滅이라   無有方所無能見인달하야
大饒益者行如是하야   出過三世不可量이로다

진여는 사라지지도 생겨나지도 않는다
있는 곳도 없으며 볼 수 없는 것처럼
큰 이익 주는 이의 행이 이와 같이
삼세를 벗어나 헤아리지 못하여라

法界非界非非界며   非是有量非無量이니
大功德者行亦然하야   非量無量無身故로다

법계는 경계도, 경계가 아닌 것도 아니며
한량이 있는 것도, 없는 것도 아니다

큰 공덕 있는 이의 행도 이와 같이
한량이 있는 것도, 없는 것도 아님은 몸이 없기 때문

如鳥飛行億千歲나   **前後虛空等無別**인달하야
衆劫演說如來行호대   **已說未說不可量**이로다

새가 억천년 날아다녀도
허공은 예나 제나 차별 없는 것처럼
영겁에 여래의 행 연설하여도
말한 것, 하지 않은 것 헤아릴 수 없어라

金翅在空觀大海하고   **鬭水搏取龍男女**하나니
十力能拔善根人하사   **令出有海除衆惑**이로다

금시조가 허공에서 바다 내려보다가
물결 치고 수컷 용 암컷 용 낚아채듯이
열 힘으로 선근 중생 가려내어
생사 바다 벗어나 의혹 없애주어라

譬如日月遊虛空에   **照臨一切不分別**인달하야
世尊周行於法界하사   **教化衆生無動念**이로다

해와 달이 허공에 선회할 적에
모든 것을 비춰줘도 분별심 없듯이
세존이 법계에 두루 행하면서

중생을 교화하되 분별 생각 없어라

● 疏 ●

偈頌有五니 前三은 頌眞如오 後二는 頌無礙라

게송은 5수이다.

앞의 3수 게송은 진여를 읊었고,

뒤의 2수 게송은 걸림 없음을 읊었다.

第六 出現之行 竟하다

제6. 여래가 나타낸 행을 끝마치다.

━━

第七 出現菩提 圓行之果故니 對緣造修에 必有成正覺故니라

文中三이니

謂徵起·釋相·總結이라

徵言正覺은 畧顯五門이니

一은 釋名이니 晉名菩提는 存其梵語니 此翻爲覺이니 正揀二乘이오 成異菩薩이니 初會 已顯이라 又單語菩提는 但是所覺之道어니와 今云'成'者는 卽理智契合之名이라

제7. 여래가 나타낸 정각 성취

출현한 보리가 원만한 행의 결과이기 때문이다.

반연을 상대로 닦아나감에 반드시 정각을 성취하기 때문이다.

1. 경문의 산문은 3단락이다.

1) 물음으로 일으키고,

2) 모양을 해석하며,

3) 총괄하여 끝맺음이다.

'1) 물음으로 일으킨' 부분에서 正覺을 말함에 대해서 5가지 법문으로 간추려 밝히고자 한다.

제1 법문, 명칭의 해석이다. 60화엄경에서 '보리(bodhi)'라 이름 붙인 것은 범어 그대로 사용한 것이다. 이를 번역하면 '깨달음[覺]'이다. 이는 이승과 다르고 보살과 다른 것으로 初會에서 이미 밝혔다.

또한 단순히 '보리'라 말하면 깨달은 바의 도라는 뜻일 뿐이지만, 여기에서 '성취[成: 成正覺]'라 말한 것은 정각의 진리 자체와 성취시키는 지혜가 계합한 데서 붙여진 명칭이다.

二는 明體性이니 攝論云 '二智二斷이 爲菩提體'라 하고 智論云 '菩提·菩提斷을 俱名爲菩提'어니와 若依此經인댄 通一切法이니 如文具之니라 【鈔_ 二智는 卽根本·後得이오 二斷은 卽斷煩惱·所知라 此經은 圓宗이라 故通一切니라】

제2 법문, 체성을 밝혔다. 양섭론에서는 "근본지와 후득지, 그리고 번뇌장과 소지장을 끊음이 보리의 체성이다."고 하였고, 지도론에서는 "보리와 菩提斷을 모두 보리라 말한다."고 말했지만, 이 화엄경을 따르면 일체 법에 모두 통한다. 경문에서 말한 바와 같이 잘 갖춰져 있다. 【초_ 2가지의 지혜는 근본지와 후득지이고, 2가지를 끊음은 번뇌장과 소지장을 끊음이다. 이 화엄경은 圓宗이기에 일체에 모두 통한다.】

三은 辨種類니 或說唯一이니 如智契合하야 無二相故니 淨名云 '夫如者는 不二不異故'라하니라

或開爲二니 大品에 明有性淨菩提와 及修成故로 亦名性淨이며 方便淨也니라

或分爲三이니 約三乘故니 如十地論이라

或開爲四니 涅槃云 '下智觀者는 得聲聞菩提하고 乃至上上智觀은 得佛菩提'라하고 又四智菩提도 亦是四義니라

或分爲五니 如大品·智論에 說發心等이라

或具明十하니 如離世間品이라 唯十爲圓이니 是此所辨이라

三除前二하고 四除前三하며 五除前四오 餘皆兼通이니 同敎一乘之所攝故니라 若業用所現인댄 則無所不收니라【鈔_ 後'三除'下는 約同敎門하야 揀而收之니라】

제3 법문, 종류를 논변하였다. 혹은 오직 하나라고 말하였다. 진여와 지혜가 계합하여 2가지의 모습이 없기 때문이다.

유마경에서 말하였다.

"진여란 둘도 아니고 다른 것도 아니기 때문이다."

혹은 이를 나누어 2가지로 말하였다. 대품경에서 말한 '자성 청정의 보리' 및 '닦아서 성취함'이 있음을 밝혔기 때문이다. 이 또한 그 이름이 '性淨'이며 '方便淨'이라 한다.

혹은 이를 나누어 3가지로 말하였다. 삼승으로 말하였기 때문이다. 십지론에서 말한 바와 같다.

혹은 이를 나누어 4가지로 말하였다. 열반경에 이르기를, "하

등의 지혜로 관찰하는 자는 성문의 보리를 얻으며, 내지 上上의 지혜로 관찰하는 자는 부처의 보리를 얻는다."고 하며, 또한 4가지 지혜[四智: 大圓鏡智, 平等性智, 妙觀察智, 成所作智]의 보리 또한 이와 같은 4가지 의의이다.

혹은 이를 나누어 5가지로 말하였다. 대품경과 지도론에서 發心 등을 말함과 같다.

혹은 10가지의 이름을 구체적으로 밝히기도 하였다. 제38 이세간품에서 말한 바와 같다. 오직 10이라는 수효는 원만한 수이다. 여기에서 10으로 논변한 바이다.

3가지는 앞의 2가지를 제하고, 4가지는 앞의 3가지를 제하고, 5가지는 앞의 4가지를 제하고, 나머지도 모두 이와 같이 통한다. 이는 모두가 화엄경의 同教一乘에 포괄되기 때문이다. 만약 業用의 나타난 바로 말하면 이로 정리하지 않은 바가 없다.【초_ 뒤의 '三除' 이하는 화엄경의 同教 법문을 들어서 이를 구분 지어 정리한 것이다.】

四는 明業用이니 文有十門하야 而體用參顯하니 各隨別義立目일세 今統收之하노니 謂緣二諦·斷二障·證二空·起二智·印群機·現萬像·具十身·徧十方·周於毛端微塵等處에 通因及果하야 業用無邊이니 具如文顯이라

제4 법문, 業用을 밝혔다. 경문에서는 10가지의 법문으로 본체와 작용을 함께 밝혔다. 각각 개별의 의의를 따라서 조목을 세웠기에 여기에서는 이를 통합하여 정리한 것이다.

진제와 속제를 반연하고,

번뇌장과 소지장을 끊으며,

아공과 법공을 증득하고,

근본지와 후득지를 일으키며,

모든 근기를 도장 찍고,

삼라만상을 나타내며,

열 가지 몸을 갖추고,

시방세계에 두루 몸을 나타내며,

털끝과 미세한 티끌 등에 두루두루 인과에 모두 통하여 業用이 그지없다.

이는 경문에서 구체적으로 밝힌 바와 같다.

五者는 辨相이니 卽當釋文이라 署辨十門이니 一은 總明體相이오 二는 印現萬機오 三은 體相甚深이오 四는 三輪平等이오 五는 因果交徹이오 六은 體離虧盈이오 七은 相無增減이오 八은 用該動寂이오 九는 周於法界오 十은 普徧諸心이니 十門之中에 亦可當門別釋호리라

今且以初爲總이오 餘九爲別이라

別雖九門이나 而釋十義니

初는 釋第一이오 二는 釋第十이니 謂擧初該後라

三從第四하야 次第解釋이로되 第十一門은 釋八·九 二義니 至文當知니라 釋文顯然하니 不應異解니라

今은 初라

제5 법문, 모양을 논변하였다.

이는 2) 모양을 해석함에 해당된다. 간략하게 10가지 법문으로 말하고자 한다.

(1) 본체와 모양을 총체로 밝혔고,

(2) 모든 법을 도장 찍어 나타냈으며,

(3) 본체와 모양이 매우 심오하고,

(4) 三輪[身輪·口輪·意輪]이 평등하며,

(5) 인과가 서로 통하고,

(6) 본체가 이지러짐과 가득 참을 벗어났으며,

(7) 모양이 더하거나 줄어듦이 없고,

(8) 작용에 동함과 고요함을 갖추었으며,

(9) 법계에 두루 가득하고,

(10) 모든 마음에 두루 존재함이다.

10가지 법문 또한 해당 법문 부분에서 개별로 해석하고자 한다.

여기에서는 또한 '(1) 본체와 모양을 총체로 밝힌' 부분으로 총상을 삼고, 나머지 9가지 법문은 별상이다.

별상의 법문은 비록 9가지 법문이지만 10가지 의의로 해석하였다.

첫째 '(2) 모든 법…'은 '(1) 본체…'를 해석하였고,

둘째 '(3) 본체와 모양…'은 '(10) 모든 마음'을 해석하였다. 앞의 '(1) 본체…'를 들어서 뒤의 의의를 모두 갖추고 있다.

셋째는 '(4) 三輪…'을 따라서 아래는 차례로 해석하였는데, 오직 '(10) 모든 마음…'만큼은 '(8) 작용에…'·'(9) 법계에 …' 2가지 의

의를 해석하였다. 해당 경문 부분에서 이러한 점을 알 수 있다. 경문의 해석이 뚜렷하니 달리 해석해서는 안 된다.

이는 '(1) 본체와 모양을 총체로 밝힌' 부분이다.

經

佛子여 諸菩薩摩訶薩이 應云何知如來應正等覺의 成正覺고
佛子여 菩薩摩訶薩이 應知如來 成正覺하사 於一切義에 無所觀察하며 於法平等하야 無所疑惑하며 無二無相하며 無行無止하며 無量無際하며 遠離二邊하야 住於中道하며 出過一切文字言說하니라

"불자여, 보살마하살이 어떻게 여래·응공·정등각의 바른 깨달음을 알아야 하는가?

불자여, 보살마하살이 알아야 할 것은, 여래께서 바른 깨달음을 성취하여, 일체 이치에 관찰한 바 없고, 법에 평등하여 의혹이 없으며, 둘이 없고 모양이 없으며, 행도 없고 그침도 없으며, 한량이 없고 한계가 없으며, 두 쪽을 멀리 떠나서 중도에 머물며, 일체 문자와 언어를 초월하였다는 점이다.

● 疏 ●

初는 總明이니 具有十門하니 皆含體·相·用 三이라
一은 寂照 爲菩提體라 故云於一切義에 無所觀察이라하니 '一切義'

者는 眞俗境也라 觀은 極於無觀일세 故淨名云 '不觀이 是菩提니 離諸緣故'라하니라
如海無心하야 而能頓鑑하야 非無所了일세 故晉經云 '解一切義'라 하니 二經合明이라야 義方圓妙니 解는 卽是觀이오 觀은 卽無觀이라 旣觀念斯寂이면 無惑習種이니 無觀은 是體오 照斷은 爲用이니 合之爲相이라

첫째는 총체로 밝혔다. 10가지 법문을 갖추었으며, 본체·양상·작용 3가지를 포함하고 있다.

① '於一切義 無所觀察'은 적정과 관조란 보리의 체성이기에 "일체 이치에 관찰한 바 없다."고 하였다. '一切義'란 진제와 속제의 경계이다. 관찰한다는 것은 관찰함이 없는 것이 극치이기에 유마경에서 말하였다.

"관찰할 게 없는 것이 보리이다. 모든 반연을 여의었기 때문이다."

마치 바다는 무심하지만 모든 것을 단번에 비춰보는 것처럼 아는 바가 없지 않기에 60화엄경에서는 "일체 이치를 안다."고 하였다. 이 화엄경과 60화엄경을 합하여 살펴보면 그 뜻이 원만하고 미묘하다.

이해는 관조이고, 관조는 볼 게 없다. 이미 관념이 고요하면 惑習의 종성 자체가 없다. 관조할 게 없다는 것은 보리의 본체이고, 관조하여 끊음은 작용이며, 본체와 작용을 합하면 보리의 양상이 된다.
二는 等同萬法으로 爲菩提體니 謂知與理冥하야 同一圓覺일세 故

云於法平等이오 而不失照하야 決斷分明일세 云無疑惑이니 旣無所疑면 卽所知永寂이니라

② '於法平等 無所疑惑'은 모든 법과 똑같음으로 보리의 체성을 삼는다.

지혜가 이치와 하나가 되어 똑같은 원각을 말하기에 '법에 평등함'이라 하고,

관조를 잃지 않아서 결단이 분명하기에 '의혹이 없다.'고 말한다.

이미 의심한 바가 없으면 알아야 할 대상이 영원히 고요하게 된다.

三은 一成一切成이니 不見生佛有異일세 故云無二니 以知一切衆生이 卽菩提相故며 亦是能所不二니 淨名云 '不二 是菩提니 離意法故'라하니라

③ '無二'는 하나가 성취되면 일체가 성취된다. 중생과 부처의 차이를 볼 수 없기에 '둘이 없다.'고 한다. 일체중생이 곧 보리의 모양임을 알기 때문이며, 또한 주체와 대상이 둘이 아니다.

유마경에서 말하였다.

"둘이 없음이 보리이다. 주체의 생각과 대상의 법을 여의었기 때문이다."

四는 總指前三 體相이니 寂滅은 是菩提니 滅諸相故니라【鈔_ '四 總指前三'者는 釋經無相이니 卽是下文體離虧盈이라 下釋云 '成與不成이 常無增減이니 菩提는 非相이오 非非相故니라】

④ '無相'은 앞의 3가지 본체와 양상을 총괄하여 말한다. 중생

의 적멸이 보리이다. 모든 모양이 사라졌기 때문이다.【초_ "④ 앞의 3가지 본체와 양상을 총괄하여 말한다."는 것은 경문의 無相에 대한 해석이다. 이는 아래 문장의 '본체가 이지러짐과 가득 참을 벗어났음'을 말한다. 아래의 해석 부분에서 "성취와 성취하지 못함이 언제나 더하거나 줄어듦이 없다. 보리는 모양이 아니고 모양이 아닌 것도 아님"을 말한다.】

五는 卽心行處滅하야 湛然不遷이라 亦是不行이 是菩提니 無憶念故니라【鈔_ '五 心行處滅'者는 釋經無行이니 卽是下文 相無增減이라】

⑤ '無行'은 마음의 작용이 사라져 담연하여 옮겨가지 않음이다. 또한 마음의 작용이 일어나지 않음이 보리이다. 생각이 없기 때문이다.【초_ "⑤ 마음의 작용이 사라졌다."는 것은 경문의 無行에 대한 해석이다. 이는 아래 문장의 '모양이 더하거나 줄어듦이 없음'을 말한다.】

六은 雖覺而常定이니 不住定故니라【鈔_ 六 雖覺'者는 釋經無止니 以不住定故니 卽是下文 用該動寂이라】

⑥ '無止'는 비록 깨달음이 있으나 언제나 선정삼매이다. 선정에 집착하지 않기 때문이다.【초_ "⑥ 비록 깨달음이 있으나"는 경문의 無止에 대한 해석이다. 이는 아래 문장의 '작용에 동함과 고요함을 갖추었음'을 말한다.】

七有二義니 一은 橫徧十方이니 廣無量故오 二는 體無生滅이니 絶分量故니라【鈔_ '七有二義'者는 釋經無量이니 卽是下文 周于法界라】

⑦ '無量'에는 2가지 뜻이 있다.

㉠ 횡으로 시방에 두루 존재함이다. 광대하여 한량없기 때문이며,

㉡ 본체에 생멸이 없음이다. 분량이 끊어진 자리이기 때문이다.【초_ "⑦ 2가지 뜻이 있다."는 것은 경문의 無量에 대한 해석이다. 이는 아래 문장의 '법계에 두루 가득함'을 말한다.】

八亦二義니 一은 豎念念成하야 無際畔故오 二는 一得永常하야 無後際故며 心無初相하야 冥符於理일새 無前際故니라【鈔_ '八亦二義'者는 釋經無際니 卽是下文 普徧諸心이라】

⑧ '無際' 또한 2가지 뜻이 있다.

㉠ 종으로 한 생각 한 생각의 찰나에 성취하여 끝이 없기 때문이며,

㉡ 한 번 얻으면 영원히 변함없어 이후가 없기 때문이며, 마음에 첫 모양이 없어 이치와 하나가 되기에 이전이 없기 때문이다.【초_ "⑧ 2가지 뜻이 있다."는 것은 경문의 無際에 대한 해석이다. 이는 아래 문장의 '모든 마음에 두루 존재함'을 말한다.】

九는 離邊契中이니 晉經 此前에 有'無縛無脫'하니 竝含在二邊之內니 謂若染若淨과 若縛若脫과 有無·一異等 斯邊皆離하야 不偏住著일새 故曰離邊이니 非見有邊이라 邊卽中故니 無中無邊이라야 方住中道니라【鈔_ '九 離邊契中'下는 釋經'遠離二邊하야 住於中道'니 卽是下文 普徧諸心이라】

⑨ '遠離二邊 住於中道'는 양쪽 끝을 벗어나 중도와 하나가

된 것이다. 60화엄경에서는 이의 구절 앞에 "속박도 없고 해탈도 없다."는 '無縛無脫' 4자가 쓰여 있다. 이는 아울러 양쪽 끝이 포함되어 있다.

　　잡염과 청정, 있다와 없다, 하나와 차이 등 이런 한쪽에서 모두 벗어나 어느 쪽에 치우치지 않기에 이를 어느 한쪽에서 벗어났다고 말한다. 어느 한쪽이 있음을 보지 않기에 어느 한쪽이 바로 중도이다. 중도도 없고 어느 한쪽도 없어야 비로소 진정한 중도에 머묾이다.【초_ "⑨ 양쪽 끝을 벗어나 중도와 하나가 된다."는 것은 경문의 遠離二邊 住於中道에 대한 해석이다. 이는 아래 문장의 '모든 마음에 두루 존재함'을 말한다.】

十은 總顯離言이니 上九는 寄言顯深이라 未盡菩提之奧일새 故收歸性離하야 令亡言契之니라【鈔_ '十 總顯'下는 釋經'出過一切文字言說'이니 卽是下文 體相甚深이니 斯則上九는 寄言顯深이오 今菩提는 離言顯深이라】

　　⑩ '出過一切文字言說'은 언어의 초탈을 총체로 밝혔다. 위의 9구는 언어에 붙여 심오함을 밝혔다. 보리의 심오함을 말하는 데 미진함이 있기에 초탈한 체성으로 귀결 지어 언어를 잊고서 그 이치를 깨닫도록 하였다.【초_ "⑩ 총체로 밝혔다." 이하는 경문의 出過一切文字言說에 대한 해석이다. 이는 아래 문장의 '본체와 모양이 매우 심오함'을 말한다.

　　이는 위의 9구는 언어에 붙여 심오함을 밝혔지만 여기에서 말한 보리는 언어에서 벗어나 그 심오함을 밝혔다.】

第二. 印現萬機
卽海印三昧니라

(2) 모든 법을 도장 찍어 나타내다

이는 해인삼매이다.

經

知一切衆生의 心念所行과 根性欲樂과 煩惱染習이니 擧
要言之컨댄 於一念中에 悉知三世一切諸法이니라
佛子여 譬如大海 普能印現四天下中一切衆生의 色身
形像일세 是故로 共說以爲大海인달하야
諸佛菩提도 亦復如是하야 普現一切衆生의 心念根性樂
欲호대 而無所現일세 是故로 說名諸佛菩提니라

　　일체중생의 마음과 생각의 작용, 근성과 욕락, 번뇌와 습기를 알아야 한다.

　　요체를 들어 말하면 한 생각의 찰나에 삼세의 모든 법을 알아야 한다.

　　불자여, 비유하면 큰 바다가 사천하의 일체중생의 몸과 형상을 모두 나타내 보여주는 것처럼 부처님의 보리도 그와 같다.

　　일체중생의 마음과 근성과 욕락을 두루 나타내어 보여주되 나타내는 바가 없다. 이 때문에 그 이름을 '부처님의 보리'라고 말한다.

● 疏 ●

文中三이니

初는 法이니 一念知三世일세 名一切智라

次는 喩니 卽擧海印하야 以喩菩提 無心頓現이라

三은 合이니 言無所現者는 有三義니 一은 無心現故로 如海오 二는 所現空故로 如像이오 三은 無別體故로 如水與像하야 不可分異라 自體顯現일세 故名爲覺이니 起信論云 '諸佛如來는 離於見想하야 無所不徧이니 心眞實故로 卽是諸法之性이니 自體顯照一切妄法하야 有大智用이라'하니 斯卽無思顯照同體之境이 爲菩提相用이라 故上文云 '於一切義에 無所觀察이라'하니라【鈔_ 論에 問曰 '虛空無邊故로 世界無邊이오 世界無邊故로 衆生無邊이오 衆生無邊故로 心行差別도 亦復無邊이니 如是境界는 不可分齊라 難知難解로다 若無明斷이면 無有心想이어늘 云何能了하야 名一切種智오

答曰 '一切境界는 本來一心이 離於想念이어늘 以諸衆生의 妄見境界故로 心有分齊하야 以妄起想念으로 不稱法性故로 不能決了어니와 諸佛如來는 離於見相하야 無所不徧이라 心眞實故로 卽是諸法之性이 自體顯照一切妄法하야 有大智用하고 無量方便으로 隨諸衆生所應得解하야 皆能開示種種法義라 是故로 得名一切種智니라'】

이의 경문은 3단락이다.

① 법, 한 생각의 찰나에 삼세의 모든 법을 알기에 그 이름을 '一切智'라 한다.

② 비유, 해인을 들어서 무심으로 한꺼번에 나타내는 보리를 비유하였다.

③ 종합, '나타내는 바가 없다.'고 말한 데는 3가지 뜻이 있다.

㉠ 무심으로 나타내기에 바다와 같고,

㉡ 나타내는 바가 공하기에 영상과 같으며,

㉢ 또 다른 체성이 없기 때문에 물과 영상처럼 다른 점을 구분할 수 없는 것과 같다.

자체가 나타나기에 그 이름을 '깨달음'이라 한다.

기신론에서 말하였다.

"제불여래는 본다는 생각에서 벗어나 두루 보지 않은 바가 없다. 마음이 진실한 까닭에 바로 모든 법의 자성이다. 그 자체가 일체 허망한 법을 관조하여 큰 지혜의 작용이 있다."

이는 아무런 생각이 없이 똑같은 체성의 경계를 비춰봄이 보리의 양상이자 작용이다. 이 때문에 위의 문장에 이르기를, "일체의 이치에 관찰한 바 없다."고 말하였다.【초_ 논에 어떤 사람이 물었다.

"허공이 끝이 없기 때문에 세계가 끝이 없고,

세계가 끝이 없기 때문에 중생이 끝이 없고,

중생이 끝이 없기 때문에 각기 다른 마음의 작용도 끝이 없다.

이와 같은 경계는 구분하거나 한계를 지을 수 없다. 참으로 알기 어렵고 이해하기 어렵다.

만약 명철한 결단이 없으면 마음의 생각이 없는데, 어떻게 잘 알아서 그 이름을 '一切種智'라 말하는가?"

대답하였다.

"일체 경계는 본래 하나의 마음이 想念에서 벗어난 것인데, 모든 중생의 妄見 경계 때문에 마음에 구분과 한계가 있어 망상을 일으킴으로써 법성에 하나가 되지 못한다. 이 때문에 명철한 결단을 할 수 없는 것이다. 그러나 제불여래는 망상의 견해를 벗어나 경계에 두루 관조하지 않음이 없다.

마음이 진실한 까닭에 모든 법의 자성 자체가 일체 허망한 법을 비춰주어 큰 지혜의 작용이 있고, 한량없는 방편으로 모든 중생이 당연히 이해해야 할 것들을 따라서 모두 가지가지 법의 이치를 보여주는 것이다. 이 때문에 '일체종지'를 얻었다고 말한다."】

第三 性相甚深

(3) 본체와 모양이 매우 심오하다

經

佛子여 諸佛菩提는 一切文字의 所不能宣이며 一切音聲의 所不能及이며 一切言語의 所不能說이로대 但隨所應하야 方便開示니라

불자여, 부처님의 보리는 일체 그 어떤 문자로도 표현할 수 없으며,

일체 그 어떤 음성으로도 미칠 수 없으며,

일체 그 어떤 언어로도 말할 수 없지만, 중생의 근기에 따라서 방편으로 보여줄 뿐이다.

● 疏 ●

性은 離言故며 理는 圓하고 言은 偏故니라

법성은 언어를 벗어났기 때문이며,

진리는 원융하고 언어는 치우치기 때문이다.

第四 三輪平等

釋上於法平等이니 等諸法故며 意輪等故니 何所疑哉아【鈔_ 意輪等者는 緣上標章云 於法平等 無有疑惑 故니라】

(4) 삼륜[身輪·口輪·意輪]이 평등하다

위에서 말한 '법에 평등함'을 해석하였다. 모든 법과 평등하기 때문이며, 意輪이 평등하기 때문이다. 어찌 의심할 바 있겠는가. 【초_ '意輪' 등이란 위의 표장에서 말한 "법에 평등하여 의혹이 없다."는 구절을 따라 말한 까닭이다.】

經

佛子여 如來應正等覺이 成正覺時에
得一切衆生量等身하며

得一切法量等身하며

得一切刹量等身하며

得一切三世量等身하며

得一切佛量等身하며

得一切語言量等身하며

得眞如量等身하며

得法界量等身하며

得虛空界量等身하며

得無礙界量等身하며

得一切願量等身하며

得一切行量等身하며

得寂滅涅槃界量等身하나니

佛子여 如所得身하야 言語及心도 亦復如是하야 得如是等無量無數淸淨三輪이니라

불자여, 여래·응공·정등각이 바른 깨달음을 이룰 적에

일체중생 수효만큼의 몸을 얻으며,

일체 법 수효만큼의 몸을 얻으며,

일체 국토 수효만큼의 몸을 얻으며,

일체 삼세 수효만큼의 몸을 얻으며,

일체 부처님 수효만큼의 몸을 얻으며,

일체 언어 수효만큼의 몸을 얻으며,

진여 수효만큼의 몸을 얻으며,

법계 수효만큼의 몸을 얻으며,

허공계 수효만큼의 몸을 얻으며,

걸림 없는 경계 수효만큼의 몸을 얻으며,

일체 서원 수효만큼의 몸을 얻으며,

일체 행 수효만큼의 몸을 얻으며,

적멸한 열반계 수효만큼의 몸을 얻는다.

불자여, 얻은 바의 몸만큼 언어와 마음 또한 그와 같다.

이처럼 한량없고 수없는 청정한 삼륜을 얻는다.

● 疏 ●

文中二니

先은 別擧身等이오 後는 類結顯多라

今初에 有十三身하니

前六은 等事오 次三은 等理오 次一은 等事理니 事事無礙오 後三은
等因果니 畧擧十三일새 故結云無量이라

皆言量者는 是所等之分量이오 皆言等者는 卽能等之三輪이라

等有二義하니

一은 等彼事理之量이오 二는 等彼事理之體니 所以等者는 彼諸理
事가 卽我所證이니 能所冥合하야 彼尙卽我어니 等之何難가 是以로
聖人은 空洞無像하야 物無非我일새 會萬物以成己也니라

後佛子如所得下는 類結을 可知니라

경문의 부분은 2단락이다.

① 몸 등을 개별로 들어 말하였고,

② 유별로 끝맺으면서 수효가 많음을 밝혔다.

'① 몸 등의 개별'에는 13가지의 몸이 있다.

앞의 6가지는 사법계와 같고, 다음 3가지는 이법계와 같고, 다음 1가지는 사법계와 이법계와 같은 것으로 事事無礙이며, 뒤의 3가지는 인과와 같다.

13가지를 간추려 말한 까닭에 한량없다고 끝맺었다.

모두 量이라 말한 것은 똑같은 대상의 분량만큼 똑같으며,

모두 等이라 말한 것은 똑같은 주체의 삼륜이다.

等에는 2가지 뜻이 있다.

㉠ 사법계와 이법계의 수효만큼 똑같으며,

㉡ 저 사법계와 이법계의 본체만큼 똑같다.

평등하게 똑같은 것은 저 모든 사법계와 이법계가 곧 나의 증득의 대상이다. 주체와 대상이 보이지 않게 하나가 되어 그 사법계와 이법계가 오히려 나에게 하나가 될 것인데, 평등하게 똑같이 하는 것쯤이야 그 무엇이 어렵겠는가. 성인은 공하여 형상이 없기에 중생이 바로 '내'가 아닌 존재가 없다. 만물을 회통하여 이로써 자기로 만든 것이다.

뒤의 '佛子如所得' 이하는 유별로 끝맺은 것임을 알 수 있다.

第五 明因果交徹

釋上無二니 同一性故니라

文中三이니

初標 次釋 三結이라

今은 初라

    (5) 인과가 서로 통하다

    위의 '둘이 없음'을 해석하였다. 똑같은 자성이기 때문이다.

    경문은 3단락이다.

    첫째는 표장, 둘째는 해석, 셋째는 끝맺음이다.

    이는 '첫째, 표장'이다.

經

佛子여 如來 成正覺時에 於其身中에 普見一切衆生이 成正覺하며 乃至普見一切衆生이 入涅槃하야

    불자여, 여래께서 바른 깨달음을 이룰 적에,

    그 몸에서 일체중생이 바른 깨달음을 이루는 것을 두루 보며,

    내지 일체중생이 열반에 드는 것을 두루 보았다.

◉ 疏 ◉

八相之中에 畧擧其二일새 故云乃至니라

此文은 正同淨名云 '若彌勒得菩提者인댄 一切衆生도 皆亦應得이니 一切衆生이 卽菩提相이라'한대 彌勒이 示迷此旨하야 但謂理詰之言이오 不知眞得菩提 實如所詰이라【鈔_ 卽菩薩品에 彌勒이

爲兜率天子하야 說不退轉地之行이러니 淨名이 難云 爲從如生하야 得受記耶아 云云若以如生으로 得受記者인댄 如無有生이요 若以如滅로 得受記者인댄 如無有滅이니 一切衆生이 皆如也며 一切法이 亦如也며 衆聖賢이 亦如也며 至於彌勒도 亦如也라 若彌勒이 得受記者인댄 一切衆生도 亦應受記니 所以者何오 夫如者는 不二不異니 若彌勒이 得阿耨多羅三藐三菩提者인댄 一切衆生도 皆亦應得이니 所以者何오 一切衆生이 卽菩提相이니라 若彌勒이 得滅度者인댄 一切衆生도 亦當滅度니 所以者何오 諸佛이 知一切衆生이 畢竟寂滅하야 卽涅槃相이라 不復更滅이라

釋曰 '今正釋成正覺義라 故但引菩提오 若據經文이면 云乃至入涅槃이니 則有亦當滅度之義라 故今具引耳니라'

'彌勒示迷'下는 第二 出彼經意이니 旣爲補處인댄 何理不窮이리오 寄於受屈하야 以悟時聽耳라

言'但謂理詰之言'者는 卽是迷相이라 然迷有二意하니 一은 約彌勒受難이니 云一切同如어늘 而我獨得授記아 誠乖理也라 故云理詰之言이오 二者는 彌勒不受難이니 云理雖一如나 行滿得記니 何得以理而難事耶아 故云理詰이라

'不知眞得'者는 三 正會釋淨名이니 非曰妄詰이라 眞實菩提라야 誠乃一得一切得耳니 則受難不受難이 俱迷此理니라 若顯不迷 應對淨名이라

'實如所言'은 我已見生에 得記作佛하야 入涅槃竟이라】

부처님의 생애에서 가장 중요한 八相 가운데 그 2가지만을 간

추려서 말한 까닭에 '내지'라고 말하였다.

이의 경문에서 말한 뜻은 바로 유마경에서 말하고 있다.

"만약 미륵이 깨달음을 얻는다면 일체중생도 모두 얻을 것이다. 일체중생이 바로 깨달음의 모습이다."

미륵이 이런 종지에 혼미함을 보이면서 다만 '이치를 내세워 따지는 말'이라 하였을 뿐, 참으로 얻은 깨달음이 실로 따져 묻는 바와 같음을 알지 못함과 같다. 【초_ 유마경 제4 보살품에서 다음과 같이 말하고 있다.

미륵이 도솔천왕을 위하여 퇴전하지 않는 지위에 대한 수행을 설법하였는데, 유마거사가 따져 물었다.

"진여로부터 생겨서 수기를 얻은 것입니까? (…) 만약 진여로부터 생겨서 수기를 얻은 것이라면 진여란 생겨남이 없으며, 진여로부터 사라져서 수기를 얻은 것이라면 진여란 사라짐이 없습니다.

일체중생이 모두 진여입니다.

일체 법이 또한 모두 진여입니다.

많은 성현 또한 모두 진여입니다.

미륵이라 할지라도 또한 진여입니다.

만약 미륵이 수기를 받았다면 일체중생 또한 당연히 수기를 받을 것입니다.

무엇 때문일까?

진여란 둘이 아니며, 다른 것도 아니기 때문입니다.

만약 미륵이 최상의 깨달음을 얻었다면 일체중생도 모두가 당연히 깨달음을 얻을 것입니다.

무엇 때문일까?

일체중생이 곧 깨달음의 모습이기 때문입니다.

미륵이 열반을 얻었다면 일체중생도 모두가 당연히 열반을 얻을 것입니다.

무엇 때문일까?

모든 부처님은 일체중생이 끝내는 적멸하여 곧 열반의 모습이기 때문에 더 이상 열반할 게 없음을 알기 때문입니다."

이에 대한 해석은 다음과 같다.

여기에서는 정각의 성취를 해석하고 끝맺었다. 따라서 보리만을 인용했을 뿐이다. 경문에 근거하면 "내지 열반에 들었다."라고 말한 것으로 보면 또한 당연히 열반에 관한 뜻도 있어야 한다. 이런 이유로 여기에서 구체적으로 인용한 것이다.

'彌勒示迷' 이하는 둘째, 유마경에서 인용한 뜻이다.

미륵이 이미 補處 보살이라면 그 무슨 이치이든 다 알지 못할 턱이 있겠는가. 머리를 숙이고 가르침을 받음에 가탁하여 당시 법문을 듣는 대중을 깨우쳐 줌이다.

'但謂理詰之言'이라 말한 것은 미혹의 모습이다. 그러나 미혹에는 2가지 뜻이 있다.

① 미륵을 들어 논란을 받아들임이다.

"일체중생이 모두 진여와 같은데, 유독 나에게만 수기를 준 것일까?"

이는 참으로 이치에 어긋난 말이다. 이 때문에 이치로 따지는 말이라 한다.

② 미륵을 들어 논란을 받아들이지 않음이다.

"이치로 보면 비록 똑같이 진여이지만, 수행이 원만해야 수기를 얻을 수 있다. 어떻게 근본 원리의 이법계로써 현상의 사법계를 논란할 수 있겠는가."

이 때문에 이치로 따지는 말이라 한다.

'不知眞得'은 셋째, 바로 유마경을 회통하여 해석함이다.

부질없이 따지는 말이라 하지 않는다. 진실한 깨달음만이 참으로 하나를 얻으면 일체를 얻을 수 있다. 논란을 받아들이고 논란을 받아들이지 않음은 모두 이런 이치를 알지 못하기 때문이다. 혼미하지 않음을 나타냄이 유마거사에게 대답함이다.

'實如所言'은 나는 벌써 중생이 수기를 얻어 부처가 되어 열반에 듦을 보았음을 말한다.】

又前章에 以我等彼라 故徧同彼量이오 今은 明以彼等我라 故全現我中이니 是知一性平等으로 反覆相成이라【鈔_ 則前是普徧이오 此是廣容이라 言'一性平等 反覆相成'者는 前章은 明平等이오 此章은 明一性이라 故下釋中에 皆同一性이라하니 由平等故로 唯是一性이오 由一性故로 何不等耶아 故云相成이라】

또한 앞 장에서는 내가 남들과 똑같기 때문에 그들의 수효만큼 두루 똑같음을 말하였고, 여기에서는 남들이 나와 똑같음을 밝힌 까닭에 나의 측면에서 모두 밝힌 것이다. 여기에서 알아야 할 점은 하나의 성품과 평등으로 반복하여 서로 이루고 있다는 점이다.【초_ 또한 앞에서는 '두루 널리 존재함'이고, 여기에서는 '널리 포용함'을 말하였다.

"하나의 성품과 평등으로 반복하여 서로 이루고 있다."고 말한 것은 앞 장에서는 평등을 밝혔고, 이 장에서는 하나의 성품을 밝혔다. 이 때문에 아래의 해석에서 '모두 똑같은 성품[皆同一性]'이라 하였다. 평등에 의하여 오직 하나의 성품이요, 하나의 성품에 의하여 어찌 평등하지 않으랴. 이 때문에 '서로 이룬다.'고 말하였다.】

此中之成은 爲理爲事아 若是事成인댄 何以釋云同一性故며 若是理成인댄 何以此云成正覺耶아 入涅槃耶아 此是華嚴大節 圓宗之義오 不對諸宗하야 難以取解니라

然諸衆生은 若於人天位中觀之면 具足人法二我오 小乘은 唯是五蘊實法이며 大乘은 或說但心所現하고 或說幻有卽空하야 人法俱遣하며 或說唯如來藏具恒沙性德이라 故衆生 卽在纏法身이라 하니 法身·衆生이 義一名異니 猶據理說이오 更有說言'相本自盡'이오 性本自現'이니 不可說言卽佛不卽佛等이어니와 若依此宗이면 舊來成竟이며 亦涅槃竟이니 非約同體라 此成이 卽是彼成이라【鈔_'然諸衆生'下는 卽五敎意에 兼人天 爲六이라】

여기에서 말한 '정각 성취'의 성취란 이법계로 말하는가, 사법계로 말하는가.

만약 사법계의 성취라면 어떻게 '똑같은 성품[同一性]'으로 해석할 수 있을까?

만약 이법계의 성취라면 어떻게 여기에서 '정각의 성취'와 '열반에 듦'을 말할 수 있을까?

이는 화엄경의 큰 부분에 해당되는 圓宗의 의의이기에, 다른 종지를 상대로 논란하면서 이해하려고 해서는 안 된다.

그러나 모든 중생을 人天位에서 살펴보면 人我와 法我가 두루 넉넉하며, 소승은 오직 오온의 實法이며, 대승은 간혹 마음의 나타난 바라 말하고, 혹은 幻有가 바로 공이라 말하여, 인아와 법아를 모두 떨쳐버리며, 혹은 오직 여래장이 항하의 모래알만큼 많은 性德을 갖추고 있기에 중생이 바로 '번뇌 속의 법신[在纏法身]'이라고 말한다.

법신과 중생이 뜻은 하나지만 이름만큼은 다르다. 오히려 이법계에 의해 말함이며, 또한 "모양은 본래 스스로 다하고 성품은 본래 스스로 나타난다."는 말이 있다. '바로 중생이다.' '부처가 아니다.' 등이라 말할 수 없지만, 만약 화엄종지를 따르면 예전에 성취했으며, 또한 열반을 한 것이다. 이는 동일한 체성이라는 말이 아니라, 이런 성취가 바로 저런 성취임을 말한다.【초_ '然諸衆生' 이하는 五教의 뜻에 人天을 겸하여 6가지가 된다.】

若爾인댄 何以現有衆生이 非卽佛耶아 若就衆生位看者인댄 尚不見唯心卽空이어니 安見圓教中事리오 如迷東謂西라하야 正執西故니라 若諸情頓破면 則法界圓現하야 無不已成이 猶彼人悟에 西處全東이라

若爾인댄 諸佛이 何以更化衆生고 不如是知일세 所以須化니 如是

化者є 是究竟化며 如是化者є 無不化時라 故下結云 '大悲相續하야 救度衆生이라'하니라 隨門不同하야 種種有異어니와 約成佛門이면 一切成也니라【鈔_ '隨門不同'下는 卽類結餘門이니 門雖有多나 且署分四니

一은 約性이니 卽一眞法界오 二는 約相이니 卽無盡事法이오 三은 約性相交徹하야 顯此二門이 不卽不離오 四는 以性融相하야 德用重重이라

'初約性門'者는 問 '體是佛不아' 答 '是'라

應成四句니

一은 是佛이니 法性身이 無所不至라 故經云 '性空卽是佛故'라하니라
二는 非佛이니 絶能所覺이니 謂其性平等하야 一眞法界니 非佛·非衆生故니라
三은 亦佛亦非佛이니 以法性身이 無自性故니라
四는 雙非니 性與無性이 雙泯絶故니라 經云 '無中無有二며 無二亦復無라 三界一切空이 是則諸佛見이라'하니라

'二 就相門'이니 乃有二義니

一은 情이오 二는 非情이니 眞心隨緣變能所故니라
然此二門은 各分染淨이니 謂無明이 熏眞如하야 成染緣起오 眞如熏無明하야 成淨緣起하야 染成萬類오 淨至成佛이라 以修淨緣으로 斷彼染緣이라야 方得成佛이니라
依此二義면 則生·佛 不同이니 於淨緣中 因果에 因有純雜하고 果有依正이라

若約純門인댄 隨一菩薩 盡未來際토록 唯修一行하야 一一皆然이오

若約雜門인댄 萬行齊修하야 盡未來際오

若約因門인댄 盡未來際토록 常是菩薩

若約果門인댄 盡未來際토록 常是如來니 經云 '爲衆生故로 念念新新成等正覺'이라하고

若雙辨二門인댄 盡未來際토록 修因得果오

若約雙非인댄 盡未來際토록 非因非果오 便同眞性이라 前之二門은 雙具悲智하고 雙融心境이라

'第三性相交徹門'中에 曲有四門하니

一은 以性隨相하니 同第二門이오

二는 會相歸性이니 同第一門이오

三은 雙存無碍니 具上二門이니 依此면 則悲智雙運하고 性相齊驅하고 寂照雙流하야 成大自在오

四는 互奪雙亡이니 則性相俱絶하야 沒同果海하야 無成不成이라

'第四 以性融相門'은 相雖萬差나 無不卽性이니 性德包含하야 全在相中하니 以性融相하야 相如於性하야 令上諸門으로 皆無障礙하야 因果交徹하고 純雜相融하야 事事相袤하고 重重無盡이라 今就性門四句之內는 是卽佛門이오 不取餘三이라

就'相門'中에 約有情門인댄 是淨非染이오 是果非因이니 是一分義非此所用이오

就'交徹'門인댄 佛則性相雙融이나 生則會相歸性이라

今經은 正約第四 以性融相이니 一成에 一切皆成이니 謂以佛之

淨性으로 融生之染하고 以佛一性으로 融生之多하야 令多染生으로 隨一眞性하야 皆如於佛이오 已成佛竟에 非唯有情이라 會萬類相하야 融爲佛體하야 無不皆成이라 故肇公云 '會萬物而成己者는 其唯聖人乎인저'하고 又云 '故로 至人은 空洞無象이라 物無非我니 以佛之性으로 融於物性하야 同佛皆成이오 以物之性으로 融物之相이라 故令三業으로 等於萬類라'하니 卽今經意는 而非餘門이라 故云隨門不同이라하니 今是成佛門也라

頓敎는 多同約性四門이오 終敎는 卽同性相交徹이오 始敎는 有二니 幻有卽空은 同會相歸性이오 但唯心現은 多同第二오 小乘人天은 皆同相門이라 由此로 有云無情成佛은 是約性相相融이니 以情之性으로 融無情相하고 以無情相으로 隨性融同有情之性이라 故說無情有成佛義니라 若以無情不成佛義로 融情之相이면 亦得說言 諸衆生不成佛也라 以成與不成과 情與無情이 無二性故며 法界無限故며 佛體普周故며 色空無二故며 法無定性故며 十身圓融故며 緣起相由故며 生界無盡故며 因果周徧故며 遠離斷常故며 萬法虛融故니라 故說一成一切成也오 非謂無情도 亦有覺性하야 同情成佛이라 若許成佛인댄 此成則能修因이니 無情變情하고 情變無情은 便同邪見이라 餘義는 具如前後廣說하다】

"그렇다면 무엇 때문에 현재의 중생이 부처가 아닌 것일까?"

만약 중생의 지위에서 살펴보면, 오히려 마음이 공이라는 것도 볼 수 없는데, 어떻게 圓敎의 속에서 현상의 사법계를 볼 수 있겠는가. 동쪽임을 모르고서 서쪽이라 생각하여 서쪽으로 집착하는

것과 같기 때문이다. 모든 알음알이의 情識을 한꺼번에 타파하면 법계가 원만하게 나타나 이미 앞서 이뤄지지 않음이 없다. 이는 마치 혼미한 사람이 잘못 알았던 서쪽이 완전히 동쪽임을 깨달음과 같다.

"그렇다면 제불이 무엇 때문에 다시 중생을 교화하는가?"

이와 같이 알지 못한 까닭에 교화를 필요로 하는 것이다.

이와 같이 교화하는 것이 궁극적 교화이며, 이와 같은 교화는 교화하지 않을 때가 없다. 그러므로 아래에 끝맺어 말하기를, "이어지는 대비의 마음으로 중생을 제도한다."고 하였다. 법문이 똑같지 않음에 따라서 가지가지의 차이가 있지만, 성불의 법문으로 말하면 일체가 모두 성취되는 것이다.【초_ '隨門不同' 이하는 유로 나머지 법문을 끝맺음이다. 법문이 많지만 대략 4가지로 나뉜다.

① 성품으로 말한다. 이는 一眞法界이다.

② 모양으로 말한다. 이는 그지없는 사법계이다.

③ 성품과 모양이 서로 통함으로 말하여, 이 2가지 법문이 하나도 아니요 여읜 것도 아님을 밝혔다.

④ 성품으로 모양과 원융하여 공덕의 작용이 거듭거듭 이뤄진다.

'① 성품으로 말한다.'는 것은 다음과 같다.

"본체가 부처인가?"

"그렇다."

이는 4구를 이루고 있다.

㉠ 부처이다. 법성의 몸이 이르지 않은 바가 없다. 따라서 경문에 이르기를, "법성의 공이 바로 부처이기 때문이다."고 하였다.

㉡ 부처가 아니다. 주체와 대상의 깨달음이 끊어진 자리이다. 그 법성이 평등하여 一眞法界이다. 부처도 아니고 중생도 아니기 때문이다.

㉢ 또한 부처이기도 하고 또한 부처가 아니기도 하다. 법성의 몸이 자성이 없기 때문이다.

㉣ 부처도 아니고 부처가 아닌 것도 아니다. 법성이 있다거나 법성이 없다거나 모두 사라졌기 때문이다.

제14 수미정상게찬품의 게송에서 말하였다.

"없다는 가운데 둘도 없고, 둘도 없다는 것마저도 또한 없다.
삼계가 일체 공이니, 이는 모든 부처님의 견해이다."

'② 모양으로 말한' 데에는 2가지 뜻이 있다.

㉠ 情이며,

㉡ 정이 아니다. 진심이 반연을 따라 주체와 대상이 변하기 때문이다.

그러나 이 2가지 법문은 각각 잡염과 청정으로 나뉜다.

무명이 진여를 훈습하여 잡염의 緣起를 이루고, 진여가 무명을 훈습하여 청정한 연기를 성취하여 잡염 연기로 모든 만물을 이루고 청정 연기로 성불에 이르는 것이다. 청정 연기를 닦음으로써 저 잡염 연기를 끊어야만 비로소 성불할 수 있다.

이러한 2가지 의의를 따르면 중생과 부처가 똑같지 않다. 청정

연기의 가운데 인과를 살펴보면, 원인에는 순수함과 잡염이 있고 결과에는 依報와 正報가 있다.

　순수 법문으로 말하면, 하나의 보살을 따라 미래가 다하도록 오직 하나의 행만을 닦아서 하나하나가 모두 그러하고,

　잡염 법문으로 말하면, 미래가 다하도록 모든 행을 모두 닦고,

　원인의 법문으로 말하면, 미래가 다하도록 언제나 보살이며,

　결과의 법문으로 말하면, 미래가 다하도록 언제나 여래이다.

경문에서는 "중생을 위한 까닭에 한 생각 한 생각이 새롭고 새로워서 등정각을 성취한다."고 말하였다.

　순수와 잡염 2가지 법문으로 말하면, 미래가 다하도록 원인을 닦아 결과를 얻고,

　순수와 잡염 2가지 법문이 아닌 것으로 말하면, 미래가 다하도록 원인도 아니고 결과도 아니며, 곧 眞性과 같다.

　앞의 2가지 법문은 대비와 대지를 모두 갖추었고, 마음과 경계를 모두 원융케 하였다.

　'③ 성품과 모양이 서로 통함으로 말한' 부분에는 자세히 4가지 법문이 있다.

　㉠ 성품으로 모양을 따르니, '② 모양을 회통하여 성품으로 귀의'하는 법문과 같고,

　㉡ 모양을 회통하여 성품으로 귀의하니, '① 성품으로 모양을 따르는' 법문과 같다.

　㉢ 모두 보존하되 걸림이 없으니, 위의 2가지 법문을 갖추고 있

다. 이에 의하면 대비와 대지를 모두 운용하고 성품과 모양을 함께 몰아가며, 寂靜과 관조가 모두 유통되어 큰 자재함을 성취하였다.

㉣ 모두 부정하고 모두 사라짐이다. 성품과 모양이 모두 끊어져 사라짐이 果海와 같아서 성취함도 없고 성취하지 못함도 없다.

'④ 성품으로 모양과 원융한 법문'은 모양이란 비록 만 가지로 다르지만 성품과 하나가 되지 않은 게 없다. 성품의 공덕을 포함하여 모두 모양의 가운데에 있다. 성품으로 모양과 원융하여 모양이 성품과 같아서, 위의 여러 법문을 모두 걸림이 없게 하여 원인과 결과가 서로 통하고, 순수와 잡염이 서로 융합하여 일과 일들이 서로 함께하여 거듭거듭 그지없다.

'① 성품으로 말한' 4구는 부처의 법문이며, 나머지 3가지는 취하지 않는다.

'② 모양으로 말한' 有情 법문으로 말하면, 청정이지 잡염이 아니며, 결과이지 원인이 아니다. 이 한 부분의 의의는 여기에서 인용한 바가 아니다.

'③ 성품과 모양이 서로 통한' 부분으로 말하면, 부처는 성품과 모양이 서로 통하지만, 중생은 모양을 회통하여 성품으로 귀의하는 것이다.

이의 경문은 바로 '④ 성품으로 모양과 원융한 법문'으로 말한다. 하나를 성취하면 일체를 성취한다. 부처의 청정한 성품으로 중생의 잡염을 원융하고, 부처의 하나의 성품으로 중생의 많은 것을 원융하여, 잡염이 많은 중생으로 하여금 하나의 眞性을 따라서 모두 부처와 같이 만드는 것이다. 이미 성불한 후에는 유정뿐만 아니라 모든 부류의 모양을 회통, 융합하여 모두 부처의 몸으로 성취시켜 주지 않음이 없다.

이 때문에 승조법사가 말하였다.

"만물을 회통하여 자기의 몸으로 만든 자는 오직 성인뿐이다."

또 말하였다.

"그러므로 성인은 텅텅 비어 형상이 없다. 중생은 나 아닌 존재가 없기에, 부처의 성품으로 중생의 성품을 융합하여 모두 부처와 똑같이 성취케 하고, 중생의 성품으로 만물의 모양을 융합한 터라, 신구의 삼업을 모든 만물과 똑같이 하는 것이다." 이 경문에서 말한 뜻은 나머지 법문이 아니다. 이 때문에 '법문을 따라 똑같지 않다.'고 말하니, 이는 성불의 법문이다.

頓敎는 대체로 '① 성품으로 말한' 4구의 법문과 같고,

終敎는 '③ 성품과 모양이 서로 통한' 부분과 같으며,

始敎는 2가지가 있다. 幻有가 곧 空임은 '모양을 회통하여 성품으로 귀의'함과 같고, 오직 마음이 나타남은 대체로 '② 모양으로 말한' 부분과 같으며, 小乘人天은 모두 '② 모양으로 말한' 부분과 같다. 이런 연유로 '무정물의 성불'은 '③ 성품과 모양이 서로 통한' 부분으로 말함이니 유정의 성품으로 무정의 모양을 융합하고, 무정의 모양으로 성품을 따라서 유정의 성품과 똑같이 하는 것이다. 이 때문에 '무정물도 성불할 수 있다.'는 뜻으로 말한 것이다. 만약 무정물이란 성불할 수 없다는 뜻으로 유정의 모양에 융합하면, 또

한 '모든 중생도 성불할 수 없다.'고 말해야 한다.

　성불할 수 있는 것과 성불할 수 없는 것, 그리고 유정과 무정물 이 2가지 성품이 없기 때문이며,

　법계는 한량없기 때문이며,

　부처의 몸은 널리 두루 나타나기 때문이며,

　색과 공은 둘이 없기 때문이며,

　법은 일정한 성품이 없기 때문이며,

　10가지의 몸이 원융하기 때문이며,

　연기는 서로 유래하기 때문이며,

　중생계는 그지없기 때문이며,

　인과는 두루 존재하기 때문이며,

　斷見과 常見을 아주 끊었기 때문이며,

　모든 법이 공허하게 원융하기 때문이다.

　이 때문에 "하나를 성취하면 일체를 성취한다."고 말한 것일 뿐, 무정물 또한 깨달음의 성품이 유정과 똑같이 성불할 수 있다는 말은 아니다.

　만약 무정물이 똑같이 성불할 수 있다고 말한다면, 이의 성취는 원인을 닦은 데서 이뤄진 것이다. 무정물이 유정으로 변하고 유정이 무정물로 변한다는 것은 곧 삿된 견해와 같다.

　나머지 의의는 구체적으로 앞뒤에서 자세히 말한 바와 같다.】
又此衆生이 乃是像上之模니 令其去模면 則自見己佛이오 亦見他成이니 如第十段이라【鈔_ '又此衆生'者는 重釋이니 此是一義니

419

前同佛心塵中經卷이오 下同第十普徧諸心이라 以見自成이면 卽
見他成이니 同下 自心에 念念 常有佛成正覺이라】

또한 이 중생이 바로 형상 위의 모형과 같다. 그 모형을 버리면
스스로 자기의 부처를 볼 수 있고, 또한 남들의 성취도 볼 수 있다.
이는 '⑩ 모든 마음에 두루 존재한다.'에서 말한 바와 같다.【초_ '又
此衆生'이란 거듭 해석한 것으로, 이는 또 다른 하나의 뜻이다. 앞
으로는 부처의 마음이 '티끌 속의 대장경'이라는 말과 같고, 뒤로
는 '⑩ 모든 마음에 두루 존재한다.'는 말과 같다. 스스로의 성취를
보면 곧 남들의 성취도 볼 수 있다. 이는 아래의 "자기의 마음에 생
각 생각마다 항상 부처가 있어 바른 깨달음을 성취한다."는 말과
같다.】

二 釋

둘째, 해석

經
皆同一性이니 所謂無性이라 無何等性고
所謂無相性이며 無盡性이며 無生性이며 無滅性이며 無
我性이며 無非我性이며 無衆生性이며 無非衆生性이며
無菩提性이며 無法界性이며 無虛空性이며 亦復無有成
正覺性이니

모두가 똑같은 성품이다.

이른바 성품이 없다.

어떤 성품이 없다는 것일까?

이른바 모양의 성품이 없고, 다함의 성품이 없으며,

생겨나는 성품이 없고, 사라지는 성품이 없으며,

'나'라는 성품이 없고, '나'라는 것이 아니라는 성품이 없으며,

중생이라는 성품이 없고, 중생이 아니라는 성품이 없으며,

보리라는 성품이 없고, 법계라는 성품이 없으며,

허공이라는 성품이 없고, 또한 바른 깨달음을 이루었다는 성품도 없다.

◉ 疏 ◉

釋中에 先은 總釋이니 同一無性일세 故得現成이오 妄性本虛일세 生元是佛이며 眞性叵得이라 非今始成일세 故皆成也니라【鈔_ 三釋中'者는 此有三意하니 一云'同一無性 故得現成'者는 謂旣無二性이라 佛證一性 得成佛故로 生隨一性하야 皆成佛矣라

二云'妄性本虛 生元是佛'者는 生自有妄하야 見生非佛이라 佛了妄虛이어니 生何非佛가

三'眞性叵得 非今始成'者는 若有可得이면 今得成佛이어니와 證性叵得이라 佛非始成이니 佛非始成은 佛本是佛이오 佛之本佛이니 何異生佛가 是故로 一成에 一切皆成이오 亦可說言호되 若一不成이면 一切不成이라 同一性故로 今是成佛門故니 故一切皆成佛也라】

421

해석 부분의 앞은 총체의 해석이다.

똑같이 성품이 없기에 바로 그 자리에 이루어져 있으며,

허망한 성품은 본래 공허하기에 중생이 원래 부처이며,

진실한 성품은 얻을 수 없기에 지금 처음 이루어진 게 아니다. 이 때문에 모두 여기에서는 처음 이루어진 게 아니기에 모두 성취할 수 있다.【초_ '3가지 해석 부분'은 여기에 3가지 뜻이 있다.

① "똑같이 성품이 없기에 바로 그 자리에 이루어져 있다."는 것은 이미 둘의 성품이 없음을 말한다. 부처는 하나의 성품을 증득하여 성불한 까닭에 중생은 하나의 성품을 따라 모두 성불할 수 있다.

② "허망한 성품은 본래 공허하기에 중생이 원래 부처이다."는 것은 중생이 스스로 허망함이 있어 중생이 부처가 아님을 볼 수 있다. 부처는 허망이 공허함을 알고 있다. 중생이 어찌 부처가 아니겠는가.

③ "진실한 성품은 얻을 수 없기에 지금 처음 이루어진 게 아니다."는 것은 만약 얻을 수 있다면 지금 성불할 수 있지만 성품을 증득할 수 없다. 부처가 처음 성취한 게 아니다. 부처가 처음 성취한 게 아니라는 것은 부처는 본래 부처이다. 부처는 본래 부처이니 어찌 중생과 부처가 다르겠는가. 이 때문에 하나가 성취하면 일체가 모두 성취하는 것이다. 또한 이렇게 말할 수도 있다. 만약 하나가 성취하지 못하면 일체가 모두 성취하지 못한다. 똑같은 성품이기에 이는 성불할 수 있는 법문이다. 그러므로 일체가 모두 성불하는 것이다.】

次轉徵所無니 無何等性은 同菩提性故니라
後釋所無에 有十二句니
前四는 通生及佛이오
次四는 衆生이오
後四는 唯約佛이니 非獨妄空眞有오 亦非妄有眞空이니 以性融相에 法界圓現故로 由此無性하야 說成正覺이라

다음은 성품이 없는 바를 차례로 물음이다.
어떤 성품이 없는가는 보리의 성품과 같기 때문이다.
뒤는 성품이 없는 바를 해석함에 12구가 있다.
앞의 4구는 중생 및 부처에 모두 통하고,
다음 4구는 중생을 따라 말했으며,
뒤의 4구는 오직 부처로 말하였다. 부처만이 유독 허망이 공한 眞有가 아니며, 또한 妄有의 眞空도 아니다. 성품으로써 모양과 원융하여 법계가 원만하게 나타나기 때문에 성품이 없는 것을 연유하여 정각을 성취함을 말하였다.

又攝十二하야 總爲六對니
一은 能相所相對니 謂染相淨相이 相待有故며 念念之盡에 緣所盡故며 煩惱永盡하야 本自盡故니라【鈔_ '一能相所相對'者는 相爲所相이오 盡即能相이니 所相法體는 即是有爲니 不出染淨이라
言'相待有故'者는 釋成無義니 染待淨有일세 故無染相이오 淨待染有일세 故無淨相이라 是故로 經云 '無相性'也라
言'無盡性'者는 盡即能相이니 生滅染淨이 全是有爲니라

然生滅四相에 畧有二種이니 一은 刹那盡이니 云念念滅이니 以緣滅故로 顯無滅性이오 二는 一期滅이니 如煩惱性盡이니 以性空門으로 顯無滅義라】

또한 12구를 포괄하여 모두 6가지의 대구를 이루고 있다.

제1 대구, 모양의 주체와 모양의 대상으로 대구이다.

잡염의 모양과 청정의 모양이 상대로 있기 때문이며,

한 생각 한 생각이 다하면 반연이 다하였기 때문이며,

번뇌가 아주 다하여 본래 스스로 다하였기 때문이다.【초_ "제1 대구, 모양의 주체와 모양의 대상으로 대구"라는 것은 相이란 모양의 대상이고 다함은 모양의 주체이다. 모양의 대상이 되는 法體는 바로 有爲이다. 잡염과 청정에서 벗어나지 않는다.

"상대로 있기 때문"이라 말한 것은 성품이 없다는 뜻을 해석하여 끝맺음이다. 잡염은 청정을 상대로 있는 것이기에 잡염의 모양이 없고, 청정은 잡염을 상대로 있는 것이기에 청정의 모양이 없다. 이 때문에 경문에서 "모양이라는 성품이 없다."고 말하였다.

"다함의 성품이 없다."고 말한 것은 다함이란 모양의 주체이다. 生滅과 染淨이 모두 有爲이다.

그러나 生滅의 4가지 모양에는 대략 2가지가 있다.

① 찰나 순간의 다함이다. 한 생각 한 생각이 사라짐이다. 반연이 사라지기 때문에 "사라지는 성품이 없다."는 점을 밝혔다.

② 한 생애가 사라짐이다. 예컨대 번뇌의 성품이 다함이다. 性空의 법문으로 "사라지는 성품이 없다."는 점을 밝혔다.】

二는 生滅對니 約凡이면 則本自不生이라 卽涅槃相이니 不復更滅故오 約佛菩提인댄 非始生故니 何有滅耶아

제2 대구, 생겨남과 사라짐이 대구이다.

범인으로 말하면 본래 자체가 생겨나지 않는 터라, 바로 열반상이다. 또다시 사라질 게 없기 때문이다.

부처의 보리로 말하면 처음 태어난 것이 아니기 때문이다. 어찌 사라질 게 있겠는가.

三은 我非我對니 有緣無主故로 我尙不可得이어늘 非我를 何可得가 諸法實相中에 無我無非我故니라

제3 대구, '나'라는 것과 '나'라는 것이 아니라는 대구이다.

반연이 있는 것은 주체가 없기 때문에 '나'라는 것도 오히려 얻을 수 없는데, '나'라는 것이 아님을 어떻게 얻을 수 있겠는가. 모든 법의 실상에는 '나'라는 것도 없고 '나'라는 것이 아니라는 것도 없기 때문이다.

四는 緣非緣對니 攬緣生故로 緣尙不可得故니라

제4 대구, 반연이라는 것과 반연이 아니라는 대구이다.

반연을 가지고 생겨나기 때문에 반연도 오히려 얻을 수 없기 때문이다.

五는 能所證對니 能證菩提는 因所證故오 所證法界는 由智顯故니라

제5 대구, 증득의 주체와 대상이 대구이다.

증득 주체의 보리는 증득 대상의 원인이기 때문이며,

증득 대상의 법계는 지혜를 따라 나타나기 때문이다.

六은 合不合對니 虛空非合이니 因有顯故니라 所以性無오 成覺是合이니 理智契合은 卽爲緣起일새 故非有也니라【鈔_ '六合非合對'는 虛空은 無體라 不與物合이오 亦以因緣으로 顯無虛空이라 成正覺者는 能所契合이오 亦因緣門은 釋無正覺일새 故一合相이오 非一合相이라】

제6 대구, 합한 것과 합하지 않음이 대구이다.

허공은 합한 것이 아니다. 有로 인해 나타나기 때문이다. 이 때문에 성품이 없으며,

깨달음의 성취는 합한 것이다. 이치와 지혜가 계합한 것은 곧 연기이기 때문에 有가 아니다.【초_ "제6 대구, 합한 것과 합하지 않음이 대구"는 허공이란 자체가 없는 터라, 어떤 물체와 합해지지 않고, 또한 인연으로 허공이 없음을 밝혔다.

'깨달음의 성취'는 주체와 대상이 계합함이며, 또한 인연 법문은 正覺이 없음을 해석한 것이기에 하나로 합한 모양이며, 하나로 합한 모양이 아니다.】

三 結

셋째, 끝맺음

知一切法이 皆無性故로 得一切智하야 大悲相續하야 救度衆生이니라

일체 법이 모두 성품이 없음을 알기 때문에 일체 지혜를 얻고 크게 가엾이 여김이 서로 이어져 중생을 제도하는 것이다.

◉ 疏 ◉

結中에 物物無性일새 故成種智오 證斯同體일새 而起大悲오 一得永常일새 故云相續이오 又只由不知無性故로 教化不絕이라【鈔_ '物物無性'下는 疏有二意니 一은 由證無性이라 故得成佛이니 無性은 即是大悲之體일새 故得起悲니라 '又只由'下는 二는 由生不知佛證無性일새 故化令知니라】

끝맺은 부분에 모든 중생이 성품이 없기에 일체종지를 성취하고,

중생과 하나의 몸임을 증득한 까닭에 大悲의 마음을 일으키며,

한번 얻으면 영원히 변치 않기에 '서로 이어진다.'고 말하고,

또한 다만 중생이 성품이 없음을 알지 못함에 따라서 교화가 끊이지 않는다.【초_ '物物無性' 이하는 청량소에 2가지 뜻이 있다.

① 성품이 없음을 증득함에 따라서 성불할 수 있다. 성품이 없음은 곧 大悲의 본체이기에 대비의 마음이 일어나는 것이다.

'又只由' 이하는, ② 중생은 부처가 성품이 없음을 증득한 줄 모르기 때문에 그들을 교화하여 이를 알도록 하는 것이다.】

第六 明體離虧盈
釋上無相하다

(6) 본체가 이지러짐과 가득 참을 벗어나다
위의 '모양이 없음'을 해석하였다.

經

佛子여 譬如虛空이 一切世界 若成若壞에 常無增減이니 何以故오
虛空은 無生故인달하야 諸佛菩提도 亦復如是하야 若成正覺과 不成正覺에 亦無增減이니
何以故오
菩提는 無相無非相이며 無一無種種故니라

　　불자여, 비유하면 허공은 일체 세계가 이뤄지든 무너지든 항상 더해지거나 줄어듦이 없다.
　　무엇 때문일까?
　　허공은 생겨나는 일이 없는 것처럼, 부처님의 보리 또한 그와 같다.
　　정각을 성취하든 성취하지 못하든 또한 더해지거나 줄어듦이 없다.
　　무엇 때문일까?
　　보리는 모양도 없고 모양이 아닌 것도 없으며, 하나도 없고 가

지가지도 없기 때문이다.

◉ 疏 ◉

虛空無生일세 故體無增減이니 菩提無相이어니 成不寧殊아

　허공은 생겨남이 없기 때문에 그 자체가 더하거나 줄어듦이 없다.

　부처의 보리도 모양이 없다. 깨달음을 성취하든 못 하든 어찌 다르겠는가.

第七 明相無增減

釋上無行하다

湛然不異어니 行豈能遷이리오

　(7) 모양이 더하거나 줄어듦이 없다

　위의 '행함이 없음'을 해석하였다.

　담연하여 다르지 않은데, 行이 어찌 변천할 수 있겠는가.

經

佛子여 假使有人이 能化作恒河沙等心하고 一一心에 復化作恒河沙等佛호대 皆無色無形無相하야 如是盡恒河沙等劫토록 無有休息하면
佛子여 於汝意云何오

彼人의 化心하야 化作如來 凡有幾何오
如來性起妙德菩薩이 言하사대 如我解於仁所說義컨댄
化與不化 等無有別이어니 云何問言凡有幾何니잇고
普賢菩薩이 言하사대 善哉善哉라
佛子여 如汝所說하야 設一切衆生이 於一念中에 悉成正
覺이라도 與不成正覺으로 等無有異니
何以故오 菩提는 無相故니라 若無有相이면 則無增無減
이니
佛子여 菩薩摩訶薩이 應如是知成等正覺이 同於菩提
하야 一相無相이니라

 불자여, 가령 어떤 사람이 항하의 모래알만큼 헤아릴 수 없는 마음을 변화하여 만들고, 하나하나의 마음마다 항하의 모래알만큼 헤아릴 수 없는 부처를 변화하여 만들되, 모두 색깔도 없고 형상도 없고 모양도 없으며, 이와 같이 항하의 모래알만큼 헤아릴 수 없는 겁이 다하도록 쉬는 일이 없다면,

 불자여, 그대는 어떻게 생각하는가.

 저 사람이 마음을 변화하여 만들어 내고, 부처를 변화하여 만들어 냄이 얼마나 되겠는가?"

 여래성기묘덕보살이 말하였다.

 "내가 알기에는 그대가 말한 뜻은 변화하여 만들어 내든, 만들어 내지 않든 평등하여 차별이 없는데, 어찌하여 '얼마나 되는가'를 물으십니까?"

보현보살이 말하였다.

"훌륭하고, 훌륭하다. 불자여, 그대의 말처럼 설령 일체중생이 한 생각의 찰나에 모두 바른 깨달음을 이룰지라도 바른 깨달음을 이루지 못한 것과 평등하여 다름이 없다.

무엇 때문일까?

보리는 모양이 없기 때문이다. 모양이 없으면 더함도 없고 줄어듦도 없다.

불자여, 보살마하살은 당연히 이처럼 등정각을 성취함이 보리와 같이 하나의 모양으로 모양이 없음을 알아야 한다.

● 疏 ●

文中三이니

初는 舉喩問答이니 以化現無形으로 喩成不異라 化多心者는 喩修多因이오 化成多佛은 喩證多果니라

次'普賢'下는 讚善以合이오

三'佛子'下는 結此生後니라

이의 경문은 3단락이다.

① 비유를 들어 묻고 답하였다. 변화로 나타남은 형체가 없는 것으로 성취하든 성취하지 못하든 차이가 없기 때문이다.

변화로 많은 마음을 만들어 낸다는 것은 많은 원인을 닦음을 비유함이며,

변화로 많은 부처를 이루는 것은 많은 결과의 증득을 비유함

이다.

② '普賢' 이하는 훌륭함을 찬탄하면서 종합하였고,

③ '佛子' 이하는 이의 문장을 끝맺고 뒤의 문장을 일으켰다.

第八用該動寂

釋上無止니 不滯定故일세니라

(8) 작용에 동함과 고요함을 갖추다
위의 '멈춤이 없음'을 해석하였다.
선정에 집착하지 않기 때문이다.

經

**如來 成正覺時에 以一相方便으로 入善覺智三昧하고
入已에 於一成正覺廣大身에 現一切衆生數等身하사 住
於身中하나니
如一成正覺廣大身하야 一切成正覺廣大身도 悉亦如是
하나라
佛子여 如來 有如是等無量成正覺門일세 是故로 應知
如來所現身이 無有量이니 以無量故로 說如來身이 爲無
量界하야 等衆生界니라**

여래가 바른 깨달음을 이룰 적에 한 모양의 방편으로 잘 깨닫는 지혜의 삼매에 들어가고, 들어간 후에는 바른 깨달음을 이룬 하나의 광대한 몸에 일체중생 수효만큼의 똑같은 몸을 나타내어, 그 몸에 머물렀다.

바른 깨달음을 이룬 하나의 광대한 몸처럼, 일체 바른 깨달음을 이룬 광대한 몸 또한 모두 그와 같았다.

불자여, 여래는 이와 같이 한량없는 바른 깨달음의 법문을 이루는 것이다. 이 때문에 여래께서 나타내신 몸이 한량이 없음을 알아야 한다.

한량이 없기 때문에 여래의 몸은 한량의 경계가 없이 중생계와 같이 몸을 나타냈다고 말한 것이다.

● 疏 ●

文中四니

初擧所依三昧니 覺不滯寂일새 故名善覺이오 覺彼一相일새 故用爲方便이라

二 '入已'下는 顯一身之用이니 旣以一相으로 爲方便이면 則物皆一相일새 故一卽現多니라

三 '如一'下는 類顯餘身이니 如來 成正覺時에 布身雲於法界호되 一一皆是廣大之身이니 竝如一身之現이라

四 '佛子'下는 總結多門이니 謂上來所現은 一定爲門이니 餘定亦爾며 定門旣然에 悲智總持等門도 亦爾라 故有無量界矣니 是謂高而無上이니 廣不可極이라 【鈔_ '是謂高而無上'者는 顯高廣義니 此及下大包天地等은 皆是肇公涅槃無名論位體中文이니 彼

云 '經言菩提之道는 不可圖度이라 高而無上이니 廣不可極이오 淵而無下니 深不可測이오 大包天地하고 細入無間이라'】

이의 경문은 4단락이다.

① 의지 대상의 삼매를 들어 말하였다. 깨달음이 寂靜에 집착하지 않기에 그 이름을 善覺이라 하고, 그 하나의 모양을 깨달은 까닭에 작용이 방편이 된다.

② '入已' 이하는 한 몸의 작용을 밝혔다. 이미 하나의 모양으로써 방편을 삼았으니, 중생이 모두 하나의 모양이기에 하나가 바로 많은 것임을 밝힌 것이다.

③ '如一' 이하는 나머지 몸을 유로 밝혔다. 여래가 정각을 성취할 적에 몸의 구름을 법계에 널리 펼쳐 하나하나가 모두 광대한 몸이다. 이는 모두 하나의 몸이 나타나는 것과 같다.

④ '佛子' 이하는 여러 법문을 총체로 끝맺었다. 위에서 몸을 나타내는 바는 하나의 선정으로 법문을 삼는다. 나머지 선정 또한 그러하며, 선정의 법문이 이미 그러함에 大悲大智, 總持 등의 법문 또한 그와 같다. 이 때문에 한량없는 세계가 있다. 이는 드높아서 더 이상 위가 없으니, 넓어서 끝이 없음을 말한다.【초_ "이는 드높아서 더 이상 위가 없으니…"는 드높고 광대한 뜻을 나타냄이다. 이 부분과 아래의 "크기로는 하늘과 땅을 포괄한다." 등의 문장은 모두 승조법사의 肇論 '涅槃無名論'의 '位體 第三' 부분의 문장이다.

그 문장의 전문은 다음과 같다.

"경에서 말하였다. 보리의 도는 헤아릴 수 없다. 드높아 더 이상 위가 없으니 드넓음은 끝이 없고, 깊어서 더 이상 아래가 없으니 깊이를 헤아릴 수 없으며, 크기로는 하늘과 땅을 포괄하고 미세하기로는 틈이 없는 데까지 들어간다."】

第九 明周于法界
釋上無量이라 無量有二니
一은 廣多無量이니 一毛含多하야 徧法界故오
二는 無分量이니 皆不生故니라

(9) 법계에 두루 가득하다

위의 '한량없음'을 해석하였다.

'한량없음'은 2가지 뜻이 있다.

① 광대하고 많음이 한량없다. 하나의 터럭이 많은 것을 포함하여 법계에 두루 가득하기 때문이며,

② 분량이 없다. 이는 모두 생겨나지 않기 때문이다.

經

佛子여 菩薩摩訶薩이 應知如來身一毛孔中에 有一切 衆生數等諸佛身이니
何以故오
如來成正覺身이 究竟無生滅故니라
如一毛孔이 徧法界하야 一切毛孔도 悉亦如是하니 當知

無有少許處空도 無佛身이니
何以故오
如來 成正覺에 無處不至故로
隨其所能하며 隨其勢力하야 於道場菩提樹下師子座上에 以種種身으로 成等正覺이니라

　불자여, 보살마하살은 여래 몸의 한 모공 속에 일체중생 수효만큼의 부처의 몸이 있음을 알아야 한다.
　무엇 때문일까?
　여래의 바른 깨달음을 이룬 몸이 끝까지 생겨나고 사라짐이 없기 때문이다.
　하나의 모공이 법계에 두루 가득하듯이 모든 모공도 모두 그와 같다.
　조그마한 허공에도 부처의 몸이 없는 데가 없음을 알아야 한다.
　무엇 때문일까?
　여래가 바른 깨달음을 이룸에 이르지 않은 곳이 없기 때문이다.
　그 능함을 따르고 그 세력을 따라서 도량의 보리수 아래 사자좌 위에서 가지가지 몸으로 바른 깨달음을 이루었다.

● 疏 ●

文中三이니
初는 明一毛含多니 釋以不生故니라 此는 與前段으로 分無分異라 又此는 唯現佛이니 卽同類相望이오 前通多類니 卽異類相入이라

又前은 則住體徧應이오 此則如理而含하며 亦如理而徧이라【鈔_ 此與下는 揀異第八이니 有三重揀하니
一은 約能現이니 前身은 爲有分이오 此毛는 爲無分故니라
二 '又此'下는 約所現揀이니 前通多類者는 但言現身이니 此云現佛故니라
三 '又前'下는 約義相揀이니 前住體徧應者는 卽緣起相由門이니 由住緣起하야 一佛身體가 徧應一切하야 成多類故니라
'此則如理'下는 是法性融通門이니 法性如空에 有其二義니
一은 則廣大니 無所不包故니 譬如虛空에 具含衆象이오
二는 則體性周徧故로 喩云譬如虛空이 徧至一切色非色處니 一毛含多는 卽廣容義오 徧法界毛는 卽普徧義라】

이의 경문은 3단락이다.

① 하나의 모공에 많은 것을 포함함을 밝혔다. '생겨나지 않기 때문'임을 해석하였다. 이는 앞 단락과는 분량이 있는 것과 분량이 없는 것이 다르다.

또한 이는 오직 부처의 몸을 나타냄이니 같은 사람끼리 서로 대조함이며, 앞은 많은 유에 통하니 사람과 다른 부류의 몸으로 서로 들어가는 것이다.

또한 앞은 곧 그 자리에 머물면서 두루 응함이고, 이는 이치와 같이 포함하며, 또한 이치와 같이 두루 응하는 것이다.【초_ '此與' 이하는 '(8) 작용에 동함과 고요함을 갖춤'과 다름을 말한다. 여기에는 3가지 다른 점이 있다.

㉠ 몸을 나타내는 주체로 말한다. 앞에서 말한 몸은 분량이 있지만, 여기에서 말한 모공은 분량이 없기 때문이다.

㉡ '又此' 이하는 나타내는 대상이 다름으로 말한다. 앞서 말한 많은 유에 통한다는 것은 몸을 나타낼 뿐이지만, 여기에서는 부처의 몸을 나타내기 때문이다.

㉢ '又前' 이하는 義相이 다름으로 말한다. 앞서 말한 한곳에 머무는 몸이 두루 응한다는 것은 緣起가 서로 연유하는 법문이다. 연기의 연유로 인하여 하나의 부처의 몸이 두루 일체에 응하여 많은 유를 이루기 때문이다.

'此則如理' 이하는 법성의 융통 법문이다.

법성이 허공과 같다는 데에는 2가지 뜻이 있다.

㉠ 광대함이다. 포괄하지 않은 바 없기 때문이다. 비유하면 허공에 수많은 형상을 포함함과 같다.

㉡ 체성이 두루 가득함이다. 이 때문에 비유하면 허공이 일체 형체가 있는 것이든 있지 않은 것이든 모든 곳에 두루 이르는 것과 같다.

하나의 모공에 많은 것을 포함함은 광대하게 용납한다는 뜻이며,

법계에 두루 하는 모공은 곧 두루 널리 존재함의 뜻이다.】

二 '如一毛' 下는 類顯多毛니 但容毛處 卽是毛孔이라
次徵意云 '身契無生에 可許能含法界어니와 虛空은 無有能契어니
何能亦含가 釋云 無處不至면 則無非佛身矣니 是謂大包天地하

고 細入無間이라【鈔_ '是謂大包'下는 一毛廣容은 卽大包天地오 多身入毛는 卽細入無間이라】

② '如一毛孔' 이하는 유로 많은 터럭을 나타냄이다. 다만 터럭이 있는 곳이 바로 모공이다.

다음 물음의 뜻은 다음과 같다.

"몸이 無生에 계합함에 법계를 포함한다고 말할 수 있지만 허공은 계합할 주체가 없는데, 어떻게 또한 포함할 수 있겠는가?"

이에 대한 해석은 다음과 같다.

"어느 곳이든 이르지 않은 데가 없는, 즉 부처의 몸 아닌 게 없다. 이는 크기로는 하늘과 땅을 포괄하고, 미세하기로는 틈이 없는 데까지 들어감을 말한다."【초_ '是謂大包' 이하는 하나의 터럭에 널리 용납함은 "크기로는 하늘과 땅을 포괄함"이며, 많은 몸이 터럭에 들어가는 것은 "미세하기로는 틈이 없는 데까지 들어감"이다.】

三 '隨其'下는 釋疑니 疑云 '若爾면 何以要就覺樹오 釋云 隨機所能受耳'라하니 是知坐菩提樹하야 多身頓成도 尙曰隨宜어니 有頂·鹿園이 豈爲眞極가【鈔_ '是知'等者는 擧況顯勝이라 有頂은 卽是權敎中說이니 眞成之處오 鹿園은 卽是八相化身轉法之處니 今於此成이 卽周法界오 此處에 轉法輪이 卽於法界無盡處轉이라】

③ '隨其所能' 이하는 의문을 해석하였다.

의문은 다음과 같다.

"만약 그렇다면 어찌하여 보리수 아래에 나아가야 하는가?"

"받아들일 수 있는 근기의 주체를 따름이다."

여기에서 알아야 할 점은 보리수 아래에 앉아서 많은 몸이 한꺼번에 정각을 성취한 것도 오히려 편의를 따른 것이라 말하는데, 有頂天과 녹야원이 어떻게 진실한 극처라 하겠는가.【초_ '是知坐菩提樹' 등은 비유를 들어 뛰어남을 밝혔다. 유정천은 權教 가운데 眞覺의 성취를 말한 곳이며, 녹야원은 八相化身으로 법륜을 굴린 곳이다. 지금 이곳에서 성취함이 바로 법계에 두루 하고, 이곳에서 법륜을 굴림이 바로 법계의 그지없는 곳에서 법륜을 굴림이다.】

第十明普徧諸心
釋前二門하다

⑽ 모든 마음에 두루 존재하다
앞의 2가지 법문을 해석하였다.

經

佛子여 菩薩摩訶薩이 應知自心에 念念常有佛成正覺이니

何以故오

諸佛如來 不離此心하고 成正覺故니라 如自心하야 一切衆生心도 亦復如是하야 悉有如來 成等正覺이니 廣大周徧하야 無處不有하며 不離不斷하야 無有休息하야 入不思議方便法門이니

불자여, 보살마하살은 자기의 마음에 모든 생각마다 항상 부처가 있어 바른 깨달음이 성취됨을 알아야 한다.

무엇 때문일까?

제불여래가 이런 마음에서 벗어나지 않고 바른 깨달음을 성취하였기 때문이다.

자기의 마음처럼 모든 중생의 마음 또한 그와 같다. 모두 여래가 있어 바른 깨달음을 이루었다.

넓고 크며 두루 가득하여 있지 않은 데가 없으며, 여의지 아니하고 끊이지 아니하여 멈춤이 없어 헤아릴 수 없는 방편 법문에 들어가는 것이다.

◉ 疏 ◉

卽分爲二니

初는 正明普徧하야 釋上無際니 念念常成하야 無際畔故오

後 '廣大'下는 總結雙非하야 釋上遠離二邊하야 住於中道라

今初亦二니

先은 指一心이오 後 '如自心'下는 例一切心이라

前中에 先標오 次徵이오 後釋이라

釋云 不離者는 有二義니

一은 衆生身心이 卽佛所證故며

二는 全卽佛菩提性故니

此는 卽他果 在我之因이라 非約因人自有佛性이니 此文은 正辨佛

菩提故니라【鈔_ '此文正辨'者는 成上非約因人有性是佛性義 니 今說佛菩提하야 而言衆生心有之者는 卽他果佛이니 在我因人 之內耳라】

이는 2단락으로 나뉜다.

㈎ 바로 普徧을 밝혀 위의 '無際'를 해석하였다. 생각마다 언제나 성취하여 끝이 없기 때문이다.

㈏ '廣大' 이하는 모두 아님을 총괄하여 끝맺어 위의 2가지 측면을 멀리 여의고서 중도에 있음을 해석하였다.

'㈎ 普徧을 밝힌' 부분은 또한 2단락이다.

① 하나의 마음을 가리키며,

② '如自心' 이하는 일체 마음을 예로 든 것이다.

'① 하나의 마음' 가운데 앞은 표장이고, 다음은 물음이고, 뒤는 해석이다.

뒤의 해석에서 말한 '여의지 아니함[不離]'에는 2가지 뜻이 있다.

㉠ 중생의 몸과 마음이 바로 부처의 증득 대상이기 때문이며,

㉡ 전체가 바로 부처의 보리 성품이기 때문이다.

이는 남의 결과가 나의 원인에 있다. 저 사람의 성품이 불성이라는 것으로 말함이 아니다.

이의 경문은 바로 부처의 보리를 논변한 까닭이다.【초_ "이의 경문은 바로 부처의 보리를 논변"이라는 것은 위의 "저 사람의 성품이 불성이라는 것으로 말함이 아니다."는 뜻을 끝맺음이다. 여기에서 부처의 보리를 말하여 중생의 마음에 있음을 말한 것은 바로 남

의 결과에 의한 부처이다. 나에게 있어 남의 내면으로 인한 것이다.】

後는 總結雙非라

不離不斷은 釋有二意하니

一 '不離'는 結上無處不有오 不斷은 生下無有休息이며

二 '不離'者는 生佛非異故오 不斷者는 生佛非一이니 不同衆生可斷壞故로 是名入不思議方便法門이라

是以不得意者는 作衆生思일새 故是不可오 設作佛思라도 是亦不可오 卽亦不可오 非卽亦不可니 當淨智眼이오 無取諸情이어다

(ㄴ) 양쪽이 모두 아님을 총괄하여 끝맺었다.

"여의지 아니하고 끊이지 아니함"에는 2가지 뜻의 해석이 있다.

① 여의지 아니함은 위의 '어느 곳이든 있지 않음이 없음'을 끝맺고,

끊이지 아니함은 아래의 '멈춤이 없다.'는 뜻을 일으키고 있다.

② 여의지 아니함은 중생과 부처가 다르지 않기 때문이며,

끊이지 아니함은 중생과 부처가 하나가 아니기 때문이다. 중생의 단절과 같지 않은 까닭에 그 이름을 "헤아릴 수 없는 방편 법문에 들어간다."고 말하였다.

이 때문에 그 뜻을 제대로 알지 못한 자는 중생이라는 생각을 할 것이기에 옳지 못하고, 설령 부처라는 생각을 할지라도 또한 옳지 못하며, 하나라 생각하는 것 또한 옳지 못하고, 하나가 아니라고 생각하는 것 또한 옳지 못하다. 지혜의 눈을 청정하게 지녀야 할 것이며, 모든 잘못된 알음알이로 헤아려서는 안 된다.

第三. 總結

3) 총괄하여 끝맺다

經

佛子여 **菩薩摩訶薩**이 **應如是知如來成正覺**이니라

불자여, 보살마하살은 이처럼 여래의 바른 깨달음의 성취를 알아야 한다."

● 疏 ●

令依此知하야 暎前十門하야 無幽不盡이니 離此오 何有眞菩提耶아

보살로 하여금 이를 따라 알게 하여, 앞의 10가지 법문을 반영하여 그윽한 것을 다하지 않음이 없다. 이를 벗어나 어떻게 진실한 깨달음이 있을 수 있겠는가.

後偈

2. 보현보살의 게송

經

爾時에 **普賢菩薩摩訶薩**이 **欲重明此義**하사 **而說頌言**하사대

그때, 보현보살마하살이 이 뜻을 거듭 밝히고자 게송으로 말하였다.

● 疏 ●

後偈는 有六하야 頌前十門이니

初二는 次第로 頌初二門이오

次三은 如次 頌六七八이오

後一은 通頌四五九十이니 以同是普現無量義故니라

其第三門은 但顯離言일새 故畧不頌이라

뒤의 게송은 6수로 앞의 10가지 법문을 읊었다.

앞의 2수 게송은 차례로 앞의 2門[(1) 總明體相, (2) 印現萬機]을 읊었고,

다음 3수 게송은 차례와 같이 (6), (7), (8) 門[(6) 體離虧盈, (7) 相無增減, (8) 用該動寂]을 읊었고,

뒤의 1수 게송은 (4), (5), (9), (10) 門[(4) 三輪平等, (5) 因果交徹, (9) 周於法界, (10) 普徧諸心]을 전체로 읊었다. 이는 똑같이 '無量'의 뜻을 두루 나타내고 있기 때문이다.

그 가운데 '(3) 體相甚深'門은 다만 언어문자를 벗어난 자리임을 밝힌 것이기에 이를 생략한 채 읊지 않았다.

經

正覺了知一切法이   無二離二悉平等하며
自性淸淨如虛空하사   我與非我不分別이로다

　바른 깨달음으로 모든 법이

　둘도 없고 둘을 여의어 모두 평등하며

자성의 청정이 허공 같아

나와 나 아닌 게, 분별없음을 아노라

如海印現衆生身일세   **以此說其爲大海**인달하야
菩提普印諸心行일세   **是故說名爲正覺**이로다

바다에 중생의 몸 나타나기에

이 때문에 큰 바다라 말하듯이

보리로 모든 마음과 행 나타나기에

그 이름을 바른 깨달음이라 하여라

譬如世界有成敗나   **而於虛空不增減**인달하야
一切諸佛出世間이나   **菩提一相恒無相**이로다

세계가 이뤄지고 무너져도

허공은 더하거나 덜하지 않듯이

일체 제불 세간에 출현하시나

보리의 한 모양 언제나 모양 없어라

如人化心化作佛에   **化與不化性無異**인달하야
一切衆生成菩提에   **成與不成無增減**이로다

사람의 마음 변해 부처 되면

변하든 변치 않든 성품 다르지 않듯이

일체중생 보리 이룸에

성취하든 못 하든 증감이 없어라

佛有三昧名善覺이라　　**菩提樹下入此定**하사
放衆生等無量光하사　　**開悟群品如蓮敷**로다

　　부처의 삼매 그 이름 '지혜로 잘 깨달은 삼매'
　　보리수 아래서 이런 선정 들어
　　중생 수효만큼 방광이 한량없어
　　많은 중생 깨우침 연꽃 피듯 하여라

如三世劫刹衆生의　　**所有心念及根欲**하야
如是數等身皆現일세　　**是故正覺名無量**이로다

　　삼세 겁의 세계와 중생이
　　지닌 생각이나 6근과 욕망
　　이처럼 많은 수효만큼 몸 나타내기에
　　바른 깨달음 한량없다 말하노라

● 疏 ●

初는 頌總明體相이오
二는 頌印現萬機오
三은 頌體離虧盈이오
四는 頌相離增減이오
五는 頌用該動寂이오

六은 通頌四五九十이라

　　제1게송은 본체와 모양을 총체로 밝힘을 읊었고,

　　제2게송은 모든 근기를 나타내줌을 읊었으며,

　　제3게송은 본체란 이지러짐과 가득 참을 벗어남을 읊었고,

　　제4게송은 모양이란 더하거나 줄어듦에서 벗어남을 읊었으며,

　　제5게송은 작용이란 동함과 고요함을 모두 갖추었음을 읊었고,

　　제6게송은 ⑷, ⑸, ⑼, ⑽ 門을 읊었다.

第七 如來出現成正覺 竟하다

　　제7. 여래가 나타낸 정각 성취를 끝마치다.

第八 明出現轉法輪

得大菩提에 理必轉授라

長行中三이니

初는 標徵이라

　　제8. 여래가 나타낸 법륜 굴림

　　큰 깨달음을 얻었으면 그 진리를 반드시 전해주어야 한다.

　　1. 산문 부분은 3단락이다.

　　1) 표장으로 물었다.

經

佛子여 菩薩摩訶薩이 應云何知如來應正等覺의 轉法

輪고

"불자여, 보살마하살은 어떻게 여래·응공·정등각의 법륜 굴리심을 알아야 하는가?

次釋相中에 二니
先은 顯體用이오 後는 顯所因이라
今은 初라

2) 모양을 해석하다

이는 2단락이다.

(1) 법륜을 굴리는 본체와 작용을 밝혔고,

(2) 법륜을 일으키는 바의 원인을 밝혔다.

이는 '(1) 법륜을 굴리는 본체와 작용'이다.

經

佛子여 菩薩摩訶薩이 應如是知如來 以心自在力으로 無起無轉하야 而轉法輪이니
知一切法의 恒無起故며
以三種轉으로 斷所應斷하야 而轉法輪이니 知一切法의 離邊見故며
離欲際非際하야 而轉法輪이니 入一切法의 虛空際故며
無有言說하야 而轉法輪이니 知一切法의 不可說故며

449

究竟寂滅하야 而轉法輪이니 知一切法의 涅槃性故니라
以一切文字와 一切言語로 而轉法輪이니 如來音聲이 無處不至故며
知聲如響하야 而轉法輪이니 了於諸法眞實性故며
於一音中에 出一切音하야 而轉法輪이니 畢竟無主故며
無遺無盡하야 而轉法輪이니 內外無著故니라

불자여, 보살마하살은 알아야 한다.

여래께서 마음의 자재한 힘으로써 일어남도 없고 굴림도 없이 법륜을 굴리니, 일체 법이 항상 일어남이 없음을 알기 때문이다.

세 가지 굴림으로써 끊어야 할 바를 끊고서 법륜을 굴리니, 일체 법이 상견(常見)과 단견(斷見)에 치우친 소견을 여읨을 알기 때문이다.

욕심의 경계와 경계 아닌 것을 여의고서 법륜을 굴리니, 일체 법의 허공 경계에 들어가기 때문이다.

말이 없이 법륜을 굴리니, 일체 법의 말할 수 없음을 알기 때문이다.

궁극의 적멸로써 법륜을 굴리니, 일체 법이 열반의 성품임을 알기 때문이다.

일체 글자와 일체 언어로써 법륜을 굴리니, 여래의 음성이 이르지 않는 곳이 없기 때문이다.

소리가 메아리임을 알고서 법륜을 굴리니, 모든 법의 진실한 성품을 알기 때문이다.

하나의 음성에서 일체 음성을 내어 법륜을 굴리니, 필경에 주재가 없기 때문이다.

남김 없고 다함없이 법륜을 굴리니, 안팎에 집착이 없기 때문이다.

◉ 疏 ◉

分三이니

初는 法이오 次는 喩오 後는 結勸이라

今初에 文有九句니 減數十也라 皆先標後釋이라 前五는 顯體性寂寥오 後四는 辨相用深廣이라

前中에 一은 能轉心이오 二는 所轉體오 三은 所得果오 四는 能詮敎오 五는 所顯理니 夫轉法輪은 不過此五니 今皆卽事契眞이라

3단락으로 나뉜다.

첫째 법, 둘째 비유, 셋째 권면으로 끝맺음이다.

'첫째, 법'에 관한 경문은 9구이다. 減數의 10이다.

9구는 모두 앞은 표장이고 뒤는 해석이다.

앞의 5구는 본체의 자성이 고요함을 밝혔고,

뒤의 4구는 모양의 작용이 심오하고 광대함을 논변하였다.

앞의 5구 가운데

제1구는 법륜을 굴릴 수 있는 주체의 마음이며,

제2구는 법륜을 굴리는 대상의 본체이며,

제3구는 법륜을 굴려 얻어야 할 결과이며,

451

제4구는 법륜을 굴리면서 말해야 할 가르침이며,

제5구는 법륜을 굴리면서 밝혀야 할 이치이다.

대체로 법륜을 굴리는 것은 이 5가지에 지나지 않는다. 여기에서는 모두 현상의 사법계와 하나가 되어 진여에 계합함이다.

'一能轉心'者는 由知法無起故로 正轉法時에 不起心念호되 言我轉授前人일새 名心自在니 如是라야 方爲眞能轉也라

'제1구는 법륜을 굴릴 수 있는 주체의 마음'이란 일체 법이 일어남이 없음을 알기 때문에 바로 법륜을 굴릴 적에 마음을 일으키지 않으면서 내가 앞에 있는 사람에게 전해주기에 그 이름을 '마음의 자재함'이라 한다. 이와 같아야 비로소 법륜을 굴리는 진실한 주체라 한다.

'二所轉體'者는 卽示勸證이 名爲三轉이니 此三名輪者는 摧障惱故니라 言離邊者는 若有惑可摧면 未離於常이요 無惑可摧면 寧免於斷가 今永離斷常等邊일새 方爲眞能斷·所應斷이니 知與證修도 亦然이니라【鈔_ 二所轉者는 一은 示相轉이오 二는 勸修轉이오 三은 作證轉이라】

'제2구는 법륜을 굴리는 대상의 본체'란 示轉, 勸轉, 證轉이다. 그 이름을 '三轉'이라 한다. 이 3가지를 법륜이라 이름 붙인 것은 장애와 번뇌를 꺾어주기 때문이다.

離邊이라 말한 것은 만약 미혹을 꺾을 게 있다면 常見을 여의지 못하고, 미혹을 꺾을 게 없다면 어떻게 斷見을 면할 수 있겠는가. 여기에서는 단견과 상견 등의 치우친 견해를 영원히 벗어났기

에 비로소 진실하게 끊은 주체, 진실하게 끊어야 할 대상이라고 한다. 아는 것과 증득하여 닦아가는 것 또한 그와 같다.【초_ "제2구는 법륜을 굴리는 대상"이란 다음과 같다.

① 모양을 보여주는 법륜[示相轉法輪],
② 수행을 권면하는 법륜[勸修轉法輪],
③ 증득을 지어주는 법륜[作證轉法輪]이다.】

'三所得果'者는 由斷惑故로 得離欲際오 由證性空일새 本無可離하야 斯際亦遣이라

'제3구는 법륜을 굴려 얻어야 할 결과'란 미혹을 끊어줌에 따라서 욕망의 경계를 여의고, 성품이 공함을 증득함에 따라서 본래 여읠 게 없어 이런 욕망의 경계 또한 말끔히 떨쳐버리는 것이다.

'四能詮敎'者는 理假言詮하나 今了本寂滅하야 不可說故로 則終日言而未曾言也라

'제4구는 법륜을 굴리면서 말해야 할 가르침'이란 이치는 언어를 빌려 표현할 수 있지만, 여기에서는 이치란 본래 고요하여 말할 수 없는 것임을 알기 때문에 진종일 말하되 일찍이 말한 바 없다.

'五所顯理'는 謂卽寂滅이니 今了性淨涅槃이라 法本不然하야 今則無滅이라야 方爲究竟之滅이니 是知其輪本來常淸淨也라【鈔_ '是知其輪'者는 卽暗引淨名·寶積云 '三轉法輪於大千에 其輪이 本來之淸淨이라 古來多釋이어니와 今取卽事之眞淸淨之理하야 爲法輪體也라】

'제5구는 법륜을 굴리면서 밝혀야 할 이치'란 적멸을 말한다.

453

여기에서는 자성이 청정한 열반임을 알고 있지만, 법이란 본래 그렇지 않다. 이제는 더 이상 사라질 자체가 없어야 바야흐로 최고의 적멸이다. 이는 그 법륜이 본래 언제나 청정함을 알아야 한다.【초_ '是知其輪'이란 유마경과 보적경에서 "법륜을 대천세계에 3가지로 굴린다. 그 법륜이 본래 청정하다."고 말하였는데, 보이지 않게 이를 인용한 것이다. 예로부터 많은 해석이 있지만, 여기에서는 현상의 사법계와 하나가 된 진여, 청정한 이치를 취하여 법륜의 본체를 삼은 것이다.】

'後四相用深廣'中에 一은 觸言皆輪이니 廣也오 二는 卽用而寂이니 深也라

下二도 亦深亦廣이니 三은 一卽多而無主오 四는 卽橫豎而恒虛니 謂橫則無遺니 無所不轉故오 豎則無盡이니 窮未來故오 而不著內外 則深廣無涯矣라【鈔_ 故後四段은 明相用深廣이니 則逈異餘宗호괴 爲不壞相하야 畧引餘釋耳라】

 '뒤의 4구, 모양의 작용이 심오하고 광대한' 부분은 다음과 같다.
 첫째, 제6구는 하는 말마다 모두 법륜이다. 이는 광대함이다.
 둘째, 제7구는 작용과 하나가 되어 고요함이다. 이는 심오함이다. 아래의 2구 또한 심오하고 또한 광대함이다.
 셋째, 제8구는 하나가 많은 것과 하나가 되어, 주체가 없다.
 넷째, 제9구는 횡과 종으로 하나가 되어 언제나 공허함이다.
 횡의 공간으로 말하면 그 어느 것 하나 버림이 없다. 법륜을 굴리지 않는 바가 없기 때문이다.

종의 시간으로 말하면 끝이 없다. 미래를 다한 까닭이다.

안팎에 집착하지 않으면 심오하고 광대함이 끝이 없다.【초_ 그러므로 뒤의 4구는 모양의 작용이 심오하고 광대함을 밝혔다. 이는 나머지 다른 종지와는 전혀 다르지만, 모양의 측면을 무너뜨리지 않기 위하여 간략히 나머지를 인용하여 해석하였다.】

經

佛子여 譬如一切文字語言이 盡未來劫토록 說不可盡인달하야 佛轉法輪도 亦復如是하야 一切文字로 安立顯示 無有休息하며 無有窮盡이니라

佛子여 如來法輪이 悉入一切語言文字호대 而無所住니 譬如書字 普入一切事와 一切語와 一切算數와 一切世間出世間處호대 而無所住인달하야

如來音聲도 亦復如是하야 普入一切處와 一切衆生과 一切法과 一切業과 一切報中호대 而無所住하야 一切衆生의 種種語言이 皆悉不離如來法輪이니

何以故오

言音實相이 卽法輪故니라

佛子여 菩薩摩訶薩이 於如來轉法輪에 應如是知니라

불자여, 비유하면 일체 문자와 언어를 미래 세월이 다하도록 말할 수 없는 것처럼, 부처님의 법륜을 굴리심 또한 그와 같다.

일체 문자로 잘 정돈하여 나타냄을 멈추지 않아도 다할 수 없다.

불자여, 여래의 법륜이 모두 일체 문자와 언어에 들어가지만 머무는 데가 없다.

비유하면 문자가 모든 일, 모든 말, 모든 산수, 일체 세간과 출세간에 널리 들어가지만 머무는 데가 없는 것처럼, 여래의 음성 또한 그와 같다.

모든 곳, 모든 중생, 모든 법, 모든 업, 모든 과보 가운데 두루 들어가지만 머무는 데가 없다.

일체중생의 가지가지 말이 모두 여래의 법륜에서 벗어나지 않는다.

무엇 때문일까?

언어와 음성의 실상이 곧 법륜이기 때문이다.

불자여, 보살마하살은 여래의 법륜 굴리심에 대해 이처럼 알아야 한다.

● 疏 ●

第二喩中에 文有二喩니

一은 文字無盡喩니 喩第九無盡이오 二는 徧入無住喩니 喩六七八用而常寂故니라

於中에 有法·喩·合이라

合中二니

先은 合普入一切니 以上法中에 但云入一切言故로 今明入餘法이면 則觸類皆法輪이니 豈同三乘但用佛聲爲輪等耶아

'一切衆生種種'下는 正合前文 入一切語니 前五는 易故로 畧不喩之니라【鈔_ '豈同三乘'者는 揀實異權이어늘 而言等者는 就佛聲中에 揀尋常言이니 如問晴雨 安慰弟子等은 亦非法輪이오 唯取轉法이라 又要令他斷惑見理라야 方名法輪이어늘 今此에 乃至數重深玄이라

一은 則不論斷不斷等이니 說卽名輪이라 故經云 '如來所轉妙法輪이여 一切皆是菩提分이니 若能聞已悟法性하면 如是之人常見佛이니라'

二者는 尋常之言도 亦是法輪이니 如來 無有散亂聲故로 言不虛發이니 如涅槃說 '如來一切語言 皆名轉法輪故'니라

三者는 能令三界所有聲으로 聞者 皆是如來音故오

四者는 不揀聲與非聲코 徧於法界 皆法輪體은 況復一多交徹하고 相暎融卽하니 豈同三乘之法輪哉아】

둘째, 비유 부분의 경문에는 2가지의 비유가 있다.

① 문자가 그지없다는 비유이다. 제9 '無盡'을 비유하였다.

② 두루 들어가되 머묾이 없다는 비유이다. 제6, 7, 8구를 인용하되 언제나 고요함을 비유하였기 때문이다.

그 가운데 법, 비유, 종합이 있다.

종합 부분은 2단락이다.

① 널리 일체에 들어감에 종합하였다.

위의 법 부분에서는 다만 '모든 말에 들어간다[入一切言].'고 말하였을 뿐이기에 여기에서는 나머지 법에 들어간 것으로 모든 유

가 모두 법륜임을 밝혔다. 삼승이 부처의 음성만을 사용하여 법륜을 삼은 등등과 어떻게 같을 수 있겠는가.

② '一切衆生 種種語言' 이하는 바로 앞의 문장인 '모든 말에 들어간다.'에 종합하였다.

앞의 5구는 평이하여 이해할 수 있기에 생략하고 비유하지 않았다.【초_ '豈同三乘'이란 實敎가 방편의 權敎와 다름을 구분했는데, '… 등'이라 말한 것은 부처의 음성 중에서도 보통 여느 말과 다름을 말한다. 예컨대 날씨와 제자의 안부 등의 일상적인 말들은 또한 법륜이 아니다. 오직 법륜을 굴리는 것만을 취하였다.

또한 요컨대 그로 하여금 미혹을 끊고 이치를 보아야만 비로소 법륜이라 말할 수 있는데, 여기에서는 여러 겹의 심오하고 현묘한 데까지 이른 것이다.

① 끊었든지 끊지 못했든지 등을 따지지 않는다. 설법은 곧 법륜이라 한다.

이 때문에 제9 광명각품의 게송에서 말하였다.

"여래께서 굴리신 미묘한 법륜, 그 모두가 보리지혜 밝히는 법문. 만약 이를 듣고서 법성을 깨달으면, 이러한 사람은 항상 부처님을 보리라."

② 일상의 말 역시 법륜이다. 여래는 산란한 음성이 없기 때문에 허튼소리를 하지 않는다. 예컨대 열반경에서 말한 바와 같다.

"여래의 일체 언어를 모두 법륜을 굴리심이라고 말하기 때문이다."

③ 삼계에 있는 모든 소리를 듣는 자가 모두 여래의 음성이라 생각하기 때문이다.

④ 소리이든 소리가 아니든 가리지 않고 법계에 두루 가득한 것은 모두 법륜의 본체인데, 하물며 하나와 많음이 서로 통하고 서로 비추어 원융하게 하나가 되니 어찌 삼승의 법륜과 같겠는가.】

第三는 結勸이니 可知니라

셋째, 권면으로 끝맺음이다. 이는 설명하지 않아도 알 수 있다.

第二 顯法輪所起因

(2) 법륜을 일으키는 바의 원인을 밝히다

經

復次佛子여 菩薩摩訶薩이 欲知如來所轉法輪인댄 應知如來法輪의 所出生處니

何等이 爲如來法輪所出生處오

佛子여 如來 隨一切衆生의 心行欲樂이 無量差別하사 出若干音聲하야 而轉法輪이니라

佛子여 如來應正等覺이 有三昧하니 名究竟無礙無畏라 入此三昧已하야는 於成正覺한 一一身과 一一口에 各出一切衆生數等言音이어든 一一音中에 衆音具足하사 各各差別하야 而轉法輪하야 令一切衆生으로 皆生歡喜하나

니 能如是知轉法輪者는 當知此人이 則爲隨順一切佛法이오 不如是知면 則非隨順이니
佛子여 諸菩薩摩訶薩이 應如是知佛轉法輪하야 普入無量衆生界故니라

또한 불자여, 보살마하살이 여래가 굴리는 법륜을 알고자 하면, 여래의 법륜이 생겨난 곳을 알아야 한다.

어떤 것이 여래의 법륜이 생겨난 곳인가?

불자여, 여래는 일체중생의 마음과 행과 욕망이 한량없는 차별을 따라서 여러 가지 음성을 내어 법륜을 굴린다.

불자여, 여래·응공·정등각이 삼매가 있다. 그 이름을 '마지막 걸림 없고 두려움 없는 삼매'라 한다.

이런 삼매에 들고 나면 바른 깨달음을 성취한 하나하나의 몸, 하나하나의 입에서 각각 일체중생 수효만큼의 음성을 내는데, 하나하나의 음성에는 수많은 음성을 두루 갖춰 각기 다른 음성으로 법륜을 굴려서 일체중생을 기쁘게 해주는 것이다.

이처럼 법륜을 굴리는 것을 알면, 이 사람은 일체 불법을 따른 것이며, 이처럼 알지 않는 자는 일체 불법을 따르지 않음을 알 수 있다.

불자여, 보살마하살은 이처럼 부처님이 굴리신 법륜을 알고서 한량없는 중생세계에 두루 들어가야 하기 때문이다."

● 疏 ●

於中三이니 先은 辨論所起因이 因機差故니 若離物機면 佛無說故니라

次佛子如來下는 明因所起輪이니 物旣爲力不同일세 敎須適宜差別이라 於中說法所依之定名者는 無礙辨才와 無所怯畏니 得究竟者는 唯佛有故니라

後能如是知下는 結其得失이오

及第三은 總結이니 文竝可知니라

이 부분은 3단락이다.

① 법륜을 일으키는 바의 원인이 중생 근기의 차이에 인함을 논변한 까닭이다. 만약 중생의 근기를 여의면 부처는 설법할 수 없기 때문이다.

② '佛子如來' 이하는 일으켜야 할 바로 인한 법륜을 밝혔다. 중생이 이처럼 그들의 힘이 똑같지 않기에 가르침도 반드시 그들에게 적절하게 달라져야 한다.

그 가운데 설법할 적에 의지하는 바의 선정삼매의 명칭은 '걸림 없는 변재'와 '겁내는 바가 없는 삼매'이다.

마지막 최고의 경지를 얻은 자는 오직 부처님만이 이를 소유할 수 있기 때문이다.

③ '能如是知' 이하는 그 잘잘못을 끝맺었고,

3) '佛子 諸菩薩'은 총괄하여 끝맺음이다. 이의 경문은 모두 설명하지 않아도 알 수 있다.

二偈頌

2. 보현보살의 게송

> 經

爾時에 **普賢菩薩摩訶薩**이 **欲重明此義**하사 **而說頌言**하사대

그때, 보현보살마하살이 이 뜻을 거듭 밝히고자 게송으로 말하였다.

如來法輪無所轉하야 **三世無起亦無得**하니
譬如文字無盡時하야 **十力法輪亦如是**로다

    여래의 법륜 굴린 바 없어
    삼세에 일으킴도 없고 얻음도 없어라
    문자가 다할 때 없는 것처럼
    부처님 십력 법륜 그와 같아라

如字普入而無至하야 **正覺法輪亦復然**이라
入諸言音無所入하야 **能令衆生悉歡喜**로다

    문자 널리 들어가도 이른 곳 없듯이
    정각의 법륜도 그와 같아라
    모든 언어에 들어가도 들어간 바 없으나

중생 모두 기쁘게 하여라

佛有三昧名究竟이라　　**入此定已乃說法**호대
一切衆生無有邊에　　**普出其音令悟解**로다

　　부처님 삼매 그 이름 '마지막 최고 경계'
　　이 선정에 들어 설법할 적에
　　그지없는 일체중생이여
　　모두 그들의 음성으로 깨달음 주었어라

一一音中復更演　　**無量言音各差別**호대
於世自在無分別하야　　**隨其欲樂普使聞**이로다

　　하나하나 음성 가운데 또다시
　　각기 다른 한량없는 언어로 연설하되
　　세간 음성에 자재하여 분별심 없으나
　　그들의 좋아하는 마음 따라 듣게 하여라

文字不從內外出이며　　**亦不失壞無積聚**로대
而爲衆生轉法輪하니　　**如是自在甚奇特**이로다

　　문자는 안팎에서 나온 게 아니며
　　잃거나 쌓아가지도 않지만
　　중생 위하여 법륜 굴릴 적에
　　이처럼 자재함이 매우 기특하여라

◉ 疏 ◉

偈有五頌은 分二니

初二偈는 頌法輪體用이오

後三偈는 頌法輪所因이라

  5수 게송은 2단락으로 나뉜다.

  앞의 2수 게송은 법륜의 본체와 작용을 읊었고,

  뒤의 3수 게송은 법륜의 인한 바를 읊었다.

第八 出現轉法輪 竟하다

  제8. 여래가 나타낸 법륜 굴림을 끝마치다.

    여래출현품 제37-3 如來出現品 第三十七之三

    화엄경소론찬요 제88권 華嚴經疏論纂要 卷第八十八

화엄경소론찬요 제89권
華嚴經疏論纂要 卷第八十九

●

여래출현품 제37-4
如來出現品 第三十七之四

第九 出現涅槃

轉化旣周에 安住秘藏하야 爲物示滅일세 故次明之라 然大涅槃은 蓋衆聖歸宗冥會之所라 寂寥無爲로되 而廣大悉備하고 形名絕朕하야 識智難思니라【鈔_ '轉化旣周'는 躡前起後오 '安住秘藏'은 顯眞涅槃이오 '爲物示滅'은 顯應涅槃이니 文具二故이라】

제9. 여래 출현의 열반

법륜을 굴린 교화가 이미 두루 펼쳐졌음에 따라 비밀스러운 법장에 안주하여 중생을 위해 열반을 보여주는 것이다. 이 때문에 다음으로 이를 밝혔다.

그러나 대열반은 대개 수많은 성자들이 본래 자리로 돌아가 보이지 않게 회통하는 곳이다. 고요하여 하는 일이 없지만 광대하여 모두 갖추고 있으며, 형체와 이름의 조짐이 끊어진 터라, 의식과 지혜로 헤아리기 어렵다.【초_ "법륜을 굴린 교화가 이미 두루 펼쳐졌음"은 앞의 문장을 이어서 뒤의 문장을 일으킴이고,

"비밀스러운 법장에 안주함"은 진여의 열반을 밝힌 것이며,

"중생을 위해 열반을 보여주는 것"은 응신의 열반을 밝힌 것이다. 경문에는 이 2가지를 모두 갖추고 있다.】

今以無名强名하야 亦爲五別이니

一은 釋名이라 涅槃은 正名爲滅이니 取其義類에 乃有多方이어니와 總以義翻이면 稱爲圓寂이라 以義充法界하고 德備塵沙曰圓이오 體窮眞性하고 妙絕相累爲寂이라 而言大者는 橫無不包오 豎無初際

니 此約三德涅槃이어니와 若約義開면 畧明三義라
一者는 體大니 自性淸淨故오 二者는 相大니 方便修淨하야 累亡德
備故오 三者는 用大니 化用無盡故라 般者는 入義니 性入·眞入·示
現入故니 若圓融無礙면 卽大涅槃이라【鈔_ 取其義類 乃有多方'
者는 卽生公釋이니 遠公同此라
言'多方'者는 或云不生이오 或云無作이오 或云無起오 亦云無爲오
亦云無相이오 或云不滅이오 或云寂靜이오 或曰安穩이오 或名解脫
이니 皆是義翻이라
法華序品 長行之中에 '便於中夜에 入無餘涅槃'이라하고 次卽云 '佛
滅度'라 하고 後偈中에 又云 '佛此夜滅度'라하니 明知古德은 正翻爲
滅이오 亦云滅度니 超度四流故오
'總以義翻'者는 卽唐三藏等이라】

　여기에서 이름이 없는 것을 억지로 이름을 붙여 또한 5가지로 나누고자 한다.
　[1] 명제의 해석
　열반의 바른 이름은 '사라짐[滅]'이다. 그 의의의 유를 취하여 말하면, 여러 방면이 있지만, 총괄하여 의의로 번역하면 '圓寂'이라 한다.
　이치가 법계에 충만하고, 공덕이 티끌과 모래알처럼 많이 갖춰짐을 '圓'이라 말하고,
　몸이 眞性을 다하고 미묘하게 모양의 누가 끊어진 것을 '寂'이라 한다.
　'大涅槃'의 大라 말한 것은 횡의 공간으로는 포괄하지 않음이

없고, 종의 시간으로는 처음 시작하는 자리가 없다. 이는 3가지 공덕의 열반을 말하지만, 그 뜻을 들어 나눈다면 3가지 뜻으로 간추려 밝힐 수 있다.

① 본체가 크다[體大]. 자성이 청정하기 때문이다.

② 모양이 크다[相大]. 청정함을 닦아서 누가 사라지고 공덕이 갖춰졌기 때문이다.

③ 작용이 크다[用大]. 교화의 작용이 그지없기 때문이다.

'大涅槃'의 般이란 들어간다는 뜻이다. 본성자리로 들어감[性入], 진여에 들어감[眞入], 나타낸 몸으로 들어가기[示現入] 때문이다. 이처럼 원융하여 걸림이 없으면 바로 대열반이다.【초_"그 의의의 유를 취하여 말하면, 여러 방면이 있다."는 것은 도생 스님의 해석이다. 혜원법사도 이와 같이 말하였다.

'여러 방면'이라 말한 것은 혹은 생겨나지 않음, 혹은 일어나지 않음, 또한 작위가 없음, 또한 모양이 없음, 또한 사라지지 않음, 혹은 寂靜, 혹은 안온, 혹은 해탈이라 한다. 이는 모두 뜻을 살려 번역한 것이다.

법화경 서품의 산문에서는 "곧 한밤중에 모든 번뇌가 끊기고 육신까지 사라진 후 얻어지는 평온의 열반[無餘涅槃]에 들었다."고 하고, 다음으로 직접 "부처님이 滅度하였다."고 하며, 뒤의 게송에서도 "부처께서 그날 밤 滅度에 들었다."고 한다. 이를 통하여 옛 스님들은 바르게 번역할 적에는 '滅', 또는 '滅度'라 하였음을 알 수 있다. 이는 4가지 흐름[四流: 欲流, 有流, 見流, 無明流]에서 벗어났기 때문이다.

"총괄하여 의의로 번역"이란 당나라 삼장법사 등의 번역을 말

한다.】

二는 出體性이니 涅槃이 旣妙絶常數하야 恬怕(泊) 希夷니 雖逈出百非나 而靡所不在어니와 今以義求면 不出三法이니 卽摩訶般若·解脫·法身으로 以爲其體라

所以三者는 翻三雜染故오 成智·恩·斷故오 成法門·法性·應化身故오 能證大智로 冥所證理하야 累永寂故니라 然此三種 不離一如나 德用分異니 卽寂之照는 爲般若오 卽照之寂은 爲解脫이오 寂照之體는 爲法身이라 如一明淨圓珠에 明卽般若오 淨卽解脫이오 圓體法身이니 約用不同이나 體不相離일새 故此三法은 不縱不橫이오 不竝不別이 如天之目이오 如世之伊일새 名秘密藏이라 爲大涅槃이니라

【鈔_ '翻三雜染'者는 煩惱爲般若면 煩惱卽菩提니 菩提는 卽是涅槃之中般若德也라 翻於結業하야 以爲解脫이니 翻苦依身이면 卽是法身이니 心體離念이 本法身故니라 故三雜染은 卽性淨三德이라

二 成三德者는 般若 是智오 解脫 是斷이오 法身 是恩이니 法身은 兼應이니 應物恩德이라

三 成三身은 般若는 法門身이오 法身은 是法性身이오 解脫은 爲應化身이니 作用解脫이 亦解脫故니라

若眞應對辨이면 則有眞實三德과 應化三德이니 應化三德이 一一別從眞三德起니라 今從通義면 應身도 但解脫德攝이라】

[2] 체성을 냄이다.

열반이 이미 미묘하여 일정한 수효가 끊어져 편안하고 소리와 형상이 없다. 비록 모두 틀렸다[百非]는 데에서도 멀리 벗어났으나

있지 않은 바가 없지만, 여기에서 그 뜻을 살려 살펴보면 3가지 법에서 벗어나지 않는다. 이는 마하반야, 해탈, 법신 3가지로써 그 본체를 삼는다.

'3가지'는 三雜染[煩惱, 結業, 苦依身]을 뒤집기 때문이며, 지혜·은혜·끊음을 성취하기 때문이며, 法門身·法性身·應化身을 성취하기 때문이며, 증득 주체의 큰 지혜로 증득 대상의 이치에 보이지 않게 합하여 누가 아주 고요하기 때문이다.

그러나 이 3가지는 하나의 진여에서 벗어나지 않으나 공덕의 작용에 따라 달리 구분되는 것이다.

寂靜과 하나가 된 관조가 반야이고,
관조와 하나가 된 적정이 해탈이며,
적정과 관조의 본체가 법신이다.

이는 마치 하나의 둥근 구슬처럼 밝음은 반야이고, 깨끗함은 해탈이며, 둥그런 형체는 법신이다. 작용으로 말하면 똑같지 않으나 본체는 서로 분리되지 않는다. 이 때문에 3가지 법이 종도 아니요 횡도 아니며, 하나로 아우르는 것도 아니고 각기 다른 별개도 아니다. 하늘눈과 같으며 세간의 '伊' 자와 같기에 그 이름을 '秘密藏' 또는 '대열반'이라 한다.【초_ ① "三雜染을 뒤집는다."는 것은 번뇌가 반야가 되면 번뇌가 곧 보리이다. 보리는 열반의 반야공덕이다. 結業을 뒤집어서 해탈로 삼고, 苦依身을 뒤집으면 곧 법신이다. 마음의 본체가 생각을 여읨이 본래 법신이기 때문이다. 이 때문에 三雜染은 바로 자성 청정의 3가지 공덕이다.

② 3가지 공덕을 성취한다는 것은 반야는 지혜, 해탈은 끊음, 법신은 은혜이다. 법신은 응신을 겸하였다. 중생에 부응하는 은덕이다.

③ 3가지 몸을 성취한다는 것은 반야는 법문신, 법신은 법성신, 해탈은 응화신이다. 작용해탈이 또한 해탈이기 때문이다.

만약 진신과 응신을 상대로 말하면, 진실한 3가지 공덕과 應化의 3가지 공덕이다. 응화의 3가지 공덕이 하나하나 개별로 진실한 3가지 공덕에서 일어나는 것이다. 여기에서 통하는 의의를 따르면 응신도 해탈공덕에 포괄될 뿐이다.】

三은 顯種類니 雖理無不統이나 義類塵沙일세 今自狹之寬에 畧分一兩이니

或唯說一이니 卽大涅槃이오

或說有二에 自有三門이니 一은 餘·無餘오 二는 性淨·方便淨이오 三은 眞與應이라

或分爲三이니 此有二種하니 一은 約三乘이오 二는 卽自性·眞·應이라

或分爲四니 一은 自性淸淨涅槃이오 二는 有餘依오 三은 無餘依오 四는 無住處니 有餘·無餘 義通大小어니와 今唯說大니 於三種內에 不明二乘이오 餘皆具論이니 融而無礙라야 爲大涅槃이니 如文具之라 非獨應滅이라

[3] 종류를 밝혔다.

비록 이치는 하나로 통합되지 않음이 없으나 의의의 부류는 티끌과 모래알만큼이나 많다. 여기에서는 狹義로부터 廣義로 넓혀가면서 간략히 한두 가지로 나누고자 한다.

혹은 오직 하나로 말하니 바로 대열반이다.

혹은 2가지가 있다고 말함에 그 나름 3가지 부분이 있다.

① 남음이 있는 열반과 남음이 없는 열반,

② 성품의 청정열반과 방편의 청정열반,

③ 진신의 열반과 응신의 열반이다.

혹은 3가지로 나눈다.

여기에는 2가지가 있다.

① 삼승열반으로 말하고,

② 자성, 진신, 응신의 열반이다.

혹은 4가지로 나눈다.

① 자성청정열반,

② 유여의열반,

③ 무여의열반,

④ 무주처열반.

유여의열반과 무여의열반의 뜻은 대승과 소승에 모두 통하지만, 여기에서는 오직 대승만을 말하였다. 3가지 내에서는 이승은 밝히지 않고, 나머지는 모두 함께 논하였다. 이는 융통하여 걸림이 없어야 대열반이기 때문이다. 경문에서 말한 바와 같이 구체적이다. 유독 응신이 사라진 것만은 아니다.

四는 彰業用이니 囊括終古하고 導達群方하야 靡不度生이오 靡不成就라 故涅槃云 '能建大事'라하니 則出現法門이 皆斯用也라 然諸門廣義는 備於別章하야 畧在文具니라

[4] 業用을 밝혔다.

　오랜 세월을 포괄하고 많은 세계를 통하여 중생을 제도하지 않음이 없으며, 성취시키지 않음이 없다. 이 때문에 열반경에서는 "큰일을 세운다."고 하였다. 이는 여래 출현의 법문이 모두 이러한 작용이다. 그러나 많은 부분의 넓은 범주로 말한 뜻은 또 다른 장을 갖춰 간단하게 경문에 갖춰져 있다.

第五釋文
中二니 先은 徵起

　[5] 경문의 해석
　1. 산문 부분은 2단락이다.
　앞은 물음으로 일으켰다.

經

佛子여 **菩薩摩訶薩**이 **應云何知如來應正等覺**의 **般涅槃**고
　"불자여, 보살마하살이 어떻게 여래·응공·정등각의 열반에 드심을 알아야 하는가?

後正顯中十이니
一은 體性眞常이오 二는 德用圓備오 三은 出沒常湛이오 四는 虧盈不

遷이오 五는 示滅妙存이오 六은 隨緣起盡이오 七은 存亡互現이오 八은 大用無涯오 九는 體離二邊이오 十은 結歸無住라
然斯十段은 隨義雖殊나 皆含體用하야 互相交徹하야 顯大涅槃이라 今初는 分三이니 初는 擧法勸知오 二는 指理同事오 三은 釋顯同相이라 今은 初라

뒤의 바로 밝힌 부분은 10단락이다.

(1) 체성이 진실하고 떳떳하다.

(2) 공덕의 작용을 원만히 갖추었다.

(3) 나고 사라짐이 언제나 담박하다.

(4) 이지러지고 가득 참에도 변하지 않는다.

(5) 열반을 보이되 미묘하게 존재한다.

(6) 인연 따라 일어나 다한다.

(7) 존망이 서로 나타난다.

(8) 큰 작용이 끝이 없다.

(9) 본체는 양쪽을 여읜다.

(10) 머묾이 없는 데에 돌아간다.

그러나 이 10단락의 뜻에 따라 비록 다르나 모두 본체와 작용을 포함하여 서로서로 통하여 대열반을 밝혔다.

'(1) 체성이 진실하고 떳떳함'은 3단락으로 나눈다.

① 법을 들어 알아야 함을 권하였다.

② 이법계가 사법계와 같음을 가리켰다.

③ 같은 모양을 해석하여 밝혔다.

이는 '① 법을 들어 알아야 함을 권함'이다.

經

佛子여 **菩薩摩訶薩**이 **欲知如來大涅槃者**인댄 **當須了知根本自性**이니

불자여, 보살마하살이 여래의 큰 열반을 알고자 하면 근본 성품을 알아야 한다.

◉ 疏 ◉

根本自性者는 卽下所列眞如等十이 爲眞應涅槃之根本故니라 體는 卽自性淸淨涅槃이니 以出二礙일새 名方便淨이라 爲眞涅槃이며 大悲應物도 亦自此流일새 故名爲本이니 以是本故로 但了眞如면 卽了涅槃이라

근본자성열반이란 아래에 열거한 진여 등에 10가지 진신과 응신 열반의 근본이 되기 때문이다. 본체는 곧 자성청정열반이다. 번뇌장과 소지장에서 벗어났기에 그 이름이 방편청정이라 眞涅槃이며, 大悲의 마음으로 중생에 응함 또한 이로부터 나왔기에 그 이름을 근본자성열반이라 한다. 이러한 근본 때문에 진여만을 알면 바로 열반을 알 수 있다.

二 指理同事

② 이법계가 사법계와 같음을 가리키다

如眞如涅槃하야 **如來涅槃**도 **亦如是**하며
如實際涅槃하야 **如來涅槃**도 **亦如是**하며
如法界涅槃하야 **如來涅槃**도 **亦如是**하며
如虛空涅槃하야 **如來涅槃**도 **亦如是**하며
如法性涅槃하야 **如來涅槃**도 **亦如是**하며
如離欲際涅槃하야 **如來涅槃**도 **亦如是**하며
如無相際涅槃하야 **如來涅槃**도 **亦如是**하며
如我性際涅槃하야 **如來涅槃**도 **亦如是**하며
如一切法性際涅槃하야 **如來涅槃**도 **亦如是**하며
如眞如際涅槃하야 **如來涅槃**도 **亦如是**하니

진여의 열반처럼 여래의 열반 또한 그와 같고,
실제의 열반처럼 여래의 열반 또한 그와 같고,
법계의 열반처럼 여래의 열반 또한 그와 같고,
허공의 열반처럼 여래의 열반 또한 그와 같고,
법성의 열반처럼 여래의 열반 또한 그와 같고,
욕계를 여읜 열반처럼 여래의 열반 또한 그와 같고,
모양 없는 경계의 열반처럼 여래의 열반 또한 그와 같고,
'나'의 성품 경계의 열반처럼 여래의 열반 또한 그와 같고,
일체 법 성품 경계의 열반처럼 여래의 열반 또한 그와 같고,
진여 경계의 열반처럼 여래의 열반 또한 그와 같다.

● 疏 ●

同事中에 皆云如者는 如卽同義니 能同涅槃은 通眞及應이오 所同如等은 卽自性涅槃이니 故上句에 皆有涅槃之稱이라 眞應無本이면 應非不生이니 何出現之爲妙리오 故以本該末하고 以體顯用이니 今皆圓寂하야 爲大涅槃이라【鈔_ '眞應無本'下는 總顯文意니 先은 反顯이라 眞應涅槃이 若無自性涅槃爲本이면 皆非不生이니 而眞涅槃은 由性淨顯일새 共許不生이어니와 而應涅槃은 皆謂生滅이라 故今特說應無性淨이면 安得不生이리오
後 '故以本'下는 順顯이니 以性淨本으로 該眞應末이니 眞望性淨에 亦稱末故니라 眞與性淨이 二俱爲體하야 該應化用이니 皆爲無住三德涅槃이라】

　　이법계가 사법계와 같은 부분에서 모두 '처럼[如: 如眞如涅槃 등]'이라고 말한 것은 如는 곧 같다는 뜻이다. 열반과 같다는 주체는 진신 및 응신에 통하고, 열반과 같다는 대상 등은 곧 자성열반이다. 이 때문에 위 구절에서는 모두 열반을 말하고 있다. 진신과 응신이 근본이 없다면 당연히 생겨나지 못할 것이다. 어떻게 출현하는 미묘함이 있겠는가. 그러므로 근본으로써 지말을 갖추며, 본체로써 작용을 나타낸 것이다. 여기에서는 모두 원적하여 대열반이다.【초_ '眞應無本' 이하는 경문의 뜻을 총체로 밝힌 것이다. 앞에서는 반대로 밝혔다. 진신과 응신의 열반이 자성열반으로 근본을 삼지 않으면 모두 생겨나지 않음이 아니다. 진신의 열반은 자성청정을 통하여 나타나기에 생겨나지 않음을 모두 인정하였지만, 응신의 열반은

모두 생멸이라 말하기에 여기에서 특별히 말하기를, "응신이 자성청정이 없으면 어떻게 생겨나지 않을 수 있겠는가."라고 하였다.

뒤의 '故以本該末' 이하는 차례대로 밝혔다. 자성청정의 근본으로써 진신과 응신의 지말을 갖춘 것이다. 진신으로 자성청정을 대조하면 또한 지말이라 말하였기 때문이다. 진신과 자성청정 2가지가 함께 본체가 되어서 응화신의 작용을 갖추었다. 이는 모두 無住의 3가지 공덕 열반이다.】

所以列十名者는 欲明究竟妙道 窮理盡性하야 無不同故로 德無盡故니라

十名은 已如前釋이라 於中에 後二는 加'際'言者는 窮眞於無眞이 爲眞如際等故일세니라

이 때문에 10가지 명칭을 나열한 바는 마지막 최고의 미묘한 도의 이치를 궁구하고 성품을 다하여 같지 않음이 없기 때문에 공덕이 그지없음을 밝히고자 한 까닭이다.

10가지의 명칭은 이미 앞의 해석에서 말한 바와 같다.

그 가운데 뒤의 2가지[如一切法性際涅槃, 如眞如際涅槃]에서 '際'라는 글자를 더한 것은 眞如를 진여가 없는 데까지 다함이 '眞如際' 등이기 때문이다.

三 釋顯同相

③ 같은 모양을 해석하여 밝히다

何以故오
涅槃이 **無生無出故**니
若法이 **無生無出**인댄 **則無有滅**이니라

무엇 때문일까?

열반은 생겨남도 없고 벗어남도 없기 때문이다.

만약 법이 생겨남도 없고 벗어남도 없다면 사라지는 것도 없을 것이다.

◉ 疏 ◉

顯同相者는 向言亦如是者는 云何如耶아 故云 如眞如等 不生滅故니라 何以不生고 以但了因所顯이오 非生因所生故니라 旣無有生이면 亦非出障이오 始旣無生인댄 則永常不滅이니 是知玄道는 存於妙悟오 妙悟는 在於卽眞이니 卽眞이면 則生滅齊觀이오 齊觀 則彼此莫二니라 所以眞如는 與我同根이오 法性은 與我一體니라 眞 旣不滅인댄 應滅이 寧眞가 是知涅槃名滅者는 乃在於無滅者矣라

'이법계가 사법계와 같은 모양'을 밝힌다는 것은 앞에서 '…亦如是'라 말한 것은 어떻게 같다는 것일까? 이 때문에 진여 등의 생멸이 없음과 같기 때문이라고 말하였다.

어찌하여 생겨나지 않은 것일까? 다만 了因에 의해 나타날 뿐이지, 生因으로 생겨난 바가 아니기 때문이다. 이미 생겨남이 없으면 또한 장애에서 벗어날 게 아니며, 애당초 이미 생겨남이 없으면

그것은 곧 영원히 사라지지 않는다.

　여기에서 알아야 할 것은 현묘한 도는 미묘한 깨달음에 있고, 미묘한 깨달음은 진여와 하나가 된 데에 있다. 진여와 하나가 되면 생과 멸을 하나로 보고, 생멸을 하나로 보면 피차가 둘이 없다. 이 때문에 진여가 나와 더불어 뿌리가 같고, 법성이 나와 더불어 하나의 몸이다.

　진신이 이미 사라지지 않는다고 하면 응신의 사라짐이 어찌 진신이겠는가. 열반을 '滅'이라 명명한 것은 이에 사라짐이 없는 데에 있음을 알아야 한다.

第二 明德用圓備
　(2) 공덕의 작용을 원만히 갖추다

經
佛子여 如來 不爲菩薩하야 說諸如來究竟涅槃하시며 亦不爲彼하야 示現其事하나니
何以故오
爲欲令見一切如來 常住其前하며 於一念中에 見過去未來一切諸佛의 色相圓滿을 皆如現在호대 亦不起二不二想이니
何以故오
菩薩摩訶薩이 永離一切諸想著故니라

불자여, 여래는 보살을 위하여 여래의 구경열반을 말하지 않으며, 또한 그들을 위하여 그 일을 나타내지도 않는다.

무엇 때문일까?

일체 여래가 그 앞에 항상 머묾을 보게 하려는 것이며, 한 생각의 찰나에 과거와 미래 세계의 일체 부처님의 모습이 원만하여 모두 현재와 같음을 보게 하되, 또한 둘이라든지 둘이 아니라든지 이런 생각도 일으키지 않는다.

무엇 때문일까?

보살마하살은 모든 생각에 집착을 영원히 여의었기 때문이다.

● 疏 ●

'德用圓備'者는 如來之身은 色相圓備하야 常現大機前故니라
文中에 先은 標擧오 後는 徵釋이라
標中에 約人顯實일새 云不爲菩薩이니 明說永滅은 是爲二乘이며
迹盡雙樹는 竝爲凡小니 據此면 亦名揀異灰斷이라
後徵釋中에 文有二重이니 初釋之中에 自有二義라
一令稱實하야 見受用身이 卽同法身이 常住其前이니 涅槃云 '涅槃不空'者는 謂有善色常樂我淨故며 因滅無常하야 獲此常故니라
二'於一念'下는 令見三際應用이 亦卽是常이니 故云皆如現在니라
涅槃云 '吾今此身이 卽是常身法身'이라하고 下開栴檀座佛塔하야 見三世佛이 無涅槃者며 楞伽에 亦云 '無有佛涅槃이오 無有涅槃佛'이라하니라

482

'亦不起二不二想'者는 遠離覺所覺故니 謂旣知幽靈不竭이며 妙色湛然인댄 三際大均이어니 何生滅之動靜이리오 故不起二也오 亦不取此一常일새 故無不二也라

下는 重徵釋이니 徵意云 '菩薩 何以能不起想고' 釋云 '菩薩 由了法空하야 本無想著故니 旣無心於動靜이면 終不謂佛常與非常이니라'

'공덕의 작용을 원만히 갖추었다.'는 것은 여래 몸의 색상이 원만하게 갖춰져 있어 언제나 大機의 앞에 나타나기 때문이다.

경문의 앞은 표장으로 들어 말하였고, 뒤는 묻고 해석하였다.

앞의 표장에서 사람을 들어 실상을 밝힌 까닭에 '보살을 위하지 않는다.'고 말하였다. '영원히 여의었다.'고 말한 것은 이승을 위함이며, 사라쌍수 아래에서 자취가 다함은 아울러 범부와 소인을 위한 일임을 밝힌 것이다. 이에 의거하면 또한 그 이름을 '몸과 마음이 함께 다하여 없어지는 것과 다르다.'고 말한다.

뒤의 묻고 해석한 부분의 문장은 2중의 뜻이 있다.

처음 해석한 부분에 그 나름 2가지 뜻이 있다.

① 하여금 실상에 합하여 수용신이 곧 법신과 같이 그 앞에 상주함을 보도록 함이다. 열반경에서 말한 "열반은 공하지 않다."는 것은 아름다운 색신의 常樂我淨이 있기 때문이며, 無常이 사라짐을 인하여 떳떳함을 얻었기 때문이다.

② '於一念' 이하는 하여금 과거·현재·미래의 응용이 또한 떳떳한 것임을 보도록 함이다. 이 때문에 "모두 현재와 같다."고 말하였다.

열반경에서는 "나의 지금 이 몸이 바로 영원한 몸이요, 법신이다."고 하였고, 아래에서는 전단좌 불탑을 열어서 삼세제불이 열반한 이가 없음을 보도록 하였으며,

능가경에서도 이르기를, "부처는 열반한 적이 없고 열반한 부처도 없다."고 하였다.

"또한 둘이라든지 둘이 아니라든지 이런 생각도 일으키지 않는다."는 것은 깨달음과 깨달음의 대상을 멀리 여의었기 때문이다. 이미 그윽한 혼령이 다하지 않으며, 미묘한 모습이 담담함을 알면 과거·현재·미래가 아주 똑같다. 무슨 생멸의 동정이 있겠는가. 이 때문에 둘이라는 생각을 일으키지 않고, 또한 하나로 영원하다는 것도 취하지 않기에 둘이 아니라는 것도 없다.

아래는 거듭 묻고 해석하였다.

물음의 뜻은 다음과 같다.

"보살이 어째서 생각을 일으키지 않는 것일까?"

이의 해석은 다음과 같다.

"보살이 법이 공함을 앎으로 인하여 본래 생각의 집착이 없기 때문이다. 이미 동정에 무심하면 마침내 부처의 떳떳함과 떳떳하지 않음을 말하지 않는다."

第三 出沒常湛

(3) 나고 사라짐이 언제나 담박하다

佛子여 **諸佛如來** **爲令衆生**으로 **生欣樂故**로 **出現於世**하시며 **欲令衆生**으로 **生戀慕故**로 **示現涅槃**하사대 **而實如來**는 **無有出世**며 **亦無涅槃**이니
何以故오
如來 常住淸淨法界하사 **隨衆生心**하야 **示現涅槃**이니라

불자여, 제불여래는 중생으로 하여금 기쁜 마음을 가지도록 하고자 세간에 나오셨으며, 중생으로 하여금 사모한 마음을 가지도록 하고자 열반을 보여주었지만, 여래는 실로 세상에 나오심도 없고 열반함도 없다.

무엇 때문일까?

여래는 언제나 청정한 법계에 머물면서 중생의 마음을 따라서 열반을 보여준 것이다.

◉ 疏 ◉

謂涅槃無爲로 而無所不爲니 無不爲故로 能建大事하야 不礙出沒하고 以無爲故로 住淨法界하야 體常湛然이며 不礙出沒故로 顯迹爲生은 卽是有餘오 息迹爲滅은 卽是無餘니 故餘·無餘 乃應物之假號耳라 體性常湛일새 故存不爲有오 亡不爲無니 是知寂然不動이 未嘗無爲오 應迹無方이 未嘗有爲니 豈可隨於見聞하야 以滯殊應之迹가

열반은 하는 일이 없는 것으로써 이뤄지지 않은 바가 없다.

485

이뤄지지 않은 바가 없기 때문에 큰일을 세워 나오고 사라지는 데에 걸림이 없고,

하는 일이 없기 때문에 청정한 법계에 머물면서 본체가 언제나 담담하며,

나오고 사라지는 데에 걸림이 없기 때문에 몸을 나타내어 중생을 위함은 곧 有餘涅槃이고,

몸이 사라짐을 사라짐이라 말하는 것은 곧 無餘涅槃이다.

이 때문에 유여열반과 무여열반은 중생에 따라 감응하는 임시의 명호일 뿐이다. 체성이 언제나 담담한 까닭에 몸이 있어도 있다고 하지 않고 몸이 사라져도 없다고 하지 않는다.

이는 적연부동이 일찍이 無爲가 아니고, 감응하는 몸의 자취가 일정하지 않음이 일찍이 有爲가 아니다. 어떻게 보고 들음에 따라서 달리 감응하는 자취에 막힘이 있겠는가.

四 虧盈不遷

(4) 이지러지고 가득 참에도 변하지 않다

| 經 |

佛子여 譬如日出에 普照世間하야 於一切淨水器中에 影無不現하야 普徧衆處호대 而無來往하며 或一器破에 便不現影하나니

佛子여 **於汝意云何**오 **彼影不現**이 **爲日咎不**아
答言하사대 **不也**니이다. **但由器壞**라 **非日有咎**니이다.
佛子여 **如來智日**도 **亦復如是**하사 **普現法界**에 **無前無後**하야 **一切衆生淨心器中**에 **佛無不現**하나니 **心器常淨**이면 **常見佛身**이어니와 **若心濁器破**하면 **則不得見**이니라

　불자여, 비유하면 해가 떠서 세간에 두루 비쳐 모든 깨끗한 물이 담긴 그릇에 그림자가 나타나지 않음이 없어 많은 곳에 두루 비치지만 오고 가는 일이 없으며, 한 그릇이라도 깨지면 그림자가 나타나지 않는다.

　불자여, 어떻게 생각하는가.
　저 그림자가 나타나지 않음이 해의 잘못일까?"
　"아닙니다. 그릇이 깨진 탓이지, 해의 허물은 아닙니다."
　"불자여, 여래의 지혜 태양도 그와 같아서 법계에 두루 나타남에, 먼저 하는 것도 없고 뒤에 하는 것도 없다. 일체중생의 청정한 마음 그릇에 부처님이 나타나지 않는 데가 없다. 마음 그릇이 항상 청정하면 언제나 부처님의 몸을 볼 수 있지만, 마음이 혼탁하거나 그릇이 깨지면 볼 수 없다.

● **疏** ●

先喩 後合이라 **然法身**은 **無像**이라 **故無器而不形**이오 **聖智**는 **無心**이라 **故無感而不應**이니 **像非我有**라 **自彼器之虧盈**이오 **心非我生**이어니 **豈普現之前後**아【**鈔**_ **論云·經云 法身**은 **無像**이나 **應物以形**하고

般若는 無知로되 對緣而照라 萬機頓赴而不撓其神하고 千難殊對而不干其慮하며 動若行雲하고 止猶谷神이니 豈有心於彼此에 情係於動靜者리오 悉旣無心於動靜이오 亦無像於去來라 去來不以像일세 故無器而不形이오 動靜不以心일세 故無感而不應이라 然則心生於有心하고 像出於有像이라 像非我出일세 故金石流而不焦하고 心非我生일세 故日用而不勤이라 紛紜自彼니 於我何爲오 所以智周萬物而弗勞하고 形充八極而無患이라 益不可盈이오 損不可虧니 寧復疴癃中逵며 壽極雙樹며 靈竭天棺하고 體盡焚燎者哉아】

앞은 비유이고, 뒤는 종합이다. 그러나 법신은 형상이 없기 때문에 器世間에 나타나지 않음이 없고, 성인의 지혜는 무심하기 때문에 감촉하는 곳마다 응하지 않음이 없다. 형상은 나의 소유가 아니라, 그 그릇에 의해 이지러지거나 가득 차며, 마음은 나의 소유가 아니다. 어찌 널리 나타내는 데에 전후의 구별이 있겠는가.【초_ 肇論 涅槃無名論에서 말하였다.

"경문에서 말하였다.

'법신은 형상이 없지만 중생의 뜻에 따라 그 몸을 나타내고, 반야는 앎이 없지만 반연을 상대로 비춰주는 것이다. 모든 기연이 한꺼번에 몰려와도 그 정신은 흔들리지 않고, 1천 가지의 물음이 각기 다를지라도 그의 생각에 상관한 바 없다. 마치 흐르는 구름처럼 움직이고, 谷神처럼 고요히 머문다. 어찌 피차에 마음을 두어 동정에 허망한 마음으로 얽매이겠는가.

모두 이미 동정에 무심하고, 거래에 형상이 없다. 형상으로써 오고 가지 않은 터라, 기세간에 나타나지 않음이 없고, 동정에 마음을 쓰지 않기 때문에 감촉하는 곳마다 응하지 않음이 없다.'

이로 보면 마음은 마음이 있는 데서 나오고, 형상은 형상이 있는 데서 나온다.

형상은 나에게서 나온 것이 아니다. 따라서 무쇠와 돌덩이가 녹아 흐른다 할지라도 타지 않고, 마음은 나에게서 나온 것이 아니다. 따라서 날마다 쓸지라도 부지런히 움직이지 않는다. 어지러움은 상대로부터 일어나는 법이다. 나에게 무엇이 있겠는가.

그 때문에 지혜는 만물에 두루 응해도 힘들지 않고, 형체는 온 세상에 가득해도 근심이 없다.

더하여도 가득 차지 않고 덜어내도 이지러지지 않는다. 어찌 살아가는 도중에 병을 앓겠으며, 사라쌍수의 사이에서 수명이 다하겠으며, 天棺에서 혼령이 다하고, 화장하는 데서 몸이 다할 분이겠는가.”】

故攝論第十頌에 云 '衆生罪不見 如月於破器니 徧滿諸世間은 由法光如日이라' 是以經言'非日昝'也라 持戒器破에 定水無依어니 菩提器破에 智水寧止아 無信淸珠라 故心水渾濁이어니 何由見佛耶아 然此中에 雖明現身이나 卽是三德涅槃所流大用이니 亦涅槃攝이라 若爾면 寧殊出現之身가 出現身은 以法身爲門하야 而論眞應이라 非無般若解脫二德이니 智慧日身이 無不照故오 永離戲論이 卽解脫故며 醫王之喩오 卽示滅故니라【鈔_ '然此'文下는 揀定이오 亦展轉通妨이라 於中有三이니 初는 正揀定이니 恐有問云 '今說法身을 何名涅槃고 故此釋云 '大般涅槃에 必具三德이니 此卽法身이라 餘之

489

【二德은 從法身流일세니라】

이 때문에 양섭론 제10게송에서 말하였다.

"중생이 지은 죄를 보지 못함이 마치 달빛이 깨진 그릇에 비춤과 같다. 모든 세간에 두루 가득함은 법의 광명이 태양과 같기 때문이다."

이 때문에 경문에서 '태양의 잘못이 아니다.'고 말하였다. 持戒의 그릇이 깨지면 선정삼매의 물이 담길 수 없는데, 보리의 그릇이 깨지면 보리지혜의 물이 어떻게 고요할 수 있겠는가. 믿음의 청정한 구슬이 없는 터라, 마음의 물이 혼탁하거니 무엇으로 연유하여 부처를 볼 수 있겠는가.

그러나 여기에서 비록 부처의 현신을 밝혔으나, 이는 3가지 공덕의 열반에서 흘러나온 큰 작용이다. 이 또한 열반에 포괄된다. 그렇다면 어찌 출현한 몸과 다르겠는가.

출현한 몸은 법신으로 문을 삼아 진신과 응신을 논한 것이다. 반야와 해탈 2가지 공덕이 없지 않다. 지혜 태양의 몸이 비춰주지 않음이 없기 때문이며, 부질없는 말을 아주 벗어남이 바로 해탈이기 때문이며, 醫王의 비유로 열반을 보였기 때문이다.【초_ '然此中' 이하는 선정과 다르며, 또한 차츰차츰 논란에 답하였다.

여기에는 3가지가 있다.

첫째는 바로 선정과 다름을 말하였다.

이런 물음이 있을 수 있다.

"여기에서 말한 법신을 어째서 그 이름을 열반이라고 하는가?"

이 때문에 다음과 같이 해석하였다.

"대반열반에는 반드시 3가지 공덕을 갖춰야 한다. 이는 곧 법신이다. 나머지 2가지 공덕은 법신에서 유출된 것이기 때문이다."】

此有般若니 寧異菩提리오 若分相說인댄 菩提는 爲能證智니 唯是修生이오 涅槃은 是所證理니 唯約修顯이라 故涅槃中說호되 '菩提는 必從生因所生이오 涅槃은 必從了因所顯이라'

若攝相說인댄 菩提는 是卽理之智오 涅槃은 是卽智之理니 卽智之理 不礙摩訶般若하고 卽理之智 不礙寂滅菩提라 智性本有 亦是性淨이오 涅槃修顯이니 亦方便淨이라 隨一爲門이면 則皆收盡이니 卽大涅槃 眞菩提也라 今以涅槃收之면 非唯菩提及身이라 前後諸門이 皆從三德所流하야 能建大事니라

여기에는 반야가 있다. 어찌 보리와 다르겠는가.

만약 구분의 양상으로 말한다면, 보리는 증득 주체의 지혜이다. 이는 오직 生因을 닦음이다.

열반은 증득 대상의 이치이다. 이는 오직 나타난 바로 말한다. 이 때문에 열반경에서 말하였다.

"보리는 반드시 生因으로부터 생겨나고, 열반은 반드시 了因으로부터 나타나는 바이다."

만약 포괄의 양상으로 말한다면, 보리는 이치와 하나가 된 지혜이고, 열반은 지혜와 하나가 된 이치이다.

지혜와 하나가 된 이치는 마하반야에 걸림이 없고, 이치와 하나가 된 지혜는 적멸보리에 걸림이 없다.

智性의 本有 또한 자성이 청정함이며, 열반의 나타난 바를 닦

음 또한 방편의 청정이다. 하나를 따라 문을 삼으면 모든 것을 다 거둬들인다. 이는 대열반이 진실한 보리이다. 여기에서 열반으로 정리하면 오직 보리 및 몸일 뿐, 전후의 모든 작용이 모두 3가지 공덕에서 유출함에 따라서 큰일을 세울 수 있다.

第五示滅妙存

(5) 열반을 보이되 미묘하게 존재하다

經

佛子여 若有衆生이 應以涅槃으로 而得度者면 如來 則爲示現涅槃이나 而實如來는 無生無歿이며 無有滅度니라

불자여, 만약 중생이 열반으로 제도될 수만 있다면 여래는 곧 열반을 보이겠지만, 실제 여래는 생겨남도 없고 죽음도 없고 열반도 없다.

◉ 疏 ◉

旣爲物示滅이면 卽體無滅이라【鈔_ '示滅'下는 滅旣是示니 卽無滅矣라 故爲妙存이니 妙存二字는 全是無名第四章名이라 彼論云 '聖人은 處有不有오 居無不無라 居無不無故로 不無於無오 處有不有故로 不有於有라 故能不出有無하고 不在有無니 怕(泊)爾無朕이 斯爲妙存이라' 然出沒常湛하야 兼明於出어니와 今但無滅일세 故不同也니라】

이미 중생에게 열반을 보여주었다면 곧 몸이 사라짐이 없다.

【초_ '示滅' 이하는 열반을 이미 보여준 것이니, 이는 사라짐이 없다. 이 때문에 '미묘하게 존재함[妙存]'이라 한다. 妙存 2자는 肇論 涅槃無名論 제4장의 명제이다. 조론 해당 부분에서 다음과 같이 말하였다.

"성인은 있는 곳과 있지 않은 곳에 거처하고, 없는 곳과 없지 않은 곳에 거주한다.

'없는 곳과 없지 않은 곳에 거주'하기에 없는 곳이 없지 않고,

'있는 곳과 있지 않은 곳에 거처'하기에 있지만 있는 것이 아니다.

이 때문에 있고 없는 데에서 벗어나지도 않고, 있고 없는 데에 있지도 않다.

담박하여 조짐조차 없음을 이에 '미묘하게 존재함'이라 한다."

그러나 세간에 나오거나 사라짐이 언제나 담박하여 세간에 나오심을 겸하여 밝혔지만, 여기에서는 다만 열반이 없기에 똑같지 않다.】

第六 隨緣起盡

(6) 인연 따라 일어나 다하다

經

佛子여 譬如火大 於一切世間에 能爲火事하나니 或時一處에 其火息滅하면 於意云何오 豈一切世間火 皆滅耶아 答言하사대 不也니이다

佛子여 如來應正等覺도 亦復如是하야 於一切世界에 施作佛事하나니 或於一世界에 能事已畢하고 示入涅槃하면 豈一切世界諸如來 悉皆滅度리오
佛子여 菩薩摩訶薩이 應如是知如來應正等覺의 大般涅槃이니라

　불자여, 비유하면 불이란 일체 세간에 불붙이는 일을 한다. 혹 어떤 곳에서 불이 꺼진다면 어떻게 생각하는가. 일체 세간의 불이 모두 꺼지겠는가?"

　"아닙니다."

　"불자여, 여래·응공·정등각 또한 그와 같다. 일체 세계에서 불사를 지으시다가, 혹 어떤 하나의 세계에서 할 일을 마치면 열반에 드심을 보이지만, 어찌 일체 세계의 모든 여래가 모두 열반하였겠는가.

　불자여, 보살마하살은 이처럼 여래·응공·정등각의 크게 열반에 드심을 알아야 한다.

● 疏 ●

有喩·合·結이라
合中에 以機喩薪하고 以涅槃喩火니 衆生善根 未熟可熟者에 成正覺以熟之는 如爲火事오 若所應度者를 皆已度竟이면 則現般涅槃하야 寂無所爲는 如火息滅이라 故法華云 '佛此夜滅度 如薪盡火滅'이라 然現滅現生이 皆是涅槃大用이라 故攝論第十에 '名涅槃如火라 旣起滅在緣하니 則益不可盈이오 損不可虧云云'하니 自彼언

정非佛然也니라

비유, 종합, 끝맺음이다.

종합 부분에서 중생의 근기로 섶을 비유하고, 열반으로 불을 비유하였다. 중생의 선근이 성숙하지 않았으면 성숙의 가능성이 있는 자에게 정각을 성취시켜, 그를 통하여 성숙케 함은 불씨를 붙이는 일과 같고, 만약 제도해야 할 자들을 이미 모두 제도하였으면 큰 열반을 나타내어, 고요히 더 이상 하는 일이 없음은 불씨가 꺼진 것과 같다.

이 때문에 법화경에서 이르기를, "부처께서 이 밤에 열반하심이 섶이 다하여 불씨가 사라진 것과 같다."고 말하였다.

그러나 열반을 나타냄과 태어남을 나타냄 그 모두가 열반의 큰 작용이다. 이 때문에 양섭론 제10에서 "열반은 불씨와 같다고 말한다. 이처럼 일어남과 사라짐이 반연에 있으니, 더하여도 더 이상 가득 차지 않으며, 줄여도 이지러지지 않는다 운운한다." 하니, 그들에 의해 이루어진 것이지, 부처가 그처럼 한 것이 아니다.

第七 存亡互現

(7) 존망이 서로 나타나다

經

復次佛子여 譬如幻師 善明幻術하야 以幻術力으로 於三千大千世界一切國土城邑聚落에 示現幻身하야 以幻

495

力持하야 經劫而住나 然於餘處에 幻事已訖하고 隱身不現하면
佛子여 於汝意云何오 彼大幻師 豈於一處에 隱身不現으로 便一切處에 皆隱滅耶아
答言하사대 不也니이다.
佛子여 如來應正等覺도 亦復如是하야 善知無量智慧方便種種幻術하사 於一切法界에 普現其身하사 持令常住하야 盡未來際호대 或於一處에 隨衆生心하야 所作事訖하고 示現涅槃이면 豈以一處에 示入涅槃으로 便謂一切에 悉皆滅度리오
佛子여 菩薩摩訶薩이 應如是知如來應正等覺의 大般涅槃이니라

또한 불자여, 비유하면 요술쟁이가 요술하는 방법을 잘 알고서 요술의 힘으로 삼천대천세계의 일체 국토, 고을, 촌락에 환상과 같은 몸을 나타내어, 요술의 힘으로 여러 겁을 머물지만, 다른 곳에서 요술하는 일을 마치면 몸을 숨기고 나타내지 않는다.

불자여, 이를 어떻게 생각하는가.

저 요술쟁이가 한곳에서 몸을 감춘 것으로 모든 곳에서 모두 사라졌을까?"

"아닙니다."

"불자여, 여래·응공·정등각 또한 그와 같다. 한량없는 지혜 방편인 갖가지 요술을 잘 알고서 일체 법계에 널리 몸을 나타내어 미

래 세월이 다하도록 영원히 머물되 혹 어떤 한곳에서 중생의 마음을 따라서 하는 일을 끝마치고 열반을 보이면, 어떻게 한곳에서 열반했다고 하여 일체 모든 곳에서 모두 열반했다고 할 수 있겠는가.

불자여, 보살마하살은 이처럼 여래·응공·정등각이 크게 열반에 드심을 알아야 한다.

● 疏 ●

由順機故로 此滅彼存이언정 非如來身 不能長久니라
前喩는 約見滅見成이요 此喩는 約常見不見이라

중생의 근기를 따름에 의하여 여기에서 열반하고 저기에서는 있을지언정 여래의 몸이 장구하지 못함이 아니다.

앞의 비유는 열반을 보여주고 성취를 보여주는 것으로 말하였고, 이의 비유는 언제나 보여주기도 하고 보여주지 않는 것으로 말하였다.

第八 大用無涯

(8) 큰 작용이 끝이 없다

經

復次佛子여 如來應正等覺이 示涅槃時에 入不動三昧하나니
入此三昧已하야는

於一一身에 各放無量百千億那由他大光明하며
一一光明에 各出阿僧祇蓮華하며
一一蓮華에 各有不可說妙寶華藥하며
一一華藥에 有師子座하며
一一座上에 皆有如來 結跏趺坐어든 其佛身數 正與一切衆生數等하야 皆具上妙功德莊嚴하니 從本願力之所生起라
若有衆生이 善根熟者면 見佛身已에 則皆受化나 然彼佛身은 盡未來際토록 究竟安住하사 隨宜化度一切衆生하야 未曾失時니라

　또한 불자여, 여래·응공·정등각이 열반을 보일 적에 꼼짝하지 않는 삼매에 들어간다.
　이 삼매에 들어간 뒤에는 하나하나의 몸에서 각각 한량없는 백천억 나유타 큰 광명을 쏟아내고,
　하나하나의 광명마다 각각 아승지 연화를 피어내고,
　하나하나의 연화마다 각각 말할 수 없는 미묘한 보배 꽃술이 있으며,
　하나하나의 꽃술마다 사자법좌가 있고,
　하나하나의 사자좌 위에 모두 여래께서 가부좌하고 앉으셨다.
　그 부처님 수효가 바로 일체중생의 수효와 똑같은데, 모두 가장 미묘한 공덕과 장엄을 갖추었다. 이는 본래 원력으로부터 생겨난 것이다.

만약 중생으로서 선근이 성숙한 이가 있으면, 부처님 몸을 보고서 모두 교화를 받지만, 저 부처님의 몸은 미래 세월이 다하도록 끝까지 안주하면서 편의에 따라 일체중생을 교화하여 일찍이 시기를 놓치지 않는다.

◉ 疏 ◉

謂正示涅槃이나 而便分身無邊하야 窮於來際라 '不動三昧'者는 究竟寂滅也니 由寂無動일새 故無所不動耳이라 涅槃에 受純陀供處 大同於此로되 而佛數少하니 順機不同故니라【鈔_ '涅槃'等者는 卽擧同揀異니 彼第十經 大衆問品云 '爾時에 一切菩薩摩訶薩과 天人雜類 出大音聲하야 唱如是言호되 奇哉純陀여 成大福德하야 能令如來 受取最後無上供養이로되 而我等輩는 無福所致로 所設供具이 則爲唐捐이로다

爾時에 世尊이 欲令一切 衆望滿足하사 於自身上 一一毛孔에 化無量佛하고 一一諸佛에 各有無量諸比丘僧이라 是諸世尊 及無量衆이 悉皆現身하야 受其供養하다

釋迦如來 自受純陀所奉設供이러니 爾時에 純陀 所持粳糧成熟之食이 摩伽陀國 滿足八斛이라 以佛神力으로 悉皆充足一切大會하다 爾時에 純陀 見是事已하고 心生歡喜하야 踊躍無量하고 一切大衆도 亦復如是러라

釋曰 彼經에 雖言無量化佛이나 但云 受大衆供이나 無此重重等 衆生數 盡未來際니 此但約文하야 以明優劣이오 非當時化 不能

普周오 亦以彼證無盡化現은 皆涅槃用이라】

바로 열반을 보여주었으나 부처님의 분신은 그지없어 미래 세월이 다하도록 존재하는 것이다.

'不動三昧'란 최고 경지의 적멸이다. 고요하여 움직임이 없는 까닭에 움직이지 않음이 없다. 열반경에서 말한 純陀의 공양을 받은 곳이 크게는 이와 같지만 부처의 수효가 적다. 그것은 중생의 근기를 따름이 똑같지 않기 때문이다.【초_ '涅槃' 등이란 곧 같은 부분을 들어 말하면서도 차이점을 구분한 것이다.

열반경 제10 一切大衆所問品에서 말하였다.

"그때, 여러 보살마하살과 하늘 사람·세간 사람과 여러 무리들이 큰 음성으로 이렇게 말하였다.

'기특하다, 순타여. 큰 복덕을 성취하여 여래로 하여금 훌륭한 마지막 공양을 받도록 하였지만, 우리는 복이 없는 소치로 마련한 공양거리가 부질없게 되었다.'

그때, 부처님께서 일체 대중의 바람을 만족케 해주고자, 부처님의 몸에 있는 하나하나 모공마다 한량없는 부처님을 변화로 나타내셨다. 그 한 분 한 분의 부처님은 각각 한량없는 비구를 거느리고 있었다. 여러 부처님과 한량없는 대중들이 모두 몸을 나타내어 그들의 공양을 받았다.

그리고 석가여래는 순타가 올린 공양을 받으셨다.

그때, 순타가 가지고 온 여러 가지 음식은 마가다국의 용량으로 8휘[斛]였다. 부처님의 신통력으로 일체 대중이 만족스럽게 먹었다.

그때, 순타는 그것을 보고 뛸 듯이 기쁜 마음이 헤아릴 수 없었고, 일체 대중 또한 그와 같았다."

이에 대한 해석은 다음과 같다.

열반경에서는 비록 한량없는 변화의 부처를 말했지만, 대중이 공양받은 것만을 말했을 뿐, 거듭거듭 중생의 수효만큼 수많은 부처가 미래 세월이 다하도록 있었다는 말은 언급한 바 없다.

여기에서는 다만 경문을 들어 우열을 밝혔을 뿐, 당시의 교화가 널리 두루 펼쳐지지 못했다는 말이 아니며, 또한 그 수많은 부처로 그지없는 화신을 보여준 것은 모두 열반의 작용이다.】

第九 體離二邊

(9) 본체는 양쪽을 여의다

經

佛子여 如來身者는 無有方處하야 非實非虛로대 但以諸佛의 本誓願力으로 衆生堪度면 則便出現하나니
菩薩摩訶薩이 應如是知如來應正等覺의 大般涅槃이니라

불자여, 여래의 몸은 일정한 어느 곳에 있지 않다. 실제 있는 것도 아니요, 허망한 것도 아니지만, 부처님들의 본래 서원한 힘으로써 제도를 받을 만한 중생이면 그의 앞에 몸을 나타내는 것이다.

보살마하살은 이처럼 여래·응공·정등각의 큰 열반에 드심을

알아야 한다.

● 疏 ●

身若是實인댄 有不可滅이오
身若是虛면 何能起滅가
若有方所면 此現彼無라
由非實故로 起滅無恒이오
由非虛故로 能無不現이오
無方所故로 感處即形이오
本願力故로 化周法界오
隨堪度故로 見則不同이라

    몸이 실제 있다면 있는 것을 없애지 못할 것이며,
    몸이 허망하다면 어떻게 열반을 일으킬 수 있겠는가.
    만약 일정한 곳이 있다면 여기에서 몸을 나타낼 적에 저기에는 없을 것이다.
    실제 있는 게 아님에 따라 생멸이 영원하지 않고,
    허망함이 아님에 따라 몸을 나타내지 않음이 없으며,
    일정한 곳이 없기 때문에 감응한 곳에 바로 몸을 나타내고,
    본래 원력 때문에 교화를 법계에 두루 펼치며,
    제도할 만한 중생을 따른 까닭에 친견이 똑같지 않다.

第十 結歸無住

⑽ 머묾이 없는 데에 돌아가다

經

佛子여 如來 住於無量無礙한 究竟法界와 虛空界와 眞如法性과 無生無滅과 及以實際언마는 爲諸衆生하사 隨時示現호대 本願持故로 無有休息하야 不捨一切衆生과 一切刹과 一切法이니라

불자여, 여래는 한량없고 걸림 없는 최고 경계의 법계, 허공계, 진여법성, 생멸이 없는 자리, 실제의 경계에 머물지만, 중생을 위하여 때 따라서 몸을 나타내어 보여주고, 본래의 원력으로 멈추지 않고서 일체중생, 일체 세계, 일체 법을 버리지 않는다."

● 疏 ●

上來九門에 初門은 多顯其體요 餘八은 皆體用雙明이라
今此分二니 初至實際는 通結九門之體요 後 '爲諸衆生'下는 通結八門之用이라
'隨時示現'은 正顯於用이오 '本願力故'는 顯何所因이오 '無有休息'은 皆窮來際오 '不捨'已下는 明用分齊니 誰獨非涅槃이완대 而欲捨之耶아【鈔_ 第十에 至結歸無住는 結上九門하야 皆歸無住涅槃이라 於中有二니 先釋經文이니 卽是結前之義라

言'誰獨非涅槃而欲捨之耶'者는 卽側用玄得中文이니
彼以第九考得難云 '經云衆生之性은 極於五陰之內라하고 又云
得涅槃者는 五陰都盡이 譬猶燈滅等이라하고 下結意에 云至則五
陰不都盡이니 陰若都盡이면 誰得涅槃고'
故玄得答云 '且談論之作은 必先定其本이니 旣論涅槃일새 故不
可離涅槃而語涅槃也라 若卽涅槃以興言이면 誰獨非涅槃而欲
得之耶아
意云 卽涅槃故로 更不可得이라 下引淨名 '衆生 卽涅槃相'은 此
明一體라 故無可得이로되 今言一體라 故無可捨니라 衆生이 卽涅
槃이니 若捨衆生이면 卽捨涅槃也니라】

위의 9가지 법문 가운데 첫 법문은 그 본체를 밝힌 바 많고, 나머지 8가지는 모두 본체와 작용을 함께 밝혔다.

첫 법문은 2단락으로 나뉜다.

① 실제에 이름은 9가지 법문의 본체를 전체로 끝맺었고,

② '爲諸衆生' 이하는 8가지 법문의 작용을 전체로 끝맺었다.

'때 따라서 몸을 나타내어 보여줌'은 바로 작용을 밝혔고,

'본래의 원력 때문'은 그 무슨 원인인가를 밝혔으며,

'멈추지 않는다.'는 것은 모두 미래 세월 끝까지 다함이다.

'不捨' 이하는 작용의 구분과 한계를 밝혔다. 그 누구이든 열반하지 못할 이가 있겠는가. 어떻게 그들을 버리고자 하겠는가.【초_
'⑩ 머묾이 없는 데에 돌아가다'는 위의 9가지 법문을 끝맺으면서 모두 無住涅槃으로 귀결 지은 것이다.

여기에는 2단락이 있다.

① 먼저 경문을 해석하였다. 이는 앞의 경문 의의를 끝맺음이다.

"그 누구이든 열반하지 못할 이가 있겠는가. 어떻게 그들을 버리고자 하겠는가."라고 말한 것은 '肇論 演玄得 제10'에서 인용한 문장이다.

肇論 제9에서 '考得'이 논란하였다.

"경문에서 '중생의 성품은 五陰의 내에서 다한다.'고 하고, 또한 '열반을 얻은 이는 오음의 다함이 마치 등불이 사라짐과 같다.' 등이라 하며, 아래의 끝맺은 뜻에 '지극하면 오음이 모두 다하지 않는다.'고 하니, 오음이 만약 모두 다한다면 어느 누가 열반을 얻는 것일까?"

이런 물음 때문에 '玄得'이 답하였다.

"담론을 할 적에는 반드시 먼저 그 근본을 정립해야 한다. 이미 열반을 논하였기에 열반을 떠나서는 열반을 말할 수 없다. 만약 열반과 하나의 자리에서 말한다면 그 누가 유독 열반이 아니겠는가. 그럼에도 열반을 얻고자 하는가."

위에서 말한 뜻은 열반과 하나이기 때문에 다시는 얻을 필요가 없다. 아래에서 유마경의 '중생이 바로 열반의 모습'임을 인용한 것은 일체임을 밝힌 것이다. 이 때문에 더 이상 얻을 게 없지만, 여기에서는 일체를 말한 까닭에 버릴 수 없다. 중생이 바로 열반인데, 만약 중생을 버린다면 이는 열반을 버린 것이다.】

是則初住實際라 故不住生死오 後不捨衆生이라 故不住涅槃이니라 由雙住故로 能俱不住니 前卽大智오 後卽大悲라 般若는 常所輔

翼일세 爲無住涅槃이니 自性涅槃은 衆生等有하고 二乘無學은 容有前三이오 唯佛世尊은 獨言具四일세 故就無住하야 總以結之니 安住涅槃하야 建大事也니라

이는 처음 실제에 머문 까닭에 생사에 머물지 않고, 뒤는 중생을 버리지 않는 까닭에 열반에 머물지 않는다.

생사와 열반에 모두 머무른 까닭에 생사와 열반에 모두 머물지 않는다. 앞의 머묾은 大智이고, 뒤의 머물지 않음은 大悲이다.

반야가 언제나 돕는 바이기에 無住涅槃이다. 자성열반은 중생이 평등하게 지니고 있으며, 二乘無學은 간혹 앞의 3가지만 있으며, 오직 불세존만이 홀로 4가지를 모두 갖췄다고 말한다. 이 때문에 무주열반의 측면에서 총괄하여 끝맺음이다. 열반에 안주하여 일대사를 세움이다.

二偈頌

2. 보현보살의 게송

經

爾時에 普賢菩薩摩訶薩이 欲重明此義하사 **而說頌言**하사대

그때, 보현보살마하살이 이 뜻을 거듭 밝히고자 게송으로 말하였다.

如日舒光照法界에　　器壞水漏影隨滅인달하야
最勝智日亦如是하야　　衆生無信見涅槃이로다

　　태양의 빛나는 광명 법계 비출 적에
　　깨진 그릇 물이 새면 그림자 사라지듯
　　가장 훌륭한 지혜 태양 그와 같아서
　　중생이 믿음 없어 열반을 보였노라

◉ 疏 ◉

偈文有六이니 初偈는 頌第四라

　　게송은 6수이다.
　　제1게송은 '(4) 虧盈不遷'을 읊었다.

經

如火世間作火事에　　於一城邑或時息하야
人中最勝徧法界하사　　化事訖處示終盡이로다

　　불이 세간을 불태울 적에
　　어느 한 고을에서 혹 꺼지듯
　　부처의 몸, 법계 두루 계시면서
　　교화 다한 곳에서 열반을 보이노라

◉ 疏 ◉

次는 頌第六이라

제2게송은 '(6) 隨緣起盡'을 읊었다.

經

幻師現身一切刹하야　　能事畢處則便謝하나니
如來化訖亦復然하야　　於餘國土常見佛이로다

　　요술쟁이 일체 세계 몸을 나타내어
　　할 일이 끝난 곳에서 사라지듯이
　　여래 교화 다한 곳 또한 그처럼
　　다른 국토에선 항상 부처님 뵈어라

◉ **疏** ◉

次는 頌第七이라

　　제3게송은 '(7) 存亡互現'을 읊었다.

經

佛有三昧名不動이라　　化衆生訖入此定하야
一念身放無量光하사　　光出蓮華華有佛호대

　　부처님의 삼매는 그 이름 '부동삼매'
　　중생 교화 마치면 이런 선정에 들어
　　한 찰나 몸에서 쏟아지는 한량없는 방광
　　광명마다 연꽃 피어나고 연꽃마다 계시는 부처

佛身無數等法界하니　　有福衆生所能見이라
如是無數一一身에　　　壽命莊嚴皆具足이로다

　　부처의 몸 법계만큼 무수하지만
　　복 지은 중생만이 볼 수 있어라
　　이처럼 무수한 하나하나 몸마다
　　수명과 장엄 모두 두루 갖췄어라

◉ 疏 ◉

次二는 頌第八이라
제4, 5게송은 '(8) 大用無涯'를 읊었다.

經

如無生性佛出興이며　　如無滅性佛涅槃이라
言辭譬喩悉皆斷이나　　一切義成無與等이로다

　　태어나는 성품 없는 듯 부처 나시고
　　사라지는 성품 없는 듯 부처 열반이여
　　언어나 비유 모두 끊어진 자리
　　일체 이치 이루어 짝할 이 없어라

◉ 疏 ◉

後偈는 頌第十이니 初句는 無生之生이오 次句는 無滅之滅이오 次句는
結歸涅槃無名이오 後句는 結其大用無盡이니 此二無礙 是無住義라

餘不頌者는 含在此中이라

제6게송은 '⑽ 結歸無住'를 읊었다.

제1구[如無生性佛出興]는 태어남이 없는 것으로 태어남이며,

제2구[如無滅性佛涅槃]는 사라짐이 없는 것으로 사라짐이며,

제3구[言辭譬喩悉皆斷]는 이름 붙일 수 없는 열반으로 귀결 지음이며,

제4구[一切義成無與等]는 그지없는 큰 작용을 끝맺음이다.

이 2가지에 걸림이 없는 것을 머묾이 없는 이치라 한다. 나머지 부분을 읊지 않은 것은 여기에 포함되어 있다.

第九 如來出現涅槃 竟하다

제9. 여래 출현의 열반을 끝마치다.

第十 明出現見聞親近所生善根을 前九門은 出現 一期始終이어늘 今明於上見聞 功深益遠하야 獎物進修니라

文中三이니

初는 徵起오 次는 正顯이오 後는 結示라

就正顯中에 分二니

先은 明見聞信向益이오 後는 見聞不信益이라

前中에 先法 後喩니라

제10. 여래 출현에 가까이서 친견하고 법문 듣고서 생겨나는 선근

앞의 9가지 법문은 여래가 출현한 한 생애의 시종이며, 여기에서는 위에서 말한 '친견하고 법문 듣고서 생겨나는 선근'의 공덕이 깊고 이익이 원대함을 밝혀, 중생이 이를 닦아나가도록 권장함이다.

산문 부분은 3단락이다.

1. 물음으로 일으킴이며,

2. 바로 밝힘이며,

3. 끝맺음이다.

'2. 바로 밝힌' 부분은 2단락으로 나뉜다.

⑴ 보고 들은 것을 믿음에 대한 이익을 밝혔고,

⑵ 보고 듣고서 믿지 않을지라도 얻어지는 이익을 밝혔다.

'⑴ 보고 들은 것을 믿음의 이익' 부분은 다시 2단락이다.

㈀ 법, ㈁ 비유이다.

經

佛子여 菩薩摩訶薩이 應云何知於如來應正等覺에 見聞親近하야 所種善根고

佛子여 菩薩摩訶薩이 應知於如來所에 見聞親近하야 所種善根이 皆悉不虛니

出生無盡覺慧故며 離於一切障難故며 決定至於究竟故며 無有虛誑故며 一切願滿故며 不盡有爲行故며 隨順無爲智故며 生諸佛智故며 盡未來際故며 成一切種勝行故며 到無功用智地故니라

"불자여, 보살마하살은 여래·응공·정등각을 보고 듣고 가까이 하여 심은 선근을 어떻게 알아야 하는가?

불자여, 보살마하살은 여래의 계신 곳에서 보고 듣고 가까이하여 심은 선근이 모두 헛되지 않음을 알아야 한다.

다함이 없는 깨달음의 지혜를 내기 때문이며,

일체 장애와 고난을 여의기 때문이며,

반드시 마지막 경계까지 이르기 때문이며,

헛됨이 없기 때문이며,

일체 서원이 원만하기 때문이며,

유위의 행을 다하지 않기 때문이며,

무위의 지혜를 따르기 때문이며,

여러 부처의 지혜를 내기 때문이며,

미래 세월까지 다하기 때문이며,

일체 여러 가지의 훌륭한 행을 성취하기 때문이며,

하염없는 지혜의 지위에 이르기 때문이다.

● 疏 ●

法中에 先總後別이라

今初 見等은 如後喩合中이라

後'出生'下는 別이니 卽示不虛之相이니 有十一句라 不出智·斷·恩德이니 思之니라【鈔_ 第十 出現見聞은 不出智·斷·恩者는 初三句는 標三德果니 初句는 智德이니 般若滿故오 次句는 斷德이니 解脫滿

故오 次句는 恩德이니 法身究竟故니라

次二句는 總成上三이니 三俱願滿하야 皆不虛故니라

後六句는 覆釋上三이니 初三句는 釋上無盡覺慧니 '不盡有爲'는 此成事智오 '隨順無爲'는 此生理智니 此二因圓이오 '生諸佛智'는 卽是果滿이라

次二句는 釋上究竟이니 大悲恩德이 窮未來故오 種智行成이 得法身故니라

後一句는 釋上斷德이니 得至佛地하야 無障可斷故며 解脫功用故니라 故上出現意業中에 云 '得如來地하야 息一切用'이라하니라】

(ㄱ)법 부분에 앞은 총상이고 뒤는 별상이다.

'앞의 총상' 부분에 見聞 등은 뒤의 비유와 종합 부분에서 말한 바와 같다.

뒤의 '出生無盡覺慧' 이하는 별상이다. 이는 공허하지 않은 모양을 보임이다.

11구이다. 이는 智德, 斷德, 恩德 3가지에서 벗어나지 않는다. 이 점을 생각해야 한다.【초_ '제10. 여래 출현에 친견하고 들음'은 "智德, 斷德, 恩德 3가지에서 벗어나지 않는다."는 것은 첫 3구는 3가지 공덕의 결과를 밝혔다.

제1구[出生無盡覺慧故]는 智德이다. 반야가 원만하기 때문이다.

제2구[離於一切障難故]는 斷德이다. 해탈이 원만하기 때문이다.

제3구[決定至於究竟故]는 恩德이다. 법신의 최고 경계이기 때문이다.

다음 제4구[無有虛誑故], 제5구[一切願滿故]는 총괄하여 위의 3구를 끝맺었다. 3가지 공덕이 모두 서원대로 원만하여 모두 공허하지 않기 때문이다.

뒤의 6구는 거듭 위의 3구를 해석하였다.

앞의 제6~8 3구는 위의 '제1구 無盡覺慧'를 해석하였다.

제6구 不盡有爲는 사법계를 성취하는 지혜이고,

제7구 隨順無爲는 이법계를 내어주는 지혜이다. 이 2구는 원인의 원만이다.

제8구 生諸佛智는 곧 결과의 원만이다.

다음 제9, 제10구는 위의 '제3구 至於究竟'을 해석하였다.

제9구 盡未來際는 대비의 은덕이 미래까지 다함이며,

제10구 成一切種勝行은 일체종지의 행이 성취되어 법신을 얻었기 때문이다.

맨 끝의 제11구[到無功用智地故]는 위의 '제2구 離於一切障難'의 斷德을 해석하였다.

부처의 지위에 이르러 장애를 끊어야 할 자체가 없기 때문이며, 해탈의 공용이기 때문이다. 이 때문에 여래 출현의 意業 부분에서 "여래의 지위를 얻어 일체 작용이 사라졌다."고 하였다.】

第二喩中三喩는 喩其三德이니 初는 少服金剛喩라

(ㄴ) 비유 부분의 3가지 비유는 3가지 공덕[智德, 斷德, 恩德]을 비

유하였다.

　① 금강을 조금 복용한 비유

經

佛子여 **譬如丈夫 食少金剛**에 **終竟不消**하고 **要穿其身**하야 **出在於外**하나니
何以故오
金剛은 **不與肉身雜穢**로 **而同止故**인달하야
於如來所에 **種少善根**도 **亦復如是**하야 **要穿一切有爲諸行煩惱身過**하야 **到於無爲究竟智處**하나니
何以故오
此少善根이 **不與有爲諸行煩惱**로 **而共住故**니라

　불자여, 비유하면 장부가 금강을 조금만 삼켜도 끝까지 소화되지 않고 몸을 뚫고서 밖으로 나오게 된다.

　무엇 때문일까?

　금강은 육신의 더러움과 뒤섞여 함께 있지 않기 때문인 것처럼, 여래의 도량에서 조그만 선근을 심은 것 또한 그와 같다.

　모든 유위의 행과 번뇌의 몸을 뚫고 나와 무위의 최고 경계의 지혜에 이르게 한다.

　무엇 때문일까?

　이 적은 선근이 유위의 행과 번뇌와 함께 머물지 않기 때문이다.

● 疏 ●

少服金剛喩는 喩於智德이니 智慧破惑이 如金剛故니 以有智慧者는 必無煩惱일새 故不共住니라

'금강을 조금 복용한 비유'는 지혜 공덕에 비유하였다.

지혜로 번뇌를 타파함이 금강과 같기 때문이다. 지혜가 있는 이는 반드시 번뇌가 없기에 머물지 않는다.

第二 少火燒多喩
② 적은 불씨로 많은 것을 불태우는 비유

經

佛子여 假使乾草를 積同須彌라도 投火於中을 如芥子許하면 必皆燒盡하리니
何以故오
火能燒故인달하야 於如來所에 種少善根도 亦復如是하야 必能燒盡一切煩惱하고 究竟得於無餘涅槃하나니
何以故오
此少善根이 性究竟故니라

불자여, 가령 마른풀이 수미산만큼 쌓였을지라도 거기에 겨자씨만 한 불씨를 던지면 반드시 죄다 타버리게 된다.

무엇 때문일까?

불은 모든 것을 태우기 때문인 것처럼, 여래의 도량에서 조그만 선근을 심은 것 또한 그와 같다.

반드시 모든 번뇌를 태워버리고 결국은 무여열반을 얻을 것이다.

무엇 때문일까?

이 적은 선근의 성품이 최고의 경계이기 때문이다.

◉ 疏 ◉

少火燒多喩는 喩斷德이라 '性究竟'者는 了惑本寂故니라

'적은 불씨로 많은 것을 불태우는 비유'는 번뇌를 끊어주는 공덕을 비유하였다.

"선근의 성품이 최고의 경계"라 말한 것은 번뇌가 본래 寂靜임을 알기 때문이다.

第三 藥王徧益喩

③ 두루 이익을 주는 약초의 비유

經

佛子여 譬如雪山에 有藥王樹하니 名曰善見이라
若有見者면 眼得淸淨하고
若有聞者면 耳得淸淨하고

若有齅者면 鼻得淸淨하고
若有嘗者면 舌得淸淨하고
若有觸者면 身得淸淨하고
若有衆生이 取彼地土라도 亦能爲作除病利益인달하야
佛子여 如來應正等覺無上藥王도 亦復如是하야 能作一切饒益衆生하나니
若有得見如來色身이면 眼得淸淨하며
若有得聞如來名號면 耳得淸淨하며
若有得齅如來戒香이면 鼻得淸淨하며
若有得嘗如來法味면 舌得淸淨하야 具廣長舌하고 解語言法하며
若有得觸如來光者면 身得淸淨하야 究竟獲得無上法身하며
若於如來에 生憶念者면 則得念佛三昧淸淨하며
若有衆生이 供養如來의 所經土地와 及塔廟者라도 亦具善根하야 滅除一切諸煩惱患하고 得賢聖樂이니라

불자여, 설산에 큰 약나무가 있는데, 그 나무의 이름을 '선견(善見)'이라 한다.

그 약나무를 보기만 해도 눈이 맑아지고,

그 약나무의 이름만 들어도 귀가 밝아지며,

그 약나무의 냄새만 맡아도 코가 시원하고,

그 약나무의 맛만 보아도 혀가 깨끗하며,

그 약나무를 만지기만 하여도 몸이 정갈하고,

그 약나무의 흙만 만져도 또한 질병이 사라지는 이익을 얻는 것처럼,

불자여, 여래·응공·정등각의 위없는 약나무 또한 그와 같이 일체중생에게 이익을 준다.

여래의 육신을 보는 이는 눈이 맑아지고,

여래의 이름을 듣는 이는 귀가 밝아지며,

여래의 계행 향기를 맡는 이는 코가 시원하고,

여래의 법을 맛본 이는 혀가 깨끗하여 넓고 긴 혀를 갖추어 말하는 법을 알며,

여래의 광명에 닿은 이는 몸이 정갈하여 끝내 위없는 법신을 얻고,

여래를 생각하는 이는 염불삼매의 청정을 얻으며,

만약 중생이 여래가 지나가신 땅이나 탑에 공양하여도 또한 선근을 갖춰 일체 번뇌와 근심을 없애고 성현의 즐거움을 얻는다.

◉ **疏** ◉

藥王徧益喩는 喩恩德이니 種種利生故니라

文中에 先喩 後合이라

二合中에 二니

先은 明爲六根境界益이니 合上藥王徧益六根이라 皆通在世滅後니 滅後도 亦有見故은 況憶念等가

寶性論中에 亦明如來與菩薩爲六根境界니 大同於此하다【鈔_ '寶性論'者는 論有四卷이니 此當第一이라 是成就自利利他니 偈 云 '諸佛如來身이 如虛空無相이라 爲諸勝智者하야 作六根境界하 야 示現微妙色하고 出于妙音聲하며 令齅佛戒香하고 與佛妙法味하 야 使覺三昧觸하야 令知深妙法이라】

'두루 이익을 주는 약초의 비유'는 은덕을 비유하였다. 가지가 지로 중생에게 이익이 되기 때문이다.

경문의 앞은 비유이고, 뒤는 종합이다.

종합 부분은 2단락이다.

앞은 6근 경계의 이익이 됨을 밝혔다. 위의 약나무가 6근에 두 루 이익이 된다는 점에 종합하였다. 이는 세간에 머물 때와 열반 이후에도 모두 통한다. 열반 이후에도 또한 친견함이 있기 때문이 다. 하물며 부처님을 기억하고 생각하는 등등의 일이야.

보성론에서도 또한 여래가 보살의 6근 경계가 됨을 밝혔다. 여 기와는 크게는 같다.【초_ '보성론'이란 4권인데, 이는 제1권에 해 당한다. 이는 자리이타를 성취함이다.

게송에서 다음과 같이 읊었다.

"제불여래의 몸이 모양이 없는 허공과 같다.

모든 뛰어난 지혜 지닌 이를 위하여 6근 경계가 되어,

미묘한 색을 보여주고 미묘한 음성을 내어주며,

부처의 戒香을 맡고 부처의 미묘한 法味를 주어

그로 하여금 삼매의 감촉을 깨달아 심오하고 미묘한 법을 알

게 하였다."】

後若有衆生下는 明遺迹之益이니 合上取彼地土라 所經土地는 猶通現滅이어니와 其塔廟者는 唯約滅後니 亦同法華ㅣ乃至擧一手等도 皆已成佛道라하니라

뒤의 '若有衆生' 이하는 남긴 자취의 이익을 밝혔다. 위의 '약 나무의 흙만 만져도'에 종합하였다.

지나간 땅도 오히려 세간에 머물 때와 열반 이후에 모두 통하는데, 부처의 塔廟는 오직 열반에 마련된 것으로 말한다. 이 또한 법화경에서 말한 "한 차례 손을 든 것만으로도 모두 이미 불도를 성취한다."는 말과 같다.

第二 明不信益

(2) 보고 듣고서 믿지 않을지라도 얻어지는 이익을 밝히다

經

佛子여 我今告汝호리니 設有衆生이 見聞於佛하고 業障纏覆하야 不生信樂이라도 亦種善根하야 無空過者며 乃至究竟入於涅槃이니라

불자여, 내가 이제 그대에게 말하리라.

어떤 중생이 부처님을 보거나 들으면서도 업장에 뒤덮이어 신심과 좋아하는 마음을 내지 못할지라도, 또한 선근을 심게 되어 헛

되지 않을 것이며, 내지 필경에는 열반에 들게 될 것이다.

◉ 疏 ◉

不信益者니 此明益深이니 如來秘密藏經에 明罵藥이라도 服之得力이오 罵沈이라도 燒已還香이오 罵佛이라도 猶勝敬諸外道니라 若爾인댄 豈無罵罪리오 罵罪非無로되 今語遠益이라 故法華云 '跋陀婆羅等이 罵常不輕하야 千劫於阿鼻地獄에 受大苦惱라가 畢是罪已에 還遇常不輕菩薩敎化'라하고 涅槃에 喩以毒塗之鼓로 欲聞不聞에 無不死者라 故菩薩之名이 起自聞謗之日이라 謗尙遠益이온 況深信耶아 況解行耶아 況證悟耶아 弘持之者는 勉思此文이어다【鈔_ '如來秘密藏'者는 具云大方廣如來秘密藏經이니 此卽下卷이라
大迦葉問호되 '唯願說是如來秘密藏法하소서'
佛言 '迦葉아 於汝意云何오 汝謂我行菩薩道時에 所捨手足頭目耳鼻皮肉骨髓血과 及妻子와 畧說컨대 乃至一切財物 處處逼惱於菩薩者는 是諸衆生이 不墮地獄畜生餓鬼와 及諸惡趣라하나니
何以故오 本行菩薩行時에 志意淨故오 及大誓願 淨戒聚故오 於諸衆生에 大悲純至와 及堅忍故오 以大慈故오 大功德法故오 牢强精進하야 向大乘故오 息心淨故오 大願饒益故오 不喜自樂故니 其有衆生이 觸嬈菩薩하야 毁罵之者는 菩薩德故로 不墮惡道니라
迦葉아 我今引喩하야 以明斯義라
迦葉아 猶如病人을 良醫授藥에 而是病人이 故罵是藥과 及與良醫하야 先毁以後에 乃服此藥이면 迦葉아 於意云何오 藥以罵故로

不爲藥耶아 病不除耶아

'不也니이다. 世尊이시여 雖復毀罵라도 不失藥勢코 而能除病이니이다'

'如是니라

迦葉아 菩薩도 如藥及彼良醫라 不生恭敬하고 種種觸惱라도 然是 菩薩 純淨志意는 無有缺減이니라

又擧大寶珠有大勢力이어든 有人毀罵라도 不失寶力이오

又罵明燈이라도 燒之에 亦能除暗이라

言'罵沈'者는 義引이니

彼云 '罵赤栴檀하야 以手搥打하고 連撩棄之면 爲作何香고' 迦葉 答言호되 '作栴檀香이니이다'

又云 '如人抱執糞穢하야 棄之하고 以華香供養이면 是人에 有何等 氣오'

答 '有穢氣니이다'

佛言 '供養外道면 但有見畏니 地獄畜生餓鬼等畏니라'

'涅槃喩'者는 卽第九經이니 如來性品이오 南亦第九니 卽菩薩品이 라 文云 '譬如有人이 以雜毒藥으로 用塗大鼓하야 於衆人中에 擊令 發聲이면 雖無心欲聞이나 聞之皆死오 唯除一人不橫死者니 不橫 死者는 卽一闡提니라

釋曰 '彼經은 猶揀闡提어니와 此意는 取不欲聞이니 以喩不信而得 益耳라

法華'不輕'은 可知라

'菩薩之名'者는 亦卽此卷이니 答云 '云何未發心而名爲菩薩고

如日光明이 諸明中大라 大涅槃光이 能入衆生之毛孔故로 衆生이 雖無菩薩之心이나 而能爲作菩薩因緣이니라
迦葉問言호되 '云何未發心而作菩薩因緣고
次如來擧夢中見羅刹喩호되 '初聞不信이러니 夢中羅刹이 令其發心云 汝若不發菩提心者인댄 當斷汝命하리라 寤已發心하고 或於三塗에 續復憶念이라도 發菩提心이면 卽大菩薩也라
生公云 '菩薩之名은 起自聞謗之日이라'하니라】

이는 믿지 않을지라도 얻어지는 이익을 밝혔다. 이는 이익이 심오함을 밝힌 것이다.

여래비밀장경에서 밝힌 바는 다음과 같다.

약을 욕할지라도 복용하면 힘을 얻고,

침향을 욕할지라도 불태우면 도리어 향기가 풍겨나며,

부처를 욕할지라도 오히려 외도를 공경하는 것보다 훨씬 낫다.

그렇다면 부처를 욕하는 죄가 어찌 없겠는가.

욕하는 죄가 없지 않으나, 여기에서는 먼 훗날의 이익을 말하고 있다.

이 때문에 법화경 常不輕菩薩品 제20에서는, "발타바라 등이 상불경보살을 욕하였다가 천겁 동안 아비지옥에서 큰 고뇌를 받다가 죄업을 모두 닦고서 도리어 상불경보살의 교화를 만났다."고 하였고,

열반경에서는 독을 바른 북[毒塗鼓]으로 비유하기를, "북소리를 듣고자 함과 듣지 않아도 죽지 않은 이가 없다."고 하였다.

이 때문에 보살이라는 명호는 비방을 듣던 날로부터 비롯된 것

이다. 비방의 소리도 오히려 먼 훗날 이익이 있는데, 하물며 깊은 신심이야, 하물며 이해하고 행함이야, 하물며 증득하고 깨달음이야. 크게 지닌 자는 이 문장을 애써 생각해야 할 것이다.【초_ 여래비밀장이란 여래비밀장경을 말한다. 이는 하권에서 인용하였다.

대가섭이 여쭈었다.

"바라건대 여래비밀장의 법을 말씀해 주소서."

부처님이 말씀하셨다.

"가섭이여, 그대 생각은 어떠한가. 그대는 이렇게 생각할 것이다. '내가 보살도를 행할 적에 희사한 손, 발, 머리, 눈, 귀, 코, 피부, 살점, 뼈, 골수, 혈액 및 妻子, …내지 일체 재물, 그리고 곳곳에서 보살을 핍박하고 괴롭히는 모든 중생이 지옥, 축생, 아귀 및 모든 악도에 떨어지지 않는다.'라고.

무엇 때문일까?

본래 보살행을 행할 때에 뜻과 생각이 청정하기 때문이며,

큰 서원의 청정 계율 무더기이기 때문이며,

모든 중생에 大悲의 순수 지극한 마음 및 든든한 인욕 때문이며,

大慈이기 때문이며,

대공덕의 법이기 때문이며,

견고하게 정진하여 대승으로 향하기 때문이며,

차분히 가라앉은 마음이 청정하기 때문이며,

큰 원력으로 이익을 주기 때문이며,

자신의 쾌락을 기뻐하지 않기 때문이다.

보살을 괴롭히고 욕하는 그 중생은 보살에게 공덕을 베풀었기 때문에 악도에 떨어지지 않는다.

가섭이여, 내가 이제 비유를 인용하여 이런 뜻을 밝혀줄 것이다.

가섭이여, 마치 훌륭한 의원이 병을 앓은 환자에게 약을 주면, 그 환자는 약과 의원을 욕하여, 먼저 이처럼 헐뜯은 후에 이 약을 먹는다면…,

가섭이여, 그대 생각은 어떠한가. 약을 욕하였기 때문에 약이 되지 않는 건 아닐까? 병이 치료되지 않는 건 아닐까?"

"아닙니다. 세존이시여, 아무리 헐뜯고 욕했다 할지라도 약효는 사라지지 않고 병이 나을 것입니다."

"그와 같다. 가섭이여, 보살도 약과 의원처럼 공경하는 마음으로 받들지 않고 가지가지로 괴롭힐지라도 보살의 순수 청정한 뜻과 생각은 줄어들지 않는다.

또한 큰 보배 구슬에 큰 힘이 있으면 그 어떤 사람이 아무리 욕할지라도 보배의 힘은 사라지지 않는다.

또한 밝은 등불을 아무리 욕할지라도 불을 붙이면 또한 어둠을 없애주는 것이다."

침향을 욕한다는 것은 뜻을 살려 인용한 부분이다.

여래비밀장경에서 또 말하였다.

"붉은 전단향을 욕하면서 손으로 치고 뒤이어서 불을 태우면 어떤 향기가 피어날까?"

가섭이 답하였다.

"전단향의 향기가 날 것입니다."

"만약 더러운 똥을 안고 있다가 버린 사람에게 향기로운 꽃송이를 건네주면 그에게서 어떤 냄새가 날까?"

"똥 냄새가 날 것입니다."

"외도를 받들면 겁나는 일만 있을 뿐이다. 지옥, 축생, 아귀 등의 두려움을 말한다."

'열반경의 독을 바른 북의 비유'는 제9경으로 如來性品이며, 티베트 대장경 또한 제9경으로 菩薩品이다.

열반경에서 말하였다.

"비유하면, 어떤 사람이 여러 독약을 큰 북에 발라 만들어 놓고서, 많은 사람이 모인 데에서 북을 쳐서 소리를 울리면, 비록 들으려는 마음이 없는 사람이라 할지라도 그 북소리를 들으면 모두 죽는다. 오직 그 북소리를 듣고서도 죽지 않은 한 사람만큼은 예외이다. 죽지 않은 한 사람이란 바로 도저히 부처가 될 수 없는 하나의 闡提이다."

이에 대한 해석은 다음과 같다.

열반경에서는 오히려 천제를 들어 말했지만, 여기에서 말한 뜻은 '듣고 싶지 않은 사람'을 들어 말하였다. 이는 '믿지 않을지라도 얻어지는 이익'을 비유하였다.

법화경에서 말한 상불경보살의 전고는 설명하지 않아도 알 수 있다.

'보살이라는 명호' 또한 열반경 1권에서 인용한 문장이다.

부처님이 답하였다.

"어찌하여 발심하지도 않은 자를 보살이라고 말하는가. 태양의 광명이 모든 밝은 광명 가운데서도 가장 큰 광명인 것처럼, 대열반의 광명이 중생의 모공에 들어가기 때문에 중생이 비록 보살의 마음이 없을지라도 보살의 인연이 만들어지는 것이다."

가섭이 여쭈었다.

"어떻게 발심하지도 않았는데, 보살의 인연이 만들어지는 것입니까?"

그다음에 여래께서 꿈속에 나찰을 보는 비유를 들어 말씀해 주었다.

"처음 듣고서도 믿지 않았는데, 꿈속에서 나찰이 그로 하여금 발심하게 하였다.

'네가 보리심을 일으키지 않으면, 너의 목숨을 끊을 것이다.'

잠을 깬 뒤에 발심하였다.

혹은 삼악도에서 계속 기억하고 생각할지라도 보리심을 일으키면 바로 대보살이다."

도생 스님이 말하였다.

"보살이라는 명호는 비방을 듣던 날로부터 비롯된 것이다."〕

第三 結示

3. 끝맺음

經

佛子여 菩薩摩訶薩이 應如是知於如來所에 見聞親近하야 所種善根이 悉離一切諸不善法하고 具足善法이니라

불자여, 보살마하살은 이와 같이 여래가 계신 도량에서 보고 듣고 가까이하면 그곳에서 심은 선근으로 모두 일체 선하지 못한 법을 여의고 선한 법을 두루 갖추게 될 것이다.

◉ 疏 ◉

可知라

이는 설명하지 않아도 알 수 있다.

已上은 第一別答十問 竟하다

이상은 가. 10가지 물음에 개별로 답한 부분을 끝마치다.

第二는 總以結酬하야 揀喩異法이라

나. 총괄하여 끝맺다

다른 법으로 비유한 것과는 다름을 말하였다.

經

佛子여 如來 以一切譬喩로 說種種事호대 無有譬喩로 能說此法이니
何以故오

心智路絶하야 **不思議故**니 **諸佛菩薩**이 **但隨衆生心**하야 **令其歡喜**하사 **爲說譬喩**나 **非是究竟**이니라

　　불자여, 여래가 일체 비유로써 가지가지 일을 말할지라도 그 어떤 비유로도 이 법을 말할 수 없다.

　　무엇 때문일까?

　　마음과 지혜로 헤아릴 수 있는 길이 끊어져서 생각하거나 말할 수 없기 때문이다.

　　제불보살이 중생의 마음을 따라서 그들을 기쁘게 하고자 비유로 말한 것이나, 이는 최고의 법이 아니다.

◉ **疏** ◉

上來 性起 請說因喩에 普賢이 依請하야 明十出現호되 皆借象取譬니 意顯佛旨深玄이라 深玄之旨는 尙不可以智知온 豈言象之能及가 故令外忘言象하고 內絕思求면 則庶幾於出現之旨라

　　위에서 여래성기묘덕보살이 원인의 비유를 설법해 주기를 청하자, 보현보살이 그의 청에 의하여 10가지 여래의 출현을 밝혀주되 모두 형상을 빌려 비유를 취하였다. 그 뜻은 부처의 종지가 심오하고 현묘함을 밝힌 것이다.

　　심오하고 현묘한 부처의 종지는 오히려 지혜로도 알 수 없는 것인데, 어떻게 언어와 형상으로 미칠 수 있겠는가. 이 때문에 밖으로는 언어와 형상을 잊고 안으로는 생각이나 구하는 마음을 끊도록 한 것이다. 이는 곧 여래 출현의 종지에 거의 가까이 다가선 것이다.

大文第五顯名受持分

於中分二니

先은 長行이오 後는 偈頌이라

今은 初라

準晉經컨대 此前에 有諸菩薩이 發二種問하니 謂何名此經이며 云何奉持오하니 今但有答이라

卽分爲二니

先은 顯名이오 後 佛子此法門下는 明受持니 令知總名하야 尋名求旨하야 識受持法하야 依之修持故니라

今은 初라

제5. 명칭을 밝히고 받들어 지니는 부분

이 부분은 2단락으로 나뉜다.

1. 앞은 산문이고, 2. 뒤는 게송이다.

이는 '1. 산문'이다.

60화엄경에 준하면, 이 앞부분에 여러 보살이 제기한 2가지 물음이 있다.

"이 경의 이름을 무어라 말해야 하는가?"

"어떻게 받들어 지녀야 하는가?"

그러나 여기에서는 대답만 있을 뿐이다.

따라서 이는 2단락으로 나뉜다.

1) 경의 이름을 밝혔고,

2) 뒤의 '佛子此法門' 이하는 받들어 지님을 밝혔다.

이는 총체의 명칭을 알고서 그 명칭에 따라 종지를 추구하여 받들어 지니는 법을 알고서 이를 의지하여 닦아 지니도록 한 까닭이다.

이는 '1) 이름' 부분이다.

經

佛子여 **此法門**이
名爲如來秘密之處며
名一切世間의 **所不能知**며
名入如來印이며
名開大智門이며
名示現如來種性이며
名成就一切菩薩이며
名一切世間의 **所不能壞**며
名一向隨順如來境界며
名能淨一切諸衆生界며
名演說如來根本實性不思議究竟法이니라

　　불자여, 이 법문의 이름을
　　여래의 비밀한 곳이라 하며,
　　일체 세간 중생이 알지 못하는 것이라 하며,
　　여래의 법인에 들어감이라 하며,
　　큰 지혜의 문을 열어줌이라 하며,

여래의 종성을 나타냄이라 하며,

일체 보살을 성취함이라 하며,

일체 세간이 깨뜨리지 못한 바라 하며,

하나같이 여래의 경계를 따름이라 하며,

일체중생의 세계를 청정히 함이라 하며,

여래의 근본 실성으로 헤아릴 수 없는 최고의 법을 연설함이라 말한다.

◉ 疏 ◉

有十名이니 分爲五對라

一은 內深外絶對니 謂內證三德秘密藏故오 外則凡小不能測故며

二는 證寂開智對오

三은 現果成因對니 謂性淨萬德은 卽是佛種이오 今十門出現은 卽是現義며

四는 越世順佛對니 世尙不知어니 安能破壞리오

此十이 通是佛分齊境이라

五는 淨機演實對니 知生佛同源이면 則能淨故오 隨緣不變之性이 諸佛本故니 而性相無礙하고 因果圓融이 爲不思議오 過此更無爲究竟法이라

前九는 別義오 後一은 總該니라

    10가지 법문의 이름은 5대구로 나뉜다.

    제1 대구, 안으로의 깊음과 밖으로의 끊음이 대구이다. 안으로

는 3가지 공덕의 비밀장을 증득하기 때문이며, 밖으로는 범부와 소인이 헤아릴 수 없기 때문이다.

제2 대구, 적멸의 증득과 지혜가 열림이 대구이다.

제3 대구, 결과가 나타남과 원인을 성취함이 대구이다. 성품이 청정한 모든 공덕은 부처의 종성이며, 여기에 10가지 법문이 나타남은 몸을 나타내어 보여줌의 뜻이다.

제4 대구, 세간을 초월함과 부처의 경계를 따름이 대구이다. 세간 중생은 오히려 알지도 못하는데, 어떻게 부처의 경계를 파괴할 수 있겠는가. 이 10가지 법문이 모두 부처 경계의 구분과 한계이다.

제5 대구, 중생 근기를 청정히 함과 실상을 연설함이 대구이다. 중생과 부처의 똑같은 본원이 청정하게 하는 주체이기 때문이며, 반연을 따라 변하지 않는 자성이 모든 부처의 근본임을 알기 때문이다. 근본의 성품과 현실의 모양이 걸림 없고, 원인과 결과가 원융함을 불가사의라 하고, 이 단계를 지나서 다시 그 자체조차 없는 것을 究竟法이라 한다.

앞의 9가지 법문은 개별의 의의이고, 뒤의 1가지 법문은 총괄하여 갖추고 있다.

第二 明受持

中二니

先은 辨定法器오 後는 擧益勸修라

今은 初라

2) 받들어 지님을 밝히다

이 부분은 2단락이다.

⑴ 법 그릇을 논변하여 결정하였고,

⑵ 이익을 들어 수행을 권면하였다.

이는 '⑴ 법 그릇의 논변'이다.

經

佛子여 此法門은 如來 不爲餘衆生說이오 唯爲趣向大乘菩薩說이시며 唯爲乘不思議乘菩薩說이시니 此法門은 不入一切餘衆生手오 唯除諸菩薩摩訶薩이니라

佛子여 譬如轉輪聖王의 所有七寶 因此寶故로 顯示輪王하나니 此寶는 不入餘衆生手오 唯除第一夫人의 所生太子 具足成就聖王相者니 若轉輪王이 無此太子具衆德者면 王命終後에 此諸寶等이 於七日中에 悉皆散滅인달하야

佛子여 此經珍寶도 亦復如是하야 不入一切餘衆生手오 唯除如來法王眞子 生如來家하야 種如來相諸善根者니 佛子여 若無此等佛之眞子면 如是法門이 不久散滅하리니 何以故오

一切二乘은 不聞此經이어든 何況受持讀誦書寫하야 分別解說가 唯諸菩薩이야 乃能如是니라

불자여, 이 법문은 여래께서 나머지 중생을 위해 말하지 않고, 오직 대승으로 나아가는 보살을 위해 말하며, 불가사의한 수레를 타는 보살을 위해 말하였다.

이 법문은 일체중생의 손에는 들어가지 않지만, 오직 보살마하살만은 예외이다.

불자여, 비유하면 전륜왕이 소유한 일곱 가지 보배가 이 보배로 인해서 전륜왕임을 보여주는 것이다.

이 보배는 나머지 중생의 손에는 들어가지 않지만, 오직 첫째 부인이 낳은 태자로서 전륜왕의 모습을 갖춘 이는 예외이다.

만약 전륜왕이 이처럼 많은 덕을 갖춘 태자가 없다면, 이 일곱 보배는 전륜왕이 죽은 뒤 이레 사이에 모두 사라지는 것처럼,

불자여, 이 경의 보배도 그와 같다. 일체 나머지 중생의 손에는 들어가지 않지만, 오직 여래의 참 아들로 여래의 집안에 태어나 여래의 모습과 선근을 심은 이는 예외이다.

불자여, 만약 이와 같은 부처님의 참 아들이 없으면 이런 법문이 오래지 않아 사라질 것이다.

무엇 때문일까?

일체 이승은 이 경을 듣지도 못하는데, 하물며 받들어 지니고, 읽고 외우며, 베껴 쓰고 분별하여 해석할 수 있을까? 오직 보살만이 이처럼 할 수 있다.

● 疏 ●

有法·喩·合이라

法中二니

先은 標器非器니 非器는 不爲니 所謂權小乘은 可思議乘으로 歷次修故로 名餘衆生이오 是器는 則爲니 所謂圓機니 不揀凡聖이라 趣向大乘은 揀於小乘이오 不思議乘은 揀於權乘이니 一運一切運일새 十信滿心에 即攝諸位하야 圓融無礙 名不思議乘이라

後'此法門'下는 明受非受니 釋上爲不爲라 有圓信手 能受衆行일새 故上爲之오 權小는 於斯에 不盡能受라 是故不爲니 法集經云 '是經이 雖行閻浮提나 於能信深法者에 常在하며 如是衆生心手中行이라'하니라

亦有以信·解·行·證이 皆有手義라하야 以後後로 破前前하니 亦是一理라

第二喩는 可知니라

第三合中에 以經合七寶者는 若無此法이면 非眞佛故니라

'生如來家'는 合第一夫人所生太子오 如來相者는 初心頓行佛行故니라

'散滅'有二義하니 一은 不能信受면 則敎不行故오 二는 不能修行이면 則行不行故니라 般若論云 '法欲滅時'者 修行滅故라하니라 下는 釋散滅所由니 可知니라

법과 비유와 종합이 있다.

㈀ 법 부분은 2단락이다.

① 법 그릇과 그릇이 아님을 밝혔다.

그릇이 아닌 자는 위하지 않는다. 이른바 權敎 소승은 생각하고 말할 수 있는 것으로 차례대로 닦아나가는 까닭에 그 이름이 '나머지 중생'이라 한다.

법 그릇은 곧 위하여 설법할 대상이다. 이른바 圓頓 근기이다. 범부와 부처의 차이가 없다.

'대승으로 나아가는 보살'은 소승과의 차이를 말하며,

'불가사의한 수레를 타는 보살'은 權敎 이승과의 차이를 말한다. 하나를 운용하면 일체를 운용하기에 十信의 원만한 마음에 모든 지위를 포괄하여 원융하게 걸림이 없는 것을 명명하여 '불가사의한 수레[不思議乘]'라 한다.

② 뒤의 '此法門' 이하는 받을 수 있는 자와 받을 수 있는 자가 아님을 밝혔다. 위의 '위하여 설법할 대상과 아닌 자'를 해석하였다. 원만한 신심의 손이 있어야 많은 행을 받아들일 수 있기에 위에서는 그를 위해 설법하였고, 권교 소승은 이를 모두 받아들일 수 없다. 이 때문에 그를 위해 설법하지 않는다.

법집경에서 말하였다.

"이 경은 비록 염부제에 널리 전해질 것이나 심오한 법을 믿는 자에게 언제나 있으며, 이와 같은 중생의 마음과 손에 전해질 것이다."

또한 믿음, 이해, 수행, 증득에 모두 '손'이라는 뜻이 있다 하여, 뒤의 뒤엣것으로써 앞의 앞엣것을 타파하였다. 이 또한 하나의 이론이다.

(ㄴ) 비유는 설명하지 않아도 알 수 있다.

(ㄷ) 종합 부분에서 경전을 칠보에 종합한 것은 만약 이런 법이 없으면 진실한 부처가 아니기 때문이다.

'여래의 집안에 태어남'은 첫째 부인이 낳은 태자에 종합하였고, '여래의 모습'은 初心에 부처의 행한 바를 단번에 행한 까닭이다.

사라짐[散滅]에는 2가지 뜻이 있다.

① 믿고서 받아들이지 않으면, 가르침이 행해질 수 없기 때문이며,

② 이를 수행하지 않으면, 부처의 행이 행해질 수 없기 때문이다.

반야론에서 말하였다.

"법이 사라지려고 할 때란 수행이 사라지기 때문이다."

아래에서는 사라지는 연유를 해석하였다. 이는 말하지 않아도 알 수 있다.

第二. 舉益勸修中三이니

初는 畧標釋이라

(2) 이익을 들어 수행을 권면하였다.

이는 3단락이다.

(ㄱ) 간략하게 표장하여 해석하였다.

經

是故로 菩薩摩訶薩이 聞此法門에 應大歡喜하야 以尊重心으로 恭敬頂受니

何以故오

菩薩摩訶薩이 信樂此經하면 疾得阿耨多羅三藐三菩提故니라

이 때문에 보살마하살이 이 법문을 듣고서 아주 기뻐하면서 존중하는 마음으로 공경히 머리 숙여 받았다.

무엇 때문일까?

보살마하살이 이 경을 믿고 좋아하면 아뇩다라삼먁삼보리심을 빨리 얻을 수 있기 때문이다.

━

二廣釋所由有二니

先은 反顯이오 後는 順釋이라

今은 初라

 (ㄴ) 연유한 바를 자세히 해석하였다.

 이는 2단락이다.

 ① 반대로 말하여 밝혔고,

 ② 차례대로 해석하였다.

 이는 '① 반대로 밝힌' 부분이다.

佛子여 **設有菩薩**이 **於無量百千億那由他劫**에 **行六波羅蜜**하야 **修習種種菩提分法**이라도 **若未聞此如來不思議大威德法門**이어나 **或時聞已**하고도 **不信不解**하며 **不順不入**이면 **不得名爲眞實菩薩**이니 **以不能生如來家故**어니와

불자여, 보살들이 설령 한량없는 백천억 나유타 겁에 6바라밀을 행하면서 가지가지 보리분법을 닦을지라도, 만약 여래의 불가사의 한 큰 위덕이 있는 법문을 듣지 못했거나, 혹은 때로 듣고서도 이를 믿지 않고 알지 못하며, 따르지 않고 들어가지 못한다면, 진실한 보살이라 이름 붙일 수 없다. 여래의 집안에 태어날 수 없기 때문이다.

● 疏 ●

若不依此敎면 **縱多劫修行**이라도 **尙非眞實**이온 **況能疾得菩提**아 **此中設有之言**은 **似當假設**이나 **望慈氏讚善財言**컨대 **餘諸菩薩**은 **於百千萬億那由他劫**에야 **乃能滿足菩薩願行**이어늘 **今善財**는 **一生**에 **則能淨佛刹等**이라하니 **斯則擧權顯實**이오 **非假設也**라 **若實有此不信人者**면 **爲在何位**오 **文無定判**이나 **義當三賢**이니 **以入證聖**이면 **必信圓故**니라 **若約敎道**면 **三祇**도 **亦未入玄**이어늘 **所以凡夫頓能信者**는 **宿因聞熏**이 **爲種別故**니 **今更不信**이면 **當來豈聞**가

만약 이의 가르침을 따르지 않으면 아무리 많은 세월을 수행할 지라도 오히려 진실한 보살이 아닌데, 하물며 무상정등정각을 빨리 얻을 수 있겠는가.

이의 경문에서 '설령[設有]'이라 말한 것은 가설에 해당되는 말인 듯하나, 미륵보살이 선재동자를 찬탄하는 말에 대조하여 보면, "나머지 모든 보살은 백천만억 나유타 겁을 거쳐서야 이에 보살의 서원과 수행을 원만히 할 수 있는데, 지금 선재동자는 한 차례의 생에 바로 세계 등을 청정하게 했다."고 말하였다. 이는 권교를 들어서 실교를 밝힌 것이지, 가설이 아니다.

만약 실제로 믿지 않는 사람이 있다면 그는 어느 지위에 있는 것일까? 경문에는 확정된 단안을 언급한 바 없지만, 그 뜻은 三賢에 해당한다. 증득한 성인의 지위에 들어가면 반드시 신심이 원만하기 때문이다. 만약 부처의 가르침으로 말하면 삼아승지에도 또한 현묘한 지위에 들어갈 수 없는데, 범부로서 단번에 믿을 수 있는 바는 과거 세계 因地에서 듣고 훈습된 것이 모두 가지가지 다르기 때문이다. 여기에서 다시 믿지 않는다면 미래에 어떻게 부처의 법문을 들을 수 있겠는가.

第二順釋
中二니 先은 明聞信生家益이오 後는 信聞成行益이라
今은 初라

② 차례대로 해석하다

이는 2단락이다.

㉠ 듣고 믿고서 여래 집안에 태어나는 이익을 밝혔고,

ⓒ 믿고 듣고서 수행을 성취한 이익을 밝혔다.
이는 'ⓐ 여래 집안에 태어나는 이익'이다.

經

若得聞此如來無量不可思議無障無礙智慧法門하고
聞已信解하야 隨順悟入하면
當知此人은 生如來家하야
隨順一切如來境界하며
具足一切諸菩薩法하며
安住一切種智境界하며
遠離一切諸世間法하며
出生一切如來所行하며
通達一切菩薩法性하며
於佛自在에 心無礙惑하며
住無師法하며
深入如來無礙境界니라

만약 여래의 한량없고 불가사의하고 막힘없고 걸림 없는 지혜의 법문을 들었고, 들고서 이를 믿고 이해하여 따라 깨달아 들어가면,
　이 사람은 여래의 집안에 태어나,
　일체 여래의 경계를 따르고,
　일체 보살의 법을 두루 갖추며,

일체종지의 경계에 머물고,

일체 모든 세간의 법을 여의며,

일체 여래가 행하셨던 일을 내고,

일체 보살의 법성을 통달하며,

부처의 자재에 대하여 마음에 의혹이 없고,

스승 없이 스스로 깨닫는 법에 머물며,

여래의 걸림 없는 경계에 깊이 들어감을 알 수 있을 것이다.

● 疏 ●

先은 明聞信이오 後 '當知'下는 成益이니 生如來家는 爲總이오 餘句는 爲別이라

別中에 一은 以如境爲家니 無性論云 '生如來家'者는 謂佛法界니 於此證會일새 故名爲生이라 하고

二는 以行法爲家니 具家法故오

三은 以俗境爲家하니 世親 釋云 '由此하야 能令諸佛種性不斷絶故'라 하고

四는 遠離非家오

五는 以佛行爲家니 十住毘婆沙 第一云 '今此菩薩이 行如來道하야 相續不斷故'라 하니 廣如彼釋하고

六은 菩薩法性爲家니 亦是佛種性故니 亦同如來一如境故오

七은 淨當佛家오

八은 住本佛家오

九는 總明因果事理無礙家니

前六은 自分家오 後三은 勝進家라

前來에 初住는 見心性故니 故名生家오 四地는 寄出世故로 生道品家오 八地는 無功用故로 生無生法忍家라 今此는 通三하고 兼顯凡夫解心일세 亦名生家니 因果無礙故니라

앞은 법문을 듣고서 믿음을 밝혔고,

뒤의 '當知此人' 이하는 성취의 이익이다.

"여래의 집안에 태어남"은 총상의 구절이고,

나머지 9구는 별상이다.

9구의 별상은 다음과 같다.

첫째, 제2구[隨順一切如來境界]는 여래의 경계로써 집을 삼는다.

무성론에서 말하였다.

"여래의 집안에 태어남은 부처의 법계를 말한다. 이를 증득하여 알기에 그 이름을 '태어남'이라 한다."

둘째, 제3구[具足一切諸菩薩法]는 보살행의 법으로써 집을 삼는다. 家法을 갖추기 때문이다.

셋째, 제4구[安住一切種智境界]는 俗諦의 경계로써 집을 삼는다. 세친보살이 해석하였다.

"이를 통해서 제불의 종성을 끊이지 않도록 하기 때문이다."

넷째, 제5구[遠離一切諸世間法]는 여래의 집이 아닌 곳을 멀리 벗어남이다.

다섯째, 제6구[出生一切如來所行]는 부처의 행으로써 집을 삼

는다.

십주비바사론 제1에서 말하였다.

"지금 이 보살이 여래의 도를 행하여 끊임없이 서로 이어가기 때문이다."

그 해석에서 자세히 말한 바와 같다.

여섯째, 제7구[通達一切菩薩法性]는 보살의 법성으로써 집을 삼는다. 또한 부처의 종성이기 때문이며, 또한 여래의 '진여 이치가 평등하고 차별이 없어 둘이 아니고 하나'인 경계와 같기 때문이다.

일곱째, 제8구[於佛自在心無礙惑]는 현재 부처의 집을 청정케 함이며,

여덟째, 제9구[住無師法]는 본래 부처의 집에 머묾이며,

아홉째, 제10구[深入如來無礙境界]는 원인과 결과, 이법계와 사법계에 걸림이 없는 집을 총체로 밝혔다. 앞의 6구는 자신의 집이고, 뒤의 3구는 잘 닦아나가는 집이다.

앞의 발심주에서는 마음의 성품을 보았기 때문에 그 이름을 '여래의 집안에 태어남'이라 하고,

제4 염혜지는 출세간에 붙여 말하였기 때문에 '道品의 집안에 태어남'이라 하고,

제8 부동지는 하는 일이 없기 때문에 '무생법인의 집안에 태어남'이라 한다.

여기에서는 위의 3가지를 모두 통하며, 범부의 이해하는 마음까지 모두 겸하여 밝힌 까닭에 그 이름을 '生家'라 한다. 인과에 걸

림이 없기 때문이다.

第二 信聞成行益
 ㊁ 믿고 듣고서 수행을 성취한 이익

經

佛子여 菩薩摩訶薩이 聞此法已에
則能以平等智로 知無量法하며
則能以正直心으로 離諸分別하며
則能以勝欲樂으로 現見諸佛하며
則能以作意力으로 入平等虛空界하며
則能以自在念으로 行無邊法界하며
則能以智慧力으로 具一切功德하며
則能以自然智로 離一切世間垢하며
則能以菩提心으로 入一切十方網하며
則能以大觀察로 知三世諸佛이 同一體性하며
則能以善根廻向智로 普入如是法호대 不入而入하야 不
於一法에 而有攀緣하고 恒以一法으로 觀一切法하나니

 불자여, 보살마하살이 이 법을 듣고서
 평등한 지혜로 한량없는 법을 알고,
 정직한 마음으로 모든 분별을 여의며,

547

훌륭한 욕망으로 부처님을 뵈옵고,

생각을 내는 힘으로 평등한 허공계에 들어가며,

자재한 생각으로 그지없는 법계에 행하고,

지혜의 힘으로 일체 공덕을 두루 갖추며,

자연스러운 지혜로 일체 세간의 때를 여의고,

보리심으로 일체 시방의 그물에 들어가며,

크게 관찰함으로써 삼세 부처님의 똑같은 체성을 알고,

선근의 회향 지혜로 이런 법에 널리 들어가되 들어가지 않으면서도 들어가, 하나의 법에도 반연하지 않고, 항상 하나의 법으로써 일체 법을 관찰하였다.

● 疏 ●

十句니 分爲五對無礙니
一은 卽觀不礙於止오 二는 見佛不礙入法이오 三은 智行法界니 不礙起福이오 四는 智不染世나 不礙悲入이오 五는 體絶三世나 不礙用而廻向이니 不入而入은 釋上入義라
'不於'已下는 復釋不入而入이니 智體卽如라 如外無法而可攀緣일새 故無可入이오 心行處滅하야 寂然無入호되 不失照用故로 恒以一如而觀諸法일새 故名而入이니 此二無礙라야 方爲眞入이라 又一卽是如이 便於一中에 已見一切니라

10구를 나누어 5대구의 걸림 없음을 밝히고자 한다.

제1 대구, 觀은 止에 걸림이 없고,

제2 대구, 부처의 친견이 불법에 들어가는 데 걸림이 없고,

제3 대구, 지혜로 법계에 행하지만 복덕을 일으키는 데 걸림이 없고,

제4 대구, 지혜가 세간에 물들지 않으나 자비의 마음으로 중생 세계에 들어가는 데 걸림이 없고,

제5 대구, 본체는 삼세가 끊어진 자리이지만 작용에 걸림 없이 회향함이다.

"들어가지 않으면서도 들어감"은 위의 들어간다는 의의를 해석하였다.

'不於一法' 이하는 다시 "들어가지 않으면서도 들어감"을 해석한 것이다. 지혜의 본체가 바로 진여라, 진여 밖에 법을 반연할 게 없기에 들어감이 없고, 마음의 의식이 사라져 고요히 들어감이 없지만 관조의 작용을 잃지 않기 때문에 언제나 '둘이 아닌 하나의 진여'로써 모든 법을 관찰하기에 그 이름을 '들어간다.'고 말한다. 이 2가지에 걸림이 없어야 바야흐로 참답게 들어감이다.

또한 '평등하여 둘이 아닌 하나'는 바로 진여이다. 곧 하나의 가운데서 이미 일체를 본 것이다.

第三 總結

㈜ 총체로 끝맺다

> 經

佛子여 **菩薩摩訶薩**이 **成就如是功德**하면 **少作功力**으로 **得無師自然智**니라

　　불자여, 보살마하살이 이런 공덕을 이루면 애써 힘들이지 않아도 스승 없이 자연스럽게 지혜를 얻는다."

◉ 疏 ◉

可知니라

　　이는 설명하지 않아도 알 수 있다.

第二偈頌

　　2. 보현보살의 게송

> 經

爾時에 **普賢菩薩**이 **欲重明此義**하사 **而說頌言**하사대

　　그때, 보현보살이 이런 뜻을 거듭 밝히고자 게송으로 말하였다.

見聞供養諸如來에　　　　**所得功德不可量**이라
於有爲中終不盡하야　　　**要滅煩惱離衆苦**로다

　　부처님 뵙고 듣고 공양하면
　　그 공덕 헤아릴 수 없어라

유위법 공덕 중에 다함없어

번뇌 사라지고 많은 고통 여의노라

譬人吞服少金剛에　　終竟不消要當出이니
供養十力諸功德도　　滅惑必至金剛智로다

사람이 금강 조금 먹어도

끝내 소화되지 않고 나오듯이

부처님께 공양한 모든 공덕도

번뇌 끊어주고 금강 지혜 이르노라

如乾草積等須彌라도　　投芥子火悉燒盡인달하야
供養諸佛少功德도　　必斷煩惱至涅槃이로다

건초 더미 수미산처럼 쌓여 있을지라도

겨자씨 같은 불씨로 모두 태우듯이

부처님 공양한 적은 공덕으로

반드시 번뇌 끊고 열반에 이르리라

雪山有藥名善見이라　　見聞嗅觸消衆疾이니
若有見聞於十力이면　　得勝功德到佛智로다

설산에 약나무, 그 이름 '선견'

보고 듣고 맡는 이, 모든 병 치유되듯

십력의 부처님 뵙고 들으면

좋은 공덕 얻어 부처 지혜 이르리라

◉ 疏 ◉

卽屬第十見聞之益이오 不頌顯名受持니 顯名受持는 後文自頌이라

此頌은 應在揀法異喩之前이니 以前長行이 鉤鎖顯名이오 亦是見聞益故니라

若廻此偈於現瑞後면 與後偈相續하야 文理甚順이라

四偈는 分二니

初一은 頌法說이오

後三은 如次頌前三喩니라

　이는 '제10. 여래 출현에 가까이서 친견하고 들음의 이익'에 속할 뿐, 명칭을 밝히고 받들어 지니는 부분은 읊지 않았다.

　명칭을 밝히고 받들어 지니는 부분은 뒤의 문장에서 읊고 있다.

　이의 게송은 당연히 법을 구분하여 비유를 달리 말하는 부분의 앞에 있어야 한다. 앞의 산문과 연결 지어 그 명칭을 밝혔으며, 또한 보고 들음의 이익이기 때문이다.

　만약 이 게송을 상서가 나타난 이후의 부분으로 돌려놓으면 뒤의 게송과 서로 연결되어 문맥이 아주 순조롭다.

　4수 게송은 2단락으로 나뉜다.

　첫째 게송은 법으로 말한 부분을 읊었고,

　뒤의 3수 게송은 차례와 같이 앞의 3가지 비유를 읊었다.

◉ 論 ◉

如是已上如來出現十無量法에 一一法이 皆有十喩하니 如經具明이라

如是已上에 都有百喩는 喩如來出現身心智慧의 十無量事境界니 皆是非喩爲喩하야 畧示少分이니 是心智路絕하야 任不思議無性無作이며 無限自在之功用故로 非言量譬喩의 所表及故니라

　　이처럼 위의 '여래 출현의 10가지 한량없는 법'에 하나하나 모두 10가지 비유가 있다. 경문에서 말한 바와 같이 구체적으로 밝히고 있다.

　　이처럼 위에 도합 1백 가지 비유는 여래가 출현하는 몸과 마음, 그리고 지혜의 10가지 한량없는 사법계의 경계를 비유한 것이다. 이는 모두 비유가 아닌 것으로 비유를 삼아 간추려 적은 부분만을 보인 것이다. 이는 마음의 지혜 작용이 끊어진 자리로 불가사의한 성품도 없고 작위도 없으며, 한량없이 자재한 공용에 맡기기 때문에 언어로 헤아리거나 비유의 표현으로 미칠 수 있는 곳이 아니기 때문이다.

如此品付囑流通中에 此法門이 不入餘衆生手者는 樂學二乘三乘聲聞緣覺과 樂空無我하야 願生淨土者는 是餘衆生이오 以未廻心하야 住變易生死 是餘衆生故니 若有大心凡夫와 及三乘의 有廻心者인댄 佛所付囑이라 名曰流通이어니와 設令於此法에 聖位菩薩이 自所演說이라도 無凡夫樂學이면 不名付囑이며 不名流通이니 若論十地已去入佛境界菩薩인댄 十方此土에 數分難量이어니 如

553

來何須慮恐無人信樂이며 無人流通이리오

　이 품의 부촉과 유통 부분에서 이 법문이 나머지 다른 중생의 손에 들어가지 못하는 것은 소승과 삼승을 즐겨 배우는 성문과 연각, 그리고 空과 無我를 좋아하여 정토에 태어나길 원하는 자가 바로 '나머지 다른 중생'이다. 마음을 되돌리지 못하고서 변역생사에 머무는 것이 바로 '나머지 다른 중생'이기 때문이다.

　만약 큰마음을 지닌 범부, 그리고 마음을 돌린 삼승이 있다면 부처가 부촉할 대상이다. 이를 '유통'이라고 말하지만, 설령 이 법을 성스러운 지위의 보살이 스스로 연설할지라도 범부가 즐겨 배우지 않으면 '부촉'이라고 말하지 못하고, '유통'이라 말하지도 못한다.

　만약 10지 이후의 부처의 경계에 들어간 보살을 논한다면, 시방과 이 국토에 그 수효의 분량을 헤아리기 어려운데, 여래가 어찌 굳이 믿고 좋아하는 사람이 없고 유통할 사람이 없음을 염려할 턱이 있겠는가.

是故當知하라 付大心凡夫와 及三乘廻心者하야 令其悟入을 名曰 付囑流通이오 不付囑十地已去大菩薩等이니 經意唯爲趣向乘 不思議乘菩薩이라야 說此法門은 明趣向一乘凡夫로 廻心悟入法界하야 乘不思議乘하야 十信十住에 令其升進故니라

　이 때문에 반드시 알아야 한다. 큰마음을 지닌 범부, 그리고 마음을 돌린 삼승에게 부촉하여, 그로 하여금 깨달아 들어가게 하는 것을 '부촉 유통'이라고 말하는 것이지, 10지 이후의 대보살 등에게 부촉하지 않는다.

경문에서 말한 뜻은 오직 불가사의한 수레를 타고서 나아가는 보살만이 이 법문을 말해준다는 것은 일승에 향하는 범부로 하여금 마음을 되돌려 법계에 깨달아 들어가 불가사의한 수레를 타고서 십신과 십주에서 위로 닦아나가도록 함을 밝혔기 때문이다.

又擧輪王太子의 具足王相者 王命終後에 所有七寶 不散滅喩는 便以此子로 能治王正位故니 若無此子면 王命終後에 此諸寶等이 七日中에 悉皆散滅이라

佛子여 此經珍寶도 亦復如是하야 不入一切餘衆生手오 唯除如來法王眞子 生如來家하야 種如來相諸善根者니 若無此等佛之眞子 如是法門이 不久散滅이라하니 明知但令凡夫로 發心悟入이오 不付囑十地已去諸菩薩故니라

또한 왕의 품위를 두루 갖춘 전륜왕 태자가 왕의 목숨이 다한 뒤에 왕이 지녔던 칠보를 잃지 않는다는 비유는 곧 이런 아들로서 왕위를 계승하여 다스릴 수 있기 때문이다. 만약 이런 아들이 없다면 왕의 목숨이 다한 뒤에 이 모든 보배는 이레 안에 모두 잃었을 것이다.

"불자여, 이 경의 보배도 그와 같다. 일체 나머지 중생의 손에는 들어가지 않지만, 오직 여래의 참 아들로 여래의 집안에 태어나 여래의 모습과 선근을 심은 이는 예외이다. 만약 이와 같은 부처님의 참 아들이 없으면 이런 법문이 오래지 않아 사라질 것이다."

분명히 알아야 한다. 다만 범부로 하여금 발심해서 깨달아 들어가게 하려는 것이지, 십지 이후의 모든 보살에게 부촉한 것은 아니기 때문이다.

經云'設有菩薩이 於無量百千那由他劫에 行六波羅密하야 修習種種菩提分法이라도 若未聞此如來不思議大威德法門이어니 或時聞已코도 不信不解하며 不順不入이면 不得名爲眞實菩薩이니 以不能生如來家故라하니

如是菩薩은 卽是權敎中에 觀空無我하야 但欣出世일세 雖修六波羅密이나 厭苦發心하야 樂求淨土오 非是達自無明이 是根本如來智故로 此菩薩은 修於淨行호대 觀空無我하야 厭苦發心에 取捨全在하야 二見恒存이니 非如此敎의 依智發心하야 達自心境이 本不思議하야 無忻厭心하고 無淨穢障故로 衆生境界 是如來境界며 衆生心이 是如來心이니 一如此品所說하니라

경문에서 말하였다.

"보살들이 설령 한량없는 백천억 나유타 겁에 6바라밀을 행하면서 가지가지 보리분법을 닦을지라도, 만약 여래의 불가사의한 큰 위덕이 있는 법문을 듣지 못했거나, 혹은 때로 듣고서도 이를 믿지 않고 알지 못하며, 따르지 않고 들어가지 못한다면, 진실한 보살이라 말할 수 없다. 여래의 집안에 태어날 수 없기 때문이다."

이러한 보살은 바로 권교 가운데 空과 無我를 살펴보고서 오직 출세간만을 좋아하기에 아무리 6바라밀을 닦을지라도 고통을 싫어한 데서 발심하여 정토를 즐겨 구하는 것이지, 자기의 무명이 바로 여래의 근본지임을 알지 못한 것이다.

이 때문에 이 보살은 청정한 행을 닦으면서도 공과 무아를 살펴보면서 고통을 싫어한 데서 발심하여, 정토를 취하려는 마음, 고통

을 버리려는 마음이 모두 남아 있어 언제나 斷見과 常見이 있다.

따라서 '이런 가르침의 지혜에 의해 발심하여 자기의 마음 경계가 본래 불가사의함을 깨달아서, 그 아는 것을 좋아하거나 싫어하는 마음도 없고 청정하다거나 더럽다는 장애도 없기 때문에, 중생의 경계가 여래의 경계이며, 중생의 마음이 여래의 마음'이라는 것과는 똑같지 않다. 하나같이 이 품에서 말한 바와 같다.

大文第六 現瑞證成
於中二니
先은 現瑞오 後는 證成이라
今은 初라

    제6. 상서를 나타내어 성취를 증명한 부분

    이 부분은 2단락이다.

    1. 상서를 나타냄이며,

    2. 성취를 증명한 부분이다.

    이는 '1. 상서' 부분이다.

經

爾時에 佛神力故며 法如是故로 十方各有十不可說百千億那由他世界 六種震動하니
所謂東踊西沒과 西踊東沒과 南踊北沒과 北踊南沒과

邊踊中沒과 中踊邊沒이오
十八相動하니
所謂動과 徧動과 等徧動과
起와 徧起와 等徧起와
踊과 徧踊과 等徧踊과
震과 徧震과 等徧震과
吼와 徧吼와 等徧吼와
擊과 徧擊과 等徧擊이라
雨出過諸天一切華雲과 一切蓋雲과 幢雲과 幡雲과 香雲과
鬘雲과 塗香雲과 莊嚴具雲과 大光明摩尼寶雲과 諸菩薩
讚歎雲과 不可說菩薩各差別身雲하며 雨成正覺雲과 嚴
淨不思議世界雲하며 雨如來言語音聲雲하야 充滿無邊法
界하니 如此四天下에 如來神力으로 如是示現하사 令諸菩
薩로 皆大歡喜하야 周徧十方一切世界도 悉亦如是러라

그때, 부처님의 신통력으로, 그러한 법으로, 시방에 각각 열 곱절 말할 수 없는 백천억 나유타 세계가 여섯 가지로 진동하였다.

이른바 동쪽에서 솟았다가 서쪽에서 사라지고,
서쪽에서 솟았다가 동쪽에서 사라지며,
남쪽에서 솟았다가 북쪽에서 사라지고,
북쪽에서 솟았다가 남쪽에서 사라지며,
변두리에서 솟았다가 복판에서 사라지고,
복판에서 솟았다가 변두리에서 사라졌다.

또한 열여덟 가지 모양으로 진동하였다.

이른바 흔들흔들, 두루 흔들흔들, 온통 두루 흔들흔들,

들썩들썩, 두루 들썩들썩, 온통 두루 들썩들썩,

울쑥불쑥, 두루 울쑥불쑥, 온통 두루 울쑥불쑥,

우르르, 두루 우르르, 온통 두루 우르르,

와르릉, 두루 와르릉, 온통 두루 와르릉,

와지끈, 두루 와지끈, 온통 두루 와지끈하였다.

하늘의 것보다도 더 좋은, 일체 꽃 구름·일체 일산 구름·당기 구름·번기 구름·향 구름·화만 구름·바르는 향 구름·장엄거리 구름·큰 광명 마니 보배 구름, 모든 보살을 찬탄하는 구름, 말할 수 없는 보살들의 각기 다른 몸의 구름을 내려주었고,

바른 깨달음을 이룬 구름, 장엄 청정의 불가사의한 세계 구름을 내려주었으며,

여래의 말씀 소리 구름을 내려주어서 그지없는 법계에 가득하였다.

이처럼 사천하에 여래의 신통력으로 이처럼 나타내어, 모든 보살을 모두 기쁘게 하였듯이, 시방에 가득한 일체 세계 또한 모두 이와 같았다.

● 疏 ●

先은 此界오 後는 類通이라

動刹等數 皆廣多者는 法難思故니라

앞은 이 세계이고, 뒤는 유로 통함이다.

세계가 진동하는 수효가 모두 광범하고 많은 것은 불법이 불가사의하기 때문이다.

二 證成

中二니

先은 果人證이오 後는 因人證이라

所以具二者는 法玄妙故며 因果交徹之法故며 因圓果滿之法故니라

前來諸會에 唯菩薩者는 唯因行故며 發心品中에 唯果證者는 果之本故며 初心成佛이 難信受故니 隨義各別일새 所以互無오 唯斯具二니라

今은 初라

2. 성취를 증명하다

이 부분은 2단락이다.

(1) 果位에 있는 사람으로 증명하였고,

(2) 因位에 있는 사람으로 증명하였다.

果位와 因位를 모두 들어 말한 바는 법이 현묘하기 때문이며, 인과가 서로 통한 법이기 때문이며, 인과가 원만한 법이기 때문이다.

앞의 모든 법회에서 오직 보살인 것은 因行이기 때문이며, 發心品에서 오직 果證인 것은 果의 근본이기 때문이며, 初心에 성불

함을 믿고 받아들이기 어렵기 때문이다. 그 의의를 따라 각기 다른 까닭에 서로 함께 언급한 바 없고, 오직 여기에서 과위와 인위를 모두 들어 말하였다.

이는 '(1) 과위의 사람' 부분이다.

經

是時十方에 各過八十不可說百千億那由他佛刹微塵數世界外하야 各有八十不可說百千億那由他佛刹微塵數如來하시니 同名普賢이라 皆現其前하사

而作是言하사대 善哉라 佛子여 乃能承佛威力하야 隨順法性하야 演說如來出現不思議法이로다

佛子여 我等十方八十不可說百千億那由他佛刹微塵數同名諸佛이 皆說此法하노니 如我所說하야 十方世界一切諸佛도 亦如是說이니라

佛子여 今此會中에 十萬佛刹微塵數菩薩摩訶薩이 得一切菩薩神通三昧일세 我等이 皆與授記호대 一生에 當得阿耨多羅三藐三菩提라하며

佛刹微塵數衆生이 發阿耨多羅三藐三菩提心일세 我等이 亦與授記호대 於當來世에 經不可說佛刹微塵數劫하야 皆得成佛호대 同號佛殊勝境界라호라

我等이 爲令未來諸菩薩로 聞此法故로 皆共護持하노니 如此四天下所度衆生하야 十方百千億那由他無數無

量과 乃至不可說不可說法界虛空等一切世界中에 所度衆生도 皆亦如是하니라

그때, 시방으로 각각 팔십 곱절 말할 수 없는 백천억 나유타 세계의 티끌 수 세계 밖에 각각 팔십 곱절 말할 수 없는 백천억 나유타 세계의 티끌 수 여래가 있다. 그 이름은 똑같이 '보현'이다. 그 앞에 나타나 이렇게 말씀하였다.

"선하다. 불자여, 부처님의 위신력을 받들어 법성을 따라서 여래 출현의 불가사의한 법을 연설하였다.

불자여, 시방의 팔십 곱절 말할 수 없는 백천억 나유타 세계의 티끌 수 똑같은 이름을 지닌 부처들이 모두 이 법을 말하였다. 우리가 말하는 것처럼 시방세계의 일체 부처님 또한 그처럼 말하였다.

불자여, 이 회중에 있는 십만 부처 세계의 티끌 수 보살마하살이 일체 보살의 신통삼매를 얻었다. 우리가 모두 수기를 주면서, '한 차례의 생에 아뇩다라삼먁삼보리를 얻을 것이다.' 하였고,

부처 세계의 티끌 수 중생들이 아뇩다라삼먁삼보리 마음을 내기에, 우리가 수기를 주면서, '미래 세계에 말할 수 없는 세계의 티끌 수 겁을 지내서 모두 성불하는데, 부처의 뛰어난 경계[佛殊勝境界]라는 명호를 얻을 것이다.'고 하였다.

우리가 또한 미래의 모든 보살이 이 법을 듣게 하고자 모두 함께 보호하노라.

사천하에서 제도하는 중생처럼 시방의 백천억 나유타의 한량없고 헤아릴 수 없고, 말할 수 없이 말할 수 없는 법계와 허공계 등

의 모든 세계에서 제도하는 중생도 모두 이와 같다."

◉ 疏 ◉

分四니

一은 現身이오

二'而作'下는 讚說이오

三'佛子我等'下는 引說證成하고 兼明結通所說이니 一說一切說故니라

四'佛子今此會'下는 擧益證成이니

於中四니

一은 得因位果滿益이니 一生得菩提故니라 神通三昧는 卽十通十定故니라

二'佛刹微塵'下는 得發心益이니 與遠記者로 不期速成故니라 又前明一生은 卽多之一이오 此辨多劫은 卽一之多니 旣一多圓融이어니 何定劫數리오 妄生多劫이나 智日不遷이니 苟執短長이면 未期成佛이라 同號佛殊勝境者는 緣佛出現境故니라

三'我等'下는 護持久遠益이오

四'如此'下는 結益廣徧이라

    4단락으로 나뉜다.
    ① 몸을 나타내었고,
    ② '而作' 이하는 설법을 찬탄하였으며,
    ③ '佛子我等' 이하는 설법을 인용하여 성불을 증명하였고, 모

두 설법한 바를 겸하여 밝히면서 끝맺었다. 하나의 설법이 일체의 설법이기 때문이다.

④ '佛子今此會' 이하는 이익을 들어 성불을 증명하였다.

이는 다시 4단락으로 나뉜다.

㉠ 因位에서 과덕의 원만을 얻은 이익이다. 한 차례 태어나 깨달음을 얻었기 때문이다. 신통삼매는 곧 十通·十定이기 때문이다.

㉡ '佛刹微塵' 이하는 발심의 이익을 얻음이다. 먼 훗날에 관한 수기를 준 것은 속히 성취됨을 기약하지 못하기 때문이다. 또한 앞에서는 한 차례 태어남으로 밝힌 것은 많은 것과 하나가 된 하나이며, 여기에서 많은 겁을 말함은 하나와 하나가 된 많음이다. 이처럼 하나와 많음이 원융하니 어찌 겁의 수효가 일정하다고 말할 수 있겠는가. 부질없이 많은 세월에 태어나지만, 지혜의 태양은 변하지 않는다. 만약 짧은 세월, 오랜 세월에 집착하면 성불을 기약할 수 없다. 똑같이 부처의 명호를 '佛殊勝境'이라 한 것은 부처의 출현 경계를 반연하였기 때문이다.

㉢ '我等' 이하는 오랫동안 보호하여 지닌 이익이며,

㉣ '如此' 이하는 이익이 드넓게 두루 가득함을 끝맺었다.

第二 因人證

於中四라

(2) 因位에 있는 사람으로 증명하다

이는 4단락이다.

經
爾時에 十方諸佛威神力故며
毘盧遮那本願力故며
法如是故며
善根力故며
如來起智不越念故며
如來應緣不失時故며
隨時覺悟諸菩薩故며
往昔所作無失壞故며
令得普賢廣大行故며
顯現一切智自在故로
十方各過十不可說百千億那由他佛刹微塵數世界外
하야 各有十不可說百千億那由他佛刹微塵數菩薩이
來詣於此하야 充滿十方一切法界하사
示現菩薩廣大莊嚴하며
放大光明網하며
震動一切十方世界하며
壞散一切諸魔宮殿하며
消滅一切諸惡道苦하며
顯現一切如來威德하며

歌詠讚歎如來無量差別功德法하며
普雨一切種種雨하며
示現無量差別身하며
領受無量諸佛法하고
以佛神力으로 各作是言하사대 善哉라 佛子여 乃能說此 如來不可壞法이로다
佛子여 我等一切 皆名普賢이라 各從普光明世界普幢自在如來所하야 而來於此하니 彼一切處도 亦說是法호대 如是文句와 如是義理와 如是宣說과 如是決定이 皆同於此하야 不增不減이라 我等이 皆以佛神力故며 得如來法故로 來詣此處하야 爲汝作證하노니 如我來此하야 十方等虛空徧法界一切世界諸四天下도 亦復如是하니라

그때, 시방 부처님의 위신력 때문이며,

비로자나불의 본래 서원의 힘 때문이며,

법이 그러하기 때문이며,

선근의 힘 때문이며,

여래가 지혜를 일으켜 한 생각에서 벗어나지 않기 때문이며,

여래가 인연을 따라 때를 놓치지 않기 때문이며,

때를 따라 보살들을 깨우쳐 주기 때문이며,

과거에 한 일을 무너뜨리지 않기 때문이며,

보현의 광대한 행을 얻게 하려는 때문이며,

일체 지혜의 자재함을 나타내기 때문이다.

시방으로 각각 열 곱절 말할 수 없는 백천억 나유타 세계의 티끌 수 세계 밖을 지나서 각각 열 곱절 말할 수 없는 백천억 나유타 세계의 티끌 수 보살들이 이곳으로 찾아와서 시방의 일체 법계에 가득하였는데,

보살들의 광대한 장엄을 나타내고,

큰 광명 그물을 쏟아내며,

일체 시방세계가 진동하고,

일체 마군의 궁전이 무너져 내리며,

일체 악도의 고통이 사라지고,

일체 여래의 위덕을 나타내며,

여래의 한량없이 각기 다른 공덕의 법을 노래하고 찬탄하며,

일체 가지가지 비를 널리 내려주고,

한량없이 각기 다른 몸을 보여주며,

한량없는 불법을 받고서,

부처님의 신통력으로 각각 이렇게 말하였다.

"좋다. 불자여, 여래의 깨뜨릴 수 없는 법을 잘 말하는구나.

불자여, 우리의 이름은 다 똑같은 보현이다. 각각 보광명세계의 보당자재여래가 계신 곳에서 왔다. 저 모든 곳에서도 이 법을 말하되, 이와 같은 문구, 이와 같은 이치, 이와 같은 연설, 이와 같은 결정이 모두 이와 같아서 더하지도 않고 덜하지도 않다.

우리는 모두 부처님의 신통력 때문이며, 여래의 법을 얻었기에 이곳을 찾아와 그대들을 위하여 증명하는 것이다.

우리가 여기에 온 것처럼 시방의 허공과 법계에 가득한 일체 세계의 사천하 또한 이와 같을 것이다."

◉ 疏 ◉

一明集因이니 前果人證은 承前現瑞之因일새 故畧不敘오 今此는 顯因果別故로 廣出集因이니 文顯可知니라

二'十方各過'下는 明現身이니 雖來自十方이나 而周徧法界니 則 來卽無來矣라

三'示現菩薩'下는 辨其德用이니 十句文顯이라

四'以佛神力'下는 發言誠證이라 皆同普者는 普法同故며 界佛名 異者는 不失主伴故며 普光明者는 常寂光土 無不徧故며 佛名普 幢自在者는 本智高出하야 無所不摧며 事理無礙故니 兼示結通 所說이라

　①集因을 밝혔다. 앞에서 과위에 있는 사람으로 증명한 것은 앞의 '상서가 나타나는' 원인을 뒤이어 받은 까닭에 생략한 채 서술하지 않았지만, 여기에서는 인과가 다른 점을 밝힌 까닭에 자세히 集因을 말한 것이다. 경문의 뜻이 분명하여 설명하지 않아도 알 수 있다.

　②'十方各過' 이하는 현신을 밝혔다. 비록 시방에서 찾아왔으나 법계에 두루 있기에 이곳에 찾아왔지만 찾아온 것도 없다.

　③'示現菩薩' 이하는 그 공덕 작용을 논변하였다.
　10구 문장의 뜻은 분명하다.

④ '以佛神力' 이하는 진실로 증득하였음을 말한다. 모두 똑같이 普賢이라 말한 것은 普法이 같기 때문이며, 세계에 따라 부처의 명호가 다른 것은 主伴을 잃지 않기 때문이다.

'보광명'이란 常寂光土가 두루 있지 않음이 없기 때문이며, 부처의 명호를 '보당자재'라 말한 것은 근본지가 드높아 꺾지 않은 바가 없으며, 사법계와 이법계에 걸림이 없기 때문이다. 모두 말한 바를 끝맺음을 겸하여 보여주었다.

大文第七 以偈總攝

文中二니

先은 敍意오 後는 正頌이라

제7. 게송으로 총괄하여 받아들이다

이 부분은 2단락이다.

1. 뜻을 서술하였고,

2. 바로 게송이다.

經

爾時에 普賢菩薩이 承佛神力하사 觀察一切菩薩大衆하고
欲重明如來出現의 廣大威德과
如來正法의 不可沮壞와
無量善根이 皆悉不空과

諸佛出世에 必具一切最勝之法과
善能觀察諸衆生心과
隨應說法호대 未曾失時와
生諸菩薩의 無量法光과
一切諸佛의 自在莊嚴과
一切如來의 一身無異와
從本大行之所生起하사
而說頌言하사대

    그때, 보현보살이 부처님의 신통력을 받들어 일체 보살 대중을 관찰하고,

    여래 출현의 광대한 위덕,

    여래의 바른 법을 무너뜨릴 수 없음,

    한량없는 선근이 모두 공하지 않음,

    부처님들이 세상에 나실 적에 반드시 일체 훌륭한 법을 갖춤,

    중생의 마음을 잘 살핌,

    감응에 따라 설법하되 때를 놓치지 않음,

    보살들의 한량없는 법의 광명을 내는 일,

    일체 부처님의 자재한 장엄,

    일체 여래가 하나의 몸으로 다름이 없음,

    본래의 큰 행으로부터 생겨난 것을 거듭 밝히고자 게송으로 말하였다.

◉ 疏 ◉

前中二니

先은 說儀이오 後欲重下는 辨意니 欲重顯前十門出現故니라

文有十句니 句各一門이라 而約利生爲次不等하니

一은 成正覺이오 二는 卽法輪이오 三은 是見聞生善이니 此三은 正顯益故니라 四는 卽出現之法이니 是前總門이오 五는 卽是心이니 約智顯故오 六은 卽圓音이오 七은 卽境界니 境界無量일세 生光亦多오 八은 卽涅槃이니 動寂自在 大般涅槃이 爲佛莊嚴故오 九는 卽是身이니 約本說一故오 十은 卽是行이니 果中說因故니라

1. 뜻을 서술한 부분은 2단락이다.

(1) 설법의 의식,

(2) '欲重' 이하는 설법의 의의를 말하였다. 앞의 여래 출현에 관한 10가지 법문을 거듭 밝히고자 한 까닭이다.

이의 경문은 10구이다. 구절마다 각각 하나의 법문이다.

중생의 이익을 들어 그 차례가 똑같지 않다.

제1구 '如來出現廣大威德'은 정각의 성취이며,

제2구 '如來正法不可沮壞'는 법륜이며,

제3구 '無量善根皆悉不空'은 보고 들으면서 선을 냄이다.

위의 3구는 바로 이익을 밝히기 때문이다.

제4구 '必具一切最勝之法'은 여래 출현의 법이다. 이는 앞의 총상 법문이다.

제5구 '善能觀察諸衆生心'은 여래의 마음이다. 지혜를 들어

밝히기 때문이다.

제6구 '隨應說法未曾失時'는 여래의 원만한 법음이다.

제7구 '生諸菩薩無量法光'은 여래의 경계이다. 경계가 한량없기에 법의 광명을 내는 것 또한 많다.

제8구 '一切諸佛自在莊嚴'은 여래의 열반이다. 동함과 고요함이 자재한 대반열반이 부처의 장엄이기 때문이다.

제9구 '一切如來一身無異'는 여래의 몸이다. 근본을 들어 하나를 말하기 때문이다.

제10구 '從本大行之所生起'는 여래의 행이다. 결과 부분의 원인을 말하기 때문이다.

後 正頌

2. 게송

經

一切如來諸所作이　　　世間譬喩無能及이나
爲令衆生得悟解하야　　非喩爲喩而顯示로다

　일체 제불이 행하신 모든 일
　세간의 비유로 말할 수 없지만
　중생을 깨우쳐 주기 위해
　비유 아닌 비유로 보였어라

如是微密甚深法을　　　百千萬劫難可聞이니
精進智慧調伏者야　　　乃得聞此秘奧義로다

　　이처럼 비밀스럽고 아주 깊은 법
　　백천만 겁 다하도록 듣기 어렵지만
　　정진과 지혜로써 조복한 자만이
　　이처럼 깊은 이치 들으리라

若聞此法生欣慶이면　　　彼曾供養無量佛이니
爲佛加持所攝受하야　　　人天讚歎常供養이로다

　　이 법문 듣고 기뻐하면
　　그는 일찍이 한량없는 부처님 공양한 선근인 터
　　부처님 가피로 거둬주어
　　천상 인간 찬탄하며 언제나 공양하여라

此爲超世第一財며　　　此能救度諸群品이며
此能出生淸淨道니　　　汝等當持莫放逸이어다

　　이는 세상에 뛰어난 제일 보배며
　　이는 많은 중생 구제하며
　　이는 청정한 도 내리니
　　그대들은 반드시 지니고서 방일치 말라

◉ 疏 ◉

正頌中에 四頌이니

初一은 頌說分中에 結酬니 以此總包十段意故오

後三은 頌顯名受持니 初句는 顯名이오 餘皆勸持니라

且分爲三이니

初偈는 歎深難聞이오 次一偈는 明聞由多善이오 後偈는 擧勝勸持니라 然此一品은 文旨宏奧하야 能頓能圓하야 究衆生之本源하고 罄諸佛之淵海니 根本法輪之內에 更處其心하고 生在金輪種中에 復爲嫡子니 妙中之妙오 玄中之玄이라 竝居凡類之心하야 小功而能速證이어니 安得自欺不受하야 長淪生死之中가 今聞解能欣하야 尤須自慶昔善이어다

　　게송은 4수이다.

　　첫 1수 게송은 설법을 읊은 가운데 끝맺음이다. 이로써 10단락의 뜻을 총괄하였기 때문이다.

　　뒤의 3수 게송은 명칭을 밝히고 받아 지님을 읊었다. 첫 구절[如是微密甚深法]은 명칭을 밝혔고, 나머지는 모두 받아 지녀야 함을 권면하였다. 또한 이는 3단락으로 나뉜다.

　　첫째 제2게송은 심오하여 듣기 어려움을 찬탄하였고,

　　다음 제3게송은 법문을 들을 수 있음은 많은 선근에서 연유함을 밝혔으며,

　　뒤의 제4게송은 뛰어난 법을 들어 받아 지녀야 함을 권면하였다.

　　그러나 이 품은 종지의 범주가 크고 심오하여 단번에 이뤄지고

원융하여 중생의 본원을 다하고 제불의 연원을 다하였다. 근본 법륜의 내에 다시 그 마음을 두고, 金輪 종성 중에서 태어나 다시 만이가 되니 미묘한 가운데 미묘하고, 현묘한 가운데 현묘하다.

아울러 범부의 마음에 거처하면서 작은 노력으로 빨리 증득할 수 있는데, 어찌 스스로 속아 이를 받아들이지 않고서 길이 생사윤회 속에 허우적댈 수 있겠는가. 여기에서는 듣고 이해하여 기뻐하면서 더욱 스스로 과거 세계에서 심은 선근을 경하해야 할 것이다.

◉ 論 ◉

此品은 是自己進修 經過五位已終에 理智萬行의 大悲圓畢也며
是自己如來出現하야 處世利生에 無著之門이니
此品은 如大海하야 五位加行河 歸流廣大之極이며
此品은 如須彌山하야 諸寶山王이 高莫過也며
此品은 如大地하야 大悲育載一切含生故며
此品은 如虛空하야 法身智身이 法界充滿故니라
如圓淨摩尼寶鏡이 其量이 徧周十方하야 一切世界色像이 咸現其中호대 無礙顯現인달하야 此如來出現法門도 亦復以法身妙理 無色無形普光明根本淸淨大圓明智鏡으로 普現十方하야 一切衆生業과 普賢行海와 諸佛身土 咸處其中하야 無不自在일세 是故로 有發菩提心者 當信自心과 及一切衆生心에 總有如是如來智德自在하면 當知不久에 還同佛身하야 自信有故니

이 품은 자신의 닦아나감이 5위를 거쳐 이미 종결되어 理智와

萬行의 대비 원만이 다하였고, 자신의 여래가 출현하여 세간에 거처하면서 중생을 이롭게 하는 데에 집착이 없는 법문이다.

이 품은 큰 바다와 같아서 5위 加行의 강물이 흘러 들어가는 광대한 극처이며,

이 품은 수미산 같아서 모든 보배 산들이 이보다 더 높을 수 없으며,

이 품은 대지와 같아서 대비로 일체중생을 실어 길러주기 때문이며,

이 품은 허공과 같아서 법신과 智身이 법계에 충만하기 때문이다.

원만하고 청정한 마니주 거울의 양이 시방에 두루 가득하여 일체 세계의 색상이 모두 그 속에 나타나면서도 걸림 없이 나타나는 것처럼, 이 여래 출현의 법문 또한 법신의 미묘한 이치가 빛깔도 없고 형체도 없는, 보광명의 근본 청정한 大圓明智의 거울로써 시방을 널리 나타내주었다.

일체중생의 업, 보현행의 바다, 모든 부처의 몸과 국토가 모두 그 가운데서 자재하지 않음이 없다. 이 때문에 보리심을 일으킨 자가 반드시 자기의 마음과 일체중생의 마음에 모두 이와 같은 여래의 지혜 공덕이 자재함을 믿으면, 머지않아 부처의 몸과 같아서 스스로 자신에게 있음을 믿게 된다는 사실을 알 수 있다.

如此品에 云'量等三千大千世界經卷이 內在一微塵中하고 一切微塵도 亦復如是'者는 意令信知一切微細衆生이 皆有如來四

智經卷之海요 云'破彼微塵하야 出經卷'者는 明菩薩이 自得此已에 乃見一切衆生이 皆等有之하고 及以方便智로 居生死海中하야 起等衆生數身行하야 方便引之하고 令心開悟하야 達自智境이 如佛不異일새 故로 云'破此微塵하야 出此經卷'이라

예컨대 이 품에서 "삼천대천세계와 같은 양의 경권이 하나의 미세한 티끌 속에 들어 있고 일체 미세한 티끌 또한 이와 같다."는 뜻은 일체의 미세한 중생이 모두 여래 4지혜의 경권 바다가 있음을 믿고 알게 하고자 함이며,

"저 미세한 티끌을 부숴 경권을 끄집어낸다."고 말한 것은 보살이 스스로 이를 얻고서 일체중생에게도 모두 평등하게 있음을 보고, 아울러 방편의 지혜로써 생사의 바다 속에 살면서 중생의 수효만큼의 身行을 일으켜서 방편으로 인도하여, 그들의 마음을 깨우쳐 줌으로써 자신의 지혜 경계가 부처와 다르지 않음을 깨닫도록 함을 밝힌 것이다. 이 때문에 "미세한 티끌을 부숴 경권을 끄집어낸다."고 말하였다.

如經에 云'如大海水 潛流四天下地 八十億小洲에 有穿鑿者 無不得水'는 喩明一切衆生이 有自觀察力에 無有不得如來智慧大海心故니라 又經에 云'菩薩摩訶薩이 應知自心에 念念常有佛成正覺'은 爲明諸佛如來 不異此心成正覺故니라 又下文에 云'一切衆生心悉如是도 悉有如來成正覺'은 此明凡聖心이 自體淸淨無異하야 但有迷悟언정 不隔分毫니 但一念妄念이 不生하면 得心境蕩然하야 性自無生이라 無得無證하야 卽成正覺故니 便以此法으

577

로 廣利衆生이 是普賢行故니라

　경문에 이르기를, "큰 바다의 물이 4천하의 땅 80억 小洲의 땅 속으로 흘러 땅을 파면 물길을 얻지 않음이 없는 것과 같다."고 말한 것은 일체중생이 스스로 관찰력이 있으므로, 여래 지혜의 큰 바닷물을 얻지 않음이 없음을 비유로 밝힌 것이다.

　또 경문에 이르기를, "보살마하살은 당연히 자기 마음의 한 생각 한 생각마다 항상 부처의 정각 성취가 있음을 알아야 한다."고 말한 것은 제불여래가 이 마음과 다름없이 정각의 성취를 밝힌 것이다.

　또 아래 경문에 이르기를, "일체중생의 마음 또한 이와 같다. 모두 여래의 정각 성취가 있다."고 말한 것은 범부와 성인의 마음 자체가 청정하여 차이가 없다. 다만 미혹과 깨달음의 차이가 있을지언정 털끝만큼도 간격이 없음을 밝힌 것이다. 오직 한 생각의 허망한 생각이 일어나지 않으면 마음의 경계가 툭 트여서 성품이 스스로 無生이라, 얻을 것도 없고 증명할 것도 없다. 바로 정각을 성취하기 때문이다. 이 법으로써 널리 중생에게 이익을 주는 것이 보현행이기 때문이다.

無心性理妙慧로 簡擇一乘三乘과 人天因果와 惡道業報 名爲文殊오
隨差別智同行하야 知根利生에 無有休息이 名爲普賢이오
以大悲로 救護一切衆生이 名爲觀音이오
以此三心으로 一時修學이 名毘盧遮那오 慣習心成이 名爲自在오 無法不明이 名爲無礙오

智隨根應하야普徧十方호대性無往來를 名曰神通이니
修之在初나慣習總得이오 妄生多劫이나 智日은不遷이라 此總非難
이어나 何須不作이리오 學而不得이라도 猶福勝人天이어니와 不信不修
면 苦何窮盡이리오

　　마음의 성품 이치 자체가 없는 미묘한 지혜로 일승과 삼승, 인천의 인과와 악도의 업보를 가려내는 것을 '문수보살'이라 말하고,

　　차별지를 따라 똑같이 행하여 근기를 알고서 중생에게 이익을 주되 멈춤이 없는 것을 '보현보살'이라 말하고,

　　대자비로 일체중생을 구제함을 '관음보살'이라 말하고,

　　위 3가지 마음으로써 일시에 닦아 배우는 것을 '비로자나불'이라 말하고,

　　익숙하게 익힌 마음이 성취된 것을 '자재'라 말하고,

　　법마다 밝지 않음이 없는 것을 '무애'라 말하고,

　　지혜가 근기에 따라 응하여 시방에 널리 두루 하면서도 자성이 오고 감이 없음을 '신통'이라 말한다.

　　닦아나감은 처음에 있지만 관습은 총체로 얻고, 부질없이 수많은 세월 따라 태어나지만 지혜의 태양은 변하지 않는다. 이 모든 게 어려움이 아니다. 어찌 반드시 행하지 않을 수 있겠는가. 설령 아무리 애써 배워도 얻은 바 없을지라도 오히려 그 복은 인천보다 뛰어났다. 그럼에도 믿지 않고 닦지 않으면 그 고통과 곤궁함이 어찌 다함이 있겠는가.

大意 此之如來出現佛果之門은 文殊妙理와 普賢妙行이 等一

切衆生咸共有之하야 非古非今이라 性自一體일세 令後學者로 如是
信修니 深誠이면 非遠이라 勿自生難이어다 如此品頌에 云'如海印現
衆生身일세 以此說其爲大海인달하야 菩提普印諸心行일세 是故說
名爲正覺이라'하니 意明菩提는 是無心性無體相無得無證之妙理
니 通達此法者 名爲妙智오 以此菩提妙智로 普印邪思妄行하야 性
自無生이 名爲正覺이라

그 대의는 여래 출현의 佛果 법문은 문수보살의 미묘한 이치, 보현보살의 미묘한 행이 일체중생과 모두 똑같이 지니고 있다. 예전에 있는 것도 아니요, 이제 있는 것도 아니다. 성품이 스스로 일체이기에 후세의 학인으로 하여금 이와 같이 믿고 닦도록 하는 것이다. 깊은 성심이 있으면 멀리 있지 않다. 스스로 어렵다고 말하지 말라.

이 품의 게송에서 "바다가 중생의 몸을 비춰 나타내기에 이런 이유로 큰 바다라고 말하는 것처럼, 보리지혜는 모든 마음을 널리 비춰주기에 그 이름을 정각이라 말한다."는 뜻은 보리란 마음의 체성도 없고 체상도 없으며, 얻을 것도 없고 증명할 것도 없는 미묘한 이치이다.

이런 법을 통달한 자의 이름을 '미묘한 지혜[妙智]'라 하고,

이러한 보리의 미묘한 지혜로써 삿된 생각과 잘못된 행을 널리 비춰 자성이 스스로 생겨남이 없는 것을 '정각'이라 함을 밝힌 것이다.

論主頌曰 一切衆生金色界 白淨無垢智無壞라
智珠無價在衣中이어늘 祇欲長貧住門外로다
廣大寶乘住四衢하야 文殊引導普賢扶라

肥壯白牛甚多力하야 一念徧遊無卷舒로다
如是寶乘不能入하고 但樂勤苦門前立이라
不覺自身常在中하고 遣上恒言我不及이로다

    논주는 다음과 같이 게송을 읊는다.

    일체중생의 보리 경계

    순백 청정으로 더러움 없고 지혜 무너지지 않노라

    값을 매길 수 없는 지혜 구슬, 나의 품 안에 있으련만

    오랜 가난으로 집 밖에서 머무르네

    광대한 보배 수레, 사거리에 세워놓고

    문수가 이끌고 보현이 붙잡아 주어라

    살지고 건장한 흰 소, 워낙 힘이 좋아

    한 생각에 두루 노닐면서 쥐락펴락 없어라

    이 같은 보배 수레, 들어가지 못하고

    그저 고생고생 문 앞에 서 있는 것 좋아하네

    나의 몸 언제나 그 속에 있음 깨닫지 못하고

    최고 진리 버리면서 나는 할 수 없다 말하여라.

大體 常須自信自己身語意境界의 一切諸行分別이 皆從如來身語心意境界의 諸行分別中生이라 皆無體無性하며 無我無人이오 但以法界無作自性緣生일세 本無根栽處所可得하야 性自法界라 無有內外中間이니 應如是知하며 如是觀察하면 觀自觀他에 同一體性이라 無我無我所니 以定慧力으로 如是修行하고 旣自知已하야는 觀衆生苦하야 自利利他에 皆如普賢廣大行願하야 一如此

經 五位法則이니라

　대체는 언제나 자신의 신업·어업·의업 경계의 일체 모든 행의 각기 다른 것이 모두 여래의 신업·어업·의업 경계의 일체 모든 행의 각기 다른 데에서 생겨난 것이다. 이는 모두 자체도 없고 성품도 없으며, '나'라는 생각도 없고 '남'이라는 생각도 없다. 오직 법계의 작위 없는 자성의 반연으로 생겨난 것이다. 이 때문에 본래 근기와 처소를 얻을 수 없다. 성품 그 자체가 법계이기에, 안팎과 중간도 없음을 믿는 것이다.

　당연히 이처럼 알고 이처럼 관찰하면 '나'를 살펴보고 '남'을 살펴봄에 똑같은 체성이라, '나'라는 생각도 없고 '나의 것'이라는 생각도 없다. 선정과 지혜의 힘으로 이처럼 수행하고, 이미 스스로 알고 난 뒤에는 중생의 고통을 살펴보면서 자리이타에 모두 보현의 광대한 행원처럼 하나같이 화엄경의 5위 법칙을 따라야 한다.

此品和會는 明文殊는是顯根本智之法門이오 普賢은是根本中萬行 無作이오 根本智는 是佛이라 故令體用으로 自相問答하야 說根本智佛果之門이니 明根本智 因此二行所成이니 根本智 自無成壞하야 皆因文殊普賢二法所顯發故니라 以此로 還令所顯之因으로 還自說故니 佛은 自無成壞者也라 以明因可說이나 果無作者故니 以此三法으로 自在圓通이 名佛出現世間故니 此明不作而作이오 作而不作者故니라

　여래출현품의 융화 회통은 문수는 본체로서 근본지의 법문이고, 보현은 작용으로서 근본지 가운데 모든 행에 작위가 없음이다.

근본지는 부처이기에 본체와 작용으로 하여금 스스로 서로 문답하여, 근본지 불과의 법문을 말하게 됨을 밝힌 것이다.

근본지는 자리이타행을 통하여 성취된 것임을 밝힌 것으로, 근본지는 자체가 성취되거나 무너짐이 없다. 모두 문수와 보현의 본체와 작용이라는 2가지 법을 통하여 나타난 것임을 밝힌 것이다.

이 때문에 도리어 나타나게 된 바의 원인으로 하여금 스스로 말하도록 함이다. 부처는 자체가 성취되거나 무너짐이 없다. 원인은 말할 수 있으나 결과는 조작함이 없음을 밝힌 것이다.

이 3가지 법으로 자재하게 원만히 통하는 것을 '부처의 세간 출현'이라고 말한다. 이는 그런 일을 하지 않으면서도 그 일이 이뤄지고, 그런 일을 하면서도 그런 일을 한 적이 없음을 밝힌 것이다.

出現品 竟하다

제37 여래출현품을 끝마치다.

여래출현품 제37-4 如來出現品 第三十七之四
화엄경소론찬요 제89권 華嚴經疏論纂要 卷第八十九

화엄경소론찬요 ⑲
華嚴經疏論纂要

2024년 8월 15일 초판 1쇄 발행

편저자 혜거
발행인 박상근(至弘) • 편집인 류지호 • 편집이사 양동민
편집 김재호, 양민호, 김소영, 최호승, 하다해, 정유리 • 디자인 쿠담디자인
제작 김명환 • 마케팅 김대현, 이선호 • 관리 윤정안
콘텐츠국 유권준, 정승채, 김희준
펴낸 곳 불광출판사 (03169) 서울시 종로구 사직로10길 17 인왕빌딩 301호
    대표전화 02) 420-3200 편집부 02) 420-3300 팩시밀리 02) 420-3400
    출판등록 제300-2009-130호(1979. 10. 10.)

ISBN 979-11-7261-023-4 04220
ISBN 978-89-7479-318-0 04220(세트)

값 30,000원

잘못된 책은 구입하신 서점에서 바꾸어 드립니다.
독자의 의견을 기다립니다. www.bulkwang.co.kr
불광출판사는 (주)불광미디어의 단행본 브랜드입니다.